DE LA RÉCIDIVE ET DU PARDON

À la croisée des chemins du destin

Collection Criminologie
dirigée par Robert Cario

La criminologie apparaît comme un champ pluri et transdisciplinaire de connaissances, d'investigations, d'expertises et de traitement qui peine à être reconnu en France. Principalement mise en œuvre dans le domaine de la prévention, elle occupe également, au cas d'échec, une place prépondérante dans le procès pénal. Plus largement encore, la criminologie contribue à la restauration psychologique et sociale des protagonistes, dans l'endroit comme dans l'envers du crime.

Dans de nombreux pays, la discipline fait l'objet d'enseignements, de recherches et d'applications à la mesure de la complexité du phénomène criminel qui la nourrit. Dans d'autres encore, la profession de criminologue s'inscrit en totale harmonie avec les métiers de la justice, de la médecine, de la psychologie et du social.

La présente collection ambitionne de rassembler des ouvrages scientifiques et des travaux de terrain, appuyés tant sur les théories dominantes que sur les bonnes pratiques en agressologie ou victimologie, à l'intention de publics variés : étudiants, enseignants, chercheurs, magistrats, praticiens de toutes disciplines confrontés aux problématiques délinquantes, citoyens épris de justice.

Derniers ouvrages parus

C. Rossi, *Homicides : les proches des victimes*
M. Herzog-Evans, *Le Juge de l'application des peines : Monsieur Jourdain de la désistance*
J. Motte dit Falisse (Dir.), *De la faute et du crime*
P.V. Tournier, *La naissance de la contrainte pénale*
J. Motte dit Falisse (Dir.), *Du sens de la peine*
C. Trotter, *Le suivi des usagers involontaires*
Y. Gérin, *La clinique des agresseurs sexuels au défi du dispositif pénal*
S. Charbonneau, C. Rossi, *La médiation relationnelle. Rencontres de dialogue et justice réparatrice*
B. Van Liel, *Pour une anthropologie complexe du crime*

Sous la direction de

Jean Motte dit Falisse et Franck Ludwiczak

DE LA RÉCIDIVE ET DU PARDON

À la croisée des chemins du destin

L'Harmattan

Ouvrages du même auteur :

J. Motte dit Falisse (Dir), *De la Faute et du Crime. Natures et cultures.*

F. Ludwiczak et J. Motte dit Falisse (Dir), *Du sens de la peine.*

5-7, rue de l'École-Polytechnique, 75005 Paris

www.harmattan.fr

ISBN : 978-2-343-21495-5
EAN : 9782343214955

Sommaire

PARTIE II
LE DESTIN

Considerations metaphysiques
Ritualite et volonte

Considerations criminologiques
Reparation et restauration

PARTIE III
LE PARDON

Considerations semantiques
et philosophiques
Ethique et justice

CONSIDERATIONS MORALES
MONSTRUOSITE ET PRESCRIPTION

CONSIDERATIONS PENALES
RETRIBUTION ET RESPONSABILISATION

CONSIDERATIONS INTERCULTURELLES
GRACE ET ALTERITE

Ont contribué à cet ouvrage

Christophe AMUNZATEGUY, Docteur en droit, Magistrat à la Cour d'appel de Nancy, secrétaire général du parquet général.

Guillaume ARANDEL, Directeur pénitentiaire d'insertion et de probation, INHESJ

Sophie BARON LAFORET, Psychiatre des hôpitaux, honoraire, Présidente de l'AFC Association Française de Criminologie.

Alain BLANC. Magistrat honoraire. Président de la CPMS de Lille. Vice-président de l'AFC.

Henri D. BOSLY, Agrégé de l'enseignement supérieur en droit. Professeur émérite de la Faculté de droit et de criminologie de l'Université catholique de Louvain.

Michel BOYANCE, Docteur en philosophie – Doyen de l'IPC – Institut de Philosophie Comparée. Paris

Pierre COLLART, Dr en psychologie. Université Catholique de Louvain.

Tony FERRI, Docteur en philosophie, chercheur au laboratoire Gerphau, et conseiller pénitentiaire d'insertion et de probation.

Père Dominique FOYER, Dr en Théologie, Université Catholique de Lille.

Maki FUKUDA, Docteur en droit – Université de Nagoya – Université de Lille.

Philippe GENUIT, Docteur en psychologie. CH Gérard Marchant. Toulouse. Université Rennes 2.

Astrid HIRSCHELMANN, Maître de conférences-HDR en psychologie clinique, psychopathologie et criminologie. Université de Caen.

Jean-Marc JOUBERT, Agrégé et docteur en philosophie. Maître de conférences. ICES – Institut Catholique de Vendée.

Franck LUDWICZAK Maître de Conférences en Droit pénal et Sciences criminelles, Directeur du Master Droit de la matière pénale, Codirecteur d'ECCE, Faculté de droit, Université Catholique de Lille.

Cyril MANZANERA, Psychiatre - Praticien Hospitalier, CRIAVS Languedoc Roussillon

Responsable DSP Villeneuve Lès Maguelone, CHU Lapeyronie - Montpellier

Jean-Yves MARECHAL, Maître de conférences HDR, Université de Lille, Faculté des sciences juridiques, politiques et sociales

Halima MECHERI, Docteur en psychologie, Doyenne de la FLSH. Université Catholique de Lille.

Jean MOTTE DIT FALISSE, Docteur en Criminologie, Psychologue clinicien, Maître de Conférence, Directeur du Diplôme Universitaire de criminologie interculturelle, Directeur du Master Interdisciplinaire de Criminologie Critique, Codirecteur de l'Ecole de Criminologie Critique Européenne – ECCE, Faculté de droit, Université Catholique de Lille.

Joaquim MOTTE DIT FALISSE, Etudiant en Master de Musicologie. Universités de Tours et Poitiers.

Romain OLLARD, Docteur en droit, Professeur à l'Université de Poitiers

Jean Paul PINTE, Dr en Information Scientifique et Technique, Maître de conférences - Université Catholique de Lille (FLSH), Cyber-criminologue et expert en management des risques criminels et terroristes des entreprises au CEPOL (UE), Lcl de la Gendarmerie Nationale (RCC).

Yves POULLET, Professeur associé à l'UCLille, Professeur émérite à l'UNamur (Belgique), Membre de l'Académie Royale de Belgique

Jean PRADEL, Docteur en droit. Professeur émérite de l'Université de Poitiers.

Christophe SY-QUANG-KY, Psychologue clinicien – CH de Mont DE Marsan – Unité Médico-psycho-légale / Président de l'association RAISONANCE

Stamatios TZITZIS, Docteur en droit. Professeur. Directeur de recherche au CNRS et directeur de la section de philosophie pénale du centre de philosophie du droit de l'université Panthéon-Assas (Paris II).

Antonine VASSEUR, Chef de mission prévention de la récidive à Communauté d'agglomération du Saint-Quentinois (CASQ)

Guillaume WATTELLIN, Docteur en droit. Institut d'Histoire du Droit. Université de Montpellier.

En guise d'introduction. Le destin : fatalité de la répétition et incertitude de la grâce

JEAN MOTTE dit FALISSE

Récidive et répétition

Qu'est-ce que le destin ? Cette question est aussi ancienne que l'humanité et se retrouve dans les croyances religieuses et manifestations culturelles de nombre de civilisations. Qu'il s'agisse des tablettes du destin qui témoignaient de la souveraineté des dieux sumériens sur les hommes, du livre des destins propres aux anciens mexicains, de la « moira » grecque porteuse de l'inéluctable volonté divine, du « fatum » des romains qui donne origine et sens à notre notion de fatalité dans le malheur... Ces diverses croyances et expressions ne semblent-elles pas affirmer le poids du déterminisme sur le genre humain ? Pour répondre à cette question liminaire, il nous faut faire retour aux racines de cette dernière notion et de ses significations, tant dans les registres de l'Inconscient personnel que dans ceux de la conscience individuelle, de la conscience sociale et finalement dans la portée d'un inconscient collectif supportant et alimentant les autres états de cette chaine. Cet inconscient collectif pourrait-il alors ouvrir sens à un possible indéterminisme, à une forme de gratuité ? Il apparaît ainsi tout particulièrement pertinent d'étudier la notion de répétition, comprise comme synonyme de celle de récidive, pour éclairer ce questionnement.

Au regard de l'Inconscient personnel

Pour la psychanalyse et dans le propos de Freud, la répétition est la façon de faire exister dans le présent le refoulé, ce dont le sujet ne peut se remémorer. En cela, la répétition consiste dans le retour d'expériences passées sans possibilité de plaisir[1]. Freud y a vu ainsi la réactualisation d'un vécu traumatique, telle que dans la névrose traumatique. La compulsion de répétition, dans le langage psychanalytique, apparaît donc comme plus originelle et plus élémentaire, comme plus pulsionnelle aussi que le principe de plaisir. Freud écrivait de la sorte : « les manifestations d'une compulsion de répétition présentent à un haut degré le caractère pulsionnel et, là où elle s'oppose au principe de plaisir, le caractère démoniaque. » Ce qui équivaut à lui attribuer un caractère forcené, hors-la-loi et immoral, aussi bien que mécanique et déterministe.

La théorie des pulsions de Szondi, également appelée « théorie du destin »[2], ouvre cependant d'autres perspectives. Elle renvoie en effet tout d'abord à l'hypothèse du fondement génétique de l'organisation pulsionnelle, en raison de l'influence émergente des gênes allèles récessifs, en même temps qu'à celle d'une maturation et d'un développement psychique en mesure de l'organisation structurelle des pulsions. On retrouve donc, dans la théorie szondienne des pulsions, cette notion fondamentale de dualité déjà présente dans la théorie freudienne. Dès lors, la compulsion de répétition se comprend comme l'agent de liaison entre le principe de plaisir et le principe de réalité. La répétition constitue en effet le moyen de différer la satisfaction de la pulsion pour la rendre compatible avec le principe de réalité et les exigences du Moi. En cela, cette même répétition correspond à un travail de mise en acte symbolique de la perte-séparation, d'un vécu désagréable pour un gain de plaisir dans la récupération par le jeu. C'est toute la signification que retire Freud de l'observation du jeu du « fort – da » auquel s'adonne l'enfant avec la bobine de fil qu'il fait rouler sous le meuble puis récupère, en symbolisant de la sorte la disparition et le retour de la présence maternelle.

La répétition est ainsi définie comme la transformation du besoin en tendances pulsionnelles, lesquelles sont sous-jacentes à la normalité aussi bien qu'à la pathologie et à la socialisation. Szondi distingue seize tendances pulsionnelles, principalement passives ou actives, donnant forme à la transformation et à la répétition des pulsions qui justifient les choix par attirance ou par répulsion, par acceptation ou par refus. Il parle alors d'un choix destinal inconscient qui équivaut au pouvoir « actif » du moi se dégageant du besoin. De ce fait, la répétition du choix pulsionnel ainsi

---

[1] Michèle BERTRAND : *La compulsion de destin.* In Revue Française de Psychanalyse. Presses Universitaires de France. 2001/3. Vol. 65. P. 752.

[2] Michel LEGRAND : *Léopold Szondi. Son test, sa doctrine.* Pierre Mardaga éditeur. Coll. Psychologie et Sciences Humaines. Bruxelles. 1979.

compris présente un caractère d'indéterminisme, donc contraire à la fatalité évoquée plus avant.

Au regard de la conscience individuelle

La compréhension de la notion de répétition trouve ici son prolongement dans celle de la perception, pour y trouver toute sa portée au regard de la formation de la conscience et de la pensée. Il faut se souvenir de Condillac [3] qui soutenait que nos sens nous renseignent seuls sur le réel, se trouvant de la sorte, par le biais des perceptions et de leurs associations, à la base du moi d'habitude puis du moi de réflexion. La répétition des perceptions ouvre donc à la définition de l'imagination. [4] Pour Husserl, imaginer signifie être ailleurs et, dans le même temps, être dans « l'ici » de la perception. L'imagination correspond dès lors à un acte sensible se rapportant à un objet sensible (l'image) mais visant ce qui s'absente en elle, à savoir l'objet-image. Husserl la comprend ainsi comme le « faire comme si » l'objet était présent et répété. L'imagination équivaut à la réactualisation de la conscience de ce qui a été vécu et perdu au contact de l'objet. On peut donc voir en elle la répétition et la conversion de l'absence de cet objet en la présence de son image. En cela, l'imagination est une répétition objectivante et donc déterminante.

Néanmoins, on peut aussi voir dans l'imagination un libre et riche retournement du manque, de l'absence de l'objet, en profusion fantastique. Elle est en cela répétition et modification constante du contenu de conscience. Imaginer, c'est une manière de retenir le passé perdu dans un présent qui ne passe plus, qui est immortel. Pensons à ce sujet à l'intemporalité de l'œuvre d'art qui en est issue. L'imagination est donc aussi porteuse d'indéterminisme.

Toujours dans le champ de la conscience, à côté de celle de l'imagination, on peut poser la question de l'habitude comme paradigme d'une forme de répétition d'un pouvoir de contraction de l'acte et du temps. Deleuze définit ainsi l'habitude comme le fait de rattacher des moments semblables tout en retenant leur différence.[5] Il s'agit donc ici de répéter sans transposer. Par ailleurs, l'habitude apparaît fondée dans l'imagination dont elle présente le double caractère évoqué ci-dessus. En conséquence de quoi,

---

[3] Etienne Bonnot de CONDILLAC : *Traité des sensations* (1754) suivi du *Traité des animaux*. Editions Fayard. Paris. 1984.

[4] Maria Manuela SARAIVA : *L'imagination selon Husserl*. Ed. Martinus Nijhoff. La Haye. 1970.

[5] Gilles DELEUZE : Chapitre II : *La répétition pour elle-même*. In *: Différence et répétition*. Presses Universitaires de France, « Epiméthée ». p. 96-168.

Deleuze considère aussi l'habitude comme la manière de soutirer à la répétition quelque chose de neuf.

Au terme de cette approche comparative des deux concepts, il ressort que, dans l'imagination aussi bien que dans l'habitude, la répétition est fondamentalement porteuse de potentialité, de puissance de subjectivité par conséquent aussi. Elle donne donc sens à l'indéterminisme.

Si nous nous dégageons à présent du champ de la seule cognition pour considérer celui du comportement, nous pouvons nous arrêter à la thématique du conditionnement en tant que détermination apparente de la répétition de l'acte. C'est en tout cas la compréhension courante des effets du conditionnement classique ou pavlovien en raison de son caractère automatique : le comportement est immédiatement identique et prévisible en conséquence de la substitution d'un stimulus conditionnel à un stimulus naturel. Les travaux d'Eysenck [6] relatifs à la personnalité délinquante, partant de ce principe de conditionnement, soutiennent en fin de compte l'idée d'un déterminisme de la récidive en raison des traits structurels ou constitutionnels prédominants de la personnalité que sont l'extraversion et le névrosisme.

Par contre, la compréhension que donne Skinner[7] des effets du renforcement de la conduite par sanction ou gratification dans le conditionnement opérant nous laisse entendre que, derrière la logique d'une certaine automaticité des schémas comportementaux répétés, demeure la réalité d'un choix individuel, d'une réaction toujours imprévisible pour partie. L'adoption de cette réaction reste en effet fonction de la nature du renforcement positif ou négatif, en même temps que de la nature profonde du sujet : sa constitution physique, mais aussi ses orientations pulsionnelles inconscientes, son histoire, son éducation, son milieu de vie et sa situation actuelle sont autant de paramètres influents et fluctuants d'un tel choix. L'indétermination se retrouve donc ici encore au cœur des conditions et effets de la répétition.

---

[6] Hans Jurgen EYSENCK : *Crime and personnality : an empirical study of the three-factor theory.* British Journal of Criminology. 1970. Vol.10, pp 225-239.

[7] Burrhus Frederic SKINNER : *Par-delà la liberté et la dignité.* Editions Robert Laffont. Paris. 1972.

Au regard de la conscience sociale.

C'est ici la notion de ritualité [8] qui nous ramène au sens de la répétition, en l'occurrence celle d'un passé présentifié. Le rituel est la signification de l'éternel retour d'un même qui permet à la vie sociale et individuelle de se rejouer. Il consiste en effet en la répétition de petits actes de la vie quotidienne qui lui confèrent une portée symbolique, inconsciente ou sacrée. Il revêt aussi une fonction ordonnatrice du temps dont il ponctue le déroulement au fil des événements sociaux. On peut ici parler d'un court-circuitage spatio-temporel qui donne ainsi sa concrétude au vécu social.

En fonction de cela, le rituel apparaît comme le moyen de négocier avec la conscience de la limite vécue dans l'angoisse de la mort. Il devient une manière de se racheter, de payer sa permanence et son immortalité grâce au relativisme cyclique et de lutter de la sorte contre la fatalité d'un déterminisme linéaire du temps qui conduit à la mort. Il permet donc l'expérience collective du tragique de la limite, du point d'intersection entre vie et mort.

C'est en ce sens que le rituel s'entend comme exerçant la fonction affirmative de la répétition par l'éternel retour du même dans le présent. Les rituels mystiques ou religieux en sont une évidente manifestation. Il en va de même de la répétition dans l'art, comme en musique par exemple et ainsi que l'écrit François Bernard Mâche[9] : « *Le doublement des motifs dans la plupart des mythes n'est pas sans faire penser à la pratique musicale des reprises. La reprise ne signifie pas que le passé se reproduit, mais qu'il n'y a qu'un éternel présent.* » Le rituel correspond de la sorte à l'extériorité apparente d'un éternel présent qui permet de comprendre l'affrontement au destin, le fait de « porter son destin » dans le tragique, dans le même et l'étrangeté, dans le hasard.

Au regard d'une criminologie critique

On peut évidemment penser la récidive comme un phénomène, tant individuel que social, de répétition. On peut la voir en ce sens comme une manifestation pulsionnelle, comme un choix destinal, comme la récupération imaginaire d'un manque, comme le produit éventuel d'un conditionnement opérant, comme une forme d'habitude sinon de rituel. Ce qui revient à la définir en tant qu'actes individuels et que vécus et désirs

---

[8] Michel MAFFESOLI. *La répétition et le tragique dans la vie sociale.* In: *L'Homme et la société,* N. 45-46, 1977. Idéologie et développement - Capitalisme et agriculture. pp. 213-229.

[9] François Bernard MÂCHE : *Musique, mythe, nature, ou, Les dauphins d'Arion.* Ed. Klincksieck. 1983. p.4.

personnels ; mais aussi, dans le même temps, comme l'objet d'une compulsion de répétition sociale de mort. Elle représente ainsi le motif plus ou moins conscient, en négatif, du choix destinal d'une société dont elle fonde la cohérence en lui accordant la justification de rituels sociaux et judiciaires.

Ainsi, la récidive et la répétition ou la ritualité se répondent en symétrie, comme en miroir. La question manifeste est alors celle de situer et comprendre la tranche de ce miroir, le point de renversement d'un côté à l'autre. Il est ici question, de façon significative en ce qui concerne la récidive, de basculement, de changement d'ordre et de direction, et du critère de détermination d'un indéterminé. Cette détermination sera celle de la mesure de la gravité et du sens de la récidive.

Nous trouvons une illustration symbolique ou imagée ci-dessous de ce processus dans la détermination d'un point d'inflexion d'une courbe, soit celle de la délinquance individuelle, en sa rencontre, sur l'axe du temps (x), avec une droite (y) représentative, dans le présent cas, d'une normalité sociale. La signification de cette détermination sera variable en fonction des éléments plus ou moins structurels de personnalité. Le point culminant de la courbe correspond par exemple aussi à celui de son abaissement. Par ailleurs, la signification de cette détermination sera fonction des éléments socio-culturels, contextuels et situationnels dont dépend la courbure expressive de l'évolution de la nature et de la fréquence des faits récidivés.

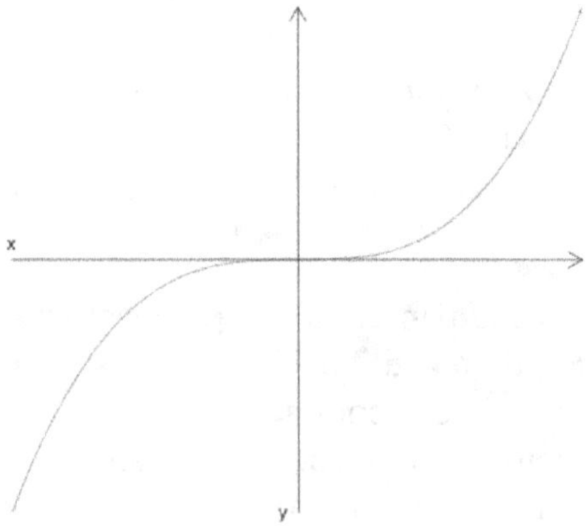

Ce paradigme du point d'intersection est aussi illustratif de la rencontre et d'une interférence entre les contraires que sont l'auteur et la victime, le délinquant et le non-délinquant..., dans un temps variable et incertain. Il est alors possible d'éclairer la nature même de ce point de rencontre, nature tout à la fois extérieure et commune à la droite y et à la courbe, à la norme sociale et à la personnalité du récidiviste, à chacun des éléments contraires. Il en ressort l'idée que cette nature soit celle d'une potentialité de rupture et de changement.

Une autre figure susceptible d'éclairer le sens d'un tel basculement et de ses effets dans la rencontre des dimensions individuelles et sociales est celle du point de rebroussement.

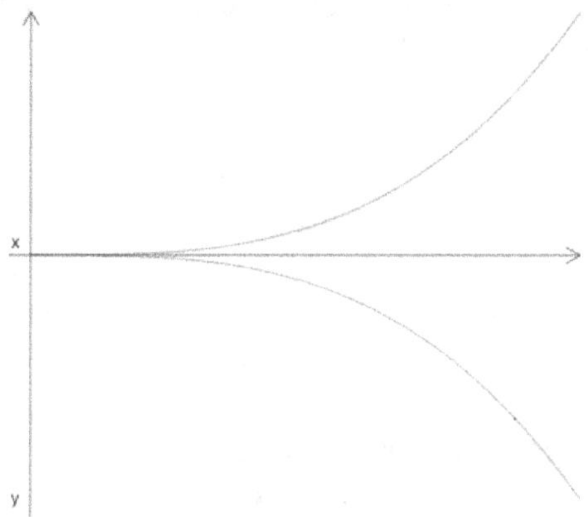

Elle semble en effet explicite d'une conversion directionnelle consécutive à un temps d'arrêt et de rupture de trajectoire dans la rencontre avec l'axe (y) de la réalité sociale, et préalable à un rebond énergétique dans le temps de l'évolution personnelle (x). Elle implique en effet l'idée d'une nécessaire limite fonctionnelle, représentation symbolique de la loi et de la norme, en même temps que celle de l'importance spécifique d'un point d'impact renversant et inversant.

Pardon et incertitude

Dans l'ordre du manifeste

Il y a dans le pardon l'expérience du renversement de la tension ressentie par les acteurs du conflit et caractéristique de leur relation. Le pardon est donc aussi le temps de ce renversement de la courbe de la répétition. Il est le temps d'un apaisement, d'une rentrée en soi, d'une reprise de contact à soi-même, tant de la part de celui qui pardonne que de celui qui est pardonné. Cette expérience de basculement de la relation et de retour à soi se perçoit aussi bien dans les mouvements corporels, tels que ceux des mains[10], que dans les ressentis sensoriels : c'est la sensation d'un relâchement intérieur dans le même temps que la reprise d'une amplitude respiratoire. Cette expérience se retrouve d'ailleurs traduite dans les variations de rythme et de tonalité des rituels pénitentiels, tels ceux d'un Kyrie Eleison.[11]

Pour ce qui ressort toujours d'une compréhension phénoménologique du pardon, on retiendra que le temps de son accord est un temps silencieux, comme suspendu et incertain quant à l'effet de ce basculement relationnel et à la direction du « rebroussement » qui en ressort. On peut ainsi soutenir l'idée que le pardon se fait en premier lieu acte plus que parole.

Dans l'ordre de l'implicite

Nous considérerons ici l'octroi du pardon au titre d'un choix individuel et d'un engagement personnel dans la modification de la relation à l'autre. En cela, ce pardon donné peut être compris comme une parole plus que comme un acte stricto sensu. Il s'agit cependant d'une parole de libération désirée et/ou donnée pour soi-même dans un premier temps. Elle peut donc correspondre à un choix pulsionnel et destinal se fondant dans l'inconscient individuel, ce qui la prive évidemment de toute gratuité.

Mais le pardon est aussi une question de dialectique infinie, un mouvement permanent d'oscillation entre deux instances morales. Il se comprend en ce sens comme une expérience de concurrence avec le mal. Jankélévitch résume parfaitement cette notion en ces termes : « *Le mal apparaît toujours au-delà (du pardon). Le mal est plus fort que le pardon qui est plus fort que le mal.* »[12] Il s'agit donc d'une dialectique infinie. On peut alors comprendre le pardon comme un idéal normatif et éthique, d'un caractère surnaturel ou absolu. C'est un pari fou. Manifestation de la charité, il est nécessairement cordial et gratuit.

Néanmoins, le pardon est toujours insuffisant en lui-même dès lors qu'il est contingent de l'histoire de l'individu et de ses relations. C'est là le sens

---

[10] François SAINT-BONNET : *La main, cet instrument du pardon.* In : *Le Pardon. Un défi dans l'Histoire.* Editions du CVRH, 2017

[11] Cfr infra Joaquim MOTTE dit FALISSE : *Répétition, pardon et rituel en musique.*

[12] « Difficultés du pardon », Entretien de Vladimir Jankélévitch avec Renée de Tryon-Montalembert. *La Vie spirituelle,* Paris, Cerf, mars 1977, p.194-195. Cité dans : Françoise SCHWAB : *La question du pardon dans la vie et l'œuvre de Vladimir Jankélévitch.* In : *Le Pardon. Un défi dans l'Histoire.* Editions du CVRH, 2017.

de l'injonction christique du pardon *: Je ne te dis pas jusqu'à sept fois mais jusqu'à soixante-dix-sept fois sept fois* ! (Matthieu 18, 21-22) Cette maxime nous fait alors entendre le don du pardon comme un « idéal de récidive » autant que comme un impératif catégorique.

Pour autant, il reste un enjeu de relation. En cela, il est affaire de désir et de demande, aussi bien que d'acceptation et d'octroi. Il est donc toujours porteur de la difficile question de l'autre auquel il est destiné ou qui est censé le demander, cet autre qui peut l'accepter ou s'y refuser. Le pardon est en ce sens affaire d'altérité et donc aussi de limite et de manque. On peut le voir porteur du sens de la Loi tout aussi bien que de la peine et de la parole. Il fait donc partie intégrante de notre destin. Aboutissement de la répétition des actes et temps de rupture et de séparation, il a pour vertu de restaurer l'identité par la nécessaire reconnaissance de l'altérité. Ce qui fait de lui une incessante manifestation d'humanité.

PARTIE I

LA RECIDIVE

CONSIDERATIONS JURIDIQUES

REPRESSION ET PREVENTION

La récidive à l'épreuve des réformes de la justice : un balancement continuel entre neutralisation et réinsertion

CHRISTOPHE AMUNZATEGUY

La récidive est un phénomène lié à l'évaluation des politiques pénales, à son efficacité et plus généralement à celle de la justice. La récidive est depuis longtemps un problème grave posé aux pouvoirs publics dans un État de droit, traduction de l'échec ou du succès des politiques pénales.

Réforme après réforme, la lutte et la prévention de la récidive sont un sujet majeur.

Hommes politiques et gouvernements déploient leurs forces et redoublent de créativité, dans cette lutte devenue une véritable "obsession créatrice" exacerbée notamment par l'émergence et la consécration d'un nouvel acteur judiciaire, la victime.

Le traitement de la récidive doit désormais répondre à des problématiques contradictoires, un balancement entre intérêts des victimes, prévention, répression et réinsertion des récidivistes.

Si la lutte contre la récidive est le point commun de réformes, les moyens pour y parvenir mettent en évidence deux courants antagonistes et à priori inconciliables : neutraliser ou réinsérer pour empêcher de récidiver.

Ces deux termes sont aujourd'hui au cœur de la justice du quotidien marquée par des réformes successives empreintes de fermeté et d'amendements : punir, exclure, amender, réinsérer.

De ces efforts multipliés résulte un système hybride, mi répressif et mi accompagnateur, car l'un et l'autre sont certes inconciliables mais nécessaires.

Ce balancement marque irrémédiablement le traitement de la récidive et met en évidence que ces deux courants ne peuvent exister l'un sans l'autre. Le choix n'a jamais été fait et ne peut l'être car il faudra toujours rechercher à éviter que le délinquant bascule dans la récidive, que le condamné exécute une juste peine, que le récidiviste sorte un jour du milieu carcéral

Un balancement législatif

Les années 2000 sont marquées par une tendance à la neutralisation, ce mouvement s'est par la suite sensiblement inversé.

La loi du 10 août 2007 renforçant la lutte contre la récidive des majeurs et des mineurs instaure des « peines minimales d'emprisonnement » également appelées peines plancher, applicables aux majeurs comme aux mineurs de plus de treize ans récidivistes, le choix du traitement de la récidive par la neutralisation des auteurs est ainsi érigé au rang de priorité.

En « quasi » réponse, la loi du 15 août 2014 relative à l'individualisation des peines et renforçant l'efficacité des sanctions pénales affiche clairement sa contradiction avec la loi du 10 août 2007.

Si la récidive demeure un sujet majeur, cette réforme pénale issue d'une conférence de consensus, est empreinte d'un humanisme fort en érigeant l'individualisation de la peine, le suivi renforcé en milieu ouvert, l'accompagnement des fins de peine et le prononcé de peines alternatives à la prison adaptées aux parcours des individus comme principes fondamentaux afin de donner un sens aux peines et ainsi lutter efficacement contre la récidive.

La lutte contre la récidive à travers l'alourdissement des peines n'est plus, les peines plancher sont supprimées.

Un balancement dans l'exercice de l'action publique

Il est acquis que le traitement renforcé des actes de délinquance en état de récidive se traduit bien souvent par le recours, pour le ministère public à des procédures et des peines dites fortes : comparution immédiate – aggravation des peines requises.

Cette fermeté se traduit également par la multiplication des peines complémentaires qu'il est désormais possible de requérir et de prononcer. L'objectif est alors d'éviter à la personne condamnée en plus de sa peine, de récidiver, des « mesures de prévention par la sanction ».

Dans le même temps, le ministère public est aujourd'hui engagé dans des dispositifs et des expérimentations de prévention de la récidive et non seulement de sanction de celle-ci. À ce titre, le dispositif de l'accompagnement individuel renforcé, afin de rechercher une meilleure prévention de la récidive pour des délinquants multi-réitérant, est un dispositif destiné à mettre en place une nouvelle méthode de prise en charge des délinquants avec l'objectif de dévier ces derniers du parcours dans lequel ils se sont ancrés.

La récidive est ainsi abordée bien en amont du potentiel parcours délinquant par une place de plus en plus importante donnée au traitement des addictions et des personnes atteintes de troubles : prévenir au lieu de punir.

Un balancement de l'exécution de la peine

Le droit de l'application des peines oscille entre les objectifs de rétribution, réinsertion, et neutralisation des personnes condamnée. Ainsi, la loi pénitentiaire du 24 novembre 2009, dans son article préliminaire assigne à la peine la fonction de concilier « la protection de la société, la sanction du condamné et les intérêts de la victime avec la nécessité de préparer l'insertion ou la réinsertion de la personne détenue afin de lui permettre de mener une vie responsable et de prévenir la commission de nouvelles infractions ».

Ainsi, réforme après réforme, l'application des peines doit désormais à la fois permettre la réinsertion des délinquants et en même temps les neutraliser pour mieux prévenir la récidive, un balancement continuel.

De manière à encourager le reclassement des condamnés, le législateur prévoit que des réductions de la durée de la peine viennent récompenser ceux qui feront preuve d'efforts de réadaptation sociale.

A ces crédits de bonne conduite viennent s'ajouter les réductions de peine supplémentaires, que le juge d'application des peines peut accorder aux condamnés récidivistes ou non récidivistes.

En outre, les peines se caractérisent par une très grande diversité de modalité d'exécution afin de favoriser la réinsertion des personnes condamnées, mesures spécialement destinées à éviter leur désocialisation ou à faciliter leur resocialisation.

Par ailleurs, l'exécution des peines prévoit expressément comme mode d'aménagement la libération anticipée du condamné sous condition d'une bonne conduite pendant le temps séparant la date de sa libération de la date d'expiration de la peine, mesure particulièrement favorable, dont l'objectif est un retour progressif à la liberté.

Parallèlement à ce mouvement d'amendement et de réinsertion, la conception de l'exécution des peines émergée à la fin des années soixante-dix, sclon laquelle, le meilleur moyen de prévenir la récidive est de maintenir enfermés les criminels les plus dangereux n'a pas pour autant disparue voire s'est renforcée.

À ce titre, la période de sûreté instituée en 1978 demeure un rempart contre « l'effritement » de la peine en faisant échec à toute mesure d'indulgence. Ainsi, pendant sa durée, aucun aménagement de la peine n'est possible.

Les lois du 1er février 1994 et du 12 décembre 2005 ont relancé ce mouvement en diversifiant les mécanismes permettant de garantir la longue durée de l'enfermement dans le but de prévenir la récidive, en conditionnant l'octroi des mesures d'individualisation des peines d'emprisonnement prononcées contre les auteurs de crimes ou délits à caractère sexuel à la réalisation d'une mesure d'expertise psychiatrique en raison des risques de récidive particulièrement élevé chez ce type délinquant mais aussi en limitant le nombre de crédits de réduction de peines octroyés aux condamnés en état de récidive légale.

Les lois du 12 décembre 2005 et du 25 février 2008, ont ajouté aux fonctions modernes de la peine, la fonction de neutralisation des condamnés dangereux. Elles ont ainsi instauré pas moins de quatre mesures de sûreté nouvelles destinées à renforcer la prévention de la récidive par la neutralisation du délinquant.

Ainsi, la surveillance judiciaire des personnes dangereuses et le placement sous surveillance électronique mobile imposent des obligations après libération pour la période correspondant à l'octroi de réduction de peine.

La rétention de sûreté afin de prévenir la récidive des condamnés jugés particulièrement dangereux impose à l'issue de l'exécution de sa peine par le condamné, un placement en centre socio – médico - judiciaire de sûreté. Enfin, la surveillance de sûreté impose des obligations aux personnes condamnés considérées comme particulièrement dangereuses dans le but de prévenir la récidive.

L'exécution de la peine est ainsi aujourd'hui marquée par une très grande diversité voire une confusion de mesures reflétant un tiraillement constant entre recherche de resocialisation du délinquant, mais aussi réaffirmation de la fermeté de la sanction afin de lui redonner son sens premier celui de punir et d'intimider.

En instaurant comme économie générale de la nouvelle politique des peines d'assurer le prononcé de sanctions efficaces tout en garantissant leur exécution effective, la loi de programmation pour la justice ambitionne de prononcer des peines adaptées pour éviter la récidive et d'assurer la certitude de l'exécution de ces peines.

À travers cette double ambition, la loi de programmation pour la justice réaffirme ainsi les deux approches de lutte contre la récidive : neutralisation effective et réinsertion. Une nouvelle déclinaison du balancement continuel.

La récidive, obsession du législateur contemporain

Romain Ollard

Constat numérique. Depuis le milieu des années 2000, les réformes relatives à la récidive n'ont cessé de s'empiler à un rythme pour le moins effréné, ce qui témoigne d'une forme d'obsession des pouvoirs publics pour la lutte contre la récidive, laquelle apparaît ainsi comme un fléau contemporain, peut-être même, à en croire cette frénésie législative, comme le fléau majeur de ce début de 21e siècle[1]. L'intitulé même des lois en porte témoignage, que l'on songe à la loi du 12 décembre 2005 – la première du genre – relative au traitement de la récidive des infractions pénales[2] ; à la loi du 10 août 2007 relative à la récidive des majeurs et des mineurs[3] ; ou encore à celle du 10 mars 2010 tendant à amoindrir le risque de récidive criminelle[4]. Et, au-delà des lois qui comportent explicitement le terme « récidive » dans leur libellé même, d'autres en font un objectif majeur, qu'il s'agisse de la loi du 5 mars 2007 relative à la prévention de la délinquance[5], de la – très symbolique – loi du 25 février 2008[6] qui institue notamment la rétention de sûreté destinée à lutter contre la récidive des individus dangereux par un enfermement potentiellement perpétuel ou, enfin, de la loi du 15 août 2014 relative à l'individualisation des peines et renforçant l'efficacité des sanctions pénales, souvent dite loi Taubira[7].

---

[1] E. Garçon, « Entre confiance et défiance à l'égard du juge pénal – Loi n° 2007-1198 du 10 août 2007 », JCP G 2007, I, 196 ; V. Tellier-Cayrol, « La récidive : de quelques paradoxes et incohérences », AJ pén. 2012, p. 64.

[2] L. n° 2005-1549 du 12 décembre 2005, complété par un décret n° 2006-385 du 30 mars 2006, relatif au traitement de la récidive des infractions pénales. *Adde*, Décret n° 2007-699 du 3 mai 2007 portant renforcement de l'équilibre de la procédure pénale et prévention de la délinquance.

[3] L. n° 2007-1198 du 10 août 2007. *Adde*, Décret n° 2007-1627 du 16 novembre 2007 relatif aux aménagements de peine et à la lutte contre la récidive.

[4] L. n° 2010-242 du 10 mars 2010.

[5] L. n° 2007-297 du 5 mars 2007.

[6] L. n° 2008-174.

[7] L. n° 2014-896 du 15 août 2014.

Constat d'impuissance. Cette litanie de textes, dont certains se succèdent à quelques mois d'intervalles seulement, pourrait d'abord témoigner, de façon paradoxale, d'une forme d'impuissance des pouvoirs publics à endiguer le fléau[8]. Ce besoin constant de remettre l'ouvrage sur le métier, en modifiant continuellement l'existant, **pourrait** en effet attester en creux d'une certaine inefficacité des moyens déployés, sans cesse repensés, même si, ici peut-être plus qu'ailleurs, la loi a souvent tendance à recourir à cet art qui consiste à « mettre du vin nouveau dans de vieilles outres »[9].

Constat d' « offensivité ». Par-delà leur contenu, les lois anti-récidive traduisent surtout une forme d'affichage politique. Devenue un enjeu électoral majeur qui occupe depuis plusieurs années le devant de la scène médiatique[10], la lutte contre la récidive a en effet progressivement intégré le discours politique. Aussi bien, les lois anti-récidive contiennent-elles un message à peine voilé adressé à la population[11], qui s'attache à montrer – aussi ostensiblement que possible – que les pouvoirs publics prennent le problème à bras le corps en déployant leurs efforts et leurs ressources, tant juridiques qu'humaines, pour endiguer le fléau, dans une dynamique résolument offensive. L'examen des travaux préparatoires montrent d'ailleurs que la plupart des lois récentes font suite à un fait divers fortement médiatisé, toujours le même, à savoir la commission d'une nouvelle infraction par un individu, à peine sorti de détention. Les lois anti-récidive participent ainsi d'une forme de « législation en temps réel »[12], édictée en réaction à l'émotion suscitée par un fait divers dans l'opinion publique.

---

[8] Pour des données chiffrées, A. Kensey, « Définir et mesurer la récidive : nécessité d'éclairer le débat », AJ Pénal 2007 p. 393.

[9] Luc 5:37-39. V., symptomatique à cet égard, la création de la contrainte pénale par la loi n° 2014-896 du 15 août 2014 relative à l'individualisation des peines et renforçant l'efficacité des sanctions pénales, qui emprunte largement au sursis avec mise à l'épreuve : R. Ollard, « Le projet de loi relatif à la prévention de la récidive et à l'individualisation des peines ou l'art de faire de faire du vin nouveau dans de vieilles outres », Lexbase, éd. privée générale, n° 546 ; J. Pradel, « Les recommandations de la conférence de consensus sur la prévention de la récidive », D. 2013, p. 725.

[10] M. Herzog-Evans, « Prévenir la récidive : les limites de la répression pénale », AJ pénal 2007. 357.

[11] V. les propos de Christian Estrosi, alors député de l'UMP, tenus à l'Assemblée nationale, lors de la discussion de la loi n° 2005-1549 du 12 décembre 2005 : la récidive est « perçue par la population comme un échec du système pénal et plus généralement de la politique sociale » ; « le renouvellement d'infractions par des délinquants d'habitude est douloureusement ressentie par les victimes et leur entourage qui n'admettent pas que notre système pénal soit affecté d'un taux de récidive endémique, constant voire irréductible ».

[12] J.-P. Allinne, « Récidive, risque, dangerosité, la fin du paradigme réhabilitatif », *in Les récidivistes, Représentations et traitements de la récidive XIX*e*-XXI*e *siècle*, Presses universitaires de Rennes, 2010, p. 25.

Concept protéiforme. Un tel affichage politique transparaît d'ailleurs dans l'intitulé même des lois car la notion de récidive y est entendue, non point en un sens strictement juridique, mais au sens courant du terme. Selon une première signification technique étroite, la récidive obéit en effet à des conditions strictes qui exigent la commission d'une seconde infraction – d'une certaine nature et dans un certain délai – après une condamnation définitive pour une première infraction[13]. Or, dans l'intitulé des lois éponymes, la récidive est comprise au sens courant du terme, comme impliquant simplement la répétition d'infractions par un même auteur, quelle qu'en soit la nature ou la fréquence. C'est précisément cette conception large que, jadis, la conférence de consensus pour la prévention de la récidive choisit de retenir pour guider ses travaux : « le terme récidive est employé dans son acception commune et non juridique. Elle concerne les personnes ayant déjà commis une infraction et qui en commettent une nouvelle »[14]. Au sein même des textes gouvernant le droit de la peine, le même terme de « récidive » obéit à une définition différente, suivant que la loi entend envisager sa répression ou sa prévention : car si, dans le premier cas, lorsqu'il s'agit de faire produire des effets répressifs à la récidive – récidive légale –, celle-ci est conçue dans un sens juridique étroit, les textes la considèrent à l'inverse dans son sens commun lorsqu'ils érigent la prévention de la récidive en un objectif poursuivi par la loi – récidive-finalité. En témoignent, parmi de multiples exemples, le nouveau sursis probatoire, prononcé « *afin de* prévenir la récidive »[15], la surveillance judiciaire, ordonnée « aux *seules fins* de prévenir une récidive dont le risque paraît avéré »[16] ou encore le suivi socio-judiciaire qui « emporte, pour le condamné, l'obligation de se soumettre (...) à des mesures de surveillance et d'assistance *destinées à* prévenir la récidive »[17]. C'est dire que, dépourvu de tout effet normatif, l'objectif de prévention de la récidive ainsi énoncé par la loi participe davantage d'un discours politique que d'un concept juridique opératoire.

Concept pluridisciplinaire. Quoique la définition large de la récidive – plus sociologique que juridique – puisse *a priori* séduire par son ouverture, elle est à peu près vide de sens d'un point de vue scientifique dès lors que l'on peut y ranger des situations très diverses, qui correspondent à des

---

[13] CP, art. 132-8 et s. Sur ces différentes conditions, E. Bonis-Garçon et V. Peltier, *Droit de la peine*, Lexis-Nexis, n° 420 et s.

[14] Conférence de consensus de prévention de la récidive, *Note d'information sur la conférence de consensus : « Quelles réponses pénales efficaces pour mieux prévenir la récidive ? »*, s.d., p. 6.

[15] CP, futur art. 132-41-1.

[16] CPP, art. 723-29 et s.

[17] CP, art. 131-36-1. *Adde*, CPP, art. 706-10, qui énonce que le placement sous surveillance électronique mobile a pour finalité d'éviter « le risque de commission d'une nouvelle infraction ».

réalités criminologiques elles-mêmes différentes. En caricaturant, pourrait par exemple y entrer la situation dans laquelle un individu commet un excès de vitesse et, dix, vingt ou trente ans plus tard, un vol[18]... Là réside peut-être le paradoxe du concept de récidive qui, bien que renvoyant fondamentalement à une réalité juridique, à laquelle sont attachés des effets répressifs, n'intéresse pas seulement les juristes, mais encore, tout aussi bien, les sociologues, les psychologues, les historiens, les journalistes, les politiques[19]. Or, chacun en retient une conception qui lui est propre, ce qui montre bien que la définition de la récidive est non seulement contingente, variable suivant les lieux, les époques, les disciplines, mais encore et surtout politique, étroitement dépendante des politiques pénales[20].

Concept légal. Epousant la logique de la loi – que cette étude cherche précisément à déceler –, c'est toutefois cette définition large de la récidive qui sera retenue, ce qui permet d'inclure, au-delà de la récidive *stricto sensu*, la réitération, applicable par défaut, lorsque les conditions de la récidive légale ne sont pas remplies[21]. En revanche, le concours réel d'infractions[22] n'obéit pas à la même logique car s'il implique, comme la récidive, une répétition d'infractions, il s'en distingue en ce qu'il n'implique pas, entre les infractions commises, une condamnation pénale définitive, ce qui justifie un effet répressif plus limité. En définitive, au sens de cette étude, le critère de la récidive réside dans l'existence d'un avertissement préalable par la justice, lorsque les infractions répétées – ou susceptibles de l'être – sont séparées entre elles par une condamnation définitive.

Réaction : entre répression et prévention. Or, pour lutter contre le phénomène de la récidive, ainsi entendu, le législateur contemporain a décidé de multiplier les armes de réaction, en agissant aussi bien sur la répression du délinquant récidiviste, envisagé en tant que personne, dans sa dimension individuelle, qu'en agissant sur la prévention de la récidive, envisagée comme phénomène criminel. Mais si la loi s'emploie ainsi –

[18] L. Aubert, P. Mary, « La fabrique de la récidive », RSC 2014, p. 435. Dans me même sens, P. Landreville, « La récidive dans l'évaluation des mesures pénales », Déviance et société, 1982, n° 4, p. 379.

[19] V. Tellier-Cayrol, « La récidive : de quelques paradoxes et incohérences », AJ pén. 2012, p. 64.

[20] Comp. L. Aubert, P. Mary, « La fabrique de la récidive », précité : « Ainsi, au problème de la construction sociale et pénale de la récidive, s'ajoute celui des choix inévitablement arbitraires pour s'entendre sur une définition de la récidive. La tentation est alors grande de s'en remettre à la définition juridique, mais, si un tel choix pourrait s'entendre au plan politique, il n'est guère admissible au plan scientifique. En effet, la définition juridique non seulement diffère selon les droits nationaux, mais change aussi dans le temps parce qu'elle est avant tout une définition politique ».

[21] CP, art. 132-16-7.

[22] CP, art. 132-2 et s.

ostensiblement – à « faire feu de tout bois », un changement de cap est peut-être à l'œuvre aujourd'hui car l'on assiste à un recul d'une approche purement répressive du phénomène (I) au profit d'une approche plus volontiers préventive (II). Initiée par la loi dite Taubira du 15 août 2014, cette tendance ne saurait toutefois masquer l'ambiguïté du concept de prévention car, sous couvert d'une finalité préventive, les mécanismes mis en œuvre présentent bien souvent des effets répressifs réels pour le délinquant récidiviste, restrictifs ou privatifs de liberté. Aussi paradoxale que puisse apparaître l'assertion, la prévention emprunte parfois les voies de la répression.

Le recul de l'approche répressive de la récidive

Double déclin. Si l'état de récidive légale persiste, aujourd'hui encore, à produire des effets répressifs aggravés, un recul d'une approche purement répressive est néanmoins perceptible aussi bien au stade du prononcé de la peine (A) qu'au stade de son exécution (B).

Le recul de la répression au stade du prononcé de la peine

Aggravation de la répression. Constitutive d'une circonstance aggravante à la fois générale et personnelle, la récidive légale a pour effet d'assujettir le délinquant récidiviste à un régime répressif aggravé[23], trop connu pour qu'il soit utile d'y revenir en détail[24]. Positivement d'une part, l'aggravation consiste en un doublement des peines encourues, tant du quantum de la peine privative de liberté, que du taux de l'amende et ce, aussi bien pour les personnes physiques[25] que morales[26]. Négativement d'autre part, ce sont encore certaines mesures présentées comme favorables au délinquant qui se trouvent exclues à l'égard des délinquants récidivistes. Ainsi, pour ne prendre qu'un exemple récent[27], le nouveau sursis probatoire[28], créé par la loi n° 2019-222 du 23 mars 2019 de programmation 2018-2022 et de réforme pour la justice, est-il exclu « à l'encontre d'une personne ayant déjà fait l'objet de deux condamnations

---

[23] *Adde*, s'agissant de la réitération, CP, art. 132-16-7, qui soumet le délinquant à un cumul des peines sans limitation de quantum et sans possibilité de confusion avec les peines définitivement prononcées lors de la condamnation précédente.

[24] Sur ce détail, E. Bonis-Garçon et V. Peltier, *op. cit.*, n° 83 et 419.

[25] CP, art. 132-8 et 132-9.

[26] CP, art. 132-12 et s. (décuple de l'amende par rapport aux personnes physiques, ce qui revient là encore à doubler le taux de l'amende pour les personnes morales).

[27] *Adde*, en matière d'exécution des peines, infra IB.

[28] CP, futurs art. 132-40 et s.

assorties du sursis probatoire pour des délits identiques ou assimilés et se trouvant en état de récidive légale »[29].

Aggravation facultative de la répression. À la différence de la réitération pour laquelle le cumul des peines est obligatoire[30], l'aggravation de la répression demeure toutefois facultative en matière de récidive. Il résulte en effet de l'article 132-16-5 du Code pénal que « l'état de récidive légale *peut* être relevé d'office par la juridiction de jugement même lorsqu'il n'est pas mentionné dans l'acte de poursuites », de sorte que le constat de l'état de récidive est une simple faculté offerte au juge, qui n'est nullement tenu de le constater[31]. Aussi bien, pourrait-il être tentant, dans un premier mouvement, d'en déduire que le principe de personnalité des peines vient atténuer la rigueur de la répression à l'égard du récidiviste en ce sens qu'il ne serait pas soumis à une aggravation de plein droit, mécanique et automatique. La déduction serait toutefois hâtive dès lors que les juges sont tenus de statuer sur l'état de récidive lorsque celui-ci est « mentionné dans l'acte de poursuite », de sorte que la dynamique de la récidive[32] appartient en définitive au ministère public – maîtrise de la question au cours des débats judiciaires. Il n'en demeure pas moins que, selon une saine répartition des compétences, les juges du siège, quoi que tenus de statuer sur l'état de récidive, restent libres quant au choix de la peine effectivement *prononcée* à l'encontre du délinquant récidiviste, dès lors que l'aggravation ne concerne que les seules peines *encourues* – maîtrise de la réponse.

Abrogation des peines planchers. La solution tranche avec l'ancien système des peines planchers, aujourd'hui abrogé, qui avait été introduit par la loi du 10 août 2007 relative à la récidive des majeurs et des mineurs. Cette loi avait en effet instauré des seuils minimaux[33] – les peines planchers – au-dessous desquels le juge ne pouvait en principe descendre dès lors qu'un état de récidive légal était constaté. Le juge ne pouvait en réalité prononcer une peine inférieure à ces seuils que par exception, au prix d'une motivation spéciale fondée sur un triple critère – non cumulatif[34] – tenant aux circonstances de commission de l'infraction, à la personnalité de son auteur ou aux garanties d'insertion ou de réinsertion qu'il présentait, ce

[29] CP, futur art. 132-41.

[30] CP, art. 132-16-7 : emploi du présent de l'indicatif valant, ici comme ailleurs en droit, impératif.

[31] V. déjà, en ce sens, Cass. crim. 20 février 1979, Bull. n° 74 ; Cass. crim. 27 juin 1990, Bull. n° 266.

[32] E. Bonis-Garçon et V. Peltier, *op. cit.*, n° 440.

[33] Sur l'énoncé de ces seuils, CP, ancien art. 132-18-1, en matière criminelle ; ancien art. 132-19-1, en matière correctionnelle.

[34] V. E. Bonis-Garçon, V. Peltier, *op. cit.*, n° 445, et la jurisprudence citée.

qui renvoyait en réalité essentiellement au risque de récidive. Sans doute était-il excessif de considérer, comme le faisait la conférence de consensus, que le mécanisme était directement contraire au principe d'individualisation des peines dès lors qu'il était toujours loisible au juge d'écarter les seuils fixés en motivant spécialement sa décision. Pour autant, en supprimant le système des peines planchers, la loi Taubira du 15 août 2014 – qui s'est employée à faire la chasse à tous les mécanismes automatiques de prononcé ou d'aggravation des peines[35] – est venue restaurer la pleine faculté d'appréciation du juge dans la détermination de la sanction, ce qui témoigne d'un recul certain de la répression pour les délinquants récidivistes, plus perceptible encore au stade de l'exécution des peines.

Le recul de la répression au stade de l'exécution de la peine

Ancien régime dérogatoire répressif. Classiquement, les règles relatives à l'exécution des peines – qui visent tant à la réinsertion du condamné qu'à la prévention de la récidive[36] – subissaient atténuations et aménagements lorsque le délinquant était en état de récidive, qui se trouvait ainsi soumis à un régime répressif renforcé. Au plan temporel d'une part, de la même façon que la semi-liberté et le placement à l'extérieur étaient accordés plus tardivement aux récidivistes[37], la libération conditionnelle subissait un aménagement temporel qui se traduisait tant par des délais d'octroi plus longs[38] que par un temps d'épreuve allongé[39]. Au plan matériel d'autre part, les crédits de réduction de peines accordés aux condamnés récidivistes étaient quantitavement moins importants[40] ; c'était encore, plus radicalement, le bénéfice même de certains aménagements de peine qui leur étaient refusés. Ce *corpus* de règles, spécifiquement applicable aux délinquants récidivistes, témoignait indubitablement d'un régime dérogatoire[41], dans le sens d'une sévérité accrue.

---

[35] Ainsi la loi Taubira est-elle encore venue supprimer, notamment, le caractère automatique de la révocation des sursis en cas de nouvelle condamnation.

[36] CPP, art. 707, II.

[37] CPP, ancien art. 723-1 : alors que ces mesures pouvaient en principe être accordées lorsqu'il restait deux ans à subir au condamné, ce délai était réduit à un an en cas de récidive.

[38] CPP, ancien art. 729 et s.: alors que la libération conditionnelle pouvait en principe être accordée à mi-peine, elle ne pouvait être accordée, en cas de récidive, que si la durée de la peine accomplie était au moins égale au double de la peine restant à subir.

[39] Alors que le temps de l'épreuve ne pouvait excéder 15 ans, ce temps était porté à 20 ans en cas de récidive.

[40] CPP, ancien art. 721.

[41] Sur la question, v. R. Ollard, « Vers un droit de la peine dérogatoire », Lexbase, éd. privée générale, n° 668.

Déclin du régime dérogatoire répressif. Or, un tel régime dérogatoire est assurément en déclin aujourd'hui puisqu'il n'existe plus guère que deux spécificités répressives en matière de récidive : l'une tenant à l'octroi de la libération conditionnelle, pour laquelle le temps de l'épreuve reste allongé[42] ; l'autre tenant aux crédits de réduction de peine qui peuvent être retirés en cas de nouvelle condamnation pour une infraction commise après la libération[43]. Pour le reste, le régime de l'exécution des peines fonctionne globalement à l'identique, spécialement s'agissant des aménagements de peine qui peuvent désormais bénéficier aux condamnés en état de récidive[44]. C'est là un changement de perspective radical fondé sur une réalité – désormais avérée – suivant laquelle les « sorties sèches », sans préparation ni aménagements, ont un effet amplificateur de récidive[45]. Aussi bien, en excluant les récidivistes du bénéfice des aménagements de peines, la loi instituait une situation pour le moins paradoxale dans laquelle les individus les plus sujets au risque de récidive étaient exclus des dispositifs les plus à même de l'enrayer[46]. La loi en a pris acte, en faisant disparaître ce qui pouvait apparaître comme une anomalie[47] fondée sur une approche aveuglément répressive de la récidive, qui décline au profit d'une approche plus volontiers préventive.

L'essor de la prévention de la récidive

Double voie. Protéiforme, la prévention de la récidive – aujourd'hui privilégiée – peut emprunter non seulement la voie de la peine (A) mais encore, de façon plus évidente, celle des mesures de sûreté (B). Mais, quelle que soit la technique mobilisée, la finalité préventive des mécanismes anti-récidive ici envisagés ne saurait masquer l'aggravation – réelle – du sort des délinquants récidivistes.

---

42 CPP, art. 729.

43 CPP, art. 721, al. 3.

44 CPP, art. 723-15, qui aménage toutefois la temporalité des aménagements de peine pour les récidivistes.

45 J. Travis, « Les sortants de prison et la sécurité publique : faire face au défi de la réinsertion des détenus », AJ pénal 2011. 388 ; J. Cid, « L'emprisonnement est-il criminogène ? », AJ pénal 2011. 392.

46 En ce sens, Rapport établi par la Commission d'analyse et de suivi de la récidive, juin 2007, p. 56. *Adde*, Tellier-Cayrol, *op. cit.*, p. 64.

47 CPP, art. 723-15. *Adde*, art. 707, III, énonçant le principe d'un « d'un retour progressif à la liberté ».

La prévention de récidive par la peine

Recul de la peine privative de liberté. Quoiqu'*a priori* surprenant, le recours à la technique de la peine peut participer de la prévention de la récidive dès lors que l'on assiste aujourd'hui à un recul de la peine privative de liberté, volontiers rétributive, au profit d'autres types de peines, davantage tournées vers la resocialisation et donc, plus loin, vers la prévention de la récidive. Amorcé par la loi pénitentiaire du 24 novembre 2009, ce mouvement contemporain de défiance à l'égard de la peine privative de liberté – valant tant à l'égard des délinquants primaires que des récidivistes – marque une volonté de rompre avec le système du « tout carcéral », pour des raisons ambivalentes, tenant tant à la lutte contre la surpopulation carcérale, qu'à l'objectif de resocialisation des personnes condamnées dès lors que les peines privatives de liberté, spécialement les courtes peines, sont jugées contre-productives en matière de récidive. Aussi bien, au plan théorique tout au moins, le recours à l'emprisonnement ferme apparaît-il aujourd'hui subsidiaire, même à l'égard des délinquants récidivistes[48], dès lors que le juge ne peut prononcer une peine d'emprisonnement sans sursis « *qu'en dernier recours si la gravité de l'infraction et la personnalité de son auteur rendent cette peine nécessaire* », « *si toute autre sanction est manifestement inadéquate* » et seulement après avoir « *spécialement motivé le choix de cette peine* » [49]. Cette volonté législative de s'opposer au prononcé « sec » de la peine privative de liberté s'est encore amplifiée avec la loi Taubira du 15 août 2014, qui encourage – là encore par une obligation de motivation spéciale[50] – les mesures d'aménagement immédiat de la peine privative de liberté, *ab initio*, dès leur prononcé (semi-liberté, placement à l'extérieur, placement sous surveillance électronique, *etc.*).

Multiplication des peines complémentaires et alternatives à l'emprisonnement. Délaissée comme « reine des peines », la peine privative de liberté est ainsi concurrencée, selon un système de vases communicants, par la multiplication tant des peines complémentaires[51] que des alternatives à l'emprisonnement[52], conçues comme des peines de substitution pouvant être prononcées en ses lieu et place sans qu'aucune

---

[48] En rupture avec la loi du 12 décembre 2005 qui avait posé la règle selon laquelle le juge n'avait plus à motiver spécialement la peine lorsque celle-ci était constitutive d'un emprisonnement ferme prononcé à l'encontre d'un récidiviste (CP, ancien art. 132-19).

[49] CP, art. 132-19, al. 2.

[50] CP, art. 132-19, al. 3.

[51] CP, art. 132-10.

[52] CPP, art. 131-4-1 et s.

hiérarchie ne soit instaurée entre elles. Or, ces peines – alternatives ou complémentaires – sont tournées moins vers la rétribution du condamné que vers sa resocialisation, qu'il s'agisse par exemple du travail d'intérêt général, de l'obligation d'accomplir un stage ou encore de l'injonction de soins.

De façon plus significative encore, est-il possible de citer, pour s'en tenir aux peines les plus récentes, tant la contrainte pénale – qui, abrogée, aura donc peu vécu[53] –, que son avatar constitué par le nouveau sursis probatoire[54] : animées d'une même idéologie, ces deux mesures constituent des peines effectuées en milieu ouvert, « au sein de la communauté », afin d'éviter toute forme de désocialisation, comportant des obligations et des interdictions à la charge de la personne condamnée (obligation de formation ou de travail, de réparer le préjudice subi, injonction de soins, *etc.*). Sans doute ces deux types de mesures ne créent-elles pas à proprement parler, au plan substantiel, d'obligations nouvelles à la charge du probationnaire puisqu'elles existent déjà par ailleurs, notamment en tant que peines alternatives ; elles se distinguent néanmoins des peines classiques en ce qu'elles instaurent un « suivi renforcé » de l'évolution de la personne condamnée, régulièrement évaluée par le service pénitentiaire d'insertion et de probation afin de permettre, le cas échéant, l'adaptation des obligations mises à sa charge. Contrairement aux peines classiques qui n'organisent qu'une simple surveillance de la personne condamnée, ces mesures, évolutives et modulables, prétendent instaurer un accompagnement socio-éducatif individualisé, afin de « prévenir la récidive en favorisant l'insertion ou la réinsertion de la personne »[55]. C'est là une autre philosophie du droit de la peine qui entend désormais – aussi – « punir dehors ».

La prévention de la récidive par les mesures de sûreté

Appréhension de l'avenir. Plus classiquement, la prévention de la récidive sera encore recherchée par la technique de la mesure de sûreté[56], tournée davantage vers l'avenir, pour éviter la réitération d'infractions, que vers la passé, aux fins de rétribution de l'infraction commise. La prévention pourra alors emprunter trois voies principales, suivant qu'elle est fondée –

---

[53] Mesure abrogée par la loi n° 2019-222 du 23 mars 2019 de programmation 2018-2022 et de réforme pour la justice, abrogation qui entrera en vigueur le 24 mars 2020.

[54] CP, futurs art. 132-40 et s.

[55] V. CP, futur art. 132-41-1.

[56] V. M. Brenaud, « Le renouveau des mesures de sûreté en droit pénal français », Thèse Paris II, 2016.

graduellement – sur la surveillance, le soin ou la neutralisation du condamné.

Prévention de la récidive par la surveillance. La prévention de la récidive pourra d'abord prendre les traits d'une surveillance du condamné, soit physique, par la mise à sa charge d'obligations dument contrôlées, soit technologique, avec le développement contemporain de la surveillance électronique. Si ce second type de surveillance peut prendre la forme d'une peine, notamment avec la future peine correctionnelle de **détention à domicile sous surveillance électronique**, créée par la loi du 23 mars 2019[57], c'est surtout dans la phase post-sentencielle, après l'exécution de la peine privative de liberté[58], que la surveillance électronique est en plein essor, qu'elle soit prononcée au titre de la surveillance de sûreté[59] ou de la surveillance judiciaire[60], après la libération du condamné, c'est-à-dire « à titre de mesure de sûreté aux (...) fins de prévenir une récidive dont le risque paraît avéré » [61].

Prévention de la récidive par le soin. La prévention de la récidive pourra encore être fondée sur le soin, par le recours – toujours plus fréquent – à une injonction thérapeutique[62] ou à une injonction de soins, susceptible d'être prononcée dans différents cadres[63], qu'il s'agisse d'une libération conditionnelle, d'une surveillance judiciaire, d'une surveillance de sûreté ou d'un suivi socio-judiciaire. Fondée sur des expertises médicales, qui se prononcent sur « l'opportunité d'une injonction de soins »[64], de tels dispositifs témoignent d'une forme de « médicalisation » du droit de la peine prenant appui sur le concept de dangerosité criminologique[65], entendue comme la probabilité qu'un individu condamné commette une nouvelle infraction[66], ce qui montre bien que la prise en

---

[57] CP, futur art. 132-25 et s. *Adde*, CP, art. 132-26-1.
[58] CP, art. 131-36-10.
[59] CPP, art. 706-53-19.
[60] CPP, art. 723-29 et s., mesure susceptible d'être prononcée, notamment, pour un crime ou un délit commis en état de récidive légale.
[61] CPP, art. 723-29 et s. (à propos de la surveillance judiciaire).
[62] CP, art. 132-45, 3°, dans le cadre d'un sursis avec mise à l'épreuve.
[63] Enumérés à l'article 706-47-1 du Code de procédure pénale.
[64] CPP, art. 706-47-1.
[65] V. notamment M. Petrunik, « Modèles de dangerosité : les contrevenants sexuels et la loi », *Criminologie*, Vol. 27, 1994, numéro 2, p. 89.
[66] V. par ex., à propos de la surveillance judiciaire, CPP, art. 723-31, énonçant que « le risque de récidive (...) doit être constaté par une expertise médicale (...) dont la conclusion fait apparaître la dangerosité du condamné ».

charge médicale des délinquants est essentiellement « destinée à prévenir la récidive »[67].

Prévention de la récidive par la neutralisation. À un dernier degré enfin, la prévention de la récidive pourra emprunter, plus radicalement, la voie d'une neutralisation de l'individu identifié comme dangereux au plan criminologique en ce sens qu'il présente un risque élevé de récidive. En plein essor, cette fonction de neutralisation est duale quant à sa forme puisqu'elle pourra prendre les traits soit d'un traitement médical, comme en témoignent les traitements inhibiteurs de libido introduits par la loi du 2 mars 2010 tendant à amoindrir le risque de récidive criminelle[68], soit la figure d'un enfermement, potentiellement perpétuel. Fondées moins sur les concepts de responsabilité et de culpabilité que sur celui de dangerosité, les mesures privatives de liberté dont il s'agit présentent alors la spécificité de se développer en dehors de la matière pénale *stricto sensu*.

D'une part, dans la sphère extra-pénale, alors que l'hospitalisation d'office était traditionnellement décidée par l'autorité administrative[69], le juge pénal est désormais lui aussi compétent, depuis la loi du 25 février 2008, pour prononcer certaines « mesures de sûreté » en cas de déclaration d'irresponsabilité pénale pour cause de trouble mental. Ainsi peut-il notamment décider d'une hospitalisation d'office lorsqu'il est établi que les troubles mentaux de l'intéressé « nécessitent des soins et compromettent la sûreté des personnes ou portent atteinte, de façon grave, à l'ordre public »[70], bref lorsque l'individu est jugé dangereux.

D'autre part et surtout, dans la sphère post-pénale, post-sentencielle tout au moins, la – très symbolique – rétention de sûreté[71] peut être décidée par la juridiction régionale de rétention de sûreté[72] à l'encontre d'une personne, condamnée pour une infraction grave, lorsqu'elle présente encore, après

---

[67] CP, art. 131-36-1, à propos du suivi socio-judiciaire.

[68] V. CPP art. 706-47-1, al. 2 qui énonce que « lorsqu'une injonction de soins est ordonnée, le médecin traitant peut prescrire un traitement inhibiteur de libido conformément à l'article L. 3711-3 du code de la santé publique », ce dont il résulte que ces traitements ne peuvent être prescrits que par le médecin traitant (art. L. 3711-3, *in fine*), non pas les juridictions judiciaires, de jugement ou d'application des peines (C. santé publ., art. R. 3711-18, al. 2).

[69] Si l'autorité administrative compétente est en principe le préfet, le maire est toutefois autorisé, en cas d'urgence, lorsque des « troubles mentaux manifestes » causent un « danger imminent pour la sûreté des personnes », attesté par un avis médical, à ordonner une hospitalisation d'office provisoire, à charge pour lui d'en référer dans les vingt-quatre heures au préfet qui statue sans délai par voie d'arrêté (CSP, L. 3213-1 et s.).

[70] CPP, art. 706-135 et s.

[71] CPP, art. 706-53-13.

[72] A la suite de l'évaluation de la dangerosité par la commission pluridisciplinaire des mesures de sûreté.

l'exécution de sa peine, une « particulière dangerosité caractérisée par une probabilité très élevée de récidive parce qu'elle souffre d'un trouble grave de la personnalité ». La mesure est ambivalente car si elle repose sur le soin[73], ainsi qu'en atteste la prise en charge médicale, sociale et psychologique de l'individu dans un « *centre socio-médico-judiciaire de sûreté* », elle poursuit également une fonction de neutralisation de l'état dangereux. Créant la possibilité d'un enfermement perpétuel, cette « peine après la peine », selon une expression plus parlante que juridique, est en effet indéfiniment renouvelable puisque la privation de liberté peut durer tant que perdure la dangerosité de l'individu, laquelle est évaluée annuellement[74].

Concept central de dangerosité. Omniprésente, tant au stade de l'exécution de la peine qu'au stade post-sentenciel, la dangerosité irrigue désormais tout le droit de la peine, spécialement la lutte contre la récidive, qu'il s'agisse de sa prévention par la surveillance, par le soin ou par la neutralisation. Obsédé par l'objectif sécuritaire, le législateur contemporain a progressivement placé la dangerosité au cœur des préoccupations du droit pénal alors pourtant qu'elle demeure un concept incertain, aussi bien dans sa définition que, surtout, dans son évaluation[75]. Si le phénomène traduit – l'analyse a été maintes fois menée[76] – une « psychiatrisation » du droit pénal avec une forme de transfert de compétences au profit du « pouvoir » médical, les experts en viennent à assumer, par le vecteur de l'évaluation de la dangerosité, une fonction – pour le moins périlleuse[77] – de « diagnostiqueur » et, peut-être plus encore, de protecteur public contre l'individu dangereux, un peu comme jadis les médecins qui plaçaient en quarantaine les personnes porteuses de maladies contagieuses[78]. C'est qu'en effet, si la dangerosité a progressivement intégré les textes juridiques, comme pivot technique des mesures de sûreté, elle n'est pourtant pas une concept spécifiquement juridique : notion purement fonctionnelle, mise au service d'une politique criminelle qui entend prévenir la récidive par la

[73] CPP, art. 706-53-13

[74] CPP, art. 706-53-16.

[75] G. Pariente, « Dangerosité, Journal français de psychiatrie », 2004/3 n° 23, p. 18. *Adde*, B. Gravier, « Comment évaluer la dangerosité dans le cadre de l'expertise psychiatrique ? », *in Expertise psychiatrique pénale*, dir. J.-L. Senon, J.-Ch. Pascal et G. Rossinelli, 2008, p. 152..

[76] V. par exemple, Ph. Salvage, « La grande délinquance est-elle une maladie ? », Dr. pén. 2010, 2, Etude p. 5.

[77] L'actualité en témoigne tristement : Cass. crim. 22 octobre 2019, n° 18-84.001.

[78] M. Petrunik, « Modèles de dangerosité : les contrevenants sexuels et la loi », *Criminologie*, Vol. 27, 1994, numéro 2, p. 89.

neutralisation des « grands criminels »[79], elle témoigne d'une réaction sociale qui change de nature pour reposer moins sur les principes rétributifs de responsabilité et de culpabilité que sur un diagnostic engageant l'avenir, par nature même incertain.

Concept central de prévention. L'on assiste ainsi à un basculement d'une justice – classiquement – rétributive vers une justice prédictive qui prétend embrasser l'avenir car » ce qui est désormais attendu de la justice pénale, ce n'est plus seulement de punir des comportements dangereux mais de prévenir un passage à l'acte par un diagnostic de dangerosité »[80]. Cette fonction préventive de la loi pénale doit toutefois être bien comprise tant la notion de prévention est ambiguë, voire un brin trompeuse. Sans doute les mesures de sûreté peuvent-elles bien apparaître préventives dans leur finalité puisqu'il s'agit, à travers elles, de se prémunir pour l'avenir contre le risque de récidive, en surveillant l'individu, en le soumettant à des soins ou en le privant de liberté. Mais, dans leur nature et leurs effets, ces mesures sont bien répressives pour l'individu qui les subit dès lors qu'elles sont restrictives ou plus radicalement privatives de liberté, de sorte qu'en envisageant leurs effets réels – et non plus seulement leur finalité –, la distinction entre prévention et répression s'évanouit. Aussi paradoxale que puisse apparaître l'assertion, la prévention peut se faire répressive, au moins lorsqu'elle prend les traits, non point d'une simple surveillance du sujet, mais d'une neutralisation de l'individu identifié comme dangereux. C'est d'ailleurs en ce sens que se sont prononcés, de concert, le Conseil constitutionnel et la Cour européenne des droits de l'homme en décidant de soumettre la rétention de sûreté au principe de non rétroactivité de la loi pénale, la considérant ainsi, non point comme une mesure de sûreté, mais comme une peine au regard de ses effets réels[81].

D'une obsession à l'autre. En guise de conclusion, il convient de relever que le législateur contemporain a peut-être aujourd'hui quelque peu délaissé – mais pour combien de temps ? – son obsession pour la récidive, qui appartiendrait ainsi déjà à l'histoire du droit pénal. C'est qu'en effet, les lois les plus récentes s'attachent moins à la lutte contre la récidive qu'à la

[79] R. Dati, J.-P. Garraud, colloque « Neutraliser les grands criminels », Ministère de la justice, octobre 2008. *Adde*, J.-F. Burgelin, Rapport de la Commission santé-justice, « Santé, justice et dangerosité, pour une meilleure prise en charge de la récidive », Juillet 2005, p. 193.
[80] L. Leturmy, « La dangerosité dans l'évolution du droit pénal », in L'information psychiatrique, Vol. 88, 2012, p. 417.
[81] CC 21 février 2008, n° 2008-502 DC ; CEDH 17 déc. 2009, *M. c/ Allemagne*, n° 19359/04, relatif à la détention de sûreté en droit allemand.

préservation de la sécurité publique aux fins de lutte contre le terrorisme[82] : actualité oblige ! Ces deux sortes de lois récentes partagent pourtant un esprit commun qui pourrait témoigner d'une évolution plus globale de la matière pénale. Car dans les deux cas, il s'agit bien pour la loi pénale d'appréhender la dangerosité des individus – pour mieux la neutraliser –, celle du récidiviste potentiel, et celle du terroriste potentiel. Un palier supplémentaire a toutefois peut-être été franchi dans les lois anti-terroristes récentes, qui prétendent procéder à une forme de neutralisation *ante delictum* des terroristes potentiels, au stade du simple projet criminel avant même qu'il ne dégénère en action terroriste quitte, peut-être, à flirter avec la répression de simples résolutions criminelles[83]. Or, plus que la simple pensée coupable, n'est-ce pas la persévérance dans l'erreur qui est diabolique ?

---

[82] V., parmi les lois plus importantes, L. n° 2014-1353 du 13 novembre 2014 renforçant les dispositions relatives à la lutte contre le terrorisme ; L. n° 2016-731 du 3 juin 2016 renforçant la lutte contre le crime organisé, le terrorisme et leur financement, et améliorant l'efficacité et les garanties de la procédure pénale ; L. n° 2017-258 du 28 février 2017 relative à la sécurité publique.

[83] V. R. Ollard, « L'adaptation du principe de culpabilité à la criminalité extrême », *in L'adapation des réponses pénales aux formes extrêmes de criminalité*, Travaux de l'ISC Poitiers, LGDJ, 2019, p. 89.

La dimension salvatrice du pardon dans la prévention de la récidive : de théorie à pratique

ANTONINE VASSEUR

Je souhaite introduire mon propos en présentant le dispositif Accompagnement Individualisé Renforcé « AIR », que je représente et que j'ai eu la chance de réaliser et d'accompagner au sein de l'Agglomération du Saint- Quentinois en qualité de chef de mission prévention de la récidive. En effet, Monsieur Xavier BERTRAND, Président de la Communauté d'Agglomération du Saint-Quentinois et le Ministère de la justice ont décidé de mettre en place, le 5 janvier 2015, un dispositif d'accompagnement individualisé renforcé visant à réduire certains facteurs de risques de récidive (absence d'emploi, de formation, de logement, de relations familiales, de vie sociale, d'accès aux soins, d'accès aux droits sociaux...).

Dans ce cadre, les chargés de prévention de la récidive, employés par l'établissement public de coopération intercommunale, sont en charge des personnes multirécidivistes et/ou radicalisées placées sous-main de justice, résidant sur le territoire. Ils les accompagnent dans un protocole très précis, conçu et mis en œuvre par l'Agglomération du Saint-Quentinois et en partenariat, avec les services du Parquet ainsi qu'avec les services pénitentiaires d'insertion et de probation en fonction de l'orientation, qu'elle soit pré-sentencielle ou post-sentencielle.

Au cours de ces 5 années, j'ai pu rencontrer plus d'une centaine de profils parfois très différents les uns des autres. Nous traitons parfois des délits mais aussi parfois des crimes. Chaque personne rencontrée au sein de ce dispositif expérimental a fait l'objet d'une prise en charge personnalisée et nous avons accordé tout le temps nécessaire à la reconstruction de ces personnes en état de délinquance et au parcours de vie tumultueux, aux épreuves individuelles jusqu'ici parfois insurmontables.

J'ai fait le choix au cours de mon intervention, de vous présenter un cas très concret, sans doute celui qui a le plus marqué mon travail réalisé depuis ces 5 années et qui incarne selon moi toute la puissance salvatrice du pardon dans le cadre de la prévention de la récidive.

Il n'en demeure pas moins que mon propos ne fera pas l'éloge d'une forme de dimension divine du pardon qui conférerait davantage à la rédemption. C'est bien une forme de dimension salvatrice que je souhaite aborder, la puissance du pardon, accordé à soi-même et pour les autres, qui tend à guérir et se guérir d'une forme d'obsession profonde pouvant parfois mener à la délinquance.

Au cours de l'année 2016, le Procureur de la République a orienté sur notre dispositif AIR une personne que nous appellerons ici Monsieur V. Il avait été présenté au Procureur pour des faits d'outrages et rébellion. Coutumier du fait, il était entré en voie de récidive légale. Il avait en effet opposé une résistance violente à une personne dépositaire de l'autorité publique chargée d'une mission de service public agissant, dans l'exercice de ses fonctions, pour l'exécution des lois, des ordres de l'autorité publique, des décisions ou mandats de justice. Monsieur V nous a été présenté comme une personne multirécidiviste présentant de multiples problématiques (sanitaires, sociales, judiciaires...). Il entretenait une relation particulièrement violente avec les forces de l'ordre ; de lui s'échappait une violence qu'il ne pouvait s'expliquer.

Monsieur V. a l'apparence d'un colosse. Il est grand et de carrure imposante. De larges yeux noirs cernés, le dos voûté. Il parait souvent mal à l'aise, ne sachant pas quoi faire de ses bras qu'il balance régulièrement et ses mains qu'il cache souvent dans les poches de son blouson en cuir. Il a une voix rauque et forte. Il a quelques cheveux grisonnants mais très peu, un élément si important...

Le jour de son arrivée sur notre dispositif, il s'est montré méfiant et parfois très timide. Nous lui avons rappelé notre rôle et notamment celui de l'aider au quotidien dans toutes ses démarches (administratives, médicales...) mais aussi de pouvoir entamer un travail ensemble sur le passage à l'acte et le pourquoi de cette multi-récidive. Il a de suite affirmé vouloir être aidé, il s'exprimait brusquement et sa voix était très forte. Je me suis habituée et ai compris qu'il s'agissait là de sa façon de s'exprimer et qu'il n'y avait aucune agressivité de sa part, mais sans doute beaucoup de maladresse.

Lors de ce premier entretien nous avons posé beaucoup de questions à Monsieur V, nous devions pouvoir comprendre son parcours. Il pouvait choisir de répondre ou non ; il a répondu à toutes nos questions émettant quelques réserves concernant sa première condamnation par une cour d'assises plus de 20 ans auparavant. Il avait été condamné pour homicide involontaire et avait passé plus de 10 ans en détention.

J'ai de suite ressenti un malaise au moment d'aborder cette partie de sa vie, de la même façon qu'il est resté très vague concernant sa famille. Il souhaitait ne pas aborder cela avec moi et d'ailleurs je le comprenais aisément, nous ne nous connaissions pas, comment aurais-je pu moi-même me confier à un étranger ?

Il a cependant accepté de nous parler de sa santé et nous a confié être souffrant, il était atteint d'un cancer qui avait été diagnostiqué au cours de son incarcération. Il estimait ne pas avoir pu se soigner comme il l'aurait souhaité et nous a demandé de bien vouloir l'accompagner dans l'ensemble de ses démarches. Au cours de cette conversation concernant son état de santé, Monsieur V s'est tout à coup montré à la fois très agacé mais cet agacement était empreint d'une forme de grande tristesse. Il a abordé sa perte de cheveux, il a déclaré « ça... c'est mon plus grand malheur, je perds mes cheveux depuis que j'ai 16 ans, je les ai perdus beaucoup, ça s'est arrêté un temps puis ça recommence parfois, c'est ma plus grande honte, je me sens moche, je n'aime pas que l'on me regarde ». Je ne le savais pas encore mais il venait déjà de m'avouer ses plus grandes peurs et ses plus grands secrets.

Nous devions conserver Monsieur V sur notre dispositif durant 6 mois, il est resté deux années... Ce qui s'apparentait à un suivi somme toute assez classique avec de multiples problématiques et notamment d'ordre social, s'est avéré être le suivi qui aura marqué ma carrière de chargée de prévention de la récidive.

Nous nous rencontrions chaque semaine, parfois deux fois par semaine, Le temps passant Monsieur V. se découvrait drôle et sensible. Sa voix s'adoucissait et les difficultés sociales se résolvaient peu à peu grâce à sa persévérance. Puis est arrivé le moment de la sortie du dispositif, nous avions répondu à toutes les demandes de Monsieur V. qui avait retrouvé un logement, avait pu entreprendre toutes les démarches médicales et examens pour le traitement de son cancer, l'ensemble de ses papiers étaient à jour, en un mot : plus d'obstacle à une vie loin des tribunaux. Et pourtant je percevais que Monsieur V. n'était pas prêt à sortir du dispositif, comme s'il n'avait pas terminé le travail qu'il avait entamé et notamment le travail sur le passage à l'acte que nous avions entrepris. Malgré une prise en charge psychologique, cela ne lui semblait pas suffisant. C'est à cette période que

Monsieur V. s'est remis à consommer beaucoup d'alcool. Alors même que nous venions de trouver des solutions à l'ensemble des problèmes qu'il avait lui-même listés, il s'avérait que cette personne ne s'était sans doute jamais sentie plus vulnérable. Nous avons bien évidemment poursuivi le travail avec lui, en tentant surtout de le raisonner quant à sa consommation d'alcool. Il était, durant cette période, redevenu cette personne violente et parfois timide, mal à l'aise. Il ne supportait ni les gens ni ne se supportait lui-même. Il avouait se détester. Ce fut une période très difficile pour lui et très complexe pour nous, dans le cadre de notre prise en charge.

Un jour, alors même que nous n'avions pas rendez-vous, Monsieur V. s'est présenté à mon bureau, il s'était alcoolisé la veille, était à bout, voulait parler. Nous nous sommes assis et avons échangé durant presque quatre heures dans ce bureau... Il était prêt, il était temps, c'était là maintenant et pas autrement, il le fallait, c'était une question de survie pour lui.

Il s'est d'abord confondu en excuses et a dit « maintenant je vais beaucoup parler, je le sais, parce que je ne l'ai encore jamais fait depuis plus de vingt ans ». Monsieur V., avec une terrible honte dans son regard, tout d'un coup devenu plus doux, pratiquement celui d'un enfant, a avoué avoir été violé durant son adolescence par un salarié de l'entreprise dans laquelle il travaillait. Il n'en n'avait jamais parlé à personne, il avait honte, il se demandait souvent comment sa propre famille allait le vivre et puis comment allait-on le regarder désormais ? L'enfant qu'il était n'avait jamais crié sa souffrance au point d'en faire sa plus grande honte, son plus grand malheur, sa plus lourde peine.

C'est à partir de cette époque que ses cheveux sont peu à peu tombés, comme pour symboliser les stigmates du passé. Je venais de comprendre qu'en réalité ce premier jour lors de notre rencontre il venait déjà de m'avouer sa peine et sa détresse. Il venait de m'expliquer pourquoi, selon lui, cette perte de cheveux, symbolisait pour lui, son plus grand malheur.

Il m'explique encore au cours de l'entretien que depuis ce moment, une haine immense s'est emparée de lui et l'a peu à peu consumé. Plus rien n'avait d'importance, il ne savait plus où se situait le curseur entre le bien et le mal et avait donc décidé de déverser sa peine et sa colère et ainsi faire mal autant qu'il souffrait. Il était incapable de parler, il n'y arrivait pas c'était plus fort que lui. Il fallait qu'il cache tout cela, et ce à n'importe quel prix.

Il a ensuite poursuivi son récit, m'expliquant les faits pour lesquels il avait été condamné par une cour d'assises, « ...Ce devait être un cambriolage, ça a mal tourné... ». Il m'a avoué que la personne décédée avait été condamnée pour des faits d'agressions sexuelles sur mineurs. Il pensait à ce moment-là qu'en passant à l'acte, il tuerait son agresseur, il tuerait cette abominable haine qui l'assaillait depuis des années et se débarrasserait ainsi de la totalité de ses démons. Il n'en fut rien. Il a regretté, ne s'est pas pardonné, n'a pas pardonné et a passé de nombreuses années en détention. Il a perdu sa famille, sa compagne, ses enfants ont pris leur distance, il est tombé gravement malade. Il m'a avoué une fois « la colère ça ronge Madame VASSEUR, finalement c'est la colère mon cancer ! » je pense qu'il y avait une part considérable de vérité dans tous ces propos.

Après ces révélations, nous pensions que Monsieur V. se serait montré fragilisé, revivant de douloureux souvenirs et remuant un passé qu'il avait toujours considéré comme un malheur. Pourtant il n'en fut rien. À la suite de ces révélations, Monsieur V. s'est montré plus joyeux, ses yeux étaient dorénavant rieurs, il allait de l'avant à ce moment. Il nous a demandé de rencontrer le Procureur de la République qui l'avait orienté sur notre dispositif quelques mois auparavant, il avait besoin de lui dire, il ajoutera « j'ai besoin de ça, après la boucle est bouclée ». Jamais il n'en n'avait parlé, ni au cours de son procès, ni à son avocat... à personne. Sans doute n'était-ce pas le bon moment, n'était-il pas prêt à pardonner et se pardonner. Mais ici et maintenant et avec nous, il avait réussi.

Nous avons eu un entretien avec le Procureur puis Monsieur V. a poursuivi son suivi chez nous encore quelques mois. Il y avait encore quelques consommations d'alcool mais elles se faisaient de plus en plus rares et n'étaient plus aussi massives qu'auparavant, pour finir par ne plus exister du tout. Il a retrouvé ses enfants, s'est accordé le droit de plaire à nouveau et partage son quotidien avec une amie qui l'aide et l'encourage. Une amie qu'il a eu à cœur de nous présenter et que nous étions ravis de rencontrer tant elle représentait l'évolution de Monsieur V.

Puis Monsieur V. n'a plus perdu ses cheveux.... Il avait su pardonner et se pardonner pour se sauver de son plus grand malheur. Monsieur V., après cinq années, n'a plus récidivé. Il mène désormais une vie tranquille à la campagne, entouré de ses enfants et petits-enfants. Il se dit dorénavant « serein ! ». C'est sans nul doute, selon moi, le parcours le plus représentatif de la dimension salvatrice du pardon dans le cadre de la récidive.

CONSIDERATIONS CLINIQUES

SERIALITE ET DANGEROSITE

Au fondement de la prévention de la récidive : quelques réflexions étymologiques et contradictoires sur la dangerosité

JEAN MOTTE dit FALISSE

S'attacher à prévenir la récidive correspond à l'évidence à la préoccupation de parer au danger qu'elle représente pour l'intégrité de la société aussi bien que pour la bonne réinsertion sociale du délinquant. Mais parler de la notion de danger, c'est inévitablement évoquer la gravité et la pesanteur d'un mal, ce qui suscite dans le même temps un mélange en nous d'idées et d'émotions particulières : crainte, peur, anxiété, méfiance, angoisse... L'abord de cette notion de danger semble donc nous inscrire dans la logique apparente d'une association de termes et thématiques criminologiques actuelles : terreur et terrorisme, lutte, intimidation, menace, infractions, comportements dommageables, ordre public, répression et réaction pénale... Mais que recouvre réellement cette apparente cohérence de sens ? Quelle est la part de réel que désigne finalement le concept de danger ?

Notre premier constat est celui d'une contradiction dans les termes. En effet, le danger n'est pas le mal en soi. Il est sa potentialité et, de ce fait, porteur d'une incertitude quant à sa survenance. Il est d'ordre virtuel, non factuel. Sa conception renvoie à l'inexistence de son objet dans le présent, ou du moins à la présence de ce dernier « en creux ». Il faut dès lors parler d'un implicite en philosophie, d'une probabilité mathématique ou d'un hasard en sciences. En ce dernier cas, le danger serait plus ou moins soumis aux lois mathématiques des grands nombres. Quoi qu'il en soit, il est alors l'unique objet de la prévision et de la prédiction, de ce que les anciens nommaient aussi la divination.

Mais si l'on interroge la signification étymologique de ce concept de danger, on y découvre le sens premier du pouvoir. Issu du *dongier* [1], le

[1] René GARRUS : Etymologies du Français. Les racines latines. Editions Belin. 1996, p. 89.

danger dérive aussi du terme latin désignant explicitement le pouvoir, le *dominarium*. De même qu'il renvoie à l'idée « d'être le maître » (*dominari*) et à celle du maître en lui-même : *dominus*. Cet apport de l'étymologie assimile ainsi le danger à un objet factuel et réel. Il inscrit son existence dans le présent du pouvoir. Et il fait de cette présence un explicite et une certitude existentielle. De telle manière que parler de danger reviendrait à s'engager dans le constat plus que dans la prévision.

La langue française, en sa sémantique, semble donc vouloir répondre à l'incertitude par la contradiction. On reconnaît évidemment là une tendance naturelle de l'esprit à préférer l'approche positiviste du réel en ce qu'elle est rassurante. Ainsi, les cliniciens ont longtemps considéré que la dangerosité constituait une caractéristique stable des délinquants, en ce qu'elle était ancrée en leur personnalité profonde.

Et puisqu'il est à présent question de dangerosité, nous voici confrontés au nouveau constat d'une semblable contradiction des termes et des significations. Ainsi, Raphaële Garofalo[2], membre de l'école positiviste italienne et premier criminologue à recourir à ce terme de dangerosité, l'associe à la témébilité, soit à un défaut de sentiment moral de pitié ou de probité. Il voit dans le premier cas la caractéristique des auteurs de crimes contre les personnes, tandis qu'il rapporte le second cas aux auteurs de crimes contre les biens. Dès lors, de façon générale, la dangerosité devient à ses yeux le synonyme du crime universel. En inscrivant de telle sorte sa définition de la dangerosité dans une compréhension déterministe de la personnalité criminelle, Garofalo en fait inévitablement l'objet d'une certitude fondée par une logique causaliste.

Mais si l'on regarde de plus près les raisons d'un tel constat et que l'on remonte dans le temps pour ce faire, on s'aperçoit que c'est sous la plume du philosophe Jean-Jacques Rousseau que fut mentionnée en premier cette référence aux sentiments moraux de pitié et de justice en tant que critères de la raison qui fonde la capacité de l'Homme à s'engager dans le contrat social et à vivre donc en société. Cependant, cette même référence trouvait sens, au regard d'un Rousseau protestant convaincu, dans le fait qu'il s'agissait là des qualités divines transmises à l'Homme par Dieu à l'image duquel il fut créé. La pitié que nous rapprocherions aujourd'hui de la capacité d'empathie, et le sens de la Justice apparaissent dès lors comme les justifications de l'existence du libre-arbitre au cœur de la raison humaine. En cela, la référence à ces mêmes sentiments moraux comme critère de

---

[2] Christian DEBUYST, Françoise DIGNEFFE, Alvaro PIRES : Histoire des savoirs sur le crime & la peine. Vol. 2 : La rationalité pénale et la naissance de la criminologie. Ed. De Boeck Université. 1998, p. 248.

dangerosité en raison de leur carence ou de leur absence, est une manière de parler de l'incertain et de l'incertitude.

Des idées contraires se trouvent par conséquent véhiculées par les mêmes mots lorsqu'il est question de dangerosité. Une même contradiction ressort d'ailleurs de l'usage d'autres notions couramment associées à celle du danger ou de la dangerosité.

Prenons d'abord le temps d'analyser les tenants et aboutissants de l'idée de menace. Dans le langage courant et au regard du sens commun, nous y entendons la dimension de l'implicite déjà évoquée, en ce que la menace signifie toujours une incertitude, une éventualité, une virtualité, une possibilité à l'identique de la promesse. Son sens est en cela proche du sens commun du danger.

Mais lorsqu'on examine l'étymologie du terme, il apparaît que la « menace » découle du verbe latin *minare*, provenant lui-même du *minae* désignant un objet en saillie ou en surplomb[3]. De là vient aussi le sens du verbe *eminere* : saillir, se détacher, se distinguer. Il y a donc, dans l'idée de la menace, la conception de ce qui est éminent et proéminent. Ainsi, le *comminari* latin signifie-t-il le fait de menacer vivement. Et un avertissement comminatoire est nécessairement assorti d'une menace de châtiment. Cette seconde signification de la menace rejoint de ce fait pleinement la compréhension étymologique retirée du concept de danger.

Arrêtons-nous ensuite quelques instants sur le concept de terreur. Etymologiquement parlant[4], il découle du *terror* latin qui provient lui-même du verbe *tremere* signifiant le fait de trembler. La *terror* latine désigne donc l'état de celui qui tremble. Mais elle est aussi connexe du verbe *cremere*, craindre. Il existe donc, dans la notion de terreur, une idée de fragilité et d'instabilité, la représentation de ce qui est provisoire et incertain. Cette idée générale rejoint ainsi la définition que nous avons donnée du danger en ce qu'il ressort de l'implicite.

Pourtant, toute littérature considérant le dispositif de la terreur d'un point de vue factuel, par exemple sous un angle sociologique, le fait apparaître comme plus intense et plus grave que celui de la simple violence, de même qu'elle met en lumière ses liens de sens avec la haine. En effet, la violence porte sur une victime spécifique et singulière, qu'elle soit individuelle ou collective. Elle s'éteint par ailleurs dans l'acte qui en constitue le but en soi. À ce titre, la terreur est l'équivalent d'une violence exemplaire puisqu'elle

[3] René GARRUS : Etymologies du Français. Les curiosités étymologiques. Editions Belin. 1996, p. 221

[4] René GARRUS : op. cit. Les racines latines. p. 260.

vise une cible plus large que celle de sa seule victime et qu'elle affecte généralement un groupe humain ou une population. La terreur se comprend donc aussi comme une violence instrumentale, comme une violence utilisée au titre d'un moyen d'accès à une fin qui lui est étrangère.

Pour sa part, la haine est intransigeante et radicale, surpassant en cela aussi l'idée de l'agressivité en intensité. Elle vise un ennemi absolu, dépassant les limites du réel en ampleur. Elle s'instaure d'ailleurs en dispositif pour cette raison précise. On la définira également comme définitive, ferme et totale, plongeant ses racines dans les fondements archaïques et pulsionnels du psychisme. Cette compréhension de la terreur nous renvoie donc à celle qui s'attachait à la définition étymologique du danger en tant qu'un pouvoir.

Au terme de tant de contradictions dans les significations possibles, où se trouve dès lors le sens véritable du danger et de son corollaire, la dangerosité ? Cette question interroge le linguiste et la définition possible du terme dans la langue française. Mais elle concerne en fin de compte tout autant le juriste et le psychiatre, le magistrat et l'expert puisqu'elle renvoie aux enjeux d'une décision portant sur la réalité d'un acte et sur la nature de son auteur. En d'autres mots, la question, philosophique et radicale, est : qu'est-ce que le vrai ?

À l'origine du *war* germain[5], la racine indo-européenne *wer* renvoie à l'idée de ce à quoi il est possible de croire. Elle a donné sens et usage au verbe *garir* en ancien français, dont subsiste le participe présent « *garant* » qui affirme la vérité d'un fait ou d'une promesse et duquel dérive le verbe « *garantir* ». En latin, cette racine indo-européenne a produit l'adjectif *verus*, « vrai », dont découlent les termes de *veritas* (vérité), *veridicus* (véridique : qui dit la vérité), *verificare* (vérifier), *verax* (qui dit vrai) dont provient par contraction notre adjectif « *vrai* ». Le vrai a ainsi sens de ce qui permet de sortir de la crainte, de s'affranchir de la timidité et de se dégager de l'intimidation.

La quête du vrai ouvre alors à deux démarches possibles de recherche :

En premier lieu, on peut considérer la vérité en tant que synonyme de sureté, au sens étymologique du *securus* : ce qui procure assurance et certitude, fermeté du pied ou de la main. En cela, la vérité correspond à l'état de celui ou celle qui n'a rien à craindre. Elle est censée produire le sentiment de sécurité et, en corollaire, la tranquillité d'esprit bien ou mal fondée.

---

[5] René GARRUS : op.cit. Les curiosités étymologiques, p. 180-181.

En second lieu cependant, on peut aussi considérer la vérité en tant que présence à soi-même, équivalent de la vie supposant conscience de soi et du monde. C'est là le sens éclairé par le terme grec *aléthеïa*, ce qui est contraire au sommeil (léthargie) et à la mort (léthal). Cette représentation du vrai implique un enjeu de vie, de présence individuelle et de conscience. Ce qui signifie par contre aussi une inévitable expérience du doute, du conflit, de l'ambivalence, de la subjectivité, de la limite, de la crainte... Enjeu pour le sujet de la définition de son identité, la vérité se joue toute entière dans le dire, dans sa parole.

Ainsi pouvons-nous dès lors interroger la mesure du vrai dans l'affirmation ou la supposition prédictive d'une mesure du danger.

Qu'est-ce que la prédiction ? Que signifie de dire par avance cet incertain qu'est le danger ? Cette question se pose depuis la nuit des temps. Dès l'origine des civilisations les plus anciennes[6], elle fut associée à celle de la survenance des événements de la gravité la plus absolue et à la compréhension d'un destin personnel ou collectif, par exemple au regard de la volonté des dieux. En d'autres termes, la prédiction s'est toujours trouvée associée à la question du sacré et de ses attributs nécessairement dangereux puisque dépassant le seul champ de la conscience et des connaissances humaines. C'est pour ce motif que l'action du devin ou du chaman [7] est nécessairement soumise à une ritualité ayant vertu de protéger des effets d'une néfaste influence surhumaine ou divine.

Au cœur de cette ritualité réside par conséquent aussi l'interdit et l'incapacité à nommer directement ce qui se donne à voir et sa cause. Ainsi trouve sens l'interdit biblique de nommer Dieu, si ce n'est par le tétragramme YHWH ou par l'usage du pluriel *Elohim* qui contredit la représentation monothéiste. La prédiction est dès lors le lieu et le temps de l'enjeu d'un possible accès à une connaissance interdite, connaissance métaphysique d'un au-delà et connaissance morale du bien et du mal. Tandis que sa ritualité est un mode de réponse à l'angoisse, un moyen de passer du domaine de l'inconnu perturbateur et anxiogène à celui de la connaissance rassurante. La ritualité divinatoire ou prédictive est donc aussi le moyen de protéger l'univers face aux forces centrifuges du désordre.

À l'évocation de cette ritualité et de son principe de répétition mathématique, on ne pourra s'empêcher de penser au formalisme tout aussi mathématique des statistiques probabilistes dans l'usage des échelles actuarielles servant à la prévision contemporaine de la dangerosité

---

[6] Encyclopaedia UNIVERSALIS :Encyclopédie des religions, pp. 229, 322, 393, 493 et sq.
[7] Idem, pp. 52 -56.

criminologique d'un délinquant. De même qu'on peut rapprocher ce ritualisme de celui de la procédure pénale parfois tout aussi rigide que celui de la pratique d'une religion monothéiste. Et si l'on s'éloigne de notre culture occidentale pour considérer celle de l'Afrique noire et de l'animisme, il est possible de constater une constante conjonction entre la pratique de la divination et le chemin du rite. La lecture des signes s'accompagne en effet toujours de techniques particulières afin de garantir une constante articulation entre l'acte du devin qui prescrit un rite d'une part et, d'autre part, l'acte du « client » qui accomplit ce rite. [8] Nous assistons de la sorte à la manifestation d'un continuum temporel entre rite et divination, en raison et à l'encontre du danger que constitue la relation au sacré.

Et puisqu'il est alors question du sacré, nous ne pouvons éviter de parler du sacrifice qui est à l'évidence soumis à cette ritualité censée garantir la sécurité dans la relation à ce pouvoir sacré perçu comme dangereux. Ce qui équivaut à penser la ritualité dans l'expérience de la coupure et de la perte d'un bon objet par exclusion. Les apports de René Girard[9], par sa théorie sacrificielle et ses considérations sur la nature d'un désir mimétique à la base d'une violence meurtrière contagieuse, viennent dès lors éclairer mieux encore les contradictions au cœur de notre définition du danger et de la dangerosité. L'auteur nous enseigne que l'expulsion sacrificielle de la victime innocente a pour effet de parer inconsciemment à la menace (ou au danger) intime de la *mimésis*, de cette tendance à l'imitation. Le sacrifice a donc ici pour vertu de supprimer la différence, cette disproportion entre mon avoir et celui de l'autre, génératrice d'angoisse et de violence. Il est en cela une façon de traiter le fondamental de l'existence, à savoir d'objectiver la jouissance de l'Autre. Et le caractère rituel de ce même sacrifice permet la répétition nécessaire de sa réalisation symbolique.

S'il est évident que nous observons ici la répétition inconsciente du mécanisme psychique archaïque de déni du réel[10], nous comprenons que la répétition de la ritualité sacrificielle religieuse lui fait pendant dans la conscience sociale. Cela nous permet alors de mieux comprendre aussi en quoi, dans cette même conscience sociale, l'évocation du danger et le besoin croissant d'une mesure de la dangerosité participent au principe d'un mécanisme inconscient collectif de défense du moi, de protection d'une identité personnelle autant que communautaire. Ceci apparaît alors que,

---

[8] Idem, pp.497 à 502.

[9] René GIRARD : La Violence et le sacré. Ed. Grasset. Paris. 1972.

[10] Oscar MANNONI : Je sais bien, mais quand même… In : Clefs pour l'imaginaire ou l'autre scène. Editions du Seuil. Paris 1969.

dans le même temps, le caractère répétitif – si ce n'est compulsif – de cette litanie sociale et de sa traduction dans un langage scientifique en criminologie, s'épuise à prouver la réalité de l'expérience du danger dès qu'il est question d'une remise en cause de l'identité en raison de la présence de cet autre, de l'étrange étranger qui fait miroir à cet Autre que nous portons en nous.

Récidive criminelle :
Peut-on la prédire ?

Halima Mecheri

« *Nous sommes consternés de nos rechutes, et de voir que nos malheurs même n'ont pu nous corriger de nos défauts.* » De Vauvenargues

Comme le souligne De Vauvenargues, la rechute, la récidive, interroge à différents niveaux. Dans ce travail, notre objectif est triple. Dans un premier temps, il s'agira de comprendre dans quelles conditions un comportement que l'on souhaite voir disparaitre réapparait. Ce paradoxe nous incite à nous demander, dans un deuxième temps, comment mesurer ce risque de récidive ? Et enfin dans une troisième partie, nous nous interrogerons sur la validité de ces mesures que Bensimon (2019) qualifie de « *Pronostic métronome aux répercussions désastreuses entre sous-estimation et surestimation du risque encouru* ».

Pourquoi un comportement que l'on souhaite voir disparaitre réapparait ?

La loi de l'effet (Thorndike, 1931, cité par Farley et Fantino, 1978) stipule que la probabilité qu'un comportement soit reproduit augmente lorsque ce comportement est suivi d'un renforcement (effet positif/satisfaction) que s'il est suivi d'une punition (impliquant un état de non satisfaction du sujet). Il existe trois types de renforcement : (i) les renforcements primaires, ils sont non acquis et universels tel que la nourriture, (ii) les renforcements secondaires, tel que les louanges ou l'argent, et enfin, (iii) les renforcements généralisés, comme l'argent qui s'est fortement détaché des renforcements primaires. Nous n'acquerrons plus de l'argent uniquement pour subvenir à nos besoins mais également pour le plaisir de pouvoir le stocker. Un comportement est reproduit si ses conséquences positives sont maintenues. Si le renforcement est supprimé, on observe que le comportement s'affaiblit peu à peu et finit par « s'éteindre ». C'est ce que l'on appelle l'extinction. Les expériences réalisées chez l'animal, montrent que si l'on renforce, pendant plusieurs essais, le comportement d'appuis sur un premier levier puis on arrête de renforcer l'appui sur ce levier mais que l'on renforce l'appui sur un second levier, on observe une disparition du comportement d'appuis sur le premier levier. Si ensuite aucun des deux comportements d'appui n'est renforcé, on observe la réapparition du comportement d'appui sur le premier levier (Le Ny, 1992). Nous pouvons illustrer ces résultats expérimentaux très simplement chez l'homme. Chez nous, lorsque nous souhaitons par exemple boire, dans la cuisine, nous nous dirigeons toujours dans la direction où est positionné le réfrigérateur. Si pendant notre absence, une personne déplace le réfrigérateur vers le côté opposé dans la cuisine. Même si très rapidement nous allons, par exemple, apprendre à nous diriger à gauche pour prendre à boire (car le côté droit n'est plus renforcé), après un certain laps de temps, nous nous redirigerons vers la droite. C'est ce que l'on appelle le phénomène de récupération spontanée. En l'absence de renforçateur, le comportement s'éteint mais ne disparait pas. Une simple période de repos ou le retour du renforcement fait réapparaitre le comportement (Le Ny, 1992).

De nombreuses études en psychologie comportementale ont montré l'impact de l'environnement sur l'apprentissage, celle de Leitenberg et al. (1970) reprise par Trask et ses collaborateurs en 2015 a montré que le contexte est un facteur majeur de la récupération spontanée. En effet, comme l'illustre le schéma suivant (cf. figure 1), il peut y avoir récupération spontanée lorsqu'après extinction du comportement dans un contexte différent, le sujet revient dans le contexte d'apprentissage, ou lorsqu'il y a retrait du contexte d'extinction. Si à titre d'exemple, nous prenons la dépendance tabagique. Si un sujet qui aurait appris à fumer pendant les congés d'été, décide d'arrêter de fumer à la rentrée de septembre, le fait quelques mois plus tard de retourner en vacances (retour au contexte d'apprentissage) ou même de simplement ne plus travailler (retrait du contexte d'extinction) augmente le risque de rechute. En effet, comme le souligne Guichenez (2006), les situations à haut risque de rechute, sont en lien avec l'environnement et les émotions associées. Ainsi la préparation à l'arrêt du tabac, peut débuter par la détermination des situations déclenchantes (AFSSAPS (2003) cité par Guichenez, 2006).

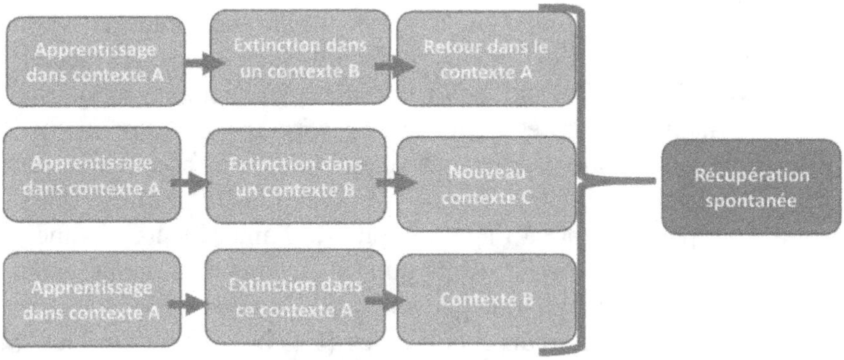

Figure 1: *Schématisation des conclusions de Leitenberg et al. (1970) reprises par Trask et al. (2005)*

De très nombreuses études ont montré le rôle d'autres facteurs dans la récupération spontanée telle que la force de l'apprentissage qui dépend de la durée de l'apprentissage et de l'importance de ses conséquences (Le Ny, 1992).

De ce qui précède, nous comprenons qu'un comportement même éteint peut réapparaitre. Mais cette réapparition peut être prévisible au regard d'un certain nombre de facteurs. Dans le contexte qui nous intéresse, ici, la récidive criminelle, nous allons après l'avoir défini, proposer une synthèse non exhaustive des facteurs de risque de récidive avant de nous interroger sur les différents types d'outils d'évaluation du risque de récidive ainsi que sur leur validité.

La récidive, de sa définition à son évaluation

Pour le Larousse en ligne (s.d.), la récidive correspond à une « *action de commettre, dans des conditions précisées par la loi, une deuxième infraction après une première condamnation pénale définitive* ». Notons que le code pénal (Article 132-10) stipule que « *Lorsqu'une personne physique, déjà condamnée définitivement pour un délit, commet, dans le délai de cinq ans à compter de l'expiration ou de la prescription de la précédente peine, soit le même délit, soit un délit qui lui est assimilé au regard des règles de la récidive, le maximum des peines d'emprisonnement et d'amende encourues est doublé* ». Alors que Lecomte et Timbart (2003) estiment, le taux de récidive criminelle en 2010, à 31,3 %, *Josnin (2014) l'évalue* à 42%. La prévention de la récidive doit pouvoir se baser sur une évaluation du risque. Cette évaluation comme le souligne Brouillette-Alarie et al. (2017) correspond à l'estimation de la probabilité d'apparition d'un événement indésirable futur en fonction d'un ensemble de variables préalablement connues. Les auteurs nous indiquent que ces facteurs de risque peuvent être divisés en deux catégories : les facteurs statiques et les facteurs dynamiques. Les facteurs statiques correspondent aux caractéristiques historiques du sujet et comme leur nom l'indique, ne peuvent être modifier suite à une intervention (Cortoni, 2009). Ils correspondent par exemple à l'âge, le nombre d'antécédents criminels, les caractéristiques des victimes, ... Alors que les facteurs dynamiques, sont des caractéristiques modifiables qui peuvent être de deux types : les *stables* définies comme durables mais modifiables (Cortoni, 2009) puis les *aigus* qui permettent d'identifier à quel moment la récidive est la plus probable. Il s'agit des états passagers tel que l'intoxication à l'alcool, l'accès à des victimes, ...

Après avoir souligné qu'une liste exhaustive des facteurs de risques comporterait plus d'une centaine de variables psychosociales et psychopathologiques, Benezech (2018) propose des facteurs de dangerosité augmentant la probabilité d'apparition d'un comportement criminel. Puis sur la base du profil type de personnes ayant déjà été condamnées, l'auteur décrit deux issues : (i) la récidive, pour laquelle, il propose un profil type et (ii) la non récidive, qui elle, est corrélée avec des facteurs dits positifs de protection. La figure 2 résume l'ensemble de ces données. Ainsi, lorsque le criminel est un jeune homme célibataire, ayant de mauvaises fréquentations, des conduites addictives et aimant le risque, la non récidive sera favorisée par, par exemple, le fait de fonder une famille et d'avoir une activité professionnelle.

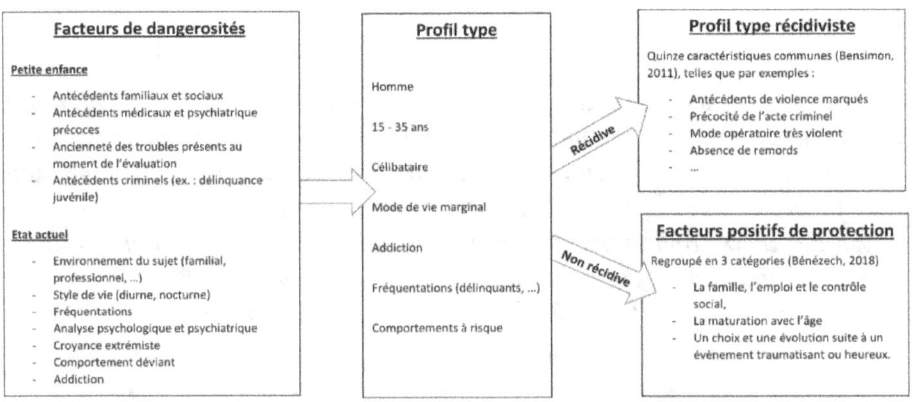

Figure 2: facteurs de dangerosité, profil type et facteurs de protection : schématisation des données de Bénézech (2018)

Comme le souligne également Brouillette-Alarie et al. (2015), les traits latents ont modulé le comportement passé et moduleront les comportements futurs.

Contrairement aux notions objectives tel que la fièvre, la glycémie, etc. qui peuvent être directement mesurées grâce à l'outil et la méthodologie adéquats, les mesures psychologiques sont indirectes car elles sont basées sur des construits hypothétiques : par exemple, il n'existe pas de thermomètre, ou tout autre appareil ou dispositif, pour mesurer l'intelligence. Ces mesures sont également dites relatives car elles ne sont le résultat que d'un nombre limité des manifestations du trait que l'on souhaite évaluer.

Moulin et al. (2012) définissent trois grandes générations de méthodes d'évaluation : le jugement clinique non structuré, les instruments actuariels et le jugement professionnel structuré. Pour ce travail, nous choisissons de nous concentrer sur les instruments actuariels et les outils d'évaluation clinique structurée.

Parmi les instruments actuariels, qui donnent un niveau de risque qui correspond à la somme des facteurs de risque (Hanson, 2010), nous pouvons citer :

La PCL-R, l'échelle de psychopathie de Hare (1991)[1] constitué de vingt items, elle évalue le degré de psychopathie mentale.

Le VRAG (Quinsey et al., 1998)[1], composé de douze items, il évalue le risque de récidive de comportements violents.

Le STATIQUE -2002R (Hanson et Thornston, 2003) [1], composé de 14 items, il évalue le risque de récidive sexuelle chez des agresseurs sexuels adultes.

Parmi les outils d'évaluation clinique structurée, nous pouvons citer le HCR- 20 (Webster et al., 1997) [1], composé de vingt items, il s'agit d'une échelle d'évaluation semi-structurée de récidive des comportements violents. Alors que le VRS-2 (Wong et Gordon, 2001)[1], composé de 26 items, évalue le risque de violence.

Comme le souligne Benezech en 2018, il est essentiel à l'heure actuelle d'utiliser les instruments d'évaluation dans la prévention de la récidive :

---

[1] Cité par Voyer, M. & Senon, J. (2012). Présentation comparative des outils d'évaluation du risque de violence. *L'information psychiatrique*, volume 88(6), 445-453. doi:10.3917/inpsy.8806.0445.

« Continuer à privilégier les classiques examens et expertises psychologiques et psychiatriques, aux dépens des méthodes et instruments d'évaluation contemporains, est une conduite archaïque reflétant la méconnaissance et la réticence des pouvoirs publics en matière de progrès des sciences médicolégales » (Benezech, 2018)

Dans leur étude, Brouillette-Alarie et al. (2015) ont pour objectif d'étudier la validité convergente entre deux types d'instruments pour délinquants sexuels, l'une composée uniquement de mesures de facteurs de risque statiques et l'autre de facteurs de risque dynamiques. Les résultats montrent que les facteurs de risque statiques peuvent être des indicateurs de traits ou de mécanismes psychologiques. Ce qui confirme la légitimité de l'utilisation des échelles basées sur les facteurs de risque statiques.

Ainsi, l'évaluation actuarielle a permis une augmentation importante de validité prédictive et de la fidélité (Harris et al., 2015). La validité prédictive correspond à la capacité d'un test de prédire un comportement futur. La fidélité est une estimation de la précision et de la stabilité d'un résultat. Rapidité de passation, facilité de cotation, transparence et reproductibilité sont autant d'avantages à l'utilisation des outils actuariels. Toutefois, nous ne pouvons qu'avoir un regard critique de cette « impression de précision » (Srinivasan et al., 2010) qu'ils peuvent laisser. Ces outils permettent donc d'avoir une valeur numérique du risque de récidive mais il faut laisser une place à l'évaluation clinique singulière et aux échanges entre praticiens (Moulin et al., 2012).

Baratta et al. (2012) ont effectué des comparaisons entre l'évaluation du risque de récidive figurant dans les conclusions des expertises et des scores établis selon les échelles VRAG ou SORAG. Ils observent une surestimation du risque de récidive par la méthode clinique dans 6% des cas, une sous-estimation du risque de récidive par la clinique dans 16% des cas et une mésestimation dans 33% des cas. Chacune des approches est donc nécessaire mais non suffisante.

Nous retiendrons donc de ce travail, que même lorsque nous mettons tout en œuvre pour voir disparaitre un comportement inadapté, ce dernier peut ressurgir. Ainsi, s'il n'est pas toujours possible d'éteindre définitivement un comportement, il est indispensable de pouvoir réunir tous les éléments indispensables à la prédiction de sa réapparition. Benezech (2018) souligne que « l'une des carences les plus évidentes du système soignant et répressif français est l'absence de méthode standard et adaptable d'évaluation codifiée, précise et complète des auteurs d'actes dangereux ou physiquement violents. » Nous tenons ici à souligner l'importance d'une approche métrique des choses indissociable d'une approche clinique.

Bibliographie

Baratta, Alexandre & Morali, A. & Halleguen, Olivier. (2012). La vérité sur l'expertise post-sentencielle : évaluation clinique contre échelle actuarielle. Annales Médico-psychologiques, revue psychiatrique. 170. 96–98. 10.1016/j.amp.2011.12.007.

Bénézech, Michel. (2018). La législation actuelle face à l'évaluation des comportements criminels violents : l'urgence d'une réforme. Annales Médico-psychologiques, revue psychiatrique. 176. 10.1016/j.amp.2018.02.004.

Bensimon P., « La récidive : talon d'Achille en matière criminelle. », Délinquance, justice et autres questions de société. [En ligne], publié le 4 septembre 2019. URL : http://www.laurentmucchielli.org/index.php?post/2019/09/04/La-recidive-talon-d-achille-en-matiere-criminelle. Article original paru en août 2019 dans la Revue du barreau du Québec, 2018, 77 (2), 339-425.

Brouillette-Alarie, S., & Hanson, R. K. (2015). Comparaison de deux mesures d'évaluation du risque de récidive des délinquants sexuels [Comparison of two measures of recidivism risk assessment of sexual offenders]. *Canadian Journal of Behavioural Science / Revue canadienne des sciences du comportement, 47*(4), 292–304. https://doi.org/10.1037/cbs0000019

Brouillette-Alarie, S. & Hanson, R. (2017). Chapitre 5 - L'évaluation du risque de récidive des agresseurs sexuels. Dans : Franca Cortoni éd., *Traité de l'agression sexuelle : Théories explicatives, évaluation et traitement des agresseurs sexuels* (pp. 95-128). Wavre, Belgique : Mardaga.

Cortoni, F. (2009). Factors associated with sexual recidivism. Dans A. R. Beech, L. A. Craig et K. D. Browne (dir.), Assessment and treatment of sex offenders : A handbook (p.39-42). West Sussex, Royaume-Uni : John Wiley & Sons Ltd.

Farley, J., & Fantino, E. (1978). The symmetrical law of effect and the matching relation in choice behavior. *Journal of the experimental analysis of behavior*, *29*(1), 37–60. https://doi.org/10.1901/jeab.1978.29-37

Guichenez, Philippe & Perriot, J & Dupont, Patrick & Reny, Jean-Luc & I, Clauzel & Cungi, Charly & AM, Clauzel. (2006). La conduite du sevrage tabagique. Sang Thrombose Vaisseaux. 18. 136-48.

Hanson, R. K. (2010). Évaluation de la dangerosité statistique chez les agresseurs sexuels. DansR. Coutanceau et J. Smith (dir.), La violence sexuelle : Approche psycho-criminologique (p. 170-181). Paris, France: Dunod.Josnin R., « Une approche statistique de la récidive des personnes condamnées », Infostat Justice, n°127, avril 2014.

Larousse. (s. d.). Récidive. Dans *Le Dictionnaire Larousse en ligne*. Consulté le 3 janvier 2020 sur https://www.larousse.fr/dictionnaires/francais/r%C3%A9cidive/67024

Lecomte C., Timbart O., « Les condamnés de 2001 en état de récidive », *Infostat Justice,* 2003, n° 68.

Leitenberg H, Rawson RA, Bath K. Reinforcement of competing behavior during extinction. *Science*. 1970;169(3942):301-303. doi:10.1126/science.169.3942.301Le Ny, J. (1992). *Le conditionnement et l'apprentissage*. Paris cedex 14, France: Presses Universitaires de France. doi:10.3917/puf.lenyj.1992.01.

Le Ny, J. (1992). *Le conditionnement et l'apprentissage*. Paris cedex 14, France: Presses Universitaires de France. doi:10.3917/puf.lenyj.1992.01.

Moulin, V. & Gasser, J & Niveau, Gérard. (2012). Intérêt et limites de l'évaluation du risque de récidive d'actes illégaux dans les expertises psychiatriques. Revue médicale suisse. 8.

Sreenivasan S, Weinberger LE, Frances A, Cusworth-Walker S. Alice in actuarial-land : Through the looking glass of changing static-99 norms. J Am Acad Psychiatry Law 2010;38: 400-6.

Trask, S., Schepers, S. T., & Bouton, M. E. (2015). Context change explains resurgence after the extinction of operant behavior. *Revista mexicana de analisis de la conducta = Mexican journal of behavior analysis*, *41*(2), 187–210.

Rechute ou dépassement ?
Analyse des processus psychiques à l'œuvre autour des passages à l'acte en série

ASTRID HIRSCHELMANN

Résumé

En investiguant les différentes dimensions ou sphères de vie, on peut repérer antérieurement, parallèlement ou consécutivement au(x) passage(s) à l'acte d'autres incidents, ruptures, fractures dans la vie du sujet qui doivent nous sensibiliser aux similarités dans la gestion de problèmes ou aux efforts d'évacuation et de déplacement de ces derniers. À ce titre il convient de rapporter ce qui est de l'ordre du changement, des constances - répétition, ou au contraire des résistances au changement. Nous partons de l'hypothèse que l'infraction, et surtout sa réitération, peut se lire comme la désorganisation d'un équilibre qui correspond souvent paradoxalement à un effort de restauration d'équilibre, voire de dépassement du problème. Plus précisément, cela implique de pouvoir penser que l'infraction émerge d'une mise en impasse, d'un conflit ou d'un dilemme, mais est en même temps la condition pour sortir de cette mise en impasse, ce par quoi on cherche à donner une nouvelle tournure à son destin ou à une situation impérative.

Notre contribution porte sur la méthode de l'analyse sérielle qui offre une lecture plus processuelle et contextualisée de la problématique du sujet ou de son acte. Elle est utile pour tout professionnel amené à faire du diagnostic, voire du pronostic ou qui cherche une méthode qui étaye ou médiatise la thérapie, et plus généralement l'accompagnement de publics vulnérables et/ou à risque.

« La répétition est unique à être nécessaire, et celle qui vient à notre charge, n'en viendrions-nous pas à bout, qu'il resterait de notre index le commandement de sa boucle. » Lacan : D'un dessein – Écrits p. 367.

Introduction

Il peut être surprenant qu'une psychologue prenne la parole dans le cadre d'un colloque qui porte sur « le Pardon & la Récidive », alors que la pratique du psychologue n'a pas de visée normative ni sur le plan social ni sur le plan moral. Elle doit être au contraire exempte de tout jugement de valeur. En revanche, la psychologie s'intéresse à la manière dont le sujet se situe par rapport à ces questions. Nombreuses souffrances trouvent leur origine dans les conflits et dilemmes psychiques qui concernent l'accord à trouver entre nos pulsions et notre conscience morale ou encore des conflits sociaux qui opposent le comportement adopté aux normes sociales, voire la loi. Si nous pouvons admettre que le passage à l'acte est symptôme de mal-être, peut-être même une recherche d'issue, force est de constater qu'il résout moins de problèmes qu'il en crée. Le passage à l'acte peut être une forme de tâtonnement ou d'essai-erreur, mais dans tous les cas, il provoque des conséquences (malheureusement souvent dommageables) pour l'auteur comme pour l'entourage. C'est souvent autour de la signification du passage à l'acte que la communication devient difficile et que les points de vue et enjeux divergent.

L'approche psycho-criminologique que nous adoptons ici porte non seulement sur l'auteur d'infractions, mais aussi sur son rapport à l'acte et à la victime. C'est grâce au travail psychologique sur ces liens que le sujet peut se reconnecter au lien social et donner à ses conflits intrapsychiques ou interpersonnels d'autres issues. Dans cette contribution, nous chercherons à illustrer comment l'analyse sérielle peut servir de grille de lecture pour accompagner le sujet dans le processus de changement.

Un autre préalable est que l'acte ne préexiste pas au sujet. Autrement dit, nous récusons l'idée du (sur-)déterminisme comme celle de la fatalité ou du hasard, ce qui nous amène à postuler qu'il est impossible de soigner le sujet de son acte. Le passage à l'acte n'est pas une maladie ni la pathologie une cause suffisante du passage à l'acte. En revanche, on peut soigner le sujet par les retentissements que ce dernier crée, qui deviennent des opportunités de changement ou d'infléchissement des trajectoires. Pour autant il n'est pas forcément aisé d'accepter de penser que la récidive puisse être une occasion au changement, alors qu'à première vue, la récidive nous inspire tout le contraire, à savoir une répétition qui ressemble plutôt à un enkystement du problème, voire même à un danger. Souvent, pour la société, elle a donc un côté « impardonnable » si nous reprenons les termes du colloque. Plusieurs de nos précédentes recherches montrent en effet que la récidive est un des facteurs les plus impactant dans les prises de décision et formulations de pronostics réservés des professionnels.

La récidive comme interface entre l'individu, le regard sociétal et les pratiques professionnelles

Dans le cadre de la recherche *ETD : Evaluation transversale de la dangerosité* (Hirschelmann, A (dir.), Harrati, S., Vavassori, D. et al., 2010-2012), soutenue par le GIP Mission Droit et Justice du Ministère de la Justice, nous avons analysé 260 dossiers pénaux et mené des entretiens avec des professionnels de la justice et de la santé. Nous avons inclus dans notre échantillon les dossiers d'affaires correctionnelles et d'affaires criminelles ainsi que les dossiers de la commission pluridisciplinaire des mesures de sûreté. Notre première surprise était que la question de la dangerosité n'est jamais posée dans les affaires correctionnelles, alors qu'elles présentent le taux de récidive le plus élevé. En revanche, la question se pose dans les affaires criminelles et ce d'autant plus que l'acte paraît grave aux yeux de la société.

Les résultats nous permettaient une deuxième observation, à savoir la prévalence du modèle explicatif psychiatrique sur les autres sphères de la vie du sujet. Plus précisément, l'acte est analysé par les experts (psychologues et psychiatres) sur la base de présence ou absence de traits psychopathologiques de la personnalité de l'auteur au détriment d'une contextualisation plus situationnelle ou sociale de la survenue de l'acte. Certains traits, notamment psychopathique, pervers ou narcissique riment avec danger et empêchent de considérer d'autres dimensions : familiale, professionnelle, occupationnelle, amicale etc. pouvant présenter des facteurs de protection ou de risque qui interviennent dans la recherche d'équilibre entre les gains et les coûts dans la vie. Ainsi, certains diagnostics aujourd'hui ne pardonnent pas et deviennent quasi synonymes de (risque de) récidive (Hirschelmann et al. 2013)

Cet effet est renforcé par un troisième résultat. A la lecture des dossiers, il ne nous a pas été possible de reconstituer la trajectoire complète et précise des personnes mises en cause. La question du changement, au sens d'une évolution positive, de ressources disponibles, d'un dépassement des conflits n'est jamais posée, ce qui crée l'impression qu'une personne qui a commis une fois un acte grave, reste toujours dangereuse, en tout cas suspecte de récidive, faute de pouvoir envisager une issue plus positive pour elle.

De fait, l'évaluation de la dangerosité apparaît ainsi plus ou moins subjective, et liée à l'intime conviction, dans la mesure où rien ne permet de s'assurer du lien de cause à effet entre le critère retenu et la dangerosité effective et surtout rien ne permet de prouver le contraire, puisque ce n'est jamais ce qui est interrogé.

En terme de méthode, nous relevons majoritairement une absence d'outils méthodologiques autres que l'entretien. De plus, aucune place n'est donnée au temps, et aucune considération n'est apportée aux évolutions, changements ou constantes observables. Donc comment se projeter dans une évolution positive quand tout, quand la vie, semble s'arrêter au moment du passage à l'acte ? Comment se défaire du fantôme de la dangerosité qui rode autant autour de l'auteur d'infraction qu'autour du professionnel qui y voit sa responsabilité engagée, notamment en cas de faux pronostic, parfois encore des décennies après le passage à l'acte ? Le risque éthique qui guette notre pratique est moins celui de déclarer des faux négatifs que de suspecter abusivement des faux positifs (Hirschelmann, 2016).

Dépasser Dangerosité et Récidive

Dans une autre recherche -*INFO* (Hirschelmann, A (dir.) ; Mbanzoulou, P. ; Harrati, S. ; Derasse, N., 2012 - 2013): *Construction et mise à l'épreuve d'un guide d'investigation forensique à destination de professionnels intervenant auprès de PPSJM*, soutenue par le GIP Mission Droit et Justice du Ministère de la Justice- nous avons conçu et testé un outil de recensement d'informations sur les trajectoires de vie et pénales des personnes placées sous main de justice.

L'objectif de cette recherche était d'apporter plus de nuances pour la différenciation entre dangerosité et risque de récidive, car ce n'est pas parce que la personne a été une fois dangereuse qu'elle récidivera. En revanche, il n'y a pas de récidive sans dangerosité préalable. Une analyse plus minutieuse des différentes sphères de vie (famille, santé, travail, environnement social, centre d'intérêts, relations amoureuses, comportements ...), nous permettait de repérer certains facteurs stables dans la durée, d'autres qui évoluent dans le sens d'une intensification ou de l'arrêt, d'autres encore se déplacent d'une sphère vers une autre. Par exemple, une rupture amoureuse peut entraîner une dépression qui cherche à se compenser par la prise d'alcool qui à son tour peut provoquer des problèmes au travail ou dans la relation aux autres etc. Plus positivement, un licenciement peut provoquer un temps de réflexion et arrêt dans les activités, avant un engament nouveau dans une cause sociale, une activité sportive, un changement de cadre de vie et la prise d'un nouveau travail. Bref, ce type de méthode permet une lecture parallèle des différentes dimensions de vie qui sont à lire comme des vecteurs de changement qui rythment et orientent ou réorientent la vie. Au lieu de lire la vie comme un roman fleuve qui liste les événements de vie de manière chronologique et linéaire, on obtient ici l'effet d'une matrice multifactorielle et interactive où les différents événements de vie se succèdent moins qu'ils ne se croisent, se contaminent, s'enrichissent ou au contraire s'appauvrissent (Hirschelmann, 2017).

Le constat de Monahan (1981, 1984, 1988) que plus de deux tiers des prédictions de récidive violente établies par les professionnels étaient erronées, notamment lorsqu'elles reposent sur des facteurs statiques isolés et purement socio-démographiques ou psychiatriques de la personnalité, conforte dans l'idée qu'une lecture longitudinale à entrées multiples et croisées des trajectoires de vie s'impose.

Malgré les efforts méthodologiques déployés, les travaux de J.E. McGrath (2004) concluent que la majorité des outils d'évaluation du risque de récidive présentent une validité prédictive dite « modérée ». Il paraît (heureusement pour notre liberté humaine) probablement illusoire de trouver la méthode prédictive exacte et fiable à 100%. Mais une méthode *a minima* rigoureuse, basée sur des données scientifiquement validées, vaut toujours mieux que le pur hasard et les décisions purement intuitives, pour ne pas dire arbitraires, que beaucoup de sujets paient avec une durée de privation de liberté exagérément longue.

Alors que le système est fréquemment accusé de relâcher trop vite des personnes dangereuses, la majorité des professionnels au contraire surévaluent la dangerosité (Granger & Chevrel, 1999; Pham, 2006), ce qui pour des raisons éthiques, donne un argument en faveur de l'usage des outils d'évaluation.

Les instruments qui existent à l'heure actuelle varient pourtant selon le caractère unidimensionnel ou pluridimensionnel de l'évaluation finale du risque (Doren, 2004). Et le processus d'évaluation a souvent été associé en France à une démarche de détection et de neutralisation des individus considérés comme « dangereux ». Pourtant des « évaluations de la dangerosité » ont été demandées à un panel de plus en plus large de professionnels, ce qui fait que depuis les années 70 se sont succédés 4 à 5 générations d'outils de prévision des risques dans le monde, appelés les outils actuariels, basés sur des projections probabilistes qui évoluent vers une inclusion de plus en plus d'éléments dynamiques et cliniques et perdent leur côté austère initial.

Si la France s'est surtout intéressée à la dernière vague de ces outils avec une réticence vive pour des raisons culturelles, politiques, managériales, pratiques ou philosophiques, les travaux du Conseil de l'Europe cherchent aujourd'hui, au-delà du choix du bon outil, à inscrire le processus d'évaluation dans un autre paradigme. Il revalorise l'idéal réhabilitatif : conçu pour améliorer l'adaptation de l'intervention judiciaire aux problématiques et aux ressources de chaque auteur d'infraction. Ce virage du répressif vers le réhabilitatif, de la récidive vers la désistance, de l'enfermement vers la réinsertion peut résonner chez certains comme une Justice qui serait prête à pardonner le coupable ou à réintégrer celui qu'elle a exclu. La raison est plus utilitaire et économique, mais concorde aussi pour une fois avec les données scientifiquement éprouvées et le bon sens. Est-ce à dire que même le récidiviste a droit à une seconde chance?

L'évaluation n'est pas une fin en soi

En 2001, D. Andrews a énoncé une série de principes visant à en promouvoir l'efficacité:

— Tout effort de prévention de la récidive doit reposer sur des résultats de recherche, et non pas sur une doctrine humaniste ou juridique.

— L'intensité de l'intervention doit être proportionnelle aux risques que posent les auteurs d'infractions.

— Les interventions doivent cibler prioritairement les PPSMJ à haut risque tandis que les personnes à faible risque ne devraient faire l'objet que de peu ou pas de surveillance et d'intervention.

— Les stratégies d'intervention ciblant en priorité les facteurs associés aux passages à l'acte sont les plus susceptibles d'être efficaces.

— Les interventions doivent se moduler aux particularités des auteurs d'infractions (ex. : motivation à changer, capacités d'abstraction ou de concentration).

La recherche-action PREVA: *Un programme dévaluation des personnes placées sous main de justice fondé sur le principe du risque, des besoins et de la réceptivité* (Hirschelmann, A. & Lafortune, D. (dir.) et al., 2014-2016) soutenue par la Direction de l'Administration Pénitentiaire avait pour but de tester avec la collaboration des professionnels de deux directions interrégionales des services pénitentiaires d'insertion et de probation, une série de 5 outils permettant de penser l'évaluation surtout comme un préalable et une aide à l'accompagnement de l'auteur vers la désistance (Hirschelmann et al. 2016). La recherche a abouti à la construction d'un plan d'accompagnement et d'exécution de la peine (PACEP), aujourd'hui préconisé dans le référentiel des pratiques opérationnelles (RPO), le référentiel de la méthodologie de l'intervention dans les SPIP en vigueur en France depuis 2017.

Les meilleurs outils d'un point de vue scientifique suscitent toujours beaucoup de réticences chez certains professionnels, plus par crainte de ce que les résultats engagent, et aussi de ce en quoi ils peuvent les engager, notamment en matière de responsabilité au cas où une récidive se produirait. Pourtant, il ne fait aucun doute qu'aucun outil ne sera jamais parfait, ne remplacera jamais l'avis et le savoir-faire du professionnel, mais présentera une aide indéniable à la compréhension de la fonction de l'acte et du fonctionnement psychique de l'auteur.

En effet, sans méthode nous pouvons certes récolter des bribes d'histoire, mais la logique sous-jacente est rarement comprise, leur organisation et exploitation se fait souvent sans méthode, ce qui fait qu'un acteur reste toujours un auteur qui s'ignore et qui reste pour le regard sociétal, un être imprévisible.

Comprendre et analyser les séries

Comment alors mieux lire la récidive, mieux la comprendre ? Est-ce que toutes les récidives se valent ?

Répéter provient du latin *repetere* qui signifie atteindre de nouveau, obtenir de nouveau, aller à la source, aller chercher mais aussi re-demander, ré-clamer c'est-à-dire demander à nouveau, clamer à nouveau. A ce titre, Kierkegaard (1843) analyse la répétition comme «*promesse d'une ouverture au non-identique*» et rejoint G. Deleuze dans «Différences et répétition » (1968) qui dit : « *on peut toujours représenter la répétition comme une ressemblance extrême ou une équivalence parfaite. Mais qu'on passe par degré d'une chose à une autre n'empêche pas une différence de nature entre deux choses* ».

Nous devons donc admettre que certains agissements, événements ou phénomènes sont semblables mais pas identiques. Inversement, certains résultats paraissent *a priori* différents mais présentent une même base ou partagent une même loi organisatrice. Tout cela pour dire que dans la répétition d'un même acte, peuvent se profiler des enjeux différents autour de la perfection (dans l'exécution) du geste, l'atteinte de la cible, l'éprouvé des résultats produits ou l'expérience de la réaction sociale suite à l'événement. Bref, les motivations sous-jacentes peuvent changer, les finalités aussi.

Parfois c'est l'inverse, la motivation et le but recherchés sont les mêmes mais les agissements sont plus polymorphes. Une recherche menée par LM. Villerbu et P. Lebas (2003) montre la corrélation positive entre les actes de vol et de viol. Il ne s'agit pourtant pas d'actes de la même nature ni traités sur le plan judiciaire de façon équivalente (le vol fait partie des affaires correctionnelles, le viol en revanche d'affaires criminelles), ce qui fait que nous perdons facilement la trace de certaines carrières délinquantielles. Pour autant une même logique d'intrusion dans l'intimité de la vie de l'autre se retrouve dans les deux types d'acte.

En mathématiques non plus la série n'est pas seulement une succession de nombres, encore faut-il qu'ils soient sous-tendus par une logique ou une loi commune qu'il s'agit de reconnaître et d'analyser.

Selon la psychanalyse, la répétition se décline aussi sous forme d'essai de liaison symbolique. La répétition est un concept majeur de l'œuvre de S. Freud. Dès 1914, il observe des sujets aux prises avec une *compulsion de répétition.* Il remarque l'existence d'un type de répétition très spécifique qui se manifeste sous la forme d'une action vers l'autre et il en déduit que dans ce cas-là « *ce n'est pas sous la forme du souvenir que le fait oublié reparaît mais sous forme d'action* ». Il rajoute: « ... *ce qui est demeuré incompris fait retour; tel une âme en peine, il n'a pas de repos jusqu'à ce que soient trouvé résolution et délivrance* » (Freud, GW. VII, p. 355).

La série serait donc une façon d'épuiser un thème, de pousser les variations de ce thème jusqu'à leurs limites, jusqu'à les transformer en un autre thème. Cela nous amène à comprendre qu'une négation, un effacement peuvent être constituants, voire tendre vers un dépassement/résolution de conflits anciens. C'est à ce niveau que le lien entre récidive et pardon est aisé à tisser. P. Ricoeur (1995) considère que le pardon relève de l'économie du don et qu'il donne un futur à la mémoire, voire libère d'un deuil. N'est-ce pas ce que le sujet vient aussi chercher dans la répétition ? Un avenir nouveau et plus satisfaisant ? Le pardon vient nécessairement d'un tiers qui reconnaît l'acte et l'inscrit dans le social. Cela offre au sujet l'opportunité d'une autre confrontation et distance avec lui-même qui peut permettre un changement ou ledit changement. On comprend aisément l'importance de la sanction d'une transgression et la motivation pour le sujet de la commettre. Un nouveau dialogue peut se créer à condition que la visée sociale et communicationnelle du passage à l'acte et/ou sa récidive soit bien comprise comme une opportunité de renouveau.

Dit encore autrement, une série peut être perçue comme la somme, le résultat d'un arrangement de choses qui se tiennent mais qui peuvent évoluer vers une nouvelle forme. Ce que nous retenons à propos du phénomène sériel, c'est la présence d'une loi constituante et la considération d'un résultat, qui prend sens dans une globalité. En effet, la séquence est tout à la fois parfaitement autonome et en complète interaction avec l'ensemble auquel elle appartient illustrant, là aussi, l'idée de multiplicité dans l'unité. La série échappe à la simple équivalence de la représentation linéaire d'une suite et dévoile la dimension complexe d'un arrangement de choses qui se tiennent.

Pour résumer, la série, c'est d'une part la multiplicité des possibles issus d'une loi constituante et d'autre part, sous l'apparence du désordre, une logique incontournable.

Tendre vers une opérationnalisation de la lecture sérielle

Si nous pouvons admettre à la suite de ces propositions de définition qu'au cours de la vie des positions existentielles s'adoptent, pour l'utilisation concrète de l'analyse sérielle il s'agit de repérer les séquences de vie ou encore les mouvements qui s'opèrent en :

— organisant les évènements de vie identifiables par un sujet,

— selon une datation repérable et objective,

— non plus de façon chronologique linéaire telle que préconisée dans des entretiens d'anamnèse, mais de façon parallèle en procédant par dimension ou sphère de vie (famille, scolarité /travail, vie amoureuse, amis/réseau social, santé, loisirs...).

Cette manière de procéder facilite beaucoup le travail de remémoration du sujet ou la mise en récit de sa vie, car il se présente comme une frise qui se co-construit avec le professionnel et qui s'enrichit au fur et à mesure des entrevues (Hirschelmann, 2017).

La reconstruction de la trajectoire de vie se fait de manière progressive, en pleins et en creux. Cela veut dire que ce type d'élaboration permet non seulement de repérer les événements marquants (attention à la recherche effrénée de traumatismes dans la vie), mais aussi les événements manquants (ce qui ne s'est pas passé : manque d'affection, négligences, absences...). Les questions qui guident cette investigation sont les suivantes :

— Qu'est-ce que la personne (dés-)investit? Quand? Comment? Comment ses investissements se déplacent (sur les autres sphères)? Quelle est la fonctionnalité de l'acte, comment s'est construit la carrière déliquantielle ? A quoi ou qui l'acte porte-t-il atteinte ? Attention cependant, ce qui est atteint n'est pas forcément ce qui est visé. Le caractère sexuel d'un acte peut par exemple être le moyen employé mais pas nécessairement le but visé.

Les positions existentielles sont donc toujours en mouvement et changent selon les contextes et situations, mais de façon non aléatoire. Une position change certes mais jusque dans certaines limites parce qu'elle se trouve contrainte par notre histoire et ses aléas (Villerbu, 2008).

En conclusion

Qui n'a pas rêvé de revenir en arrière, de reprendre son histoire aux lieux et moments de ses ratages, de vivre différemment les déceptions et les amours ratés...... utiliser ses expériences pour interpréter différemment les événements qui se sont produits, faire des choix nouveaux et provoquer des écarts dans sa destinée ? Mais dans la vie, de surcroît quand on a commis un acte délictueux ou criminel, il n'y a pas de possibilité de reprise, pas de possibilité de revenir en arrière. L'événement a eu lieu, nous ne pouvons ni l'effacer ni le changer. La fonction de l'acte trouve ici toute sa force dans la responsabilité de celui qui le pose. À vouloir répéter et revenir en arrière, nous nous heurtons au réel. Nous sommes condamnés à ne vivre qu'au présent, subordonnés au rythme du temps qui passe. La vie ne se vit qu'une seule fois, il n'y a pas de seconde chance. La seconde chance serait donc un leurre ? Le seul retour en arrière est le souvenir, la mémoire et... le pardon ? Voilà comment la récidive et le pardon se trouvent inexorablement liés : dans une sorte d'illusion nécessaire au dépassement d'anciens conflits ?

L'histoire parle de ce que jamais on ne verra deux fois, clame P. Veyne (1971). L'histoire est un roman vrai qui raconte une succession d'événements qui ne se reproduisent qu'une fois, mais la conscience de l'événement n'apparaît qu'au second tour. Voilà pourquoi la mise en récit de l'acte, mieux encore son élaboration et compréhension seraient de formidables remèdes pour éviter de tourner ou d'agir en rond !

Nous avons vu que la plupart des modèles conceptuels se rejoignent dans l'idée que la répétition de la récidive correspond à une recherche de régulation et d'équilibre dont la finalité est de maintenir la stabilité des systèmes par la reproduction à l'identique conforme à la maxime de

Lavoisier : « *Rien ne se perd, rien ne se crée, tout se transforme* ». C'est aussi cette même maxime qui motive le professionnel qui intervient auprès de la personne placée sous-main de justice, qu'il soit récidiviste ou non. S. Kierkegaard (op.cit.) résume parfaitement ce combat de tous les jours pour le sujet qui a commis l'irréparable comme pour le professionnel qui l'accompagne vers la désistance, dont nous avons essayé de rendre compte avec cette contribution : « *la vie doit être comprise en regardant en arrière. Mais il ne faut pas oublier qu'elle doit être vécue en regardant en avant* ».

Bibliographie

Andrews, D. A. (2001). "Principes des programmes correctionnels efficaces ", dans L. L. Motiuk et R. C. Serin (dir.), *Compendium 2000 des programmes correctionnels efficaces*, Ottawa, Service correctionnel du Canada, p. 9-18.

Doren D. (2004). Toward a multidimensional model for sexual recidivism. *Journal of Interpersonal Violence*, 19, 835-856.

Granger L., Chevrel A. (1999). L'évaluation de la dangerosité. In L. Brunet (Ed.), L'expertise psycho-légale : Balises méthodologiques et déontologiques. Presses Universitaires du Québec.

Hirschelmann, A., Harrati, S., Vavassori, D., Winter, A., Ventejoux, A., Berdoulat, E., Palaric, R. (2012). *Evaluation transversale de la dangerosité* (127 p.). Rennes, France : Université Rennes 2.

Hirschelmann, A; Harrati, S; Ventejoux, A; Winter, A; Vavassori (2013). Défis et dénis autour de l'évaluation de la dangerosité. *Cahiers de la Justice.* 1 : 85-97

Hirschelmann. A., Harrati, S. Mbanzoulou, P. et Derasse, N. (2014). *Évaluation de la dangerosité des personnes placées sous main de justice ; Construction d'un Guide d'Investigation Forensique à destination des professionnels intervenant auprès des personnes placées sous main de justice*. Rapport final d'une recherche réalisée avec le soutien du GIP Mission de recherche Droit et Justice.

Hirschelmann, A. ; Lafortune, D. ; Guay, J.P. ; Ventéjoux, A. ; Dieu, E. (2016). PREVA : Un programme dévaluation des personnes placées sous main de justice fondé sur le principe du risque, des besoins et de la réceptivité. (rapport final de 224 p.) Rennes, France : Université Rennes 2.

Hirschelmann, A. (2016). Décloisonner les pratiques et connaissances relatives aux personnes placées sous main de justice, *Criminocorpus* [En ligne], La prévention des récidives : Évaluation, suivis, partenariats, L'évaluation des personnes placées sous main de justice, mis en ligne le 04 mars 2016. URL : http://criminocorpus.revues.org/3187

Hirschelmann, A. ; Blin, G. ; Lefevre, H. (2016). Un programme d'évaluation des PPSMJ fondé sur le principe des risques, des besoins et de la réceptivité (PREVA).

Dans Mbanzoulou, P. (dir.). *L'efficacité du suivi des personnes placées sous main de justice, nouvelles problématiques et nouvelles pratiques*. Les Presses de l'ENAP, Agen : 173-190.

Hirschelmann, A. (2017). « Guide INFO » Croiser les éléments de vie pour envisager les dynamiques sous-tendues. Dans Dieu, E. (dir.) *Les innovations criminologiques*. L'Harmattan - Logiques des pénalités contemporaines. Paris. 109-120.

Kierkegaard, S. (1843) La répétition, Rivages poche, Paris 2003, p. 29.

McGrath, J.E. (2004). Loving Big Brother. Perfomance, privacy and surveillance space. London/New York : Routledge

Monahan, J. (1981). The clinical prediction of violent behavior. *Crime & Delinquency Issues: A Monograph Series, ADM 81-921,* 134.

Monahan, J. (1984). The prediction of violent behavior: toward a second generation of theory and policy. *The American Journal of Psychiatry*, Jan.141(1):10-5.

Monahan, J. (1988). Risk assessment of violence among the mentally disordered: Generating useful knowledge. *International Journal of Law and Psychiatry, 11*(3), 249–257.

Pham, T. (2006). L'évaluation diagnostique des agresseurs sexuels. Wavre, Belgique: Mardaga.

Ricoeur, P. (1995). Le pardon peut-il guérir?, dans *Esprit* 210. 77-82

Veyne, P. (1971). Comment on écrit l'histoire. Paris : éd. du Seuil, p.9

Villerbu, L. et al. (2003). Dangerosité et vulnérabilité en psychocriminologie. Paris: L'Harmattan.

Villerbu, L.M., Le Bas, P. (2003). Accompagnement psycho-pénal des auteurs d'agressions à caractère sexuel. Direction Régionale des Services Pénitentiaires de Rennes et C.E.R.E.C.C., Université Rennes2. Non publié.

Villerbu LM et al. (2008) – Identification et sérialité de la police scientifique à l'analyse psycho-criminologique. L'Harmattan. Paris.

CONSIDÉRATIONS SOCIOLOGIQUES

NUMÉRIQUE ET AUTOMATICITÉ

La criminalité numérique : des origines à la récidive

JEAN-PAUL PINTE

En 2019, le Forum Economique Mondial a reconnu la cybercriminalité comme un risque majeur, au même titre que les catastrophes naturelles et les effets du changement climatique. La cybercriminalité est devenue ainsi un sujet de plus en plus complexe car l'Internet et ses composants comme le Web ont été pensés sans la dimension sécurité, comme aime à nous le rappeler Louis Pouzin[1], l'un des cinq inventeurs de ce réseau mondial.

On ne trouve pas de réelle définition du concept de cybercriminalité qui reste un terme vague et assez large, regroupant les infractions pénales qui peuvent être commises via Internet. Il s'agit de la définition des infractions commises sur la toile.

Selon de nombreuses sources et celle du blog cybercriminalite-penal.fr, il y a deux sortes d'atteintes qui peuvent provenir de la cybercriminalité

- Atteinte aux biens : regroupant les fraudes liées aux paiements sur le Net, la commercialisation d'objets volés, toutes formes de piratage informatique, copies illégales de films, musiques ou logiciels...
- Atteinte aux personnes : diffusion d'images amorales et pédophiles ou de méthode de suicide, atteintes à la vie privée, propos incitant au racisme et à la haine, recettes d'explosifs...

Ces faits sont punis par la loi à l'instar de la criminalité telle que nous la connaissons. Tout comme elle, la cybercriminalité prend différentes formes et peut se produire partout dans le monde. Rien d'étonnant à cela, puisque le cybercriminel n'a besoin que d'un ordinateur pour exercer sa « fonction ».

[1] https://www.april.org/l-europe-numerique-c-est-maintenant-louis-pouzin-fic-2017

Les méthodes utilisées sont divergentes, en fonction de l'objectif et des compétences de celui qui les perpètre.

Le manuel des Nations Unies indique, dans sa répression et prévention de la criminalité liée à l'informatique, que les activités telles que l'accès non autorisé, la pédopornographie, la fraude en ligne, le harcèlement et la contrefaçon, sont tout autant de définitions de la cybercriminalité. La connaissance des diverses approches permet l'amélioration de la sécurité de l'ordinateur d'un tiers.

Toujours selon le même blog il existe deux catégories générales de cybercriminalité : celle de type I et celle de type II

- Type I : Voici également les cas : virus, fraude bancaire, vol ou manipulation de données, les chevaux de Troie ou programmes d'enregistrement de frappes, *rootkits*, usurpation d'identité, *Phishing* ...
- Type II : Cette catégorie comprend le harcèlement, la prédation contre les enfants, le chantage, la manipulation des marchés boursiers, l'extorsion de fonds, l'exécution d'activités terroristes, l'espionnage industriel de haut niveau...

L'explosion du numérique et la simplification de l'accès à l'informatique ont donné suite dans le temps à de toutes nouvelles formes de délinquance. La démocratisation et la globalisation des réseaux sociaux tels que Facebook, Twitter, Instagram, LinkedIn et autres y sont également pour beaucoup. L'Intelligence Artificielle, les objets connectés, la *Blockchain* ont donné récemment une autre dimension à la cyber-délinquance.

Le développement de la cybercriminalité s'inspire donc au fur et à mesure des modes opératoires précédents implémentés de nouvelles technologies au travers de l'évolution d'Internet et entraîne donc parfois ces cyber-délinquants dans un processus de récidive.

Les premiers cas de cybercriminalité ont eu lieu avant même qu'Internet n'existe et étaient liés au vol de données. Cela fait sens. Les ordinateurs, les réseaux informatiques et Internet ont été conçus pour la création, le stockage et le transfert d'informations gouvernementales et de données d'entreprise, des informations très utiles pour les individus ayant de bonnes intentions. La création de méthodes numérisées peut avoir aidé l'humanité à se développer au 21ème siècle, mais cela a produit les mêmes effets pour les criminels. Ces derniers veulent ce que nous avons et plus nous essayons de dissimuler ces informations, de les rendre compliquées à récupérer et à exploiter et plus ils ont envie d'y accéder. Pas forcément pour en tirer profit, parfois juste pour prouver qu'ils peuvent y avoir accès.

Nous faisons donc face aujourd'hui à de nouvelles cybermenaces qui évoluent actuellement plus rapidement que toute barrière défensive car elles capitalisent sur les technologies émergentes comme par exemple le *Big Data*, l'Intelligence Artificielle, la *Blockchain* et le *Cloud Computing*.

Les modes opératoires et l'ingénierie sociale, moteurs de ces attaques rendent parfois les récidives simplifiées pour des cyber-délinquants déjà bien avertis, mais bien plus complexes à résoudre pour les services de Police et de Gendarmerie ainsi que tout autre service chargé d'investiguer aujourd'hui sur les affaires touchant au numérique comme l' Agence Nationale de la sécurité des systèmes d'information (ANSSI) et l'Office central de lutte contre la criminalité liée aux technologies de l'information et de la communication (OCLCTIC)

Face à ce fléau mondial se posent avec acuité des questions d'éthique et de droit pour essayer d'aller vers une vision planétaire du cybercrime. Il est aussi utile et intéressant de voir comment se positionnent aujourd'hui les états au niveau juridique face à la cybercriminalité, et quels sont les moyens des pouvoirs publics, des organisations internationales, de l'Union européenne, des individus. La prévention est-elle réellement efficace ? Comment sanctionner utilement alors que les cyber-délinquants agissent le plus souvent dans l'anonymat ? Un algorithme peut-il se révéler injuste ? C'est autant de questions que nos sociétés se posent face à la cybercriminalité internationale.

La cybercriminalité au travers du temps

Selon le site VPN[2] qui dresse une évolution de la cybercriminalité, la première grande vague de cybercriminalité est apparue avec la prolifération des courriels à la fin des années 80 et a permis une série d'escroqueries et / ou de logiciels malveillants à livrer à votre boîte de réception. On parlait alors des escroqueries à la Nigériane où l'on vous sollicitait de manière à obtenir une sommes d'argent pour rejoindre un proche malade ou je ne sais quelle autre invention pour vous demander de l'argent.

La seconde vague est celle apparue dans les années 90 avec l'avancée des navigateurs Web. C'était au moment où l'on avait une multitude de

---

[2] https://www.le-vpn.com/fr/cybercriminalite-origines-evolution/

choix, bien plus qu'aujourd'hui, et la plupart des navigateurs étaient vulnérables aux virus. Les virus ont été livrés via les connexions Internet suite à la consultation de sites Web douteux. Certains ont provoqué le ralentissement de votre ordinateur, d'autres ont pu causer l'apparition de publicités via pop-up pour le moins irritantes car elles polluaient votre écran ou vous redirigeaient vers les sites pornographiques les plus fous.

Au début des années 2000, l'avènement des réseaux sociaux et des premiers blogs ont vu la montée en puissance de personnes mettant en place des bases de données avec toutes les données de profil qu'ils pouvaient trouver. Cela a créé une inondation d'informations personnelles et la montée du vol d'identités. Les voleurs ont utilisé l'information de plusieurs façons, y compris pour accéder aux comptes bancaires, faire des demandes de cartes de crédit ou mettre en place d'autres fraudes financières. La dernière vague est celle que nous vivons actuellement avec la création d'une industrie criminelle mondiale totalisant près d'un demi-milliard de dollars par an. Ces criminels opèrent dans des gangs, utilisent des méthodes bien établies et visent tout et tous grâce à leur présence sur le web.

Qui sont aujourd'hui les cybercriminels ?

Les cybercriminels ne vivent plus en vase clos et l'image de l'Hacker à capuche ou du jeune boutonneux dans sa chambre a bien évolué au fil des années. Nous sommes passés de la volonté de nuire à un matériel informatique, un ordinateur, à celui de gagner de l'argent via les réseaux informatiques, à usurper l'identité de personnes, voire même à attaquer des états (Hacktivistes) et leurs infrastructures vitales telles que l'eau, l'électricité et de plus en plus la santé.

Les données bancaires et les arnaques à la carte bancaire comptent aussi parmi les centres d'intérêt des cyber-délinquants qui ne manquent pas d'imagination pour agir sur la toile comme sur les guichets automatiques bancaires.

La crise sanitaire actuelle a forcé la plupart des organisations à repenser leur mode de fonctionnement. Parmi ces organisations figurent également les cybercriminels spécialisés dans les *ransomwares*, qui ont dû adapter leur comportement à la pandémie Covid 19 en épargnant heureusement le milieu hospitalier.

Et l'ANSSI de rappeler dans un guide[3] que pour de nombreuses entités, l'interconnexion de leur SI avec Internet est nécessaire, tant ce dernier offre une richesse de services et d'opportunités numériques. Néanmoins il constitue aussi de manière incontestable aujourd'hui, une source de menaces. Parmi les plus courantes, il est possible de citer : l'exfiltration de données depuis le SI de l'entité vers Internet, portant atteinte à leur confidentialité; l'intrusion pour porter atteinte à l'intégrité ou la disponibilité du SI de l'entité; l'usurpation d'identité en accédant à des ressources de l'entité pour rebondir et mener des attaques vers d'autres cibles; le déni de service pour nuire à la disponibilité de l'accès Internet et donc à la productivité ou à l'image de l'entité; l'accès par les collaborateurs à des sites Web interdits par la charte d'utilisation interne, voir par la loi.

En fait, tout est histoire de couleur de chapeau selon ce site[4]. Les *White Hat* sont des professionnels de la sécurité informatique, qui effectuent des tests d'intrusion ou audits de sécurité, en ayant l'accord des sociétés visées. Leurs actions rentrent donc dans un cadre tout à fait légal et convenu entre les différents acteurs. Les *Black Hat* réalisent eux aussi des intrusions dans des systèmes informatiques, mais sans accord. Ces hackers peuvent donc être qualifiés de malveillants, cherchant à exploiter des failles et à en tirer profit.

Le gris se situe bien évidemment entre blanc et noir, à la croisée des deux mondes. Ces "*Grey Hat*" ne disposent pas d'autorisation pour effectuer des tests d'intrusion, mais n'ont pas non plus de mauvaises intentions. Ils sont motivés par la performance, par le fait de démontrer leur capacité à outrepasser des mécanismes de sécurité, et remontent les failles de sécurité aux propriétaires (ou pas).

Les *Blue Hat* sont des professionnels de la sécurité engagés pour vérifier l'absence de bugs avant le lancement d'un nouveau produit. Il semblerait que ce terme ait été notamment utilisé par Microsoft.

D'autres comme les scripts *kiddies* ont pour objectifs d'expérimenter et d'essayer et font référence aux adolescents et aux hackers en herbe. Ils n'écrivent pas leur propre code, mais utilisent des scripts prêts à l'emploi tirés du *Darknet* ou des logiciels disponibles gratuitement. Peut-être qu'ils ne savent pas ce qu'ils font, mais il se peut aussi qu'ils ne soient pas si naïfs que cela et qu'ils sachent comment faire le plus de dégâts avec le moins d'efforts possible.

---

3 https://www.ssi.gouv.fr/uploads/2012/01/anssi-guide-passerelle_internet_securisee-v2.pdf

4 https://www.vaadata.com/blog/fr/le-white-hat-le-black-hat-et-le-truand/

Grâce aux *Darknet*, aux monnaies cryptographiques et aux solutions complètes de logiciels malveillants bon marché, les cybercriminels peuvent planifier et réaliser des attaques lucratives. On parle parfois de « cybermafia » qui travaille souvent sur une mission au sein d'une équipe interdisciplinaire. Pendant que le chef d'équipe gère le « projet », les codeurs et les spécialistes de l'effraction s'affairent à programmer ou à modifier les logiciels malveillants appropriés. Un autre membre est chargé de découvrir comment l'équipe peut gagner de l'argent avec les données piratées. Les cybercriminels utilisent ce faisant toute la palette du *malware* et occasionnent des dommages qui se montent à des milliards.

Enfin, le haut de gamme avec les groupes dits APT qui mènent des attaques de type *advanced persistent threat* extrêmement sophistiquées. Les victimes sont d'abord espionnées, puis attaquées à l'aide d'ingénierie sociale et d'une attaque ciblée par hameçonnage (*spearphishing*). Le logiciel malveillant utilisé profite d'une vulnérabilité *zero-day* dans les systèmes informatiques et les périphériques de réseau. Une fois qu'il a pénétré dans le réseau, le *malware* se fraye un chemin à travers le réseau local pour atteindre sa destination. Il peut s'agir de données confidentielles ou d'un acte de sabotage. L'agresseur se cache souvent dans le réseau de la victime sans être détecté pendant des mois, voire des années. Ces attaques sont menées avec des ressources presque inépuisables et un énorme savoir-faire. Les donneurs d'ordre de ces attaques APT sont souvent des États ou des organisations gouvernementales qui protègent les groupes de *hackers*. Les APT sont considérées comme une arme efficace dans la cyberguerre. On peut donc supposer que leur nombre va augmenter selon ce site[5].

État de la menace numérique en 2019

En mai 2019 un rapport de la Délégation Ministérielle aux industries de sécurité et à la lutte contre les cybermenaces[6] a fait état de la menace liée au numérique en 2019. Troisième rapport du nom, il a été établi par l'ensemble des services du ministère de l'Intérieur, sous la coordination de la Délégation ministérielle aux industries de sécurité et à la lutte contre les cybermenaces (DMISC). Ce document dresse un panorama complet des enjeux, des menaces et des réponses apportées par le ministère. Le thème de la cybersécurité et de la lutte contre la cybercriminalité constitue un

---

5 https://www.swisscom.ch/fr/magazine/securite-des-donnees-infrastructure/les-5-types-de-hackers/

6 https://www.interieur.gouv.fr/content/download/117535/942891/file/Rapport-Cybermenaces 2019-HD-web-modifi%C3%A9.pdf

engagement essentiel de l'État et une question primordiale de la protection des citoyens.

Quelques chiffres issus de ce rapport :

- Les fraudes à la carte bancaire poursuivent leur évolution avec des outils de *skimming* de plus en plus sophistiqués, souvent déployés par des groupes criminels d'Europe de l'Est. Touchant désormais tout type de distributeurs automatiques, le nombre de piratages est toutefois en très forte baisse depuis 2015 ;

- Le nombre de harcèlements au moyen d'un service de communication en ligne a doublé entre 2016 et 2018 ;

- Le nombre d'infractions à la loi « Informatique et Libertés », stable en 2016 et 2017, est en hausse en 2018 (+14%), année de l'entrée en vigueur du RGPD ;

Sans avoir un caractère exhaustif, l'étude menée sur l'ensemble des faits portés à la connaissance de la gendarmerie montre une tendance globale en hausse de 7 % par rapport à 2017 ; plus de 73% de ces infractions sont des escroqueries liées à Internet.

Un extrait du rapport nous indique quelques exemples de phénomènes constatés et d'affaires manquantes en 2019 qu'il est utile de présenter ici en l'état.

— Les logiciels malveillants.

En mai 2018, après 16 mois d'investigations, les enquêteurs de l'Office central de lutte contre la criminalité liée aux technologies de l'information et de la communication (OCLCTIC) interpellaient en Thaïlande, avec le soutien des forces de police locales, un Français qui avait créé le *malware* utilisé par un groupe organisé spécialisé dans l'attaque de systèmes de traitement automatisé de données à des fins d'extorsion (Rex Mundi). Le portail Internet d'une entreprise de service britannique avait été compromis pour permettre l'exfiltration de 1.400 comptes bancaires dont la restitution était monnayée par un individu s'exprimant en français. Cette affaire est particulièrement intéressante puisqu'elle a permis de démanteler l'intégralité de la chaîne criminelle, les codeurs de *malwares* n'étant que très rarement identifiés.

— Les rançongiciels

Entre juillet et début septembre 2018, plusieurs vagues d'infection en France ont impacté le ministère de la Justice, des centres pénitentiaires et des établissements bancaires. La compromission des victimes s'est effectuée par un mail comportant un lien de redirection sur un site Internet également compromis sur lequel avait été déposée la charge virale. Le rançongiciel a été identifié comme étant dénommé PyLocky. Les auteurs des faits sont en cours d'identification par la brigade d'enquête sur les fraudes aux technologies de l'information (BEFTI).

— Le *cryptojacking*

En forte augmentation depuis la fin 2017, le phénomène de *cryptojacking* consiste en l'installation d'outils de minage de cryptomonnaies, sur des ordinateurs ou des sites, à l'insu des propriétaires. Ces *malwares* travaillent en tâche de fond, mettant à profit la puissance de calcul de tout un réseau de machines infectées pour générer du profit, le coût étant supporté par la victime.

— Les dénis de services (DoS)

Office des postes et Télécommunications de Polynésie française Le 6 juin 2018, le parquet de Paris saisissait la DGSI d'une enquête relative à des attaques informatiques par déni de service affectant depuis le début de l'année le principal FAI polynésien, l'Office des Postes et Télécommunication (OPT) de Papeete. Il s'agissait d'attaques par « réflection » qui utilisait le réseau Internet fourni par une filiale de l'OPT, l'opérateur VINI. La fréquence de ces attaques ne cessait de croître et perturbait de plus en plus les accès Internet de toute la Polynésie française. Un internaute, utilisant le pseudonyme « DK », revendiquait sur Internet et dans la presse locale être l'auteur des attaques. Il justifiait ces actes par les tarifs prohibitifs pratiqués par l'opérateur VINI. Pour cesser ces attaques, il demandait le versement d'une somme de 300 dollars en Bitcoins. Les investigations menées par la DGSI sur les éléments techniques remis par l'OPT et à partir des constatations en sources ouvertes ont permis d'identifier « DK ». Il a été interpellé le 3 juillet 2018 et a reconnu les faits, confirmant sa volonté de lutter contre le coût trop élevé des services Internet proposés par l'opérateur VINI et une qualité qu'il estimait ne pas être à la hauteur. Pour réaliser ses attaques, il expliquait avoir conçu un outil dédié aux attaques en déni de service accessible par un site à l'adresse www.hardstresser.com qu'il hébergeait chez l'opérateur OVH. Il faisait évoluer son outil pour améliorer constamment l'efficacité de ses attaques. Afin de payer l'hébergement de ce site, il proposait de louer du temps d'attaque au tarif de 60 $ pour 7 200 secondes. Interpellé, le mis en cause a vu tout son matériel informatique saisi et placé sous scellé. Mineur, il a été déféré au parquet de Papeete et a été présenté devant un juge des enfants.

— Les escroqueries

Faisant référence à des pratiques de manipulation psychologique à des fins illicites, l'ingénierie sociale est un vecteur de diffusion des attaques cyber. Elle permet, par une mise en confiance, d'obtenir quelque chose de la personne ciblée. Cette technique est en particulier, au cœur du procédé utilisé pour les fraudes aux faux ordres de virement internationaux (FOVI), dites « au président » ou « au changement de coordonnées bancaires », dont sont victimes les entreprises.

— Les marchés criminels en ligne

En juin 2018, un forum francophone majeur du *darknet*, la « Main Noire », qui opérait depuis plusieurs années, a été démantelé. Quatre de ses gérants domiciliés sur Lille, Marseille et Montpellier ont été arrêtés simultanément. Alimentant des trafics de toutes natures, ce site était adossé à une place de marché permettant la mise en relation de vendeurs et d'acheteurs de produits ou services illicites, tels que des stupéfiants, des faux documents d'identité et des données bancaires frauduleusement captées. L'enquête diligentée par Cyberdouanes (DGDDI) et l'OCLCTIC, sous la direction du parquet de la J.I.R.S. de Lille, a démontré un haut niveau d'organisation et de structuration du site, à l'instar des plateformes commerciales classiques. La base de données du forum a pu être saisie par les enquêteurs ; plus de 3 000 coordonnées d'utilisateurs ainsi que 250 000 messages échangés depuis 2015 ont pu être récupérés. Déférés le 15 juin 2018 au parquet de la J.I.R.S. de Lille, les 4 administrateurs du site ont été mis en examen par le juge d'instruction désigné. Trois d'entre eux ont été placés sous mandat de dépôt et écroués tandis que le quatrième était placé sous contrôle judiciaire.

— Lutte contre l'exploitation sexuelle des enfants en ligne

En octobre 2018, l'Office central pour la répression des violences aux personnes (OCRVP) identifiait et interpellait l'un des membres de l'équipe d'administration du plus important et du plus ancien forum pédopornographique du *darknet*, comptant plus d'un million d'utilisateurs. Ce Français, en charge de la communauté francophone des membres de ce site, était mis en examen et écroué.

On peut enfin trouver sur le site du CLUSIF (Association de promotion de la cybersécurité, réunissant entreprises et administrations autour du développement des bonnes pratiques pour la sécurité du numérique) un glossaire assez complet des autres formes d'attaques[7].

Le Clusif est l'association de référence de la sécurité du numérique en France. Sa mission consiste à **favoriser les échanges d'idées et de retours d'expérience** à travers des groupes de travail, des conférences et publications. Il réunit en parfaite équité au sein de deux collèges, offreurs et utilisateurs, tous les secteurs d'activité de l'économie autour de la cybersécurité et de la confiance numérique.

La dimension internationale de la cybercriminalité implique d'harmoniser les législations nationales et de faciliter la coopération entre les États. Ainsi, la législation européenne se construit progressivement. La coopération technique et opérationnelle se renforce également, en particulier avec les pays sources de cybercriminalité, mais aussi au sein des instances comme le centre européen de lutte contre la cybercriminalité (EC3) d'Europol, d'Eurojust ou d'Interpol (IGCI).

Les actions menées ne manquent donc pas pour le ministère de l'Intérieur qui s'est depuis longtemps mis en ordre de bataille pour faire face aux cybermenaces et s'y adapte continuellement. Le délégué ministériel aux industries de sécurité et à la lutte contre les cybermenaces (DMISC) joue un rôle de pilotage stratégique en matière de lutte contre ces dernières. La feuille de route demandée en 2018 par le ministre de l'Intérieur a abouti à un plan d'actions qui permettra de mieux structurer la lutte contre les cybermenaces au ministère. Les directions et services jouent quotidiennement un rôle de prévention, protection, investigation et innovation.

Prévenir :

Par sa présence dans les territoires, le ministère est un acteur majeur de la sensibilisation des citoyens, des acteurs économiques et des collectivités territoriales. Ses services ont participé, tout au long de l'année à des événements destinés au grand public ou à un public plus ciblé. Par exemple, l'opération « Permis Internet » a permis de sensibiliser plus de deux millions d'élèves.

Enquêter :

Au niveau de l'accueil dans les services locaux, la prise en compte des victimes passe par la capacité du dispositif à accueillir, écouter, analyser et orienter vers le service idoine. Par ailleurs, les services spécialisés dans la

---

[7] https://clusif.fr/a-propos/

lutte contre la cybercriminalité développent leurs capacités tant en matière d'investigation que d'analyse numérique.

Innover :

Le ministère s'engage dans une démarche de recherche et de développement. Le ministère innove également en matière de transformation numérique. Il dématérialise aussi ses processus pour mieux signaler et communiquer autour du cyber, grâce à la plateforme d'assistance aux victimes de cybermalveillance, aux équipements Néo, à la brigade numérique de la Gendarmerie ou au portail de signalement en ligne des violences sexuelles et sexistes. De même, la plateforme Perceval permet à toute victime de signaler un usage frauduleux de sa carte bancaire. Le projet Thésée, quant à lui, permet de porter plainte en ligne pour certaines escroqueries sur Internet.

De l'urgence de se cyber-assurer

Un nouveau rapport indique que les entreprises doivent se protéger contre les attaques visant les personnes et déployer des outils pour limiter les pertes d'informations et les perturbations de l'activité car cette cybercriminalité a un coût qui ne cesse de croître au fil des ans. Les compagnies d'assurance ont même pris position dans le cybermonde.

Ces quelques chiffres de l'agence ADOCC[8] nous permettent d'apprécier l'étendue du fléau.

— Chaque année, dans le monde, 978 millions de personnes sont concernées par une cyberattaque. 9 français sur 10 ont déjà été confrontés à un acte de cyber-malveillance.

— Les coûts des dommages liés à la cybercriminalité atteindront 6000 milliards $ par an d'ici 2021.

— Les dépenses mondiales en cybersécurité dépasseront 1000 milliards $ en 2021.

— La montée de la cybercriminalité a poussé la sécurité de l'information à plus de 86,4 milliards $ de dépenses en 2017.

— Le nombre d'emplois non pourvus en cybersécurité devrait tripler pour atteindre 3,5 millions d'ici 2021.

[8] https://www.cyberocc.com/sinformer/quelques-chiffres/

— Le nombre d'individus susceptibles d'être attaqués atteindra 6 milliards d'ici 2022.

En ce qui concerne les assurances face à la cybercriminalité, 50% des entreprises en Europe ne sont pas encore couvertes par une cyber assurance. Parmi les pays les plus dépourvus de cyber assurance, l'Allemagne arrive en tête (60%), suivie du Royaume Uni (32%) et de la France (43%).

En octobre 2019, la publication d'une analyse globale du marché des assurances de cybersécurité évaluant taille, part et croissance, tout en faisant état des tendances et prévisions pour 2019-2026 rappelait non seulement que les cyberattaques pouvaient faire perdre des milliards de dollars annuellement aux entreprises, mais aussi que « *les risques informatiques sont de plus en plus fréquents et perturbateurs, avec* **un nombre croissant d'incidents impliquant des violations de données, des escroqueries par *Phishing*, des attaques de programmes malveillants, des menaces de *Ransomware* et le vol d'identité.** » On le sait, l'Europe est particulièrement en retard en matière de cyber-sécurité, et il semble grand temps de réagir.

Selon le troisième baromètre du CESIN[9], le Club des Experts de l'Information et du Numérique, la souscription de cyber-assurances aurait bondi chez les entreprises au cours de des années 2017-2019. Il suffit de quelques clics sur le web pour se rendre compte de la recrudescence des assurances cyber. Alors qu'aux Etats-Unis, il s'agit déjà d'un marché structuré de près de 3 milliards de dollars, il est en France encore en plein essor.

Les contrats d'assurance cyber se distinguent d'un contrat multirisques professionnel ou d'un contrat « tous risques informatiques ». En effet, ils prennent en compte non seulement les risques matériels, comme l'intégrité du parc informatique de la société en cas de sinistre, mais également les risques immatériels, comme la perte de données ainsi que les conséquences financières liées aux actes malveillants, aux fraudes, ou simplement aux erreurs humaines.

Les instances de l'État au service de la lutte contre la cybercriminalité

Les acteurs de la société ont pris conscience de l'ampleur du phénomène et du fait que notre société se conjugue désormais toute entière au cyber (Cybercriminalité, cyber-sécurité, cyberguerre, cyberharcèlement, Etc.) Le

[9] https://www.cesin.fr/

Ministère de l'Intérieur est ainsi devenu un acteur de la lutte contre les cyber-menaces.

Des accords ont été pris avec les pays européens car aucun pays ne relèvera seul le défi de la cyber-sécurité et il est urgent d'aller ensemble vers des solutions de « confiance numérique et de sécurité ». Il est aussi important de promouvoir le développement de produits et services sécurisés. Au niveau international plusieurs outils existent déjà, notamment la Convention de Budapest qui constitue le document le plus abouti et le plus partagé à l'échelle internationale en matière de lutte contre la cybercriminalité. Elle offre un socle juridique robuste et des outils de coopération efficaces.

Le G7 s'est doté d'un réseau de points de contact 24/7 auquel participent une soixantaine de pays permettant ainsi de solliciter le gel de données informatiques et leur conservation. Interpol a également ouvert en 2015 un Centre mondial pour l'innovation qui réunit les plus hautes compétences publiques et privées en matière de lutte contre la cybercriminalité. Enfin, Europol s'est doté d'un Centre Européen contre la cybercriminalité (dit EC3) qui a pour mission d'être le point d'appui des actions de l'Union européenne dans ce domaine.

Le risque de voir les nouvelles technologies détournées et utilisées à des fins criminelles voire terroristes est aussi pris en compte : une politique active de partenariat avec le secteur privé doit être menée au même titre qu'au niveau national, européen et international. Ce dernier doit permettre de faciliter la prévention, l'échange d'informations, la lutte contre les contenus illégaux ou contre l'utilisation par les criminels de moyens techniques leur permettant de se soustraire aux poursuites. Une attention toute particulière sera apportée aux GAFAM[10] à qui l'Etat français demande notamment d'investir dans des outils techniques destinés à empêcher que des individus ne soient tentés par l'extrémisme.

Pour favoriser une coopération structurelle et renforcer les liens opérationnels avec certains pays, la DCI (Direction de la Coopération Internationale) intervient en appui de la direction de coopération de sécurité et de défense (DCSD) et participe au déploiement d'experts techniques internationaux (ETI) spécialisés dans la lutte contre les cyber-menaces à travers le monde depuis 2017. A ce jour, trois ETI spécialisés dans la lutte contre la cybercriminalité sont implantés au Sénégal, dont deux à l'école nationale régionale de Dakar. Un autre est positionné en Afrique Australe.

[10] GAFAM : Google, Apple, Facebook, Amazon, Microsoft

Ce déploiement permet de démultiplier les actions de coopération tant dans le domaine de la formation qu'en matière opérationnelle.

C'est ainsi un réseau de 74 représentations en ambassade, soit près de 270 policiers et gendarmes qui ont bénéficié d'une sensibilisation à cette nouvelle priorité. Un officier spécialisé assiste la synergie des différents bureaux de la direction et assure aussi l'articulation des actions de la DCI avec les stratégies ministérielles et interministérielles.

Après près de trois ans de négociation, le Parlement européen et le Conseil de l'Union européenne (UE) ont adopté le 6 juillet 2016 la directive sur la sécurité des réseaux et des systèmes d'information connue sous l'appellation « directive NIS ».

La France a finalisé la transposition de la directive NIS en droit français avec la publication, le 29 septembre 2018, du dernier arrêté d'application portant sur les mesures de sécurité s'appliquant aux OSE. (Opérateurs de Services Essentiels).

L'ANSSI accompagne les OSE dans la mise en œuvre d'un dispositif de cyber-sécurité pour assurer leur protection (règles de sécurité, déclaration des incidents, etc.). La défense de ces opérateurs, privés ou publics, intervient en complémentarité du dispositif de cyber-sécurité des opérateurs d'importance vitale (OIV) introduit par la loi de programmation militaire (LPM) de 2013 face à l'augmentation en quantité et en sophistication des attaques informatiques.

La DCPJ [11](Direction Centrale de la Police Judiciaire) créée en 2014, a quant à elle pour objectif d'anticiper les nouveaux phénomènes cybercriminels et a créé une plateforme d'échanges d'informations pluri-partenaires qui informe et sensibilise pour une anticipation de la menace. Ses moyens lui permettent de récupérer les données et de les analyser suite à des attaques cybercriminelles.

La création du CERTA a été annoncée par le Premier ministre, Monsieur Lionel Jospin, à l'issue du Comité Interministériel pour la Société de l'Information (CISI), le 19 janvier 1999 : son principal but est de renforcer la protection des réseaux de l'État contre les attaques.

Afin justement de renforcer et de coordonner la lutte contre les intrusions dans les systèmes informatiques des administrations de l'État, le Gouvernement décide la création d'une structure d'alerte et d'assistance sur l'Internet, chargée d'une mission de veille et de réponse aux attaques

[11] https://www.police-nationale.interieur.gouv.fr/Organisation/Direction-Centrale-de-la-Police-Judiciaire

informatiques. Placée auprès du Secrétariat Général de la Défense Nationale, elle travaillera en réseau avec les services chargés de la sécurité de l'information dans l'ensemble des administrations de l'État. Elle participera au réseau mondial des CERT (*Computer Emergency Response Team*).»

Depuis le 21 janvier 2014, le « CERTA » a changé de nom et s'appelle désormais « CERT-FR ». L'acronyme CERT signifie *Computer Emergency Response Team.*

Au sein du Centre Opérationnel de la Sécurité des Systèmes d'Information (COSSI) de l'Agence Nationale de la Sécurité des Systèmes d'Information (ANSSI), le CERT-FR apporte son soutien en matière de gestion d'incidents aux ministères, institutions, juridictions, autorités indépendantes, collectivités territoriales et OIV (Opérateurs d'Importance Vitale). Le CERT-FR est chargé d'assister les organismes de l'administration à mettre en place des moyens de protection nécessaires et à répondre aux incidents ou aux attaques informatiques dont ils sont victimes.

Le CERT-FR est une des composantes curatives complémentaires des actions préventives assurées par l'ANSSI. En tant que CERT national, il est le point de contact international privilégié pour tout incident de nature cyber touchant la France. Il assure une permanence de ses activités 24h/24, 7j/7.

Ses principales missions peuvent se décliner ainsi :

- détecter les vulnérabilités des systèmes, au travers notamment d'une veille technologique ;

- piloter la résolution des incidents, si besoin avec le réseau mondial des CERT ;

- aider à la mise en place de moyens permettant de se prémunir contre de futurs incidents ;

- organiser la mise en place d'un réseau de confiance.

Le CERT-FR est membre du FIRST depuis le 12 septembre 2000 et participe à l'activité de la TF-CSIRT (*Computer Security Incident Response Team*) qui est la coordination des CERT européens (*Trusted Introducer Level 2* ou niveau *Accredited* depuis le 25 mars 2002).

La Brigade d'Enquêtes sur les Fraudes aux Technologies de l'Information (BEFTI) est chargée de trois missions :

— Mener des enquêtes judiciaires principalement sur les infractions contre les systèmes d'information dont ceux de communications électroniques.

— Assurer des assistances techniques au profit des services de la préfecture de Police.

— Sensibiliser des professionnels du secteur et dispenser des formations internes.

Les investigations de ses groupes d'enquêtes portent sur les crimes et délits informatiques :

- Les intrusions et les compromissions d'ordinateurs ou de réseaux ;
- Les contrefaçons de logiciels
- Les extractions de bases de données personnelles ;
- Le piratage de réseaux téléphoniques ;
- Les défigurations de sites ;
- Les défauts de sécurisation des bases de données personnelles.

La CNIL (Commission Nationale Informatique et Libertés), grand régulateur national.

Dans l'univers numérique, la Commission Nationale de l'Informatique et des Libertés (CNIL) est le régulateur des données personnelles. Elle accompagne les professionnels dans leur mise en conformité et aide les particuliers à maîtriser leurs données personnelles et exercer leurs droits. Elle joue aujourd'hui un grand rôle dans le monde de la cybersécurité en collaboration avec les grands acteurs cités ci-dessus.

La CNIL répond aux demandes des particuliers et des professionnels. Toute personne peut s'adresser à la CNIL en cas de difficulté dans l'exercice de ses droits en lui adressant une plainte. La mise en conformité constitue l'objectif prioritaire du régulateur qu'est la CNIL. Dans le cadre de son activité d'innovation et de prospective, la CNIL s'intéresse aux signaux faibles et aux sujets émergents. La CNIL peut contrôler les organismes. En cas de manquements constatés, elle peut décider de les mettre en demeure ou de les sanctionner.

Le G29, groupe des "CNIL" européennes a constitué le 24 octobre 1995 un groupe de travail rassemblant les représentants de chaque autorité indépendante de protection des données nationales.

Un dispositif national d'assistance aux victimes d'actes de cyber-malveillance a été mis en place en 2019. Il s'agit du site Cybermalveillance.gouv.fr qui a pour missions d'aider les entreprises, les particuliers et les collectivités victimes de cybermalveillance, de les informer sur les menaces numériques et de leur donner les moyens de se défendre.

Il contient un kit de sensibilisation aux risques numériques[12] composé de 9 thématiques, déclinées en 6 formats : fiches pratiques et réflexes, mémos, affiche A2, BD, vidéos, quiz, infographies.

La récidive en cybercriminalité

La notion de récidive en cybercriminalité se pose aujourd'hui avec acuité avec les attaques de type *ransomware* qui ont pris de l'ampleur depuis ces cinq dernières années.

En effet, ces cyber-attaques permettent de démultiplier les actes criminels en tentant d'obtenir une rançon sans forcément garantir la restitution des données kidnappées ou même encore la nouvelle tentative de chantage à la donnée menée plus tard sur les mêmes victimes.

D'autres conséquences très concrètes : des entreprises ont déjà perdu tout l'historique de leur comptabilité des années passées. Si on prend le cas d'hôpitaux infectés par des *ransomwares* aux Etats-Unis, les patients ont été obligés d'être évacués pour être soignés ailleurs car les salles d'opérations n'étaient plus fonctionnelles. En France, on compte aussi plusieurs cas : des écoles, des hôpitaux, des entreprises, cabinets d'avocats ou encore le ministère des transports ont eux-aussi été infectés récemment par des *ransomwares*. Depuis quelques mois, de nouveaux groupes de cybercriminels n'envoient plus les clés après le paiement de la rançon. **On décompte près d'une entreprise sur cinq ayant payé une rançon qui n'a pas récupéré ses données.** Les escrocs sont attirés par l'argent facile et rapide. Ils louent ou achètent des outils techniques sur internet pour lancer leurs propres campagnes de *ransomwares*. Ces nouvelles organisations de criminels n'envoient pas les clés de déchiffrement car eux-mêmes ne les ont pas ! Le phénomène global de *ransomware* risque donc de souffrir directement de cette tendance et diminuer, subissant une sorte de crise de confiance.

[12] https://www.cybermalveillance.gouv.fr/tous-nos-contenus/a-propos/kit-de-communication

La récidive touche aussi les phénomènes de cyberharcèlement et de captation de données, d'images ou de vidéos qui nécessitent peu de moyens techniques. Des pirates informatiques adolescents se voient offrir une deuxième chance dans le cadre d'une expérience européenne et de ses autorités qui testent l'idée que toutes les enquêtes sur la cybercriminalité ne doivent pas se terminer avec un pirate menotté.

Les polices du Royaume-Uni et des Pays-Bas ont ainsi créé une campagne d'intervention juridique pour les premiers contrevenants accusés d'avoir commis des cybercrimes, ainsi que l'ont expliqué des responsables lors de la Conférence internationale sur la cybersécurité à l'Université Fordham. L'effort, appelé « *Hack_Right* », s'adresse aux personnes entre 12 et 23 ans qui peuvent contourner la loi derrière leur clavier et ne même pas s'en rendre compte.

Les responsables ont déclaré que l'expérience, qui a commencé en 2018, a déjà impliqué des interactions avec plus de 400 jeunes au Royaume-Uni. « Nous faisons cela ... pour sortir et les trouver et les faire entrer dans des clubs informatiques avant de devoir enquêter sur quelqu'un et le mettre en prison", a déclaré Gregory Francis, responsable national de la prévention à la *National Cyber Crime Unit* de la *National Crime Agency*. « La cybercriminalité n'est donc pas un problème d'application de la loi. C'est un problème de société. "

L'âge moyen d'un cybercriminel accusé est de 19 ans, selon Floor Jansen, un conseiller de l'unité nationale néerlandaise de lutte contre la criminalité élevée. Il y a une « surreprésentation » des traits autistiques chez ces délinquants, a-t-elle dit, et le taux de récidive est relativement faible par rapport à d'autres crimes. « Beaucoup de ces personnes sont motivées pour essayer de nouvelles astuces en ligne pour impressionner leurs amis, comme voler un mot de passe avec une intention inoffensive, et n'ont pas le contexte social pour comprendre que ce qu'elles font est illégal » a ajouté Jansen. Et « contrairement aux crimes traditionnels, tout dommage est physiquement invisible pour l'auteur. La plupart des délinquants se rendront sur un forum directement sur le Web... et achèteront un outil d'accès à distance pour 40 $», a-t-elle précisé. "S'ils ne comprennent pas ce qu'ils font, ils peuvent appeler un service d'assistance. Donc, cela ne semble pas trop illégal."

Après avoir déterminé qu'un délinquant primaire pourrait être responsable d'un incident de sécurité, les représentants de la police rendent visite au suspect et lui expliquent ce qui s'est passé. Au lieu de le menacer des conséquences juridiques, ils poussent le pirate informatique adolescent dans une sorte de service communautaire qui comprend 10 à 20 heures de formation informatique éthique, puis le mettent en contact avec des professionnels qui peuvent expliquer de possibles cheminements de carrière et l'orienter vers la meilleure formation en fonction de ses intérêts.

Jansen a évoqué le cas d'un élève anonyme qui a piraté son école afin de changer son âge à 19 ans, se permettant ainsi de manquer plus de jours qu'il ne serait autrement permis. La punition consistait en un programme de 20 heures supervisées par un agent de probation et une mission de deux jours destinée à aider l'adolescent à « respecter les règles ».

Une telle méthode rappelle forcément celle appliquée à la question des drogues au Portugal, où leur dépénalisation a permis de réduire drastiquement le nombre de toxicomanes grâce à un accompagnement personnalisé, l'idée étant de ne pas punir, mais de prévenir et d'aider. À l'image, en somme, du programme « *Hack_Right* ». Comparez cela à un cas sans rapport plus tôt en 2018, dans lequel la police du New Jersey a arrêté quatre étudiants accusés d'avoir piraté leur école avec des conséquences nettement plus graves. Les suspects devront dans tous les cas avouer leurs actes, ne pas avoir d'antécédents criminels remarquables et être prêts à changer leur comportement.

« Hack_Right » prévoit également de mettre en contact les jeunes concernés avec des professionnels du secteur, lesquels leur dépeignent le tableau des formations et filières professionnelles potentiellement intéressantes pour eux.

Il existe une nette différence dans les approches européenne et américaine de l'application des lois cybercriminelles. La police bulgare a ainsi libéré un spécialiste de la sécurité de 20 ans accusé d'avoir piraté l'Agence du revenu national du pays et d'avoir accédé à des informations sur environ 5 millions de personnes, dont une majeure partie de la population bulgare. Pendant ce temps, les suspects accusés de crimes similaires aux États-Unis risquent souvent des années de prison.

Intelligence Artificielle, IoT : de nouveaux défis attendent la cybersécurité

Internet a vécu plusieurs niveaux d'évolution qui ont été caractérisés par des appellations Web 1.0, Web 2.0, Web 3.0, Web 4.0, Web 5.0. Pour chaque type de Web les cyber-attaques ont adapté les technologies du moment pour mener à bien leurs résultats.

Pour le Web 1.0 il s'agissait de s'attaquer aux sites Web pour les modifier et en faire de faux sites, par exemple afin d'y mener des actions délictuelles (Effacement de site, vol de données, Etc.)

Pour le Web 2.0 c'est à partir des réseaux sociaux et donc du Web social que les menaces ont été créées, afin de voler des identités par exemple ou encore d'infiltrer les réseaux sociaux pour harceler, ou afin encore de faire du chantage à la donnée

Pour le Web 3.0 ou Web sémantique, on a vu naître de nouvelles formes de cybercriminalité visant à profiter du nomadisme via les Smartphones de plus en plus couplés au monde des objets connectés pour mener des atteintes à l'identité, des détournements ou encore le kidnapping de données.

Le Web 4.0 (Internet des objets connectés) et le Web 5.0 (Intelligence artificielle) plus sophistiqués, surfent aujourd'hui sur les atouts de l'intelligence artificielle et émanant de solides réseaux de hackers qui interagissent entre eux. Les cyberattaques de la cuvée 2019 ont donné du fil à retordre aux entreprises.

L'éditeur de solutions de cybersécurité McAfee a publié dans ce sens son rapport des prédictions des menaces 2019. Il y recense les tendances générales et les attaques qui pourraient monter en puissance ces prochains mois en quatre catégories.

— Le piratage des données hébergées dans le cloud

Que ce soit dans le cloud privé - lorsque l'organisation utilise ses propres infrastructures - ou le cloud public - dont le principe fondamental est la mutualisation des serveurs -, les entreprises se connectent massivement au « nuage », y stockant même des informations sensibles dans 21 % des cas. Un mouvement de fond qui n'a pas échappé aux pirates informatiques, voyant là une opportunité sans égal d'accéder à une manne de données. « *Dans cet écosystème ouvert, le meilleur moyen de protéger les datas est d'adopter des plateformes globales qui sécurisent à la fois les environnements SaaS, IaaS et PaaS* », indique Rajiv Gupta, senior vice-président de McAfee en charge de l'activité « *cloud security* ». Il ajoute que « *plus le logiciel de cybersécurité sera intuitif et simple à l'usage pour les collaborateurs, plus l'entreprise sera protégée* ».

— Le *cryptojacking* ou minage des cryptomonnaies

S'il apparaît que le volume d'attaques émanant de *ransomware*, ou « logiciels extorqueurs », tend à s'amenuiser depuis quelques mois, il faut désormais compter avec un nouveau fléau numérique : le *cryptojacking*. Un moyen de générer de la cryptomonnaie en exploitant les terminaux des internautes. « *Alors que le ransomware peut s'apparenter à un braquage, le cryptojacking, lui, est comparable avec la façon de faire d'un pickpocket : petit à petit, à force d'attaques sur des millions d'utilisateurs, le hacker amasse une fortune considérable* », explique Raj Samani, *chief scientist* chez McAfee.

Le signe distinctif d'un *cryptojacking* ? L'ordinateur ralentit subitement. Le malware de ce type le plus célèbre à ce jour ? WebCobra. Découvert par McAfee et venant probablement de Russie, ce logiciel de minage malveillant frappe partout dans le monde.

— Des attaques massives via l'IoT (Internet of Things)

L'internet des objets, ou IoT, n'en finit pas de se développer, si bien qu'il faudra compter avec plus de 20 milliards d'objets connectés à l'horizon 2020. « *Dans l'entreprise, l'IoT ne se résume pas seulement aux différents « devices », tels les smartphones et tablettes, utilisés par les collaborateurs : il s'agit également de la badgeuse, du dispositif de vidéosurveillance, du système de gestion d'énergie, etc. Autant d'outils qui contiennent des données transitant toutes par le cloud* », rappelle Rajid Gupta. Cette explosion du Web 3.0 augmente considérablement la surface d'attaque. « *Même les assistants personnels intelligents à reconnaissance vocale sont ciblés par les cybercriminels pour accéder aux réseaux des entreprises* », observe pour sa part Raj Samani. Après Mirai - *malware* à l'origine de nombreuses attaques DDoS -, l'internet des objets est désormais aussi menacé par IoT Reaper, que l'on peut traduire par « faucheuse des objets connectés », un *botnet* qui a déjà frappé plus d'un million d'appareils.

— Des « *wipers* » de plus en plus performants

Dans son rapport de prévisions, McAfee anticipe un élargissement du marché du *malware-as-a-Service* (MaaS). « *Cela signifie que les hackers n'ont plus à développer eux-mêmes toutes les étapes d'une attaque. Ils n'ont qu'à faire leurs courses sur le « shadow IT » pour s'équiper des différentes briques nécessaires à l'élaboration de leur méfait, ce qui leur permet d'être encore plus innovantes et sophistiquées* », pointe Raj Samani. Dans ce contexte, les « *wipers* », ou virus destructeurs de type ExPetr, pourraient devenir de plus en plus efficaces.

McAfee investit chaque année davantage en R&D et sécurité pour proposer des solutions permettant de parer les assauts des cybercriminels. Toutefois, l'entreprise insiste sur la nécessité de coupler le déploiement d'outils avec une démarche de sensibilisation des équipes. « *En matière de cybersécurité, le risque le plus important est le facteur humain. Absolument tous les collaborateurs doivent être sensibilisés aux impératifs de la cybersécurité. Cette dernière ne peut être totale que si le DRH, le DSI et [[https://business.lesechos.fr/directions-numeriques/technologie/cybersecurite/0301744706517-rssi-un-metier-en-pleine-transformation-321377.php]] élaborent ensemble la stratégie* », conclut Chatelle Lynch, senior vice-présidente de McAfee en charge des ressources humaines.

En ce qui concerne l'Intelligence Artificielle, c'est un marché renaissant qui avait déjà ses empreintes dans les systèmes intelligents et experts des années 80. Tous les secteurs sont aujourd'hui touchés par son développement et plus aucune revue ne paraît sans faire mention de ses technologies. Les cybercriminels y ont déjà pris pied !

Au cœur de l'IA se situe le Machine Learning, discipline de création d'algorithmes permettant à un appareil de réaliser une tâche complexe. C'est donc le processus par lequel seul un algorithme est créé, il revient donc à la machine de réaliser la tâche et de créer son propre modèle. (Exemple de SIRI). Mais le machine learning prend une toute nouvelle dimension avec l'arrivée du Big Data. Les données deviennent tellement volumineuses qu'il devient difficile, voire impossible, de les traiter avec des outils classiques de gestion de données et de l'information.

Après quelques évolutions et selon le Larousse, l'intelligence artificielle se définit actuellement de manière consensuelle comme « l'ensemble de théories et de techniques mises en œuvre en vue de réaliser des machines capables de simuler l'intelligence ». On parle alors d'humanité augmentée, de Transhumanisme, L'Intelligence Artificielle ouvre, par exemple, de nouvelles perspectives pour les professionnels du droit, tant dans le domaine de la rédaction des actes et y compris pour l'exercice de la défense, que dans l'aide à la décision.

On voit ainsi apparaître des outils professionnels qui bouleversent la notion de travail dans une activité considérée comme étant par principe humaine et à haute valeur ajoutée.

Une étude réalisée par l'entreprise LawGeex a montré en début d'année qu'un système d'intelligence artificielle était capable de détecter des erreurs dans des accords juridiques (accords de non-divulgation) de manière plus pertinente que des humains. Elle démontrait qu'un robot ne mettait que 26 secondes à analyser cinq contrats quand des professionnels passaient en moyenne 92 minutes à les étudier. Les outils de l'IA s'appliquent à des tâches quotidiennes ou basiques, pour la relecture de contrats par exemple, comme précisé dans l'étude de LawGeex. Ce qui était frappant avec celle-ci, c'était la qualité et la rapidité du logiciel à analyser des accords de non-divulgation.

L'IA s'applique également aux moteurs de recherche, à l'analyse prédictive (les avocats ont toujours cherché à savoir quelles étaient leurs chances de gagner un procès). La nouveauté qui émerge aujourd'hui, ce sont les *Chatbots*[13].Le sens de ces outils, c'est qu'ils vont accompagner les avocats pour que les professionnels se concentrent sur des tâches à forte valeur ajoutée, plus complexes. Mais un algorithme peut se révéler injuste ! Les *soft skills* (capacité de jugement, esprit de synthèse, etc.) resteront essentielles et les qualités relationnelles et émotionnelles feront la différence.

C'est un mouvement qui interroge les professions juridiques qui doivent maintenant imaginer de nouvelles solutions organisationnelles et de nouvelles formes de financement dans un secteur qui n'en avait pas forcément l'habitude...La justice prédictive, grâce à des algorithmes fouillant dans la jurisprudence, permet d'évaluer quelles sont les chances de gagner un procès, le montant éventuel des indemnités ou ses risques juridiques. Sa diffusion suscite espoir et méfiance. Actuellement, l'intelligence artificielle demeure un outil d'assistance qui ne peut remplacer les capacités d'écoute, d'empathie et de conseil. Si le professionnel peut s'appuyer sur des outils statistiques, voire sur l'intelligence artificielle appliquée à de l'analyse comportementale[7], il n'en demeure pas moins que c'est dans le rapport humain, le colloque singulier, que l'intervention de l'avocat conserve sa pertinence et sa légitimité.

La disparition des avocats et juges à court et moyen terme n'est pas à l'ordre du jour, mais certaines professions incluant des tâches automatisées, comme la rédaction, l'analyse des données d'affaires, ... pourraient intégrer à la longue de l'IA.

On l'a bien compris, les technologies de l'IA intéressent le monde du cybercrime et des attaques sur des systèmes vitaux et des banques de données ont déjà été menées en passant par les systèmes connectés. 2020 pourrait bien être l'année des cyberattaques dopées via l'IA aime à nous rappeler le nouveau PDG d'Avast, Ondrej Vlcek[14].

---

[13] Système d'assistance automatisé qui répond automatiquement aux questions de visiteurs.

[14] https://www.leparisien.fr/high-tech/2020-sera-l-annee-des-cyberattaques-dopees-par-l-intelligence-artificielle-previent-avast-13-01-2020-8235087.php

Selon la revue en ligne ZDNET[15], il est en effet difficile de repérer toutes les variantes de logiciels malveillants, surtout lorsqu'elles sont délibérément déguisées : de plus en plus, c'est en appliquant l'IA et la *Machine Learning* que les défenseurs tentent d'arrêter même les nouveaux types d'attaques de logiciels malveillants inconnus.

L'IA peut aussi aider à la lutte contre la cybercriminalité car la base de données d'apprentissage machine peut s'appuyer sur des informations concernant toute forme de logiciel malveillant détecté auparavant. Ainsi, lorsqu'une nouvelle forme de logiciel malveillant apparaît - soit une variante modifiée d'un logiciel malveillant existant, soit un nouveau type de logiciel malveillant - le système peut le comparer à la base de données, examiner le code et bloquer l'attaque en se basant sur le fait que des événements similaires ont déjà été considérés comme malveillants. C'est même le cas lorsque le code malveillant est associé à de grandes quantités de code inutile dans le but de dissimuler l'intention malveillante de la charge utile, comme cela arrive souvent.

Dans ce contexte, l'intelligence artificielle peut apporter à la cybersécurité une capacité d'adaptation toute nouvelle : il n'est plus question de suivre des règles spécifiques ou de chercher des signatures, mais de comparer ce qui est observé avec des modèles certes préétablis à partir de la connaissance acquise par le passé, mais évolutifs et moins stricts que les signatures ou les règles.

Il faut enfin et surtout se méfier : des GAFAMI (Google, Apple, Facebook, Amazon, Microsoft) qui ont développé des outils de profilage de plus en plus évolués ; des BATX (Baidu, Alibaba, Tencent, Xiao i) qui sont intéressés par notre société de conso-divertissement, et enfin des NATU (Netflix, Airbnb, Tesla, Uber) se situant au milieu de ces grands du Web et qui scrutent aussi nos habitudes culturelles au même titre que les services de renseignement et les entreprises marketing.

Tous ces territoires pourraient être demain apprivoisés par une population du cybercrime.

---

[15] https://www.zdnet.fr/actualites/cybersecurite-pourquoi-l-ia-va-tout-changer-pour-le-meilleur-et-pour-le-pire-39900051.htm

Le fichage en matière pénale : un exemple d'équilibrisme juridique

JEAN-YVES MARECHAL

Les médias évoquent régulièrement les affaires criminelles résolues, parfois longtemps après les faits, grâce à l'ADN, ou plus exactement au Fichier national automatisé des empreintes génétiques. Ce dernier n'est pourtant qu'un des nombreux fichiers recueillant de multiples informations sur des personnes ou des faits, qui sont susceptibles d'être aujourd'hui utilisés par les enquêteurs ou l'autorité judiciaire. On compte en effet, aujourd'hui, un grand nombre de fichiers différents, ayant leurs propres règles, et l'on se bornera à citer ici quelques-uns des plus connus : outre le Fichier national automatisé des empreintes génétiques (FNAEG), on peut citer le Traitement d'antécédents judiciaires (TAJ), le fichier des personnes recherchées (FPR), le fichier automatisé des empreintes digitales (FAED), le fichier des auteurs d'infractions sexuelles ou violentes (FIJAIS) ou encore le fichier des auteurs d'infractions terroristes (FIJAIT).

Il convient d'abord de préciser cette notion de fichier. Elle est définie, aujourd'hui, par l'article 2 de la loi n° 78-17 du 6 janvier 1978 relative à l'informatique, aux fichiers et aux libertés, issu de l'ordonnance n° 2018-1125 du 12 décembre 2018, entrée en vigueur le 1er juin 2019. Ce texte énonce que « constitue un fichier de données à caractère personnel tout ensemble structuré de données à caractère personnel accessibles selon des critères déterminés, que cet ensemble soit centralisé, décentralisé ou réparti de manière fonctionnelle ou géographique ».

Selon l'article 4 de la même loi, « les données à caractère personnel doivent être :

1° Traitées de manière licite, loyale et, pour les traitements relevant du titre II, transparente au regard de la personne concernée ;

2° Collectées pour des finalités déterminées, explicites et légitimes, et ne pas être traitées ultérieurement d'une manière incompatible avec ces finalités. (...) ;

3° Adéquates, pertinentes et, au regard des finalités pour lesquelles elles sont traitées, limitées à ce qui est nécessaire (...) ;

4° Exactes et, si nécessaire, tenues à jour. Toutes les mesures raisonnables doivent être prises pour que les données à caractère personnel qui sont inexactes, eu égard aux finalités pour lesquelles elles sont traitées, soient effacées ou rectifiées sans tarder ;

5° Conservées sous une forme permettant l'identification des personnes concernées pendant une durée n'excédant pas celle nécessaire au regard des finalités pour lesquelles elles sont traitées (...) ; 6° Traitées de façon à garantir une sécurité appropriée des données à caractère personnel, y compris la protection contre le traitement non autorisé ou illicite et contre la perte, la destruction ou les dégâts d'origine accidentelle, ou l'accès par des personnes non autorisées, à l'aide de mesures techniques ou organisationnelles appropriées.

L'article 5 ajoute qu'un traitement de données à caractère personnel est licite notamment si ce traitement est nécessaire à l'exécution d'une mission d'intérêt public ou relevant de l'exercice de l'autorité publique dont est investi le responsable du traitement, ce qui est le cas des fichiers judiciaires ou de police et, selon l'article 31, « sont autorisés par arrêté du ou des ministres compétents, pris après avis motivé et publié de la Commission nationale de l'informatique et des libertés, les traitements de données à caractère personnel mis en œuvre pour le compte de l'Etat et qui ont pour objet la prévention, la recherche, la constatation ou la poursuite des infractions pénales ou l'exécution des condamnations pénales ou des mesures de sûreté.

Enfin, l'article 87 prévoit la possibilité des fichiers en matière pénale » à des fins de prévention et de détection des infractions pénales, d'enquêtes et de poursuites en la matière ou d'exécution de sanctions pénales »

Il n'y a donc pas de doute sur la licéité des fichiers en matière pénale mais la question demeure de savoir dans quelle mesure ils sont respectueux des libertés individuelles. Selon l'article 4 précité, le fichage doit être nécessaire et légitime, ce qui, en théorie, ne pose pas de problème en matière pénale. Pourtant, lorsqu'on approfondit la question, il est aisé de constater la difficulté pour le législateur de maintenir un équilibre entre cette nécessité et la protection des libertés des personnes concernées.

On ne s'intéressera pas ici aux conditions de création des fichiers contenant des données relevant de la matière pénale, qui relèvent de la loi informatique et liberté, mais aux règles de fonctionnement de ces fichiers au regard de leurs finalités. Celles-ci sont variées comme les fichiers eux-mêmes. On se bornera à évoquer certains d'entre eux, qui peuvent être considérés comme représentatifs des difficultés que pose cette technique du fichage, tendant à se développer toujours davantage. Si les objectifs des fichiers sont divers, leur alimentation et leur consultation peuvent avoir pour objectif de prévenir la récidive (1) et les possibilités d'effacement des données se rattachent, assez souvent, à l'idée d'un pardon accordé, plus ou moins facilement par la société (2).

Les fichiers, outils de traitement de la récidive

Il convient de préciser que la notion de récidive ici retenue est très large et ne correspond donc pas exactement à la notion légale. Il s'agit donc de considérer que le fichage permet, non seulement d'élucider des affaires, mais aussi d'établir que des individus déjà connus de la justice pénale ont commis de nouvelles infractions, que la récidive légale soit constituée ou non.

Après avoir présenté quelques éléments de la réglementation des fichiers, on s'interrogera sur la conformité de celle-ci aux normes juridiques supérieures.

Les traits communs de la réglementation des fichiers

En premier lieu, le domaine d'application des fichiers est très variable mais il est souvent large voire très large, l'objectif du législateur étant de permettre de recueillir et de conserver le plus d'informations possible sur le plus grand nombre possible de personnes.

Le cas du FNAEG est révélateur à cet égard puisqu'il n'était prévu, lors de sa création par la loi n° 98-468 du 17 juin 1998, que pour les infractions sexuelles alors que l'article 706-55 du Code de procédure pénale actuel donne la longue liste des infractions pouvant justifier l'inscription au sein de ce fichier, comportant des atteintes aux personnes, aux biens, à la Nation et la paix publique notamment.

La même remarque peut être faite au sujet du FIJAIS dont le domaine d'application a été étendu de manière importante (CPP, art. 706-47).

Dans certains cas, le domaine est presqu'illimité comme c'est le cas du fichier TAJ. L'article 230-6 du Code de procédure pénale permet en effet de recueillir des données à l'occasion d'une enquête sur tout crime ou délit ainsi que sur les contraventions de la cinquième classe sanctionnant un trouble à la sécurité ou à la tranquillité publiques ou une atteinte aux personnes, aux biens ou à l'autorité de l'Etat, formule qui n'est pas limitative (V. également le FPR dont le domaine n'est pas défini par les infractions auquel il s'applique mais par les décisions judiciaires s'appliquant aux personnes recherchées, CPP, art. 230-19).

En deuxième lieu, les mécanismes d'inscription et de consultation des fichiers sont divers. Dans certains cas, l'inscription est automatique alors que dans d'autres, elle suppose une initiative d'une autorité.

Ainsi, l'inscription au FIJAIS peut résulter de plein droit d'une condamnation même non définitive et l'inscription se fait dès le prononcé de la décision (CPP, art. 706-53-2). Notamment, en matière criminelle et pour les délits punis de plus de 5 ans, l'inscription est automatique ; pour les délits punis de 5 ans, elle est automatique sauf décision contraire de la juridiction ; pour les délits punis de moins de 5 ans, c'est la juridiction de jugement qui décide.

De la même manière, l'inscription au fichier des personnes recherchées se fait de plein droit lorsqu'une décision visée par les textes est rendue (CPP, art. 230-19 et article 2 I du décret n° 2010-569 du 28 mai 2010 relatif au fichier des personnes recherchées).

Dans d'autres cas, l'inscription suppose une initiative d'une autorité de police ou judiciaire voire administrative. Tel est le cas du FPR, alimenté aussi, concernant les personnes faisant l'objet d'une recherche pour les besoins d'une enquête de police judiciaire, sur demande d'une autorité de police ou judiciaire (article 2, II, du décret du 28 mai 2010). Il en va de même pour le FNAEG (CPP, art. R. 53-10), l'inscription étant réalisée sur décision d'un officier de police judiciaire ou d'un magistrat (procureur, procureur général ou juge d'instruction). C'est encore le cas du FIJAIT, l'article 706-25-4 prévoyant que l'inscription est décidée soit par la juridiction de jugement lors de la décision sur la culpabilité, soit par le procureur ou encore le juge d'instruction, selon les cas.

En troisième lieu, l'inscription dans certains fichiers implique parfois des obligations pour la personne concernée. Ainsi, dans le cas du FNAEG, les condamnés doivent se prêter au prélèvement permettant l'identification ADN, cette obligation étant sanctionnée pénalement (CPP, art. 706-56). Dans le cas du FIJAIS, il existe une obligation de déclarer son adresse et son changement d'adresse, l'omission d'exécution de cette obligation étant sanctionnée également (CPP, art. 706-53-5). S'agissant du FIJAIT, l'article 706-25-7 du Code de procédure pénale édicte des obligations déclaratives d'adresse, de déplacement à l'étranger, de présentation etc., qui sont pénalement sanctionnées. On notera d'ailleurs que ce texte prévoit que toute personne inscrite au fichier est enregistrée aussi au fichier des personnes recherchées pendant toute la durée de ses obligations, ce qui implique donc un double voire un triple fichage puisque l'inscription au FNAEG est aussi prévue pour les actes de terrorisme.

Il est évident que, l'intérêt des fichiers se manifeste dans les possibilités d'accès aux informations. Sans entrer dans le détail des dispositions techniques prévues par les textes, on notera que ces possibilités sont aussi larges quant aux personnes habilitées à consulter et pouvant être destinataires des données. Par exemple, l'article 230-10 du Code de procédure pénale concernant le TAJ, permet l'accès aux données nominatives par les personnels spécialement habilités des services de la police et de la gendarmerie nationale, les personnels spécialement habilités de l'Etat investis par la loi d'attributions de police judiciaire, notamment les agents des douanes, les agents des services fiscaux et les inspecteurs de l'environnement, les magistrats du parquet et les juges d'instruction. Logique par rapport à la finalité du fichier. De même, le FIJAIS peut être interrogé par des autorités judiciaires, des officiers de police judiciaire et même par des autorités administratives (préfet, rectorat, administration pénitentiaire etc.) dans le cadre notamment d'un recrutement pour une profession impliquant un contact avec des mineurs (V. CPP, art. R. 53-8-24).

La conformité de la réglementation des fichiers aux normes supérieures

Par définition, le fichage des personnes a pour conséquence, au minimum, de porter atteinte à la vie privée des intéressés. Les règles en la matière ont donc naturellement été contestées devant la Cour européenne des droits de l'homme (CEDH) et devant le Conseil constitutionnel avec des fortunes diverses. On notera d'ailleurs que les décisions citées sont souvent antérieures aux textes actuels et la nouvelle rédaction de ceux-ci en est parfois la conséquence.

D'une manière générale, la CEDH a jugé que la conservation des échantillons cellulaires, profils ADN et empreintes digitales s'analyse en une atteinte au droit au respect de la vie privée mais qu'il s'agit d'une ingérence justifiée par le but légitime de détection et de prévention des infractions pénales (CEDH, 4 décembre 2008, affaires S. et Marper c.

Royaume-Uni, requêtes n° 30562/04 et 30566/04). Elle note que » l'intérêt des personnes concernées et de la collectivité dans son ensemble à voir protéger les données à caractère personnel, et notamment les données relatives aux empreintes digitales et génétiques, peut s'effacer devant l'intérêt légitime que constitue la prévention des infractions pénales ». Cependant, dans l'affaire jugée, elle a considéré que « le caractère général et indifférencié du pouvoir de conservation des empreintes digitales, échantillons biologiques et profils ADN des personnes soupçonnées d'avoir commis des infractions mais non condamnées (...) ne traduit pas un juste équilibre entre les intérêts publics et privés concurrents en jeu, et que l'Etat défendeur a outrepassé toute marge d'appréciation acceptable en la matière ». Elle fait donc une analyse approfondie des conditions dans lesquelles les données peuvent être conservées, le seul but de prévenir la criminalité ou la délinquance étant insuffisant à justifier une conservation durable.

Concernant la France, la CEDH a statué sur le FIJAIS et elle a jugé, dans une décision du 17 décembre 2009 (affaire M.B. c. France, requête n° 22115/06) que ce fichier n'était pas contraire à l'article 7 de la Convention européenne de sauvegarde des droits de l'homme et des libertés fondamentales (CESDH). En effet, elle a estimé que l'inscription au FIJAIS et les obligations qui en découlent ne constituaient pas une « peine » au sens de l'article 7, § 1, CESDH, et doivent être analysées comme une mesure préventive à laquelle le principe de non-rétroactivité n'a pas vocation à s'appliquer. Elle a aussi jugé que le dispositif n'était pas contraire à l'article 8 de la Convention au motif que l'inscription au FIJAIS, c'est-à-dire une inscription automatique pour un crime, traduisait un juste équilibre entre les intérêts privés et publics concurrents en jeu, et que l'Etat défendeur n'a pas outrepassé sa marge d'appréciation acceptable en la matière.

La solution vaut donc pour le cas d'espèce de faits très graves mais serait-elle la même pour des faits délictuels, sachant que l'inscription est possible sans limite inférieure de peine encourue ?

Sur le plan national, le Conseil constitutionnel a eu l'occasion de se prononcer sur la constitutionnalité du FIJAIS, lors de sa création, dans une décision 2 mars 2004 (déc. n° 2004-492 DC, § 87 et 88). Il a jugé que le dispositif n'était pas contraire aux principes constitutionnels en prenant en compte les garanties fixées par la loi notamment au travers du rôle de l'autorité judiciaire dans l'inscription et le retrait des données ainsi que la gravité des infractions concernées don le taux de récidive est élevé. Il a estimé que les dispositions étaient de nature à assurer, entre le respect de la vie privée et la sauvegarde de l'ordre public, une conciliation qui n'est pas manifestement déséquilibrée.

S'est également posée la question de la constitutionnalité des dispositions relatives au TAJ. Dans une première décision du 13 mars 2003 (n° 2003-467 DC), le Conseil constitutionnel a affirmé que la possibilité de mettre en place des fichiers de données nominatives par la police et la gendarmerie n'était pas contraire au droit à la vie privée. Il a précisé que l'application du fichage aux mineurs n'était pas inconstitutionnelle sous réserve que le règlement précise la durée de conservation en tenant compte du principe constitutionnel propre aux mineurs.

Dans une deuxième décision du 10 mars 2011 (n° 2011-625 DC), rendue à_propos de la codification des dispositions sur les fichiers d'antécédents aux articles 230-6 et suivants du Code de procédure pénale, il a de nouveau conclu à la constitutionnalité des textes, les modifications apportées par la loi nouvelle lors de la codification renforçant le contrôle de l'autorité judiciaire sur les données enregistrées dans les fichiers d'antécédents.

En conclusion, les règles du droit français paraissent respecter les normes supérieures s'agissant du moins du principe même du fichage et des conditions d'inscription des données.

La difficulté essentielle que pose le fichage n'est pas tant celle du principe de ce dernier que celle de la durée de conservation et des possibilités d'effacement des données, lesquelles manifestent une sorte de « pardon social ».

L'effacement des données inscrites au sein des fichiers, manifestation d'un pardon social

Il faut de nouveau constater une grande diversité et une indéniable complexité des données légales et réglementaires avant de s'interroger sur les garanties accordées aux personnes.

La complexité des normes applicables

Une fois inscrites dans un fichier, les données personnelles ont vocation à y demeurer un certain temps, qui est très variable selon les cas. Le double constat qui s'impose est, d'une part, celui de l'absence de toute harmonisation des durées de conservation, d'autre part, celui de l'existence de durées de principe avec de multiples exceptions selon la nature de l'infraction et l'âge de la personne. Ainsi, pour TAJ, les textes prévoient une durée de 5 à 40 ans (CPP, art. R. 40-27), pour le FAED, de 10 à 25 ans (article 5 du décret n° 87-249 du 8 avril 1987), pour le FIJAIS, de 10 à 30 ans (CPP, art. 706-53-4), pour le FNAEG, de 25 à 40 ans (CPP, art. R. 53-14) et pour le FIJAIT, de 3 à 20 ans (CPP, art. 706-25-6). Cette grande diversité s'explique sans doute par la création successive des fichiers mais elle reste difficile à comprendre. On notera également, que, s'agissant du FPR, le dispositif est original dès lors qu'il n'existe pas de délais maxima prévus : l'effacement se réalise « sans délai » lorsque la personne est trouvée ou lorsque le motif de l'inscription a disparu et « des vérifications périodiques sont mises en œuvre afin de garantir la fiabilité des données » (article 7 du décret n° 2010-569 du 28 mai 2010). Il s'en déduit donc qu'une inscription pourrait subsister sans aucune limite si on ne découvre jamais la personne.

Le législateur édicte évidemment des règles permettant l'effacement des données inscrites mais le dispositif est très complexe car il existe, en principe, une double voie : celle de la loi informatique et libertés et celle spécialement prévue par les textes propres à chaque fichier. En effet, la loi « informatique et libertés » permet, de manière générale, que la personne fichée fasse rectifier, compléter ou effacer les données la concernant (article 106) mais ce droit peut être restreint notamment afin d'éviter de nuire à la prévention ou à la détection d'infractions pénales, aux enquêtes ou aux poursuites en la matière ou à l'exécution de sanctions pénales (article 107), le législateur prévoyant qu'une telle restriction doit être prévue par l'acte instaurant le fichier. Enfin et surtout, l'article 111 énonce que ces dispositions « ne s'appliquent pas lorsque les données à caractère personnel figurent soit dans une décision judiciaire, soit dans un dossier judiciaire faisant l'objet d'un traitement lors d'une procédure pénale. Dans ces cas, l'accès à ces données et les conditions de rectification ou d'effacement de ces données ne peuvent être régis que par les dispositions du code de procédure pénale ». Or, le problème qui se pose ici résulte du fait que les textes du Code de procédure pénale n'ont pas tous été harmonisés au regard de la nouvelle rédaction de la loi « informatique et liberté », ce qui se traduit notamment par le renvoi à des dispositions abrogées (par exemple, l'article R. 40-33 du Code de procédure pénale concernant le fichier TAJ exclut le droit d'opposition prévu par loi de 1978 dans sa rédaction antérieure à décembre 2018).

En théorie, les possibilités d'effacement sont donc celles prévues par les textes spéciaux du Code de procédure pénale (qui renvoient eux-mêmes parfois à la procédure prévue par la loi informatique et liberté : V., par exemple, pour le TAJ, CPP, art. R. 40-33, III) et elles sont, également, complexes et variables.

Ainsi, pour le TAJ, il existe une double compétence : celle du procureur dans son ressort de compétence (CPP, 230-8) et celle du magistrat chargé de suivre la mise en œuvre et la mise à jour du fichier, pour l'ensemble du territoire (CPP, 230-9), les deux magistrats disposant des mêmes prérogatives (CPP, art. R. 40-33, II et III). Si l'on prend l'exemple du FPR, l'article 7 du décret n° 2010-569 du 28 mai 2010 prévoit l'effacement automatique ainsi qu'une mise à jour périodique à l'initiative de l'autorité ayant demandé l'inscription, sans précision sur la fréquence des vérifications. S'agissant du FNAEG, l'article 706-54-1 du Code de procédure pénale, créé par la loi du 23 mars 2019, donne compétence au procureur, au juge des libertés et de la détention et au président de la chambre de l'instruction (CPP, art R 53-13-1 à 53-13-5). Concernant le FIJAIS, ces mêmes magistrats sont compétents en cas de contestation (CPP, art. R 53-8-28 à 53-8-32). Enfin, en ce qui concerne le FAED, l'article 6 du décret n° 87-249 du 8 avril 1987 prévoit le droit d'accès et de rectification de la loi « informatique et libertés » et les articles 7 à 7-2 instaure un mécanisme d'effacement par l'autorité judiciaire et l'autorité gérant le fichier.

L'impression qui naît à la lecture de ces textes est celle d'une extrême complexité, dont on peut se demander si elle n'a pas été voulue afin de décourager les demandes de rectification ou d'effacement. Ceci conduit naturellement à se demander comment les libertés individuelles sont garanties dans un tel contexte.

La difficile garantie des libertés individuelles face au fichage

En premier lieu, il faut relever que s'il existe toujours des possibilités d'effacement sur demande de la personne concernée, celle-ci n'est pas toujours informée de ces possibilités car, dans certains, elle n'est même pas informée de l'inscription des données la concernant dans le fichier.

Par exemple, l'inscription dans le fichier TAJ ne donne lieu à aucune information de la personne concernée. Comment pourrait-elle alors demander un effacement de données dont elle ignore l'inscription ? Seules les victimes qui seraient aussi inscrites dans le fichier sont informées du droit de s'opposer à la conservation des données dans le fichier dès lors que l'auteur des faits a été condamné définitivement (CPP, art. R. 40-33).

En second lieu, les différents dispositifs évoqués ont fait l'objet de condamnation par la CEDH et le Conseil constitutionnel.

S'agissant du STIC devenu le TAJ, la CEDH a rendu une décision le 18 septembre 2014 (Brunet c. France, requête n° 21010/10). Dans cette affaire, le requérant estimait l'inscription diffamatoire et infamante et il s'est vu refusé l'effacement des données le concernant alors qu'il avait bénéficié d'un classement sans suite. La CEDH conclut à la violation de l'article 8 CESDH en affirmant que « bien que la conservation des informations insérées dans le STIC soit limitée dans le temps, il en découle que le requérant n'a pas disposé d'une possibilité réelle de demander l'effacement des données le concernant et que, dans une hypothèse telle que celle de l'espèce, la durée de vingt ans prévue est en pratique assimilable, sinon à une conservation indéfinie, du moins à une norme plutôt qu'à un maximum » (n° 43). Elle a estimé que l'État français avait outrepassé sa marge d'appréciation en la matière, le régime de conservation des fiches dans le STIC ne traduisant pas un juste équilibre entre les intérêts publics et privés concurrents en jeu. Dès lors, la conservation litigieuse s'analysait, dans cette affaire, en une atteinte disproportionnée au droit du requérant au respect de sa vie privée, non nécessaire dans une société démocratique.

On relèvera que la possibilité de maintenir une inscription malgré un classement sans suite, un non-lieu, une relaxe ou un acquittement existe toujours aujourd'hui (CPP, art. 230-8), ce qui permet de douter que la France respecte la décision de la CEDH.

S'agissant du FAED, la CEDH s'est prononcée, dans une décision du 18 avril 2013 (M.K. c. France, requête n° 19522/09). Le requérant, relaxé dans une affaire et bénéficiaire d'un classement sans suite dans une autre, alléguait l'existence d'une atteinte à son droit au respect de sa vie privée, en raison de la conservation de données le concernant et du refus d'effacement. De nouveau, la CEDH conclut à la violation de l'article 8 CESDH en relevant que si la conservation des informations insérées dans le fichier est limitée dans le temps, cette période d'archivage est de 25 ans, une telle durée étant en pratique assimilable à une conservation indéfinie, compte tenu des faibles chances d'obtenir un effacement. Les textes ont été modifiés ultérieurement afin de changer les durées de conservation et élargir les possibilités d'effacement mais la possibilité demeure d'un maintien de l'inscription en cas de décision de non-lieu ou de classement sans suite pour absence d'infraction ou insuffisance de charges ou pour auteur inconnu (article 7-1 II du décret n° 87-249 du 8 avril 1987).

Enfin, le Conseil constitutionnel a également statué sur le TAJ par une décision du 27 octobre 2017 (n° 2017-670 QPC). Le problème posé était celui de l'effacement qui n'était possible que pour les personnes bénéficiant d'un acquittement, d'une relaxe, d'un non-lieu ou d'un classement sans suite. Le Conseil constitutionnel a déclaré inconstitutionnel le premier alinéa de l'article 230-8 du Code de procédure pénale, dans sa rédaction de l'époque, en retenant qu'» en privant les personnes mises en cause dans une procédure pénale, autres que celles ayant fait l'objet d'une décision d'acquittement, de relaxe, de non-lieu ou de classement sans suite, de toute possibilité d'obtenir l'effacement de leurs données personnelles inscrites dans le fichier des antécédents judiciaires, les dispositions contestées portent une atteinte disproportionnée au droit au respect de la vie privée ». La conséquence de cette censure a été la réécriture du texte par loi n° 2018-493 du 20 juin 2018 afin de permettre de demander l'effacement des données dans tous les cas.

Pour conclure, on peut nourrir des doutes sur les possibilités réelles pour les personnes concernées de faire valoir leurs droits à l'oubli ou au pardon. L'équilibre est certes très difficile à trouver mais le législateur choisit manifestement de rendre les textes très complexes, en multipliant les hypothèses, afin de donner l'impression de respecter les libertés individuelles, sans parvenir à convaincre qu'il atteint ce résultat.

Pas de pardon au paradis du numérique ?

YVES POULLET

« Even if it becomes possible in centuries to come for machines to replace aspects or all of the judicial function, would this be morally and socially desirable? »

(R. SUSSKIND, *The future of Law*, Oxford University Press, 1996, p. 69)

Introduction

1. Deux cas emblématiques – L'affaire Lloomis et l'affaire Google – L'affaire Loomis[1] est connue. Le 11 février 2013, un cambriolage est commis dans l'Etat du Wisconsin. Un des auteurs, Mr Lloomis est arrêté et condamné. Rien que de très normal, me direz-vous. La particularité de la condamnation sévère tient au fait que le tribunal américain - et le point est confirmé en cour d'appel - tient compte du risque de récidive présenté par Lloomis, tel qu'il est attesté par l'utilisation du système dit d'intelligence artificielle dit COMPAS (*Correctional Offender Management Profiling for Alternative Sanctions)*[2]. On note que le système[3] a été développé par une

[1] Sur cette affaire, lire l'ouvrage provocant mais inspirant de A. Vandenbranden, *Les robots à l'assaut de la Justice*, Larcier, 2018. En ce qui concerne l'existence de biais et en particulier vis-à-vis des populations noires voir le rapport de l'organisation PROPUBLICA (Angwin, Julia, Jeff Larson, Surya Mattu et Lauren Kirchner) :. *« Machine Bias. There's software used across the country to predict future criminals. And it's biased against blacks Our analysis of Northpointe's tool, called COMPAS (...), found that black defendants were far more likely than white defendants to be incorrectly judged to be at a higher risk of recidivism, while white defendants were more likely than black defendants to be incorrectly flagged as low risk* », (23 mai 2016), ProPublica (blogue), en ligne: <https://www.propublica.org/article/machine-bias-risk-assessments-in-criminal-sentencing.")

[2] Outre le système COMPAS, on note l'utilisation d'un autre système d'intelligence artificielle, PREDPOL, qui aide les services de police à prévenir les risques de crimes graves. Le site de cette société énonce comme suit les services Sur son site internet, la société PredPol évoque comme suit les services offerts : « *PredPol services police departments and sheriff agencies around the United States as well as internationally (...) The company is privately held* ».

société privée Northpointe. Ainsi, c'est l'ordinateur qui 'juge' et les tribunaux humains s'en remettent à la vérité proclamée par un ordinateur dont on note qu'il n'est pas exempt de biais[4] et a été développé par une société privée sans contrôle de nos 'juges'. Le second cas est l'affaire Google Spain jugée par la CJUE (Cour de Justice de l'Union Européenne) en grande chambre, le 13 mai 2014[5]. En deux mots, un citoyen espagnol, M. Costeja González avait introduit auprès de l'agence espagnole de protection des données, une plainte à l'encontre tant du quotidien *La Vanguardia* que de Google. Sa réclamation se fondait sur le fait qu'une recherche de son nom auprès du célèbre moteur de recherche aboutissait à l'affichage de liens vers deux pages du site web de *La Vanguardia.* Ces pages mentionnaient son nom en lien avec une vente aux enchères immobilière suite à une saisie pratiquée en recouvrement de dettes de sécurité sociale. La demande adressée à *La Vanguardia*, réclamait la suppression ou, à tout le moins, la modification des pages incriminées afin que ses données personnelles n'y apparaissent plus ; la demande envers Google portait sur la suppression de liens entre son nom et le site de *La Vanguardia.* L'agence espagnole fit droit non à la demande envers le journal mais bien envers Google. Google fit appel de cette décision devant « l'*Audiencia Nacional »,* qui posa plusieurs questions préjudicielles à la Cour de justice de l'Union européenne. En particulier, il s'agissait de savoir si, compte tenu de la liberté d'expression à laquelle Google participait en assurant une diffusion singulièrement élargie à la publication légitime par un journal local d'une information relative à une condamnation, l'AEPD (Agencia Espanola de Proteccion de Datos) était en droit d'exiger suite à la demande de la personne intéressée, le 'déférencement' par Google de certaines pages web.

2. Au-delà des affaires – les risques dénoncés - Ainsi, l'ordinateur, si on n'y prend garde, nous profilera comme suspect, potentiel criminel ou récidiviste. Ce qui est à craindre, c'est que le profilage proposé soit pris comme argent comptant et conduise, comme dans l'affaire Loomis, à des

---

[3] Ce système croise des réponses à des questionnaires (plus de 150 items) et des données psycho-socio-économiques relatives à la personne, au milieu de vie, etc. Il est à noter que les algorithmes sont protégés par un droit d'auteur et un secret d'affaires qui en protège la divulgation et interdit toute transparence sur les corrélations qui permettraient d'expliquer la décision, en l'occurrence la présence d'un risque de récidive.

[4] Ainsi, l'analyse du fonctionnement des algorithmes révèle que le logiciel a une tendance à considérer que les noirs sont plus criminogènes que les blancs.

[5] CJUE, 13 mai 2014, Google Spain c. AEPD et Maria Costeja Gonzales, C.131/12. Parmi de nombreux commentaires, lire C. de Terwangne, Droit à l'oubli, droit à l'effacement ou droit au déférencement ? Quand le législateur et les juges européens dessinent les contours du droit à l'oubli numérique, *RDTI,* 2015, p. 270 et s.

décisions qui, à la limite, pourront se passer du jugement humain. Par ailleurs, il est à craindre que, dans la mémoire sans limite de nos ordinateurs, la stigmatisation ne devienne éternelle et élargie aux dimensions de l'univers comme le démontre les faits à l'origine de l'affaire Google, là où le droit exige le pardon social qu'offre la prescription[6] ou la réhabilitation. Ces risques notés, tout n'est pas noir au pays de la justice devenue numérique. Nul ne songe à remettre en cause l'apport considérable des outils modernes de gestion de l'information et de la communication au travail des magistrats et des parquets. Pour le parquet, la contribution du numérique à l'élucidation des affaires est évidente : plus de 70 pour cent des crimes trouvent la solution dans les traces laissées par leurs auteurs, et le numérique facilite la recherche des suspects voire la découverte de l'auteur. Les lois de procédure criminelle ont ainsi largement légitimé l'usage par la police et les parquets des outils du numérique. Ces apports ont des limites. Notre contribution en pointe une source en particulier : les textes européens récents en matière de protection des données : la directive 2016/680[7] sur les traitements relatifs aux infractions pénales[8] que le titre III de la loi française du 20 juin 2018[9] transpose dans les articles 70 et s. de la loi 'Informatique et Libertés'.

3. Un rapide survol du propos – Il s'agit donc d'analyser brièvement les diverses dispositions de cette directive et de sa transposition nationale

---

[6] Gérard Cornu définit le concept comme étant un « *Mode d*acquisition ou d*extinction d'un droit, pour l'écoulement d'un certain laps de temps (d'un *délai) et sous les conditions déterminées par la loi (C. civ., article. 2219 ancien.)* » La notion de prescription est présente dans de nombreuses branches du droit, a l'instar du droit penal87 et du droit civil. En France, la prescription en matière pénale distingue la prescription liée au droit de poursuite, telle que définie par la *Loi n°2017-242 du 27 février 2017 portant réforme de la prescription en matière pénale, JORF n°0050 du 28 février 2017*; et la prescription appliquée à la peine. Ainsi, l'article 133-2 du Code pénal dispose que « *Les peines prononcées pour un crime se prescrivent par vingt années révolues à compter de la date à laquelle la décision de condamnation est devenue définitive* ». L'article 133-3 dispose que : « *Les peines prononcées pour un délit se prescrivent par six années révolues à compter de la date à laquelle la décision de condamnation est devenue définitive* ». Enfin, l'article 133-4 dispose que : « *Les peines prononcées pour une contravention se prescrivent par trois années révolues à compter de la date à laquelle la décision de condamnation est devenue définitive* »

[7] Directive (UE) 2016/680 du Parlement européen et du Conseil du 27 avril 2016 relative à la protection des personnes physiques à l'égard du traitement des données à caractère personnel par les autorités compétentes à des fins de prévention et de détection des infractions pénales, d'enquêtes et de poursuites en la matière ou d'exécution de sanctions pénales, et à la libre circulation de ces données, et abrogeant la décision-cadre 2008/977/JAI du Conseil. 201

[8] Sur cette directive, voir notamment l'analyse de C. FORGET, « La protection des données dans le secteur de la police et de la 'justice (in *Le règlement général sur la protection des données, analyse approfondie,* de Terwangne et Rosier (eds), Cahier du CRIDS, n° 44, 2018, p. 865 et s.

[9] **LOI n° 2018-493 du 20 juin 2018 relative à la protection des données personnelles, JORF du 21 juin 2018**

qui permettent de diminuer voire supprimer les risques dénoncés liés tantôt aux méthodes de profilage[10] utilisés aux divers stades de la procédure que comme support aux décisions qu'aux possibilités de stockage et de diffusion illimitées des suspicions et incriminations pénales au-delà des décisions de justice[11]. Notre analyse suivra la distinction proposée :

Le profilage aux divers stades de l'enquête et la directive de protection des données 2016/680 ;

Le stockage et la diffusion des données liées à des infractions pénales et la directive.

Le profilage aux divers stades de l'enquête et la directive de protection des données 2016/680

4. Les traitements visés par la Directive - Les dispositions de la directive, comme des articles 70 et s. de la loi française, s'appliquent à tout traitement de données à caractère personnel mis en œuvre, à des **fins de prévention et de détection** des **infractions pénales**, d'enquêtes et de poursuites en la matière ou d'exécution de sanctions pénales. Deux points : le premier porte sur la mise en relief du fait que les traitements au sein de la police et du parquet sont développés tant à des buts préventifs que répressifs ; le second concerne la notion d''infraction pénale', définie largement par la CJUE[12] comme toute infraction à la loi donnant lieu à une sanction recouvrant un 'caractère punitif et dissuasif' qui conduit à

---

[10] Le RGPD définit le profilage à l'article 4 (4) comme suit : « «profilage», « *toute forme de traitement automatisé de données à caractère personnel consistant à utiliser ces données à caractère personnel pour évaluer certains aspects personnels relatifs à une personne physique, notamment pour analyser ou prédire des éléments concernant le rendement au travail, la situation économique, la santé, les préférences personnelles, les intérêts, la fiabilité, le comportement, la localisation ou les déplacements de cette personne physique.* » La Directive (UE) 2016/680 du Parlement européen et du Conseil du 27 avril 2016 relative à la protection des personnes physiques à l'égard du traitement des données à caractère personnel par les autorités compétentes à des fins de prévention et de détection des infractions pénales, d'enquêtes et de poursuites en la matière ou d'exécution de sanctions pénales, et à la libre circulation des données reprend la même définition en son article 3(4).

[11] Exceptionnellement, en raison de son champ d'application restreint aux « missions juridictionnelles » des autorités juridictionnelles y compris en matière pénale, nous devrons également nous référer au RGPD. Sur ces délicates questions de frontière entre l'application en matière de procédure pénale du RGPD versus l'application de la Directive, notre contribution : « Les tribunaux à l'heure du numérique et … des législations de protection des données: de quelques zones d'incertitude » in *Actes du colloque « LE TRIBUNAL DE L'UNION EUROPÉENNE À L'ÈRE DU NUMÉRIQUE »,* Luxembourg, le 24 septembre 2019 (à paraître)

[12] Le considérant n° 13 rappelle ainsi la jurisprudence de la CJUE, en particulier l'arrêt du 27 mai 2014 dans l'affaire Zorian Spacic.

l'application de la Directive à des services y compris privés, chargés de l'inspection ou du contrôle de lois pénales comme le blanchiment d'argent, mais également aux juridictions ou commissions d'enquêtes s'occupant d'infractions aux lois fiscales, sociales, aux droits de la concurrence, de la consommation, de la protection des données.

Le premier point est important. De plus en plus, l'utilisation par les autorités policières en collaboration avec d'autres autorités ou non de systèmes d'intelligence artificielle permet de prévenir les crimes. On sait que le Danemark a ainsi mis au point un logiciel qui permet de repérer *a priori* les familles où les risques d'enfants battus ou délaissés sont importants, que d'autres pays profilent en fonction de critères socio-économiques les futurs criminels[13]. Au parquet, on peut ainsi imaginer que les systèmes experts ou d'intelligence artificielle facilitent voire remplacent les difficiles devoirs d'enquête de nos policiers et parquets. Comment aborder la réglementation de ces profilages ?

5. Profilage et système automatisé de décisions individuelles - Le profilage dans la mesure où il conduit à une décision, comme c'était le cas dans l'affaire Loomis,[14] en ce qui concerne le calcul du risque de récidive[15]. D'autres affaires américaines ont depuis été jugées. On cite l'affaire Jordan Samsa convaincu d'avoir violé sa belle-sœur. Dans ce cas, l'application du même logiciel COMPAS aboutissait à un résultat cette fois négatif et l'argument avait été invoqué en appel par les avocats du prévenu. Les juges d'appel[16] refusent l'argument : le dernier mot doit être donné au jugement humain et non à l'ordinateur. Dans le même sens, on citera l'attitude des juges de la Cour suprême de l'Indiana dans l'affaire Malenchick[17], où le résultat de l'algorithme avait été considéré comme une circonstance aggravante. Les juges de la Cour suprême rejettent une telle décision au

---

[13] On note que le profilage n'est pas nécessairement individuel mais peut concerner, dans un premier temps du moins, un groupe de personnes partageant des traits communs (la race, les caractéristiques d'éducation, les ascendances, le type de relations sociales, etc.). En d'autres termes, nous insistons sur la lacune que représente en la matière les législations de protection des données à caractère personnel qui n'envisagent pas les risques 'collectifs' de discrimination, risques qui pourtant seront souvent présent dans le profilage policier.

[14] State of Wisconsin c. Eric Lloomis, 881 NWéd 749, 2016, Supreme court of Wisconsin

[15] O. LEROUX (« Justice pénale et algorithme », In le Juge et l'algorithme, Cahiers du CRIDS, n° 47, Larcier 2019, p. 63) décrit notamment le programme actuellement testé par la police de Durham (RU) appelé *Harm Assessment ERisk Tool (HART),* qui aide la police à déterminer sui un suspect doit ou non être repris dans un programme de réinsertion.

[16] State c. Samsa 859 NW 2d 149 (2014) Court of Appeal of Wisconsin.

[17] Anthony Malenchik c. State of Indiana, 928 NE éd 564, 575 (Ind. 2010), Indiana Supreme Court.

motif que le système d'évaluation algorithmique n'avait aucune base scientifique et ne pouvait se substituer à un jugement humain[18].

De manière plus large, le fait de répondre à un profil ou d'être 'épinglé' par un système d'intelligence artificielle[19] pourrait, si on n'y prend garde, conduire la police ou l'autorité du parquet à vous considérer comme suspect voire coupable. De telles conclusions constituent, au sens du RGPD (Règlement Général sur la Protection des Données) et de la Directive, une décision fondée exclusivement sur un traitement automatisé... L'article 11. 1 de la Directive énonce à cet égard les règles suivantes : « *Les États membres prévoient que toute décision fondée exclusivement sur un traitement automatisé, y compris le profilage, qui produit des effets juridiques défavorables pour la personne concernée ou l'affecte de manière significative, est interdite, à moins qu'elle ne soit autorisée par le droit de l'Union ou le droit d'un État membre auquel le responsable du traitement est soumis et qui fournit des garanties appropriées pour les droits et libertés de la personne concernée, et au minimum le droit d'obtenir une intervention humaine de la part du responsable du traitement.* ». On ajoute que les deuxièmes et troisièmes alinéas sont sévères quant à l'utilisation de données sensibles (race, religion, options syndicales, philosophiques, données de santé, ...) en permettant toutefois également des exceptions mais en interdisant toute discrimination fondée sur de telles données.

6. Les lacunes de la disposition européenne - L'analyse de cette disposition laisse apparaître nombre de lacunes et en tout cas d'ambiguïtés. Que veut dire '*décision fondée exclusivement*'. L'exception prévue par le texte est large dans la mesure où la Directive se réfère au 'Droit' de l'Etat-membre et on sait combien cela peut s'entendre de sources bien éloignées des garanties offertes par la loi au sens strict et au débat législatif que son adoption suppose. Que recouvrent les termes '*garanties appropriées*' : le droit à une audience explicative en face à face, Un droit de contestation de la décision après explication ? Les 'garanties appropriées' exigent-elles que l'autorité policière explique le raisonnement suivi qui a présidé à la suspicion ou à la mesure prise par l'autorité policière voire judiciaire ? Pas évident : ces dernières pourraient se contenter d'une vague explication sur les algorithmes à l'œuvre sans nécessairement en expliquer le fonctionnement et le résultat à la personne concernée dans son cas précis.

[18] Sur ces trois affaires américaines, lire C. PAPINEAU, *Droit et intelligence artificielle : essai sur la reconnaissance du droit computationnel,* Thèse, Université de Paris 1 Panthéon et Université de Montréal, à paraître, p. 20 et s.

[19] Par exemple par un système de reconnaissance faciale mis en place pour détecter les auteurs d'infraction. Voir également le système PREDPOL décrit *supra,* note

D'autant moins évident que le concepteur et fournisseur du système (voir les cas de Northpointe et Predpol) est une entreprise privée et pourra exhiber de son droit au secret ou à la propriété intellectuelle. Enfin, on ajoute que, dans le cas de systèmes non supervisés dits de *deep learning,* la transparence du fonctionnement des algorithmes voire leur explicabilité deviennent impossibles[20].

Enfin, toujours à propos des garanties, certes l'article exige *l''intervention humaine*' mais à partir de quand pourra-t-on considérer que l'humain a une réelle capacité de remise en cause de la présomption de vérité sortie des ordinateurs[21] ? On l'a compris, il faut plaider pour des systèmes d'intelligence artificielle au fonctionnement transparent même lorsque fourni par des tiers, et pour la définition et l'imposition de bonnes pratiques organisationnelles afin de garantir de manière appropriée la réponse motivée[22] aux arguments de la personne concernée. Au-delà, ne faut-il pas exiger l'agrément de tout système d'IA d'aide à la fonction juridictionnelle au sens le plus large, y compris l'aide à la prévention et à la détection des infractions, la vérification de l'absence de biais, d'erreurs et l'exigence d'une transparence des algorithmes[23] ? On rappelle enfin

[20] « *Sur la transparence, il y a peut-être un élément négatif de la technologie actuelle, à savoir que la plupart de ces algorithmes d'apprentissage ne savent pas donner d'explications. Dans un contexte juridique, on s'attend à ce qu'on explique les décisions, pour que la personne comprenne, pour que cela puisse servir de modèle. Ceci est encore une limite de la technologie informatique actuelle et c'est pour cela qu'il y a certains cas dans lesquels on ne peut pas (...) l'utiliser* » (S. ABITEBOUL, « Table ronde n°1 – L'intelligence artificielle, outil ou révolution pour le monde du droit ?», *Colloque de l'Association Droit & Affaires, L'intelligence artificielle : enjeux de société et objet de droit, présenté au Sénat français, 16 mars 2018*, p. 115.

[21] Sur cette 'incontestabilité' de la décision produite par la machine, lire entre autres, M. KAMINSKY: "*And where human decision-making can often be contested, algorithmic decision-making (...) is often taken at face value, and left unchallenged and unchallengeable.* ». ("Binary governance: lessons from the GDPR's approach to algorithmic accountability", *Southern California Law Review*, 2019, 76, p. 15.

[22] Sur cette exigence de motivation au cœur des principes déduits de l'article 6 de la CEDH, parmi tant d'autres, lire L. GERARD et D. MOUGENOT, « Justice robotisée et droits fondamentaux » in Actes du colloque du 8 juin 2018 organisé par le CRIDS de l'université de Namur : « *Le juge et l'algorithme : Juges augmentés ou Justice diminuée* », Larcier, 2019, p. 29 et s.

[23] Sur ces risques, O. LEROUX, "Justice pénale et algorithmes", in Actes du colloque du 8 juin 2018 organisé par le CRIDS de l'université de Namur : « *Le juge et l'algorithme : Juges augmentés ou Justice diminuée* », Larcier, 2019, p.; D. J. STEINBOCK, « Data Matching, Data Mining, and Due Process », *Georgia Law Review*, 2005, p. 61 et D. KEHL, P. GUO, S. KESSLER, "Responsive Communities, Algorithms in the Criminal Justice System: Assessing the Use of Risk Assessment in Sentencing", disponible en ligne: https://dash.harvard.edu/bitstream/handle/1/33746041/201707_responsivecommunities_2.pdf?sequence=1. Cf. la déclaration d'A. GARAPON (« Les enjeux de la justice prédictive », *La semaine juridique,* 2017, n°1-2, p. 13 : « *Si elle ne veut pas passer pour une justice divinatoire, aussi mystérieuse et intimidante que les oracles antiques, la justice prédictive doit rendre public ses algorithmes et ne pas se réfugier derrière le secret de fabrication.* »

l'a*rticle 10 de la loi française qui trouvera à s'appliquer chaque fois qu'un juge d'instruction ou un magistrat devra prendre une décision : « -Aucune décision de justice impliquant une appréciation sur le comportement d'une personne ne peut avoir pour fondement un traitement automatisé de données à caractère personnel destiné à évaluer certains aspects de la personnalité de cette personne.* ». Cet article a été repris par l'article 21 de la loi n° 2018-493 du 20 juin 2018 relative à la protection des données personnelles.

Bref, à travers toutes ces remarques, il s'agit de veiller à ce que les garanties du « *fair trial* », exigées tant par l'article 6 de la CEDH que par l'article 47 de la Charte des droits fondamentaux de l'Union européenne instituant le droit à un recours effectif et à accéder à un tribunal impartial soit respectées : «*Toute personne dont les droits et libertés garantis par le droit de l'Union ont été violés a droit à un recours effectif devant un tribunal dans le respect des conditions prévues au présent article. Toute personne a droit à ce que sa cause soit entendue équitablement, publiquement et dans un délai raisonnable par un tribunal indépendant et impartial, établi préalablement par la loi. Toute personne a la possibilité de se faire conseiller, défendre et représenter. Une aide juridictionnelle est accordée à ceux qui ne disposent pas de ressources suffisantes, dans la mesure où cette aide serait nécessaire pour assurer l'effectivité de l'accès à la justice.* » [24]

7. La procédure d'évaluation des risques - Deux autres dispositions de la Directive permettent d'entourer le profilage et constituent de réelles protections pour les personnes mises en cause à propos d'infractions pénales. La première vise les systèmes mis en place par les autorités policières et judiciaires. La Directive **impose aux pouvoirs policier et judiciaire une procédure d'évaluation des risques** : il s'agit d'une procédure, préalable au traitement, qui consiste en une analyse d'impact du traitement, c'est-à-dire tant d'évaluation des risques d'atteinte à la protection des données que de la motivation des solutions prises pour les minimiser. A raison même de leurs fonctions, les services et autorités couvertes par la Directive sont concernés bien plus encore par l'obligation d'évaluation à tel point que l'article 27 de la Directive contraint les Etats membres à imposer cette évaluation aux autorités en charge de la prévention, de la détection et de la poursuite des infractions pénales, chaque

[24] Pour une réflexion complète sur l'utilisation de l'IA dans les tribunaux au regard des principes du 'fair trial' lire L. GERARD et D. MOUGENOT, « Justice robotisée et droits fondamentaux » in Actes du colloque du 8 juin 2018 organisé par le CRIDS de l'université de Namur : « *Le juge et l'algorithme : Juges augmentés ou Justice diminuée* », Larcier, 2019, p. 29 et s

fois que le recours aux nouvelles technologies (et on pense bien évidemment à l'intelligence artificielle et à des applications comme celles de reconnaissance facile ou d'analyse génétique), la nature, le contexte et les finalités du traitement crée un risque élevé vis-à-vis des personnes, objet du traitement. L'article 28 exige en outre la consultation préalable de l'autorité de contrôle et son avis écrit préalable au démarrage du traitement : «*Les États membres prévoient que, lorsque l'autorité de contrôle est d'avis que le traitement prévu, visé au paragraphe 1 du présent article, constituerait une violation des dispositions adoptées en vertu de la présente directive, en particulier lorsque le responsable du traitement n'a pas suffisamment identifié ou atténué le risque, l'autorité de contrôle fournit par écrit, dans un délai maximum de six semaines à compter de la réception de la demande de consultation, un avis écrit au responsable du traitement,* ***et le cas échéant au sous-traitant****, et elle peut faire usage des pouvoirs visés à l'article 47.*».

Le devoir d'évaluation concerne, on le note, le responsable mais implique la coopération du sous-traitant à cette évaluation et peut entraîner une enquête auprès de ce dernier par l'autorité de contrôle. Ce point est important dans la mesure où nombre de traitements opérés par les tribunaux sont développés et gérés par des sociétés tierces. Au-delà, on dénonce la crainte de biais dus au fait que les concepteurs des algorithmes ne représentent qu'une partie infime de la population. Comme l'écrit Joy ITO, directeur du laboratoire de recherches en AI du MIT[25] : « *This may upset some of my students at MIT, but one of my concerns is that it's been a predominately male gang of kids, mostly white, who are building the core computer science around AI (...)* ».

8. Vers un contrôle des systèmes intelligents utilisés par les pouvoirs publics : Ainsi, on comprend la crainte exprimée récemment par la Commission européenne[26] : *« On ne saurait en effet considérer qu'un algorithme (entendu au sens large comme le système sociotechnique dont il fait partie) puisse être « neutre », dans la mesure où il incorpore inévitablement des partis pris –que ceux-ci soient sociaux, politiques, éthiques ou moraux – et répond le plus souvent à des finalités qui incluent une dimension commerciale pour son auteur. »*. C'est pourquoi à la suite des travaux menés par le High Level Group of Experts remis à la

---

[25] MIT Media Lab People. « Joi Ito », (pas de date connue), Media.mit.edu (blogue), en ligne : Https://www.media.mit.edu/ <https://www.media.mit.edu/people/joi/overview/>. et MIT Media Lab people, en ligne : Https://www.media.mit.edu/<https://www.media.mit.edu/people/.

[26] *CE, Communication de la Commission au Parlement européen, au Conseil européen, au Conseil, au Comité économique et social européen et au Comité des régions : L'intelligence artificielle pour l'Europe, COM (2018), 237.*

Commission européenne[27], nous plaidons, en particulier dans le domaine de l'utilisation d'algorithmes par les pouvoirs publics et singulièrement dans le domaine policier et judiciaire, pour la création d'une « **Autorité nationale pluridisciplinaire indépendante d'évaluation des risques liés à l'intelligence artificielle et en particulier aux traitements de profilage utilisant des procédés d'apprentissage automatique (*machine learning*)** ». Cette autorité indépendante serait en charge de l'audit, des tests, et de la labellisation des systèmes IA des secteurs privé ou public. L'intervention de cette autorité serait obligatoire en matière de systèmes IA utilisés à des activités du secteur public même si ceux-ci sont conçus et opérés par des sous-traitants privés. Sous réserve de ce qui pourrait être décidé par les Etats membres à propos des systèmes à risque élevé, son intervention dépendra au contraire d'une démarche volontaire pour les systèmes opérant dans le secteur privé. Au-delà de ce contrôle *a priori*, il est important de réclamer la transparence du fonctionnement des algorithmes décisionnels ou pré-décisionnels utilisés par l'Etat. Comme l'écrivait dès 1971, G. BRAIBANT[28], *« (il) faudrait imposer à l'autorité publique, chaque fois qu'elle se fonde sur les résultats d'un traitement par l'informatique, de faire connaître les données et les programmes à partir desquels ces résultats ont été obtenus ; ces données et programmes pourront ainsi faire l'objet de discussions susceptibles de remettre en cause leurs résultats. »*

9. Les catégories de personnes concernées dans les traitements policiers et judiciaires - L'autre disposition concerne la nécessité de distinction des catégories de personnes concernées par une infraction pénale. L'article 6 de la Directive oblige les responsables des traitements à '*établir, le cas échéant et dans la mesure du possible, une distinction claire entre les données à caractère personnel de différentes catégories de personnes concernées, telles que :*

les personnes à l'égard desquelles il existe des motifs sérieux de croire qu'elles ont commis ou sont sur le point de commettre une infraction pénale ;

b) les personnes reconnues coupables d'une infraction pénale ;

c) les victimes d'une infraction pénale ou les personnes à l'égard desquelles certains faits portent à croire qu'elles pourraient être victimes

[27] High Level Group of Experts on AI, *Ethics Guidelines for trustworthy AI systems*, décembre 2018, publié par la Commission après commentaires le 9 avril 2019, disponible sur le site: https://ec.europa.eu/digital-single-market/en/news/ethics-guidelines-trustworthy-ai

[28] G. BRAIBANT, « La protection des droits individuels au regard du développement technologique », *Revue internationale de droit comparé*, 1971, 23, p. 812

d'une infraction pénale ; etd) les tiers à une infraction pénale, tels que les personnes pouvant être appelées à témoigner lors d'enquêtes en rapport avec des infractions pénales ou des procédures pénales ultérieures, des personnes pouvant fournir des informations sur des infractions pénales, ou des contacts ou des associés de l'une des personnes visées aux points a) et b).'

Sans doute, peut-on regretter qu'une catégorie particulière n'ait pas été reconnue, à savoir celle reprenant les personnes désignées par des systèmes d'intelligence artificielle ou de profilage ! À défaut, on les rangera dans la catégorie a), mais il m'apparaitrait important de les en distinguer.

10. Quid de la durée de conservation de tels 'profils' ? - La durée de conservation de telles données et profils est peu définie. La Directive autorise une conservation plus longue que celle autorisée par le RGPD qui exige la non conservation au-delà des nécessités d'accomplissement de la finalité de la collecte. Le texte exige certes la fixation de délais maxima de conservation par le responsable[29] (ou le législateur) et la mise à jour des dossiers permettant le nettoyage régulier des données qui ne sont plus pertinentes. Mais au-delà, il est difficile de fixer des règles précises dans la mesure où la conservation de données peut s'avérer utile dans le cadre de procédures bien ultérieures où il sera intéressant de retrouver ces dernières. Le Considérant n° 27 de la Directive légitime d'ailleurs ces conservations longues de données dans le domaine de la lutte et de la prévention des infractions pénales : «*Aux fins de la prévention des infractions pénales, et des enquêtes et poursuites en la matière, les autorités compétentes ont besoin de traiter des données à caractère personnel, collectées dans le cadre de la prévention et de la détection d'infractions pénales spécifiques, et des enquêtes et poursuites en la matière au-delà de ce cadre, pour acquérir une meilleure compréhension des activités criminelles et établir des liens entre les différentes infractions pénales mises au jour*». » [30]. Ainsi,

---

[29] Sur ce point, on se référera au Considérant n°26: '*Afin de garantir que les données ne sont pas conservées plus longtemps que nécessaire, des délais devraient être fixés par le responsable du traitement en vue de leur effacement ou d'un examen périodique. ...Les États membres devraient établir des garanties appropriées pour les données à caractère personnel conservées pendant des périodes plus longues à des fins archivistiques dans l'intérêt public, à des fins scientifiques, statistiques ou historiques*'

[30] De manière plus nuancée, le Rapport du Conseil de l'Europe de 2002 (*Rapport Sur l'incidence des principes de la protection des données sur les données judiciaires en matière pénale y compris dans le cadre de la coopération judiciaire en matière pénale (2002)*) » (disponible à l'adresse suivante : https://rm.coe.int/CoERMPublicCommonSearchServices/DisplayDCTMContent?documentId=09000016806ae51c) : « *Les données à caractère personnel servant de base à une décision de justice peuvent être conservées dans des dossiers judiciaires pour la durée nécessaire pour*

s'il existe toute possibilité d'intérêt de conservation de la donnée et du profil à des fins policières fussent-elles éloignées de la raison originaire de leur collecte et pour une autorité différente de la première[31], cela suffit à prolonger la vie de l'information. L'article 4.2 ajoute que '*Le traitement, par le même ou par un autre responsable du traitement, pour l'une des finalités énoncées à l'article 1er, paragraphe 1, autre que celles pour lesquelles les données ont été collectées, est autorisé. «* .

Certes deux conditions sont ajoutées. Mais cette autorisation a pour conséquence de permettre le transfert facile de données entre responsables (par exemple la police et le parquet) selon une conception holistique des traitements intervenant dans une même enquête, voire dans des enquêtes différentes, au nom de la connexion possible des affaires et ce, peu importe la dualité de responsables. Ainsi, le principe de compatibilité serait respecté si, au cours de l'instruction, la police découvrait des faits susceptibles d'une autre incrimination dont le parquet a la charge et transmettait à ce dernier les éléments de l'enquête pour faciliter l'enquête ? L'autorisation permettrait également, à la limite - la réponse positive est ici plus discutable -, le transfert de données entre des traitements créés dans le cadre, d'une part, de la lutte anti-terroriste et, d'autre part, de la lutte contre l'immigration clandestine. D'autres questions méritent d'être posées : la réhabilitation entraîne-t-elle suppression des données 'dormantes' relatives à la personne réhabilitée ? Il nous semble que tel devrait être le cas, sous peine de priver la décision de réhabilitation de son sens. En ce qui concerne

---

respecter les exigences de la procédure. Quand les données ne sont plus nécessaires pour respecter les exigences de la procédure pour laquelle elles ont été collectées, elles ne devraient être conservées qu'à des fins d'une procédure de révision ou à des fins de recherche historique, scientifique ou statistique. Leur conservation devrait être accompagnée de garanties appropriées et de mesures de sécurité afin d'éviter leur utilisation à d'autres fins. »

[31] On note que la Directive considère *a priori* comme compatibles les finalités, la poursuite d'infractions pénales par d'autres autorités policières ou en charge de la prévention ou de la détection d'infractions pénales : ainsi à la limite, la lutte contre l'immigration clandestine n'est pas incompatible avec la lutte contre la fraude sociale. A cet égard, lire l'article 4. 2 de la Directive et le commentaire critique de C. FORGET, ; On souligne qu'en 2002, le Conseil de l'Europe, dans son « *Rapport Sur l'incidence des principes de la protection des données sur les données judiciaires en matière pénale y compris dans le cadre de la coopération judiciaire en matière pénale (2002)* » (disponible à l'adresse suivante : https://rm.coe.int/CoERMPublicCommonSearchServices/DisplayDCTMContent?documentId=09000016806ae51c), concluait de manière beaucoup plus restrictive: « *Si l'on considère que la réutilisation de données à caractère personnel collectées dans le cadre d'une procédure pénale est compatible avec ses finalités initiales, une attention particulière pourrait être prêté lorsque: 1) l'affaire pénale et l'affaire civile dans laquelle les données sont réutilisées sont directement liées ; 2) l'affaire pénale et l'affaire administrative pour lesquelles les données sont réutilisées sont directement liées. Si la finalité pour laquelle les données sont réutilisées n'est pas compatible avec la finalité pour laquelle les données ont été collectées, il est possible d'invoquer les exemptions prévues par l'article 9 de la Convention 108.* »

une décision de grâce, par contre, cette mesure exceptionnelle ne correspond pas à un effacement de l'incrimination ni de la condamnation mais simplement de la suppression de ses effets, et donc le maintien des données nous apparaît légitime, bien évidemment sous réserve des délais qui doivent être fixés par le responsable du traitement, comme exigé par la Directive.

Ce dernier point sur la conservation des données nous amène à la seconde partie de l'exposé qui traite du stockage et de la diffusion des décisions liées à des infractions pénales.

Le stockage et la diffusion des décisions liées à des infractions pénales

11. Un double propos – Là où le droit connaît le 'pardon' de la prescription et souhaite au-delà d'un certain délai assurer la paix sociale,[32] la mémoire de l'ordinateur n'a pas de limite temporelle. Tel est le souci qu'il nous faut rencontrer ici. Deux questions, même si chacune d'elles renvoie à bien d'autres sous-questions, retiennent ici notre attention. La première a trait à la question générale de la conservation des données judiciaires et de leur éventuelle anonymisation. Nous aurons l'occasion de noter à cet égard que les précautions prises sur base de la protection des données sont, à notre avis, suffisantes même si nous terminerons en pointant ce qui exigerait une attention du législateur national (Point A). La seconde est plus particulière : les informations relatives à la suspicion ou à des condamnations pénales circulent via les canaux de presse qui relatent la condamnation de telle personnalité ou au contraire sa libération faute de preuve. Mais également, de plus en plus largement via les réseaux sociaux, c'est le blog d'un 'journaliste professionnel' qui attire l'attention sur une descente de police chez un voisin, sur le fait que telle personne bien connue est suspectée de fraude voir condamnée. La diffusion de telles informations est généralement confinée aux lecteurs du journal, aux 'amis' facebookiens ou aux lecteurs abonnés à un blog. Elle peut s'élargir aux dimensions de la planète lorsque reprise par un moteur de recherche ayant pignon sur toutes les rues du monde, elle est offerte à tous les internautes, gratuitement pour peu qu'ils interrogent le moteur de recherche et fortuitement ou non

[32] « *La prescription est très importante en pratique (...). L'action n'est pas éternelle. Le juge ne peut être saisi longtemps après l'inexécution d'un contrat, la commission d'une* infraction ou la naissance d'un acte administratif illégal. La paix sociale ne doit plus être perturbée et l'on considère que les situations sont consolidées. » (E. JEULAND, Droit processuel général, 2. éd, Coll. Domat-droit prive, Paris, Montchrestien, 2012, p. 322 et 323.

tombent sur l'information relayée. C'est bien évidemment l'affaire Google rappelée en exergue et, au-delà, toute la question de ce qui a souvent été présenté comme le conflit entre liberté d'expression et vie privée ou protection des données (Point B).

La diffusion des décisions de justice relatives aux infractions pénales

12. Trois restrictions ... une même finalité - Les restrictions sévères mises par le RGPD visent à éviter la double peine : celle qui résulté du prononcé de la sanction par le juge et celle qui s'ajouterait du fait de la publication de la décision que les moteurs de recherche retrouveraient sans difficulté. On distinguera trois dispositions : la première, énoncée par l'article 10 du RGPD, concerne les sévères restrictions mises au traitement des données dites judiciaires, c'est-à-dire relatives aux condamnations pénales ; la deuxième est la décision prise par nombre d'Etats, suite aux exigences du RGPD, de n'admettre la publication des décisions judiciaires y compris non pénales sous une forme 'anonyme'. Enfin, le principe de proportionnalité, principe de base de tout traitement affirmé par l'article 5 du RGPD oblige à n'utiliser les données à caractère personnel que pour la durée nécessaire à la réalisation des finalités du traitement et sur cette base, l'article 17 du RGPD reconnaît aux personnes concernées un droit à l'oubli. Ces trois mesures seront analysées successivement.

13. L'article 10 du RGPD - La **'donnée judiciaire'** est une donnée sensible, elle est définie par l'article 10 par le RGPD qui reprend sans la modifier celle de l'article 8 de la Directive 95/47 :'*Le traitement des données à caractère personnel relatives aux condamnations pénales et aux infractions ou aux mesures de sûreté connexes fondé sur l'article 6, paragraphe1, ne peut être effectué que sous le contrôle de l'autorité publique, ou si le traitement est autorisé par le droit de l'Union ou par le droit d'un 'État membre qui prévoit des garanties appropriées pour les droits et libertés des personnes concernées. Tout registre complet des condamnations pénales ne peut être tenu que sous le contrôle de l'autorité publique.*'. L'article 10 institue ainsi à défaut d'un monopole de l'autorité publique sur les données relatives aux condamnations pénales, soit le contrôle de leur traitement par cette dernière[33], soit une autorisation étatique avec '*garanties appropriées*'. Ainsi, on peut imaginer en ce qui concerne

[33] Ainsi, en cas de sous-traitance par le Ministère de la Justice à une société privée, spécialisée en bases de données. Le contrôle exigera la rédaction d'un contrat de sous-traitance qui apporte les garanties de sécurité souhaitables.

cette seconde catégorie des bases de données 'spécifiques' dûment réglementées et on peut souhaiter que ce soit par la loi et après un examen soigné de la proportionnalité et de la sécurité de tels traitements. Deux exemples : pour des raisons de protection des consommateurs, la Banque de France tient depuis des années un registre des interdits de chèque ; demain, les noms des auteurs condamnés de message raciste sur Internet pourraient faire l'objet d'une liste qui facilite leur surveillance par les plateformes de communication et on peut imaginer que le nom des personnes condamnées pour pédophilie puisse circuler dans les écoles et œuvres pour la jeunesse. Encore faudra-t-il assortir ces réglementations de '*garanties appropriées*' comme les contrôles d'accès à la base de données, l'engagement de confidentialité des destinataires autorisés, les limites de conservation des données, etc.

On note que la définition s'entend des seules décisions (condamnations) juridictionnelles et laisse dans l'ombre les données relatives aux suspicions, aux simples accusations entretenues par la rumeur publique ou mises en cause par l'un ou l'autre journaliste. Toutes ces données liées à la commission supposée ou non d'infractions pénales ne sont pas comprises dans le concept de « donnée judiciaire » et on peut le concevoir facilement eu égard au régime de monopole de traitement lié à ce concept. On sera d'autant plus surpris par l'extension donnée récemment à la notion par la décision de la CJUE, le 24 septembre de cette année. Nous reviendrons sur ce point (*infra* n° 20)

14. L'anonymisation' des décisions – Au-delà des précautions offertes par l'article 10 se rapportant aux seules décisions relatives aux condamnations pénales et autres mesures de sûreté, la volonté de nombre d'Etats est d'aller plus loin encore en prévenant tout risque d'utilisation des données à caractère personnel contenues dans les décisions, qu'elles soient judiciaires ou administratives. La solution est l'anonymisation des décisions,[34] ou plutôt leur pseudonymisation[35] voire leur 'occultation', pour

---

[34] Voilà ce que le rapport à la Chambre des représentants de la récente proposition de loi belge modifiant le Code judiciaire en ce qui concerne la publication des jugements et des arrêts (DOC 54 3489/003, 15 février 2019) notait : « *Les auteurs proposent que les jugements et arrêts soient enregistrés dans une banque de données électronique accessible au public. La mise en service de cette banque de données électronique doit aller de pair avec l'anonymisation des jugements et arrêts, certainement en matière pénale. La proposition de loi ajoute le fondement légal à cet effet dans l'article 782bis du Code judiciaire lequel permet de parachever la mise en œuvre et la concrétisation de cette mesurer par arrêté royal.* »

[35] Comme défini par l'article 4. 1 5) du RGPD : *« pseudonymisation», le traitement de données à caractère personnel de telle façon que celles-ci ne puissent plus être attribuées à une personne concernée précise sans avoir recours à des informations supplémentaires, pour autant que ces informations supplémentaires soient conservées séparément et soumises à des mesures techniques*

reprendre l'expression récemment retenue par l'article 19 du projet de loi française de programmation et de réforme de la Justice 2018- 2024[36]. L'anonymat lors de la publication des jugements est, dans tous nos pays, un débat délicat. En France, le rapport CADIET[37] analyse les différentes options. Le débat renvoie à de nombreuses questions. S'agit-il d'anonymisation, de pseudonymisation ou d'occultation, terme choisi en France. Ne faut-il pas procéder à une analyse du risque de ré-identification L'anonymisation est-elle assurée d'office ou à la demande ? Comment, si anonymisation il y a, résoudre le problème du chaînage des décisions et la nécessité de conserver au sein de la justice une base de données non anonymisées ? Jusqu'où (par exemple quid de la mention d'un compte bancaire ?)[38] et à propos de qui (parties au procès, autres personnes citées par le jugement, avocats, magistrats) ? Comment y procéder ?[39]

15. Le droit à l'oubli - L'article 16.2 de la Directive consacre de manière très limitée le droit à l'effacement, si du moins on compare son libellé à celui de l'article 17.1 du RGPD. Ce dernier ouvre à la personne concernée ce droit dans nombre d'hypothèses : retrait du consentement, disparition de la pertinence de la donnée au regard de la finalité, traitement illicite, obligation légale, opposition en raison de la prépondérance de l'intérêt de la personne concernée, ... Quant à lui, l'article 16.2 de la Directive[40] limite – et on le conçoit - ce droit à l'effacement, premièrement,

---

et organisationnelles afin de garantir que les données à caractère personnel ne sont pas attribuées à une personne physique identifiée ou identifiable;

[36] Selon les termes de l'article 19 du projet de loi française de programmation et de réforme de la Justice 2018- 2024 : « *'Occulter' veut dire effacer, tandis que 'pseudonymiser' signifie remplacer un nom par un autre.* ». (B. MATTIS et H. RUGGIERI, « L'*open data* des décisions de justice en France

Les enjeux de la mise en œuvre, in le Juge et l'algorithme, Cahiers du CRIDS, 2019, p. 195 et s.)

[37] L. CADIET, « L'open data des décisions de justice - Mission d'étude et de préfiguration sur l'ouverture au public des décisions de justice », in *La documentation française,* Paris, janvier 2018.

[38] L'article33 de la loi de programmation de la réforme du judiciaire stipule : « *Par dérogation au premier alinéa, les noms et prénoms des personnes physiques mentionnées dans le jugement, lorsqu'elles sont parties ou tiers sont occultés préalablement à la mise à disposition du public. Lorsque sa divulgation est de nature à porter atteinte à la sécurité ou au respect de ces personnes ou de leur entourage, est également occulté tout élément permettant d'identifier les parties, les tiers et les magistrats et les membres du greffe.* »,

[39] Sur tous ces points, lire B. MATHIS et H. RUGGIERI, « L'*open data* des décisions de justice en France

Les enjeux de la mise en œuvre, in *Le juge et l'algorithme*, Cahiers du CRIDS, 2019, p. 195 et s. ; B. DOCQUIR, « Quelques observations complémentaires sur la publication des décisions », *J.T.*, 2019, p. 449 et s.

[40] Article 16. 2 : « *Les États membres exigent que le responsable du traitement efface dans les meilleurs délais les données à caractère personnel et accordent à la personne concernée le droit d'obtenir du responsable du traitement l'effacement dans les meilleurs délais de données à*

lorsque le responsable traite des données de manière illicite, c'est-à-dire en contradiction avec les principes relatifs au traitement de données à caractère personnel énumérés à l'article 4 ; en deuxième lieu si le traitement sort des compétences du responsable ; en troisième lieu si les données concernent des données dites sensibles ; en quatrième lieu, lorsque « *les données à caractère personnel doivent être effacées pour respecter une obligation légale à laquelle est soumis le responsable de traitement* ». C'est ce dernier cas qui, me semble-t-il, mériterait d'être mis en œuvre. Il est intéressant, à cet égard, de rappeler que, dans les lois dites de première génération, figurait l'interdiction de maintenir au-delà d'une certaine durée certains types de condamnation pénales de manière à permettre à la personne le **repentir** et de ne pas être à vie poursuivie par un péché de jeunesse : ainsi, l'émission d'un chèque sans provision, la condamnation pour fausse déclaration à l'assurance, ... Sans cette intervention législative, il est fort à craindre que le responsable du traitement, la banque, la compagnie d'assurance, ne maintienne une donnée certes ancienne mais dont la non-pertinence est d'autant plus contestable à l'heure où on réclame de ces responsables : '*Know your customer*'.

Stockage et diffusion « journalistiques »
des informations concernant des condamnations pénales

16. Retour sur l'affaire Google – Le pont A témoigne de la volonté des autorités publiques de maintenir, nonobstant la puissance des ordinateurs et de leurs logiciels, une réglementation telle qu'elle garantit au justiciable condamné une certaine protection. Mais cette protection s'avère bien illusoire lorsqu'on constate que les interdictions et protections légales se trouvent contournées par l'activité de certaines entreprises privées qui, au nom de la liberté d'expression, mettent une information parfois subjectivement biaisée par l'interprétation du 'journaliste', souvent incomplète et, faut-il ajouter, souvent sans attendre le verdict final au mépris du respect que l'on doit à la présomption d'innocence. On note en outre que la découverte de cette information prise alors comme argent comptant peut-être fortuite au détour de la frappe d'un mot-clé et s'opère en dehors du contexte bien balisé des bases de données juridiques. Bref, à quoi sert-il de multiplier les freins à l'accès aux informations nominatives dans le cadre de la publication officielle des décisions pénales si d'autres canaux

---

caractère personnel la concernant lorsque le traitement constitue une violation des dispositions adoptées en vertu de l'article 4, 8 ou 10 ou lorsque les données à caractère personnel doivent être effacées pour respecter une obligation légale à laquelle est soumis le responsable du traitement. »

bien moins fiables mais aussi bien plus puissants permettent de contourner une telle interdiction ? Certes on nous dira avec raison que les journaux ne s'intéressent qu'à peu d'affaires. Mais même si tel est le cas, la question des limites de la publication au nom de la liberté d'expression mérite d'être posée. La décision Google, mais également des décisions plus récentes de la Cour de Justice européenne ou de la Cour de Strasbourg ont été amenées à mieux circonscrire les termes du débat entre la protection des données, d'une part et de la liberté d'expression d'autre part[41]. Avant d'en donner le bref aperçu de leurs décisions, il importe de rappeler les dispositions du RGPD qui encadrent ce débat.

17. Les articles 17 et 85 du RGPD - Le premier paragraphe de l'article 17 énonce : « *La personne concernée a le droit d'obtenir du responsable du traitement l'effacement, dans les meilleurs délais, de données à caractère personnel la concernant et le responsable du traitement a l'obligation d'effacer ces données à caractère personnel dans les meilleurs délais, lorsque l'un des motifs suivant s'applique ...* ». Nous ne détaillerons pas les différents motifs applicables. Il suffit de noter que les diverses hypothèses se réfèrent toutes à des traitements qui soit sont illicites (notamment, obligation légale d'effacement, collecte de données dans le cadre de services à des « enfants »), soit le deviendraient si le responsable du traitement ne répondait pas à la demande de la personne concernée (exercice du droit d'opposition ou de retrait du consentement, non proportionnalité désormais de la donnée par rapport aux nécessités de la finalité). A ce droit à l'oubli ou plutôt au déférencement[42], le responsable peut opposer suivant le §3 de l'article 17, en particulier lorsque le traitement est « *nécessaire à l'exercice du droit à la liberté d'expression et d'information* ». On note que l'exception du § 3 de l'article 17 ne se réfère plus aux seules activités journalistiques, comme le faisait l'article 9 de la

---

[41] Le considérant 64 parle de 'pondération équilibrée' à opérer entre ces deux droits fondamentaux. Sur cet équilibre, lire en particulier, Q. VAN ENIS, « La conciliation entre le droit à la liberté d'expression et le droit à la protection des données à caractère personnel, in *Le règlement général sur la protection des données,* Cahiers du CRIDS, n° 44, p. 763 – 797. N. MALLET-POUJOL, « Les traitements de données personnelles aux fins de journalisme », in *Les nouvelles frontières de la vie privée, Legicom,* n° 43, 2009/2, p. 65 et s. ; T. LEONARD et Y. POULLET,

[42] L'utilisation du terme 'déférencement' est préférable à celui d'oubli qui implique une disparition définitive de la donnée. Dans bien des cas, le responsable devra conserver une trace de la donnée effacée, ne serait-ce que pour prouver qu'il a honoré la demande (par exemple en cas de retrait du consentement) ou pour donner suite à sa demande (je ne vous enverrai plus de publicité ou conformément au § 2 de l'article, le devoir d'informer les tiers auxquels communication de la donnée a été faite de l'exercice par la personne concernée.

Directive 95/46,[43] mais plus largement à l'exercice de la liberté d'expression et d'information. Le considérant n° 153 du RGPD rappelle, à l'instar de la jurisprudence européenne en la matière, que les notions liées à la liberté d'expression, et notamment la notion de journalisme, doivent être interprétées largement et ce « *pour tenir compte de l'importance du droit à la liberté d'expression dans toute société démocratique* ». Ainsi, si l'activité de Google ne peut prétendre relever de l'activité journalistique, il est difficile de nier que son activité, en particulier mais pas uniquement, de moteur de recherche contribue amplement – et c'est peu dire - à la possibilité pour les internautes de s'informer. On souligne par contre que le texte exige que le traitement soit *nécessaire* à cet exercice. Comment les juges luxembourgeois mais également strasbourgeois ont-ils interprétés l'exception du RGPD ?

Avant d'analyser l'interprétation jurisprudentielle, un mot sur le contenu de l'article 85 : « 1. *Les États membres concilient, par la loi, le droit à la protection des données à caractère personnel au titre du présent règlement et le droit à la liberté d'expression et d'information, y compris le traitement à des fins journalistiques et à des fins d'expression universitaire, artistique ou littéraire.* 2. *Dans le cadre du traitement réalisé à des fins journalistiques ou à des fins d'expression universitaire, artistique ou littéraire, les États membres prévoient des exemptions ou des dérogations au chapitre II (principes), au chapitre III (droits de la personne concernée), au chapitre IV (responsable du traitement et sous-traitant), au chapitre V (transfert de données à caractère personnel vers des pays tiers ou à des organisations internationales), au chapitre VI (autorités de contrôle indépendantes), au chapitre VII (coopération et cohérence) et au chapitre IX (situations particulières de traitement) si celles-ci sont nécessaires pour concilier le droit à la protection des données à caractère personnel et la liberté d'expression et d'information.* ». On souligne que le § 2 de cet article semble réserver aux seules activités à des fins journalistiques ou d'expression universitaire, artistique ou littéraire les possibilités pour les Etats membres d'utiliser les exceptions mentionnées alors que le §1 élargit le devoir de conciliation imposé aux Etats plus largement. Faut-il y voir une erreur du législateur européen ou considère-t-on que désormais tout internaute qui s'exprime sur la toile vis-à-vis d'un public à composition indéterminée sur un sujet d'intérêt général est

[43] « *Les États membres prévoient, pour les traitements de données à caractère personnel effectués aux seules fins de journalisme ou d'expression artistique ou littéraire, des exemptions et dérogations au présent chapitre, au chapitre IV et au chapitre VI dans la seule mesure où elles s'avèrent nécessaires pour concilier le droit à la vie privée avec les règles régissant la liberté d'expression.* »

désormais à considérer comme un journaliste[44] ? Quoiqu'il en soit et sans entrer dans toutes les controverses doctrinales et jurisprudentielles à ce sujet, la question du droit à l'oubli ou au déférencement impose ce devoir d'équilibre, sinon au législateur du moins au juge. Or que disent les juges ? Il est intéressant de distinguer à cet égard, les arrêts SATAMEDIA qui abordent la question à partir de la liberté d'expression et le journalisme et ceux GOOGLE qui réfléchissent à partir des prescrits de protection des données, pour constater qu'in fine la solution est la même et tourne autour de considérations portant sur l'intérêt général

18. L'affaire SATAMEDIA et la conciliation des deux libertés autour de la notion d'intérêt général – L'affaire SATAMEDIA[45] qui concernait la « vente » par un SMS de données fiscales sur une vaste population de citoyens finlandais a permis aux cours tant de Strasbourg que de Luxembourg de contribuer à définir ce qu'il faut entendre par exercice de la liberté d'expression à des fins journalistiques. En l'occurrence, un éditeur proposait au public de connaître la situation fiscale d'autres citoyens et argumentait, face aux objections de protection de la vie privée, que s'agissant de données rendues publiques suivant la loi finlandaise d'accès aux documents publics, il ne faisait que participer à l'information citoyenne. Dans cette affaire, la Cour luxembourgeoise[46] était saisie d'une question préjudicielle : peut-on parler de journalisme dans le cas de cet éditeur ?

---

[44] C'est l'opinion que certains auteurs de doctrine défendent. Ainsi, avec force, J. ENGLEBERT (« La liberté d'expression à l'heure d'Internet » in Cahier du CRIDS, n° 49, à paraître) : « *Il faut en effet inlassablement rappeler que les journalistes n'ont pas le monopole de l'expression d'intérêt général. Ou pour le dire autrement, que le journalisme n'est pas une profession mais une fonction, qui peut – ne déplaise à certains*[44] *– être endossée par n'importe qui. C'est-à-dire par chaque citoyen. C'est ce qu'a rappelé la Cour constitutionnelle lorsqu'elle a purement et simplement effacé toute référence au « journaliste » de la loi sur la protection du secret des sources journalistiques.* ». On note la même évolution dans la jurisprudence européenne. A cet égard, l'arrêt récent du 12 avril 2019 en cause BUYVITS (CJUE, 14 février 2019, Buyvids v. DVI, C-345/17), que T. LEONARD et moi-même résumons comme suit : '*Elle (La Cour) y confirme sa jurisprudence antérieure selon laquelle les exemptions prévues par la Directive s'appliquaient non seulement aux entreprises de média, à la presse au sens strict du terme mais aussi à toute personne exerçant des activités de journalisme (§52). Elle rappelle aussi que les « activités de journalisme » sont celles qui ont pour finalité « la divulgation au public d'informations, d'opinions ou d'idées, sous quelque moyen de transmission que ce soit » (§53), peu importe donc le moyen de communication utilisé (papier, ondes hertziennes ou électronique) et indépendamment d'un but lucratif (§59). Elle précise en outre qu'en l'espèce, le fait que Mr Buivids ne soit pas un journaliste de profession n'empêchait pas qu'une telle finalité puisse être retenue (§56). »*

45 Sur la saga Satamedia et les diverses décisions judiciaires à son propos, Q. Van Enis, « Le droit de recevoir des informations ou des idées par le biais de l'internet, parent pauvre de la liberté d'expression dans l'ordre juridique européen ? », *JEDH*, 2015/2, pp. 178-179,

[46] C.J.U.E. (GC), 16 décembre 2008, arrêt *Tietosuojavaltuutettu contre Satakunnan Markkinaporssi Oy et Satamedia Oy*, C-73/07.

Même si elle laisse une possibilité de distinguer l'expression journalistique comme forme particulière de liberté d'expression, la Cour de Luxembourg note que des activités « *peuvent être qualifiées d''activités de journalisme'* » *de nature à faire entrer en jeu le régime dérogatoire de la directive (en l'espèce l'article 9 de celle-ci), « si elles ont pour finalité la divulgation au public d'informations, d'opinions ou d'idées, sous quelque moyen de transmission que ce soit* » sans faire aucunement référence à la mission qui incombe à la presse d'informer le public sur toute question d'intérêt général. Ainsi, la Cour juge que les dérogations et exemptions doivent s'appliquer « non seulement aux entreprises de média, mais également à toute personne exerçant une activité de journalisme », sans tenir compte du média n'utilisé ni de la poursuite d'un but lucratif.

Saisie à son tour quelques années plus tard cette fois sur l'équilibre entre les libertés, la Cour strasbourgeoise[47] affirme que les activités de cette dernière ne pouvaient être considérées comme exercées aux seules fins de journalisme, dès lors que la diffusion telle qu'organisée par ces sociétés n'avaient pas pour finalité la participation à un débat d'intérêt général mais plutôt la satisfaction à des besoins de sensationnalisme et de voyeurisme du public et à l'intérêt purement économique de ces sociétés : « *l'existence d'un intérêt général à ce que de grandes quantités de données fiscales soient accessibles et à ce que la collecte de données soit autorisée ne signifie pas nécessairement ou automatiquement qu'il existe également un intérêt général à diffuser en masse pareilles données brutes, telles quelles, sans aucun apport analytique* » [48]. Que tirer de toutes ces considérations des deux Cours à propos de cette affaire SATAMEDIA, le journalisme est une activité qui peut poursuivre des finalités lucratives et qui déborde les seuls organismes de presse soumis pour leurs activités journalistiques à des obligations déontologiques. La liberté d'expression que promeut le journalisme ne l'emportera sur les exigences de protection des données que si l'activité poursuivie par ces 'journalistes' est nécessaire à l'accomplissement de la « finalité journalistique », c'est à dire poursuit un intérêt général, à savoir promouvoir le débat public sur des sujets d'intérêts généraux[49]. Pour bénéficier de la dérogation prévue à l'article 17 § 3, la

---

[47] Cour eur. D.H. (GC), arrêt du 27 juin 2017. Pour des commentaires de cet arrêt, D. Voorhoof, « No journalism exception for massive exposure of personal taxation data », *Strasbourg Observers*, 5 juillet 2017: https://strasbourgobservers.com/2017/07/05//no-journalism-exception-for-massive-exposure-of-personal-taxation-data/.

[48] Arrêt précité, § 175

[49] Cette position est proche de celle développée par l'avocat général KOKOTT dans ses conclusions présentées le 8 mai 2008 à propos de l'affaire SATAMEDIA alors portée devant la CJUE : « le traitement de données à caractère personnel est (...) effectué à des fins de journalisme lorsqu'il vise la communication d'informations et d'idées sur des questions d'intérêt public ».

poursuite de cet intérêt général devra être invoquée outre, le cas échéant, celle de l'intérêt économique du journaliste (liberté d'entreprendre) et la considération de ces intérêts ainsi poursuivis devra l'emporter sur l'intérêt de la personne concernée au respect de sa vie privée et de la protection de ses données. Cette réflexion laisse entendre que le débat ne doit pas être posé en termes d'opposition des deux libertés (droit à la liberté d'expression versus droit à la protection des données) mais plutôt en termes de contribution de ces deux libertés à l'intérêt général. La protection des données n'est pas une liberté robinsonienne absolue,[50] attachée à la défense des seuls intérêts purement individualistes, elle entend permettre à l'individu de jouer pleinement son rôle à l'intérieur de la société et, en ce sens, trouve dans l'intérêt général les limites à une revendication purement individualiste.

19. L'arrêt Google Spain – Le premier arrêt : le fameux Google Spain[51] a précédé l'adoption du RGPD et concerne donc l'ancienne Directive 95/47. Diverses leçons peuvent être tirées de cet arrêt qui a fait date et a fortement influencé le contenu du RGPD, pas seulement sur le point que nous analysons ici. La première leçon est la reconnaissance par la Cour de l'intérêt du rôle joué par Google dans la diffusion d'informations : « *En outre, il est constant que cette activité des moteurs de recherche joue un rôle décisif dans la diffusion globale desdites données, en ce qu'elle rend celles-ci accessibles à tout internaute effectuant une recherche à partir du nom de la personne concernée, y compris aux internautes qui, autrement, n'auraient pas trouvé la page web sur laquelle ces mêmes données sont publiées. De plus, l'organisation et l'agrégation des informations publiées sur Internet, effectuées par les moteurs de recherche dans le but de faciliter à leurs utilisateurs l'accès à celles-ci, peut conduire, lorsque la recherche de ces derniers est effectuée à partir du nom d'une personne physique, à ce que ceux-ci obtiennent par la liste de résultats un aperçu structuré des*

Notre propos est simplement de ne pas confondre les activités journalistiques ou le journalisme qui peuvent être développées dans des perspectives de pur intérêt économique, comme dans l'affaire SATAMEDIA et la finalité journalistique qui s'entend des seules activités qui visent à promouvoir le débat sur des questions d'intérêt public. Sur cette finalité journalistique qui explique le régime dérogatoire du journaliste, lire V. ENGLEBERT, article cité.

[50] Voir le Considérant 4 du RGPD : « ***Le traitement des données à caractère personnel devrait être conçu pour servir l'humanité. Le droit à la protection des données à caractère personnel n'est pas un droit absolu ; il doit être considéré par rapport à sa fonction dans la société*** *et être mis en balance avec d'autres droits fondamentaux, conformément au principe de proportionnalité.* » (Nous soulignons)

[51] CJUE, 13 mai 2014, Google Spain et Google Inc. C. Agenzia Espanola de Proteccio de Datos, C-131/12. A propos de cette affaire, lire entre autres, E. CRUYSMANS, « La protection de la réputation en ligne », in *L'Europe des droits de l'Homme à l'heure d'Internet,* Q. VAN ENIS et C. de TERWANGNE (eds.), Bruylant, Bruxelles, 2019, p. 401 et s.

informations relatives à cette personne trouvables sur Internet leur permettant d'établir un profil plus ou moins détaillé de la personne concernée, Dans le même temps, elle note les risques supplémentaires encourus par la personne concernée du fait de l'agrégation des données permise par le moteur de recherche. Ces risques ne sont d'ailleurs pas qu'individuels mais concernent nombre de citoyens. Il est intéressant de noter l'insistance que les juges mettent sur ce point. Le risque est collectif et non simplement individuel et doit être pris en considération en tant que tel. On voit poindre ici, à côté d'une défense de l'intérêt individuel de la personne de Mr COSTEJA, celle de l'intérêt général.

La deuxième leçon concerne la recherche de l'équilibre entre les intérêts économiques de l'exploitant du moteur de recherche, voire des tiers, et le besoin de protection des données de la personne concernée : « *Au vu de la gravité potentielle de cette ingérence, force est de constater que celle-ci ne saurait être justifiée par le seul intérêt économique de l'exploitant d'un tel moteur dans ce traitement. Cependant, dans la mesure où la suppression de liens de la liste de résultats pourrait, en fonction de l'information en cause, avoir des répercussions sur l'intérêt légitime des internautes potentiellement intéressés à avoir accès à celle-ci, il y a lieu de rechercher, dans des situations telles que celles en cause au principal, un juste équilibre notamment entre cet intérêt et les droits fondamentaux de cette personne au titre des articles 7 et 8 de la Charte. Si, certes, les droits de la personne concernée protégés par ces articles prévalent également, en règle générale, sur ledit intérêt des internautes, cet équilibre peut toutefois dépendre, dans des cas particuliers, de la nature de l'information en question et de sa sensibilité pour la vie privée de la personne concernée ainsi que de l'intérêt du public à disposer de cette information, lequel peut varier, notamment, en fonction du rôle joué par cette personne dans la vie publique.* ». Cette référence à l'intérêt du public à une information d'intérêt général[52] pourrait donc, c'est la troisième leçon, justifier d'une exception en faveur du maintien de l'information. En d'autres termes, c'est l'apport à un débat sur un sujet d'intérêt général, ce que l'arrêt SATAMEDIA de la CEDH appelle l''exercice de la liberté d'expression à des fins journalistiques, qui pourrait justifier le droit à l'oubli. Cependant, le bénéfice de cette exception n'est pas applicable, quatrième leçon à un moteur de recherche, mais bien à l'éditeur de la page web originaire soit le journal La Vanguardia : *« En outre, le traitement par l'éditeur d'une page web, consistant dans la*

---

[52] C'est par un attendu sur ce point que se termine l'arrêt : « *Cependant, tel ne serait pas le cas s'il apparaissait, pour des raisons particulières, telles que le rôle joué par ladite personne dans la vie publique, que l'ingérence dans ses droits fondamentaux est justifiée par l'intérêt prépondérant dudit public à avoir, du fait de cette inclusion, accès à l'information en question.* »

publication d'informations relatives à une personne physique, peut, le cas échéant, être effectué «aux seules fins de journalisme» et ainsi bénéficier, en vertu de l'article 9 de la directive 95/46, de dérogations aux exigences établies par celle-ci, tandis que tel n'apparaît pas être le cas s'agissant du traitement effectué par l'exploitant d'un moteur de recherche.... l'exploitant d'un moteur de recherche est obligé de supprimer de la liste de résultats, affichée à la suite d'une recherche effectuée à partir du nom d'une personne, des liens vers des pages web, publiées par des tiers et contenant des informations relatives à cette personne, également dans l'hypothèse où ce nom ou ces informations ne sont pas effacés préalablement ou simultanément de ces pages web, et ce, le cas échéant, même lorsque leur publication en elle-même sur lesdites pages est licite. »

20. Les deux arrêts Google du 24 septembre 2019 - Le Conseil d'Etat français a entendu, par des questions préjudicielles[53] toujours à propos du moteur de recherches GOOGLE, faire approfondir cette première décision : la première affaire porte sur l'étendue territoriale du déférencement en se fondant sur les exceptions rendant envisageable le traitement de données sensibles (en l'occurrence précisément des suspicions d'infractions pénales et des condamnations pénales) ou sur la dérogation prévue à des fins de journalisme (Arrêt 24 septembre 2019, dans l'affaire C-136/17) ; la seconde sur le fait que le déférencement doit ou non s'appliquer sur l'ensemble des noms de domaine (Arrêt 24 septembre 2019 - Dans l'affaire C-507/17). La première nous intéressera particulièrement. En l'occurrence, la personne concernée demandait le déréférencement de liens qui mènent vers des articles, principalement de presse, relatifs à l'information judiciaire ouverte au mois de juin 1995 sur le financement du parti républicain (PR). Mis en examen, la procédure le concernant a été clôturée par une ordonnance de non-lieu le 26 février 2010. La plupart des liens litigieux mènent vers des articles qui sont contemporains de l'ouverture de l'instruction, et ne font en conséquence pas état de l'issue de la procédure. Les juges interprètent comme suit l'article 17 § 3 : « *La circonstance que l'article 17, paragraphe 3, sous a), du règlement 2016/679 prévoit désormais expressément que le droit à l'effacement de la personne concernée est exclu lorsque le traitement est nécessaire à l'exercice du droit relatif, notamment, à la liberté d'information, garantie par l'article 11 de la Charte, constitue une expression du fait que le droit à la protection des données à caractère personnel n'est pas un droit absolu, mais doit, ainsi que le souligne le considérant 4 de ce règlement, être considéré par rapport à sa fonction dans la société et être mis en balance avec d'autres droits fondamentaux,*

[53] Demande préjudicielle du Conseil d'Etat français en date du 20 août 2017

conformément au principe de proportionnalité [voir, également, arrêt du 9 novembre 2010, Volker und Markus Schecke et Eifert, C-92/09 et C-93/09, EU:C:2010:662, point 48, ainsi que avis 1/15 (Accord PNR UE-Canada), du 26 juillet 2017, EU:C:2017:592, point 136]. ». Cette interprétation conduit à affirmer que *« l'exploitant d'un moteur de recherche, lorsqu'il est saisi d'une demande de déréférencement, doit vérifier, au titre des motifs d'intérêt public important visés à l'article 8, paragraphe 4, de la directive 95/46 ou à l'article 9, paragraphe 2, sous g), du règlement 2016/679 et dans le respect des conditions prévues à ces dispositions, si l'inclusion du lien vers la page web en question dans la liste affichée à la suite d'une recherche effectuée à partir du nom de la personne concernée est nécessaire à l'exercice du droit à la liberté d'information des internautes potentiellement intéressés à avoir accès à cette page web au moyen d'une telle recherche, protégée par l'article 11 de la Charte »*[54].

La prévalence des droits de la personne concernée est d'autant plus nécessaire que les données en cause sont des données sensibles au regard du RGPD. A cet égard, on relève l'extension donnée à la notion de données judiciaires par les juges : « *les informations concernant une procédure judiciaire menée contre une personne physique, telles que celles relatant sa mise en examen ou le procès, et, le cas échéant, la condamnation qui en a résulté, constituent des données relatives aux « infractions » et aux « condamnations pénales », au sens de l'article 8, paragraphe 5, premier alinéa, de la directive 95/46 et de l'article 10 du règlement 2016/679, et ce indépendamment du fait que, au cours de cette procédure judiciaire, la commission de l'infraction pour laquelle la personne était poursuivie a effectivement été établie ou non. ». Dès lors, le déférencement doit exister portant sur des liens vers des pages web, sur lesquelles figurent de telles informations, lorsque ces informations se rapportent à une étape antérieure de la procédure judiciaire en cause et ne correspondent plus, compte tenu du déroulement de celle-ci, à la situation actuelle.* »[55]

Dernier point : si les juges estiment que les droits de la personne concernée doivent conduire à l'effacement des liens proposés par l'outil de

[54] Les juges ajoutent que la pondération doit aller dans le sens de la protection des personnes concernées sauf à estimer à « l'inclusion de ce lien dans la liste de résultats, qui est affichée à la suite d'une recherche effectuée à partir du nom de cette personne, s'avère strictement nécessaire pour protéger la liberté d'information des internautes potentiellement intéressés à avoir accès à cette page web au moyen d'une telle recherche, consacrée à l'article 11 de la Charte. »

[55] Cette assimilation qui va à l'encontre de l'interprétation restrictive que l'on doit aux exceptions des articles 9 et 10 à la réglementation des données à caractère personnel si elle peut être suivie sur le fond pose cependant un problème quant aux conséquences de cette assimilation, dans la mesure où le RGPD affirme le monopole des autorités publiques en ce qui concerne leur traitement.

recherche et que pèse sur l'exploitant de l'outil un devoir de vérification et de mise à jour, ils ont soin de rappeler que l'intérêt général au contraire fait un devoir aux éditeurs de base de participer à la formation de l'opinion publique, tant par la dénonciation de faits même si non encore totalement établis par l'autorité judiciaire, que par la mise à disposition d'anciens reportages[56]. En conclusion, les juges retiennent : « *d'une part, les informations relatives à une procédure judiciaire dont une personne physique a été l'objet ainsi que, le cas échéant, celles relatives à la condamnation qui en a découlé constituent des données relatives aux « infractions » et aux « condamnations pénales », au sens de l'article 8, paragraphe 5, de cette directive, et*

– d'autre part, l'exploitant d'un moteur de recherche est tenu de faire droit à une demande de déréférencement portant sur des liens vers des pages web, sur lesquelles figurent de telles informations, lorsque ces informations se rapportent à une étape antérieure de la procédure judiciaire en cause et ne correspondent plus, compte tenu du déroulement de celle-ci, à la situation actuelle, dans la mesure où il est constaté, dans le cadre de la vérification des motifs d'intérêt public important visés à l'article 8, paragraphe 4, de ladite directive, que, eu égard à l'ensemble des circonstances de l'espèce, les droits fondamentaux de la personne concernée, garantis par les articles 7 et 8 de la charte des droits fondamentaux de l'Union européenne, prévalent sur ceux des internautes potentiellement intéressés, protégés par l'article 11 de cette charte. »

Le second arrêt met l'accent sur la portée de l'obligation de déférencement que doit opérer un exploitant d'un moteur de recherche opérant dans l'ensemble du monde. A cet égard, les juges soulignent les

---

[56] Point 76 : « *À cet égard, il convient de relever qu'il ressort de la jurisprudence de la Cour européenne des droits de l'homme que des demandes adressées par les personnes concernées en vue de l'interdiction, en vertu de l'article 8 de la convention européenne de sauvegarde des droits de l'homme et des libertés fondamentales, signée à Rome le 4 novembre 1950, d'une mise à disposition sur Internet, par les différents médias, d'anciens reportages concernant un procès pénal qui avait été dirigé contre ces personnes, appellent un examen du juste équilibre à ménager entre le droit au respect de la vie privée desdites personnes et, notamment, la liberté d'information du public. Dans la recherche de ce juste équilibre, il doit être tenu compte du rôle essentiel que la presse joue dans une société démocratique et qui inclut la rédaction de comptes rendus et de commentaires sur les procédures judiciaires. En outre, à la fonction des médias consistant à communiquer de telles informations et idées s'ajoute le droit, pour le public, d'en recevoir. La Cour européenne des droits de l'homme a reconnu, dans ce contexte, que le public avait un intérêt non seulement à être informé sur un événement d'actualité, mais aussi à pouvoir faire des recherches sur des événements passés, l'étendue de l'intérêt du public quant aux procédures pénales étant toutefois variable et pouvant évoluer au cours du temps en fonction, notamment, des circonstances de l'affaire (Cour EDH, 28 juin 2018, M. L. et W. W. c. Allemagne, CE:ECHR:2018:0628JUD006079810, § 89 et 100 à 102)* ».

conceptions différentes que chaque pays européen et *a fortiori* non européen peut avoir de l'équilibre entre liberté d'expression et d'information et protection des données, consacré par l'article 11 de la Charte européenne des droits fondamentaux, comme le reconnait l'article 85 au sein de l'espace européen. Dès lors, les juges estiment que, lorsque l'exploitant d'un moteur de recherche fait droit à une demande de déréférencement en application de l'article 17, il est tenu d'opérer ce déréférencement non pas sur l'ensemble des versions de son moteur, mais sur les versions de celui-ci correspondant à l'ensemble des États membres, et ce, si nécessaire, en combinaison avec des mesures qui, tout en satisfaisant aux exigences légales, permettent effectivement d'empêcher ou, à tout le moins, de sérieusement décourager les internautes effectuant une recherche sur la base du nom de la personne concernée à partir de l'un des États membres d'avoir, par la liste de résultats affichée à la suite de cette recherche, accès aux liens qui font l'objet de cette demande. Ainsi, un tel déréférencement doit, si nécessaire, être accompagné de mesures qui permettent effectivement d'empêcher ou, à tout le moins, de sérieusement décourager les internautes effectuant une recherche sur la base du nom de la personne concernée à partir de l'un des États membres d'avoir, par la liste de résultats affichée à la suite de cette recherche, accès, via une version de ce moteur « hors UE », aux liens qui font l'objet de la demande de déréférencement. La juridiction nationale devra vérifier que les mesures mises en place par Google Inc. satisfont à ces exigences.

Une certaine perplexité – Arrivé au terme de ce second chapitre, j'avoue une certaine perplexité quant aux conséquences pratiques de la décision. Sans doute très généreuse en faveur de la protection des données judiciaires, la décision du 24 septembre semble bien introduire l'idée du pardon numérique et empêcher les diffusions en tout cas massives tantôt erronées, tantôt non contextualisées, tantôt non mises à jour des suspicions, incriminations et condamnations pénales. La liberté d'expression ne légitime pas la conservation indéfinie des liens vers les sites d'information journalistiques ou non relatives à des données judiciaires au sens le plus large que lui donne désormais la CJUE. Ce n'est que dans la mesure où la diffusion participe aux fins journalistiques, à savoir nourrit le débat public sur des questions d'intérêt général que leur présence sur les moteurs de recherche doit être admise. Au-delà il est fait obligation aux moteurs de recherche de veiller à 'effacer les données' en tenant compte du fait que les exigences de la liberté d'information et d'expression peuvent se comprendre différemment suivant les pays. Bref, voilà l'exploitant du moteur de recherche dans une position délicate. Lui faudra-t-il à chaque demande devenir 'juge' de cet équilibre des deux libertés ? Doit-il préventivement se munir d'un logiciel de préférence d'intelligence artificielle chargé de repérer ces fameuses données judiciaires et de prendre la décision *ad hoc ?* Qui contrôlera la qualité de ce logiciel, l'absence de biais, etc. ? On peut imaginer, comme en matière de lutte contre la désinformation, la création par les exploitants d'une commission plus ou moins indépendante de ' *fast checkers',* chargés d'analyser dans l'urgence les demandes de déférencement ou, comme en matière de lutte contre les copies illicites[57][58], donner une délégation aux moteurs de recherche pour prévenir les publications de données judiciaires, publications devenues illicites, faute de mises à jour ou désormais objet d'une prescription légale[59]. Ce serait leur confier là des tâches en principe réservées à l'autorité publique ?

Conclusions générales

22. Le numérique, un outil à mettre au service de la Justice – Le titre de cette conclusion constitue un appel plus qu'une condamnation du numérique ou, à l'inverse, une confiance en celui-ci.

La première partie a montré combien le numérique pouvait, sous prétexte de l'efficacité qu'il apporte à la gestion des enquêtes, à la détection des suspects voire des coupables, voire à la décision désormais 'robotisée, devenir l'instrument d'une justice qui ne soit plus humaine et qui remplace l'application de la loi par un algorithme décisionnel. S'il ne faut pas lier l'apport incontestable de l'ordinateur à la Justice, il importe de rappeler que la Justice est d'abord œuvre d'homme pour des hommes et qu'en définitive, le dernier mot doit rester à l'humain. Mettre l'ordinateur au service de l'humain, c'est exiger que son fonctionnement soit transparent, que les

---

[57] Il s'agit de la Directive 'Droit d'auteur et marché unique digital' du 24 mars 2019, qui en son article 17. 7 prescrit : « *La coopération entre les fournisseurs de services de partage de contenus en ligne et les titulaires de droits ne conduit pas à empêcher la mise à disposition d'œuvres ou d'autres objets protégés téléversés par des utilisateurs, qui ne portent pas atteinte au droit d'auteur et aux droits voisins, y compris lorsque ces œuvres ou autres objets protégés sont couverts par une exception ou une limitation.*
Les États membres veillent à ce que les utilisateurs dans chaque État membre puissent se prévaloir de l'une quelconque des exceptions ou limitations existantes suivantes lors du téléversement et de la mise à disposition de contenus générés par les utilisateurs sur les services de partage de contenus en ligne. »

[58] Cf. le *Code of Practice on disinformation* signé en octobre 2018 par les plateformes Google, Twitter, Instagram, Microsoft et l'association des entreprises publicitaires à l'instigation de la Commission européenne

[59] Précisément à propos des prescriptions légales, doit-on considérer que l'exploitant serait tenu d'effacer automatiquement les données des condamnations judiciaires au terme de la prescription légale ?

balises qu'impose les principes du '*fair trial*' et les exigences de protection des données à caractère personnel soient pleinement respectées.

La seconde partie témoigne des dangers de la mémoire et de la puissance communicationnelle des ordinateurs qui mettent à mal le 'pardon' qu'exige le droit. Nous avons montré combien la réglementation de la protection des données a encadré la donnée judiciaire mais, au-delà plus récemment, combien la jurisprudence a entendu rappeler le service d'intérêt général que poursuit la liberté d'expression dans le débat démocratique. Mais, dans le même temps, cette réglementation a reconnu les limites qu'impose à cette liberté la protection des données personnelles chaque fois que la diffusion d'une information sensible à grande échelle par les plateformes de communication ou d'information comme Google ne rencontre pas les besoins de cette contribution au débat démocratique. Sur cette base, elle impose aux moteurs de recherche d'utiliser l'outil numérique pour respecter ce délicat équilibre qu'arbitre l'intérêt général.

Ainsi, loin de condamner l'outil numérique et son utilisation, c'est plutôt le mythe de sa toute-puissance qu'il importe de combattre... La tâche n'est pas aisée, mais elle est cruciale si on souhaite la survie d'un droit et d'une justice humains.

PARTIE II

LE DESTIN

CONSIDERATIONS METAPHYSIQUES

RITUALITE ET VOLONTE

Répétition, pardon et rituel en musique

JOAQUIM MOTTE DIT FALISSE

Introduction

Le pardon serait-il l'éternel recommencement d'une infinie vérité bienfaitrice ? La musique, elle aussi, permettrait-elle d'expliquer le monde et son humanité, à l'égal d'une action de grâce ? Comment savoir avec justesse ce que dit et redit la musique, sans jamais vraiment se répéter à l'identique ? Comment cette même musique, qui laisse souvent libre cours à notre pensé et à nos émotions, tout comme elle anime l'esprit et la logique de notre civilisation, participe-t-elle à la délivrance « universelle » du pardon par des rituels et leurs symboliques ?

Nous pouvons alors chercher à comprendre comment se forment les mécanismes de la composition musicale, d'actions et d'interactions entre musique, récidive et pardon.

Nous discuterons de ces différents concepts en deux parties, en prenant des exemples parmi d'autres. Nous proposons, dans un premier temps, de commenter la notion de récidive par comparaison à la répétition dans la musique. Cette dernière sera étudiée en fonction de divers critères : son organisation dans la composition, depuis le motif jusqu'à l'œuvre et sa production, de l'apprentissage à la performance. Dans un second temps, sans perdre le rythme, nous parlerons de la question du pardon dans la musique de la fête juive du Yom Kippour et dans le Kyrie Chrétien.

La récidive et la musique

La notion de récidive, qui ne semble pas avoir de parenté directe avec la musicologie, paraît cependant, par nature, ressortir des sciences humaines. En ne conservant dès lors de cette notion que l'idée de répétition, nous pouvons mieux comprendre les liens de sens qui existent entre la musique et la récidive.

Apprentissage et Interprétation

La répétition est présente dans la quasi-totalité des « fait musicaux [1]» en leurs différentes strates, depuis la barre de mesure[2] dans l'œuvre jusqu'à son esthétique. La musique cultive et transmet des vérités diverses, complexes et relatives. De ce fait, en tant que produit « d'intelligence[3] » elle demande un apprentissage[4]. Par conséquent il est essentiel pour toutes les musiciennes et tous les musiciens, de jouer encore et encore, de répéter donc, jusqu'à pouvoir atteindre, selon leurs attentes et fonctions, une maîtrise de l'œuvre. Pour chacun, il s'agit de s'assurer, par la répétition, d'une qualité d'exécution. Ainsi, plus l'enjeux est important et plus la nécessité que l'acteur répète sa pièce l'est aussi. De telle sorte que la question de la répétition est au centre des didactiques dans les institutions musicales[5] .

Cette question de la répétition touche aussi l'une des principales controverses relative à l'interprétation, celle de la performance[6] : « En musique, en revanche, nous n'avons accès à l'œuvre originale que par l'écoute d'une interprétation de celle-ci. (...) il faut être fidèle aux instructions de l'auteur telles qu'exposées sur la partition. Mais, cela suffit-il ? (...) Ne peut-on pas même, au contraire, envisager que la recherche de l'authenticité, loin d'être une norme, puisse être une contre-valeur esthétique, qui violerait des principes plus profonds de l'art musical et donc, des normes supérieures ?[7] ». En effet, dans la musique occidentale « classique », intiment liée au modèle et à sa conservation, la question de jouer « à l'identique » change constamment mais reste présente. Ce débat

---

[1] Tout ce qui se rattache à une partie de la musique techniquement descriptible. Qu'il s'agisse de la mélodie, du rythme, d'un genre, d'un style, d'un motif. Ceux-ci sont étudiés et compris à différents niveaux (cf. schémas p 109 https://hal-amu.archives-ouvertes.fr/tel-02174256/document)

[2] Les barres de répétition sur les partitions sont indiquées comme ceci :

[3] On parle ici de la partie technique et matérielle de la musique.

[4] « En effet, l'enseignement musical mêle savoirs savants (cf. Chevallard, Brousseau, Vergnaud), savoirs experts (cf. Joshua) et pratiques sociales de références (cf. Martinand), indépendamment des savoirs enseignés à l'école ». PASCAL TERRIEN, *De la musicologie à la didactique de l'enseignement musical : vers une musicologie didactique*, Mémoire de synthèse Volume I. II. 2. 3. Quelques notions-clés P100 - https://hal-amu.archives-ouvertes.fr/tel-02174256/document

[5] Ecole de musique, université, pôle supérieur, conservatoires, écoles de musique etc.

5 « On considère l'interprétation comme performance, c'est à dire comme processus de (re)création en acte porté/initié/conduit par des corps musiciens… ». HYACINTHE RAVET, Musurgia XII/4, *l'interprétation musicale comme performance : interrogations croisées de musicologie et de sociologie* (2005) p5

[7] LOUIS ALLIK, *L'authenticité comme norme de l'interprétation musicale.* P174

soulève des questions concernant entre autres la répétition. Ainsi, certains se demandent s'il faut jouer les D.C al coda[8] dans les sonates classique[9].

Cependant nous pouvons rappeler que les usages de la répétition ne soulevaient pas autant de problèmes à ses débuts. En effet, par exemple avec la forme ritournelle[10] apparue dès le XV siècle, la répétition n'était pas remise en cause pour la simple raison que l'interprétation n'existait pas comme nous l'entendons aujourd'hui[11]. On parlait de musicien exécutant, mais il était généralement rattaché à un ensemble d'instruments dirigés par le premier violon ou le compositeur lui-même. Lorsqu'il s'agissait plus rarement d'une œuvre soliste, l'interprétation était directement « *incorporée* » à l'œuvre écrite puisque la partition n'était pensée que comme une première partie de l'œuvre et non comme son ensemble. Ainsi, grâce à la richesse d'ornements ou de notes d'agrément[12], un musicien pouvait jouer des passages identiques différemment. La question de la répétition laisse finalement aujourd'hui une liberté à l'interprète. Il peut ainsi donner sa vision de l'œuvre, exprimer sa personnalité et jouer en se soumettant ou non aux contraintes normatives de la forme.

Forme et répétition dans la musique

La musique emploie aussi régulièrement des modèles[13] déterminants dans l'approche d'une œuvre et dans sa réception par tous, qu'il s'agisse d'auditeurs, de compositeurs, de musiciens, de musicologue... On peut ainsi proposer une analogie entre répétition et modèle, lequel apparait comme par un effet de ricochet artistique, nous provenir du passé.

---

[8] *Da Capo al Coda* est un terme musicale d'origine italien, qui indique aux musiciens de répéter la pièce depuis son début jusqu'à rencontrer le premier symbole de coda (⊕)

[9] La forme sonate comprend constamment une reprise « à l'identique ». Mais si telle est la norme de son écriture, tel n'est pas toujours le cas de son exécution.

[10] « À l'origine, le terme s'applique à une sorte de chanson populaire italienne comportant des strophes de trois vers (le premier rimant avec le dernier). Au XIVe siècle, le madrigal italien pouvait inclure un ritornello, ou refrain, sur les deux derniers vers de ses strophes de huit ou onze vers. Etc.» https://www.larousse.fr/encyclopedie/musdico/ritournelle/169880

[11] Les musiciens, ici entendus non pas en tant que compositeurs mais bien en tant qu'exécutants, sont apparus au XVIe siècle dans les cours. Cependant la question du musicien performant remonte pour sa part à l'époque Romantique, par exemple avec Liszt et ses premiers concerts.

[12] VEILHAN, JEAN-CLAUDE. *Les règles de l'interprétation musicale à l'époque baroque* (XVIIe-XVIIIe s.), *générales à tous les instruments* 1977

[13] On entend par « modèle » une référence commune, d'ordre culturel, ou personnelle, de l'ordre de l'expérience, en provenance d'une forme, d'un style, d'un thème ou d'une œuvre déjà existante et qui se trouve par la suite réemployée dans une œuvre ou dans sa réception. Cette « réinsertion » ne se trouve pas uniquement « telle quelle » et peut apparaitre de façon tantôt fluide tantôt brutale.

Si la répétition à « l'identique » du modèle se trouve souvent refusée dans l'art musical en vertu d'un principe de créativité et d'originalité permanentes, elle persiste néanmoins dans de nombreuses œuvres qui l'intègrent dans leur corpus. L'utilité d'une telle répétition trouve son origine dans les mécanisme cérébraux, comme nous le montre de récentes recherches en psychologie musicale[14]. La répétition permettrait ainsi une écoute active, dans laquelle le cerveau l'anticipe et y réagit directement de façon physique, par exemple par l'accompagnement spontané du sifflement, de la pulsation ou du chant ... [15].

De plus, la répétition complète de grandes sections permet notamment aux compositeurs de réaliser deux objectifs essentiels : faire prendre conscience à l'auditeur de la place du motif, favoriser la formation d'une structure « logique » [16] qui équilibre les effets attendus et inattendus de l'œuvre, grâce à une forme de rhétorique linguistique. La répétition musicale revêt aussi de nombreuses autres formes, dont celle de *thème et variations*[17] ou, de façon plus générale, de variations. On peut, à titre d'exemple rappeler la publication faite en 1820 du recueil pour piano VATERLÄNDISCHER KÜNSTLERVEREIN[18] exclusivement fondé sur ce principe, comprenant 83 variations[19] en hommage aux victimes des guerres napoléoniennes.

Musique répétitive et minimaliste

Les premiers compositeurs à véritablement associer musique et esthétique répétitive furent STEVE REICH, TERRY RILEY, PHILIP GLASS, JOHN ADAMS, LOUIS ANDRIESSEN et LA MONTE YOUNG. Les origines de ce mouvement *répétitif*[20] semblent être à la croisée des chemins entre la

---

[14] ELIZABETH HELLMUTH MARGULIS, *On Repeat: How Music Plays the Mind*

[15] Elizabeth Hellmuth Margulis : Pourquoi nous aimons la répétition en musique ? (1m40) https://www.ted.com/talks/elizabeth_hellmuth_margulis_why_we_love_repetition_in_music/up-next?language=fr (consulter le 21/03/2020)

[16] A partir du XVII ème et durant tout le XVIII ème siècle en Europe, apparait l'idée de rhétorique musicale selon laquelle la logique mélodico-harmonique se doit de primer sur le reste. À titre d'exemple : la sonate n°5 en do majeur du compositeur vénitien BALDASSARRE GALUPPI (1706-1785)

[17] Ce terme désigne toute œuvre construite sur un thème A pris comme modèle et varié x fois dans son développement. Cela nous donne : A, A', A'', A'''…

[18] « Association patriotique des artistes ». Il s'agit d'une anthologie musicale publiée en 1820 par Anton Diabelli (1781-1858).

[19] Ces variations comprennent plusieurs compositeurs, dont Beethoven avec ses célèbres 33 variations sur le thème de A. Diabelli, Schubert, Liszt, Czerny, Hummel etc.

[20] La première œuvre fondatrice de cette esthétique semble être *Four Organ* de Steve Reich (cf. https://www.youtube.com/watch?v=GkhNovHo1os) consulté le 30/10/2019

musique expérimentale apparue en France en 1948[21] et la *Minimal music* née aux Etats-Unis dans les année 60[22]. Désormais, l'esthétique se tourne vers des développements précis, généralement d'un seul motif, qui permettent aux compositeurs de réaliser leur œuvre tout en délaissant la recherche de cohérence structurelle multiple et complexe qui préoccupait les générations précédentes. De cette manière, la répétition de motifs permet de faire évoluer l'œuvre dans le raccourci d'un micro-espace. A la différence de la perception ancienne, cela place en effet l'auditeur dans une nouvelle attitude d'écoute, modifiant à la fois l'espace musical et le temps vécu de l'audition. La répétition permet d'une certaine manière de déjouer le temps en « disant les mêmes choses ». La chronologie ne devient plus linéaire mais cyclique, formant une boucle, « un loop », ou un « sample » qui permirent de nombreuses formes d'esthétisme en musique[23].

De la pensée à l'acte, le pardon en musique dans les rituels et le sacré

Rituels et forme responsoriale

C'est à travers les rituels, forme à part entière de répétitions cycliques, que nous pouvons chercher à comprendre aussi la fonction de la répétition musicale. Dans de nombreux rituels, on distingue généralement deux groupes d'acteurs : le premier est celui de l'ensemble des adeptes, le second est formé par les médiateurs du sacré, qu'il s'agisse d'une seule personne ou d'un petit nombre, ayant autorité sur le premier[24]. Dans la pratique musicale, cela correspond à la division des pôles, avec d'un côté le ou les soliste(s), et de l'autre le chœur. Heureusement, dans cette division, la

---

Cf Johan-Olivier Girard *Répétitions: l'esthétique musicale de Terry Riley, Steve Reich et Philip Glass.* 2010

[21] Fondation en 1948 d'un studio d'essai de la Radio Télévision Française (RTF) dirigé par Pierre Schaeffer avec son *Étude aux chemins de fer*. Puis en 1951, la fondation du groupe de recherche en musique concrète (GRMC).

[22] Il est généralement considéré que l'œuvre *In C* de Terry Riley composé en 1964 fut « The Minimalism's Myths of Origin : Terry Riley's In C, Experiments in Musical Performance : Historiography, Politrics and the Post-Cageian Avant Garde » (repeating Ouselves, American minimal music as cultural practice, Robert Fink, note13 p248).

[23] On peut penser à de nombreux courants actuels, dont le Rock, la Disco, la Techno, la House music…, qui comportent aussi l'association entre musique et répétition.

[24] Dans cette représentation des acteurs du rituel, nous trouvons de nombreux enjeux ramenant à une hiérarchie sacrée et/ou traditionnelle, par l'effet de la loi divine ou des lois ancestrales, qui par définition ne peut être changée par l'homme, à moins d'une autorité légitime.

musique, répétée d'un pôle à l'autre, fait office de dénominateur commun. C'est ce que l'on appelle communément le *chant responsorial*[25].

Cette forme, présente dans les *Spiritual Afro-Américains*[26], prend vraisemblablement ses racines dans les toutes premières formes de musique religieuse [27]. L'intérêt premier de cette forme est l'implication directe, dans le culte, du peuple qui se trouve désormais être en miroir du prêtre ou du soliste[28].

B) La fête du Yom Kippour : représentation du pardon dans la musique juive

Intéressons-nous à présent à la question du pardon en musique, à travers les rituels religieux. Dans la religion juive, le *Yom Kippour*[29], le jour des expiations, a lieu chaque année le dixième jour de Tishrei[30], achevant ainsi dans le calendrier Juif les *Yamim Nora'im*[31]. Cette période, qui débute avec *Roch Hachana*[32], est consacrée au pardon. Le Yom Kippour commémore les prières faites par Moïse à l'Eternel au Mont Sinaï, pour demander

---

[25] « Chant responsorial : l'une des deux grandes formes d'alternance chorale qui se partagent le chant liturgique. Elle consiste en un dialogue entre le soliste et le chœur des fidèles, ce dernier chantant un refrain ou répétant les derniers mots du soliste. Le chant responsorial s'oppose au chant antiphonique qui fait dialoguer deux demi-chœurs, et lui est le plus souvent antérieur. » Larousse (https://www.larousse.fr/encyclopedie/musdico/responsorial/169839)

[26] Les *Spritual music,* ou *African American Spiritual,* trouvent leurs origines dans le Nouveau Testament (Ephesian 5.19) « Dites-vous des psaumes, des hymnes et des cantiques spirituels ; chantez et célébrez de tout votre cœur les louanges du Seigneur ; ». Ces chants monophoniques, chantés à l'unisson, symbolisent la liberté et l'espérance.

[27] Pour donner un premier exemple de cette « forme », on la retrouve chez les Juifs dans la Torah (Exode 15.1-20 : « Miriam, la prophétesse, sœur d'Aaron, prit le tambourin, et toutes les femmes sortirent derrière elle, avec des tambourins et des danses. Miriam répondait (…) »

[28] Cette forme fondatrice pour l'histoire musicale populaire américaine puis mondiale, fut démocratisée par les chanteurs de blues du delta et furent ensuite réenregistrées par des musiciens de jazz célèbres. Cf. *Go Down Moses* par Louis Armstrong.

[29] Yom Kippour, de l'hébreu : יום הכיפורים ou יוֹם כִּפּוּר « *Yom Hakippourim* » Wells, John C. (2008). Longman Pronunciation Dictionary (3rd ed.). Longman. ISBN 978-1-4058-8118-0. « Car en ce jour, Il fera expiation pour vous purifier de toutes vos fautes, afin que vous soyez purifiés devant Dieu." Lévitique 16 : 30 ; Lv 23. 27-32 ; Lv 16. 29-34

[30] Tishrei, de l'hébreu : תשרי, « *tishri* », 1er mois de l'année civile et 7e mois de l'année ecclésiastique du calendrier hébraïque.

[31] Yamim Noraim de l'hébreu : ימים נוראים signifie "Jours de crainte ». Cela désigne à la fois les jours fériés entre Roch Hachana («Nouvel An juif») et le Yom Kippour («Jour des Expiations») et aussi parfois la totalité de la période pénitentielle de quarante jours de l' année juive avant le Yom Kippour.

[32]Roch Hachana de l'hébreu : רֹאשׁ הַשָּׁנָה, signifie « Tête de l'An », constitue le nouvel an Juif. Lévitique 23: 23–3

Cette période de deux jours, commémorerait l'anniversaire de la création d'Adam et Eve par l'Eternel נצחי « *Yahvé* »

pardon et délivrer son Peuple de la colère divine. Un peuple qui, ayant perdu patience, « fauta » en l'absence de Moïse qui recevait sur le Mont Sinaï les Tables de la Loi[33] et demanda à Aaron de construire pour lui un Veau d'Or[34] afin de l'adorer.

Les Juifs doivent ainsi, depuis lors, durant quarante jours, se préparer à la venue du Yom Kippour en faisant pénitence et cherchant pardon auprès de leurs proches, pour les fautes commises durant l'année. Cette volonté de l'obtention d'un pardon recherché dans les trois religions abrahamiques[35], née d'une pratique annuelle ancrée dans les mémoires d'un passé commun, semble être une forme de correction de la condition humaine autant prédestinée qu'actrice de ses fautes et de son salut[36].

Cette période de quarante jours semble avoir pour première fonction d'ouvrir l'accès à une triple forme de pardon. La première serait intérieure, incluant une forme d'introspection progressive qui amène au repentir. Ainsi, durant ces quarante jours de préparation, qui sont identiques à ceux du carême précédant la Pâques chrétienne, les femmes et les hommes interrogent leur conscience. Cette recherche est animée durant ces quelques semaines, par le *Shofar*[37] qui chaque matin de Yamim Nora'im[38], à l'exception du jour de Sabbat, vient sonner l'appel.

Par la suite, le croyant est invité à une seconde forme de pardon, celui des offenses qu'il a faites à autrui ou qui lui ont été faites. Durant ce temps et principalement pendant les dix jours précédant le Yom Kippour, chacun se doit de rechercher le pardon de ses mauvaises actions. Pour y parvenir, les croyants peuvent notamment suivre les préceptes de la *Téchouva*[39] active. Les conflits humains sont indépendants de la volonté de l'Eternel,

---

[33] Exode 24 : 4 – 8 ; Exode 24 : 12 « Le Seigneur dit à Moïse : Monte vers moi sur la montagne et reste là ; je vais te donner les tables de pierre, la loi et les commandements que j'ai écrits pour qu'on les enseigne. »

[34] Exode 36 : 4 – 8 « Il reçut l'or de leurs mains, le façonna au burin et en fit un veau en métal fondu. Ils dirent alors : « Israël, voici tes dieux, qui t'ont fait monter du pays d'Égypte. » Les Hébreux l'adorèrent à l'imitation du taureau Apis qui était adoré en Égypte (cf. *Les animaux sacrés dans l'Antiquité: art et religion du monde méditerranéen* JEAN PRIEUR p97)

[35] « Les religions Abrahamiques : naissance d'un nouveau concept » dans Religions d'Abraham: Histoires croisées livre de GUY G. STROUMSA p ISBN 978-2-8309-51042

[36] Ecclésiaste 7 : 20 « Non, il n'y a sur la terre point d'homme juste qui fasse le bien et qui ne pèche jamais

[37] Le Shofar ou « Chofar » est le premier instrument biblique qui ne connut aucune modification organologique, il est aussi le seul encore utilisé dans les rites traditionnels. Il est constitué d'un seul tenant dans une corne de bouc.

[38] ibid. 30

[39] En hébreu תשובה, « retour » ou « réponse », correspond au processus de repentance dans le judaïsme, tant dans la Bible hébraïque que dans la littérature rabbinique.

qui ne s'en occupe jamais, d'après le *Talmud*[40]. Ces problèmes relationnels se doivent donc d'être solutionnés par les humains.

Enfin, la troisième forme de pardon est d'origine divine. Elle interviendra à l'issue des deux pardons précédents. Ce pardon se trouve au cœur du Yom Kippour. Il s'agit assez paradoxalement à la fois d'une journée « rigoureuse »[41] et d'une journée festive qui se conclut par la délivrance des péchés.

La journée du Yom Kippour comprend de nombreux passage musicaux directement en lien avec la pénitence et le pardon. Dès l'entame de la cérémonie, après en avoir demandé la permission au tribunal céleste comme au tribunal terrestre de pouvoir prier avec les transgresseurs, le chantre commence le *Kol Nidrei*[42]. Ainsi, durant plus de vingt-cinq heures de festivité, l'office est ponctué d'une série de prières[43]. Durant cette journée, la religion confère à la musique un haut pouvoir symbolique. En effet, le Shofar sonnera à la toute fin de l'office pour signifier la délivrance et le pardon du peuple.

Pour mieux comprendre ce qui donne un si grand pouvoir au Shofar, nous pouvons le relier directement à la signification que lui confèrent les Juifs. Le Shofar fait régulièrement référence au Chema Israël : « *Ecoute Israël, l'Eternel est notre Dieu, l'Eternel est Un* »[44]. Donc si Dieu ne s'exprime pas directement à l'Humanité de façon visible, mais bien par le

---

[40] En hébreu תַּלְמוּד « Talmud », signifie étude. Il est l'un des textes fondamentaux du judaïsme rabbinique et la base de sa Halakha. Il en existe deux versions : le Talmud de Jérusalem et le Talmud de Babylone.

[41] Elle comprend un certain nombre de proscriptions, dont l'abstention à la nourriture, au nettoyage corporel, au port du cuir et au relations conjugales.

[42] Le « *Kol Nidrei* » כל נדרי est une prière d'annulation publique des vœux. Elle est déclamée à trois reprises pour ouvrir l'office du soir à Yom Kippour. Voici la prière : « Tous les vœux que nous pourrions faire depuis ce jour de Kippour jusqu'à celui de l'année prochaine, toute interdiction ou sentence d'anathème que nous prononcerions contre nous – même, toute privation ou renonciation que, par simple parole, par vœu ou par serment nous pourrions nous imposer, nous les rétractons d'avance, qu'ils soient tous déclarés non valides, annulés, dissous, nuls et non avenus ; qu'ils n'aient ni force ni valeur ; que nos vœux ne soient pas regardés comme vœux, ni nos serments comme serments », *Le monde des prières*, pp.347-348, éditions Keren HaSefer ve HaLimoud, France, 2001 (ISBN 2-904068-76-7)
Cette prière se conclut en ces termes : « Et il sera pardonné à toute la communauté des enfants d'Israël et à l'étranger qui séjourne parmi eux ; car l'erreur a été commune à tout le peuple » (nombres 15 : 26).

[43] Le Yom Kippour intègre différentes prières dont : *Chéh'éhiyanou* (la bénédiction), des *Amida* (prières debout); Al *'het (*une longue confession des péchés), Yizkor (le souvenir) et enfin *Néïlah (*la clôture).

[44] Il s'agit de l'Incipit du verset 6 : 4 dans le Deutéronome « Shema' Yisrā'ēl YHWH Elohénou YHWH eḥāḏ « שמע ישראל ». C'est l'affirmation de la croyance, récitée deux fois par jour par les Juifs qui se cachent les yeux avec la main lors de sa récitation.

son, comment y parvient-Il ? D'après ce que l'on peut comprendre, ce n'est donc plus l'Homme qui s'exprime mais l'Eternel lorsque le Shofar retentit.

C) Le Kyrie Eleison : la représentation du pardon dans la musique chrétienne

Si, chez les juifs, le son du Shofar permet d'obtenir le pardon divin, c'est davantage par le Kyrie Eleison[45] que les chrétiens le peuvent. Le Kyrie Eleison tire son origine de la repentance de David dans le psaume 51 (50)[46] et les seules paroles de cette incantation sont: « *Seigneur, prends pitié, ô Christ, prends pitié* ». Le Kyrie Eleison est ainsi, du fait de sa brièveté, de sa simplicité et de ses répétitions[47], l'une des parties ordinaires de la messe les plus accessibles aux fidèles. Cependant, on le retrouve aussi parfois en dehors de cette seule circonstance du culte ordinaire, qu'il s'agisse de la complexité d'organisation structurelle de l'oeuvre ou des mélismes[48] chez GUILLAUME DE MACHAUD[49], ou de la transfiguration du pardon divin dans la paix, dans une messe de KARL JENKINS[50].

Ce chant semble avant tout permettre à chaque chrétien d'être acteur de sa pénitence pour pouvoir ensuite prétendre obtenir le pardon divin. Ce rapport à la musique semble nous montrer une chose essentielle dans la doctrine chrétienne, quelque soit le rapport que les fidèles entretiennent au

---

[45] Du grec ancien, Κύριε ἐλέησον, « Seigneur, prends pitié », le Kyrie Eleison est l'une des cinq parties ordinaires de la messe, avec le Gloria, le Credo, le Sanctus et l'Agnus Dei.
« *Dans les liturgies grecques et orientales le Kyrie eleison à la messe revient à plusieurs reprises (...). Dans la messe romaine il n'apparaît qu'une fois, après l'introït* » (Archéol. chrét.1928, page 914)

[46] Psaume 51 : « Ô Dieu ! aie pitié de moi dans ta bonté ; Selon ta grande miséricorde, efface mes fautes;
Lave-moi complètement de mon iniquité, Et purifie-moi de mon péché. Car je reconnais mes transgressions, Et mon péché est constamment devant moi. J'ai péché contre toi seul, Et j'ai fait ce qui est mal à tes yeux, En sorte que tu seras juste dans ta sentence, sans reproche dans ton jugement… ». Ce psaume traite de l'épisode biblique ou le Prophète Nathan vint vers David pour l'appeler à se repentir de ses fautes, après qu'il fut allé vers Bethsabée (ou Bathschéba).

[47] Dans une messe, le Kyrie comporte trois répétitions de trois strophes : (*Kyrie eleison* ; *Christe eleison*; *Kyrie eleison*). Cette répétition est multipliée par neuf dans le rite de l'Eglise Orthodoxe (*Kyrie eleison*; *Kyrie eleison* ; *Kyrie eleison*).

[48] Le mélisme est « la répartition d'une durée musicale longue en un groupe de notes de valeur brève. Le mélisme orne une syllabe d'un texte chanté » (cf Larousse https://www.larousse.fr/dictionnaires/francais/mélisme/50331)

[49] https://www.youtube.com/watch?v=lOVsY1rxJB8 : le Kyrie extrait de la Messe de Notre Dame de GUILLAUME DE MACHAUT.

[50] https://www.youtube.com/watch?v=f6qLCk2bHBs : le Kyrie extrait de la *Messe pour la Paix* de KARL JENEKINS. On trouve non moins de 40 versions différentes de cette messe originaire du Moyen-âge. En voici une avec son Kyrie, par G. Dufay : https://www.youtube.com/watch?v=gdPKFMWNon0).

monde: il semblerait qu'ils sont pécheurs » par nature » mais, qu'ils peuvent constamment prétendre au pardon divin. Cette action de rédemption, réactivée par le chant chaque semaine lors de la messe, témoigne ainsi du caractère inéluctable de la récidive des fautes, le plus souvent bénignes, en chacun.

Conclusion

Nous avons pu aborder la question de la récidive et du pardon en musique sous les angles de l'apprentissage, de l'esthétique, du motif, du genre, de l'interprétation, du rituel et de l'instrument. Bien que tout ceci n'illustre qu'en partie les pouvoirs de la musique sur l'action humaine et sa répétition, on peut néanmoins observer que tous ces concepts entretiennent des rapports culturels étroits avec la croyance.

Il apparait difficile de répondre parfaitement à la question de savoir comment se forment les mécanismes de composition, d'action et d'interaction entre musique, récidive et pardon. Nous pouvons néanmoins remarquer qu'il existe inévitablement dans ces mécanismes un rapport à la répétition et par conséquent au temps. La musique apparentée au temps défie toutes nos représentations logiques de ce dernier. Ainsi, elle semble l'utiliser à son avantage par le réemploi de thèmes, de parties, d'usages... pour former un tout cohérent. Elle projette la finitude du passé dans le présent. Et malgré ses répétitions, ses modulations, ses interprétations, ses changements extérieurs, elle semble constamment garder en elle des formes, des symboles traditionnels. Mais ce qui parait faire de la musique un excellent médium du pardon, c'est sa capacité à accepter la vision singulière de chaque auditeur autant qu'à lui donner la richesse de sa symbolique en retour. En cela, chaque musique est un infini de singularités.

Un acte volontaire personnel est-il possible ?

MICHEL BOYANCE

Quelques indications introductives pour situer et justifier mon propos

Mon intention est de nous interroger sur la volonté comme faculté spécifiquement humaine, et plus précisément sur les arguments conduisant à poser les conditions rationnelles de son existence. En premier lieu, il semble bien évident que l'expérience des sociétés humaines, et notamment celle du droit, garde toujours depuis les Grecs, qui l'ont formulé rationnellement, la distinction entre le *volontaire* et *l'involontaire.* Dans l'usage courant nous constatons toujours certaines expressions comme « quelqu'un de bonne volonté », « il met de la mauvaise volonté », etc. La volonté reste une constante pour qualifier les actes humains. C'est une quasi-certitude pratique, car dans tous les actes de la vie nous en parlons. Par ailleurs, parler de pardon, de faute, de responsabilité, de récidive, est lié à un présupposé : il y a chez l'être humain une capacité d'agir volontairement. Le pardon involontaire ne serait pas vraiment un pardon. On distingue ainsi le sentiment de pardon de l'acte de pardonner qui demande un engagement de la personne, un acte *libre et volontaire.* Cependant, la volonté est-elle une *faculté* de l'homme, une réalité intérieure ? Est-elle quelque chose qui, en l'homme, dans l'intimité de son être personnel, existe ? Ou bien ne serait-elle que le nom que nous donnons à la conscience que nous avons d'agir, sans que nous puissions véritablement agir par nous-même, selon l'argument de Spinoza[1]. Il nous faut souligner que, traditionnellement, la volonté est associée à la maîtrise de soi, le fameux *dominium*, selon Thomas d'Aquin par exemple, représentatif de la pensée prémoderne, qui récapitule très bien cette philosophie des Anciens assumée par la théologie, « *l'homme diffère des créatures privées de raison en ce qu'il est le maître (dominium) de ses actes, d'où il suit qu'il faut*

[1] Baruch Spinoza, *Éthique*, III, théorèmes VI, VII et scolie du théorème IX, texte latin et trad. Charles Appuhn, 2e éd., Paris, Vrin, 1977.

uniquement appeler humaines les seules actions dont l'homme est le maître. Mais c'est par sa raison et sa volonté que l'homme est maître de ses actions[2]. »

On peut se dire que c'est un peu naïf : peut-on vraiment être maître de ses actions ? En tout état de cause, la volonté renvoie à cette maîtrise de soi, au *self control* comme on dit maintenant, et fonde peut-être la raison même de l'existence du droit, puisque le droit se fonde sur des actes volontaires. On ne juge pas les animaux ni les personnes que nous pensons n'avoir pas agi volontairement. Poser ainsi l'existence de la volonté serait la condition de possibilité d'un acte véritablement humain. J'ajoute « personnel » dans le titre de cette communication, parce que je m'appuie sur une anthropologie de la personne et pas sur une anthropologie de l'individu, parce que l'individu contemporain, si tant est qu'il y ait une anthropologie de l'individu, est un individu dont la volonté est existentiellement et radicalement souveraine[3], et ne s'inscrit pas dans une dynamique personnelle d'un agir complexe lié à un donné *de nature*[4] qu'il s'agit de gouverner.

Dans notre première partie, nous procéderons en deux moments

Le premier moment consiste à expliquer pourquoi peu à peu nous avons assisté à une certaine disparition de la volonté. En effet, la volonté peut disparaître en quelque sorte, pour des raisons méthodologiques, par une interprétation peut-être un peu trop restrictive de la méthode des sciences physico-mathématiques et physico-chimiques. Les raisons peuvent se regrouper de la manière suivante. On sait que tout effet a une cause. Or l'observation de l'acte humain montre que l'acte humain est un effet, et qu'il y a sans doute toujours une cause à l'acte. On va donc chercher une cause observable, mathématisable, mesurable, une cause sensible par l'observation, et de ce fait l'acte proprement humain disparaît, pris dans une pluralité de causalités possibles. En effet, tout acte humain s'inscrit dans des

---

[2] *Summa Theologiæ, IaIIæ*, qu. 1, a. 1, Matriti, La Editorial Católica, coll. « Biblioteca de autores cristianos », 80, 1962, la traduction est nôtre.

[3] Cette radicalité de la liberté de l'individu est bien exprimée par Jean-Paul Sartre, voir notamment *L'existentialisme est un humanisme*, Paris, Nagel, 1970 (1e éd. 1946). La philosophie contemporaine de l'individu est présentée comme une capacité non pas d'agir volontairement mais d'être créateur de soi, de devenir soi. Cf. Michel Lacroix, *Se réaliser. Petite philosophie de l'épanouissement personnel*, Marabout, Robert Laffont, Paris, 2009.

[4] En sachant que la nature pure n'existe pas, y compris pour les anciens. Cf. par exemple les notions d'*habitus* et de *consuetudo*, par ex. chez Thomas d'Aquin dans ses commentaires de l'Ethique d'Aristote, in *Sententia Ethic.*, lib. 2, l. 1.

conditions propres à son existence. Or ces conditions peuvent devenir des conditionnements. Quand je pose un acte, je pose cet acte *parce que*. Et ainsi de suite, la chaîne des explications causales est parfaite, *parce que*, *parce que*, *parce que*, etc. En alignant toutes les raisons de l'acte, je peux dissoudre la liberté de l'acte, et dissoudre l'acte volontaire dans l'ensemble des conditions. Il ne s'agit pas de remettre en cause la méthodologie scientifique, mais il nous faut bien comprendre qu'un travail est à faire au niveau épistémologique pour admettre la possibilité d'un acte non directement observable sensiblement mais existant réellement, dépendant d'une faculté que l'on appelle la volonté.

Le deuxième moment, symétrique de l'autre tendance, consiste dans le fait que la volonté apparaît aussi comme un pouvoir absolu et infini. Car effectivement, je peux tout vouloir : nous avons en nous une capacité à vouloir l'infini, l'éternité, l'absolu. Nous reconnaissons ici le dualisme cartésien, ou du moins ce qu'on a voulu extraire de ses écrits[5]. Face au déterminisme de la matière-étendue, soumise à des processus mécaniques, la volonté est une puissance infinie[6]. On sait aussi, notamment en psychologie, en particulier en psychologie clinique, que le problème est la tension entre la réalité, le principe de la réalité, et le principe subjectif d'une volonté infinie qui peut être extrême dans l'être humain, jusqu'à ne justifier un acte que par l'explication : « *parce que je le veux* ». Cette infinité dans la volonté peut être aussi socialement et politiquement un fondement. L'individu roi et souverain, c'est l'individu qui veut tout pouvoir, parce qu'il veut tout vouloir. La toute-puissance doit exister pour réaliser le surhomme, Nietzsche en a fait le cœur de sa philosophie[7].

Nous avons ainsi l'expérience paradoxale, au sein d'un déterminisme apparent de la nature, d'un vouloir infini. Nous sommes pris en tension entre une extrapolation, une hypertrophie de la volonté, et une atrophie de cette même volonté.

Dans notre deuxième partie, nous nous proposons de penser un *juste milieu* entre ces positions et de nous fonder sur l'expérience la plus commune de notre existence personnelle.

---

[5] Sur les erreurs d'interprétation concernant Descartes, voir Denis Kambouchner, *Descartes n'a pas dit. Un répertoire des fausses idées sur l'auteur du* Discours de la méthode*, avec les éléments utiles et une esquisse d'apologie*, Paris, Les Belles Lettres, 2015.

[6] Descartes, *Méditations Métaphysiques*, IV.

[7] Voir une traduction partielle des principaux passages de Nietzsche sur la volonté de puissance (dans *Also sprach Zarathustra. Ein Buch für Alle und Keinen*), *Ainsi parla Zarathoustra, volonté, vérité, puissance*, trad. François Guéry, Paris, Ellipses, 1999.

En recherchant, notamment dans le domaine de l'expérimentation psychologique, ce qu'on dit de la volonté, on s'est aperçu que la volonté avait disparu aussi des manuels de psychologie. La volonté ne semblait pas un concept opératoire de la psychologie. Cependant, les travaux de Walter Mischel dans les années 60 ont sans doute commencé à réhabiliter la volonté. Ce chercheur est à l'origine du *test du marshmallow*[8]. Il s'agit de mettre deux marshmallow dans une pièce avec un enfant, et de dire à l'enfant, « *si tu n'en manges pas un, à la fin tu pourras manger les deux* ». On étudie ensuite la résistance et la maîtrise de l'enfant sur l'envie du marshmallow. D'autres études ont eu lieu pour affiner cette intuition d'une force de résistance que l'on appelle la volonté ou *self control*[9]. Grâce à ces études, nous pouvons développer quelques caractéristiques de la volonté à partir de l'expérience que nous avons de nous-mêmes, et de la relation entre nous et les choses. Tout d'abord, nous expérimentons que ce que nous voulons, nous le désirons. Et ce que nous désirons, nous le voulons. C'est-à-dire qu'il y a un ancrage très fort de l'expression « *je veux* » dans le fait que *je désire ce que je veux*, et *je veux ce que je désire*. Les Anciens définissaient ainsi la volonté comme un appétit rationnel, *appetitus rationalis*[10]. Cette expression recèle deux idées, d'une part la volonté est un désir[11], d'autre part elle est intimement liée au fait que nous voulons ce que nous concevons, ce que nous savons, ou croyons savoir, ce que nous pensons. Dans la *Somme de théologie*[12], Thomas d'Aquin donne ainsi la raison de l'existence de la volonté : « *l'homme ne choisit pas de façon nécessaire* », autrement dit, les conditionnements, en fait, ne déterminent pas. « *Et cela parce que, quand il est possible qu'une chose ne soit pas, son existence n'est pas nécessaire* ». En d'autres termes, est nécessaire ce qui ne peut pas ne pas être, est contingent ce qui peut ne pas être, donc si une chose peut ne pas être, elle n'est pas nécessaire, elle est contingente. « *Or qu'il soit possible de choisir ou de ne pas choisir, cela se trouve expliqué par le double pouvoir que possède l'homme* ». Ce pouvoir, c'est la volonté. « *Il peut en effet vouloir et ne pas vouloir, agir et ne pas agir. Il peut également vouloir ceci ou cela, faire une chose ou une autre. Cela tient au pouvoir même de la raison* ». L'argumentation repose sur l'expérience de

---

[8] Walter Mischel, *Le test du marshmallow. Les ressorts de la volonté*, traduit de l'anglais par Isabelle Crouzet, Paris, Jean-Claude Lattès, 2015. Titre original, *The marshmallow test*, Little, Brown and Cie, 2014.

[9] Voir notamment les recherches de Roy F. Baumeister et al., « The strength model of self control », *Curr. Dir. Psychol. Sci.*, vol. 16, n° 6, p. 351-355, 2007.

[10] Cf. Thomas d'Aquin, *op. cit.*, *IaIIæ*, qu. 1, a. 5, c., il y a de très nombreuses occurrences de cette expression dans l'œuvre de Thomas d'Aquin pour définir la volonté.

[11] *Appetitus* peut se traduire par *désir, desiderium*.

[12] *IaIIæ*, qu. 13, a. 6, c.

notre vie intérieure : nous posons un acte qui en soi n'est pas nécessaire puisque nous pensons son contraire ou sa contradictoire.

Le mot *raison* doit s'entendre dans un sens beaucoup plus ouvert que le sens moderne, scientifique. La raison, c'est la capacité de saisir les choses et de discourir sur les choses, c'est l'intelligence intuitive *et* la raison argumentative. Cela veut dire d'abord que la volonté n'est pas une faculté séparable, ou séparée, de l'intelligence et de la raison. Le fait que nous puissions vouloir ceci ou cela, c'est parce que nous savons que ceci n'est pas cela, et donc nous voulons toujours ce que nous savons, et nous savons ce que nous voulons. Or c'est la raison et l'intelligence qui nous disent que ceci n'est pas cela, que cela n'est pas ceci, que, soit je fais ceci, parce que je ne veux pas ne pas faire ceci, ou soit je fais ceci, parce que je ne veux pas faire cela. Cette intimité-là du vouloir et du comprendre dans la personne humaine réside au *for interne*, c'est-à-dire qu'elle est inaccessible aux autres. C'est la grande question moderne de l'intentionnalité de l'acte. Celle-ci existe dans l'acte du *je veux*. Je sais ce que je veux ou je veux ce que je sais, il n'y a que moi qui le sais et qui le veux. On ne sonde pas les reins et les cœurs. La volonté n'est bien sûr pas un pouvoir absolu, ça se saurait d'expérience. Les sciences cognitives montrent amplement aujourd'hui que nous avons des biais dans le raisonnement qui nous fait agir, mais malgré ces biais, c'est nous qui posons l'acte intérieur de vouloir ou de ne pas vouloir. La volonté est de manière profonde, à l'intimité de la conscience de chacun, ce qui permet à un moment donné la résilience, le rétablissement, le consentement, le pardon... ou la récidive.

Autrement dit, la conscience et la volonté sont intimement liées, elles sont l'expression de ce que je suis, elles sont des facultés spirituelles, on peut le dire indépendamment des questions religieuses, car le mot spirituel désigne d'une part ce qui fait sens pour chacun, et d'autre part ce qui ne se réduit pas à l'instant présent. Une faculté spirituelle est donc une faculté capable de transcender le déterminisme sensible et matériel de l'instant présent. C'est pourquoi existent, dans toutes les cultures, des spiritualités, c'est à dire une ouverture au sens et à l'absolu que nous désirons, qui motive nos actes. Par ailleurs, La volonté et la raison sont des facultés qui introduisent de la nouveauté dans le déterminisme des choses, de la société ou de la nature. L'homme est capable de nouveauté au sens où, s'il n'est pas le créateur au sens strict des choses *ex nihilo*, il peut inventer, ouvrir des espaces qui rendent possible ce qui apparemment ne l'était pas. Le pardon en est une illustration. À l'intimité de lui-même, l'homme est bien cause responsable de ses actes. Dans l'expérience des actes humains, ce qui n'était pas pardonnable peut devenir pardonnable. Ce qui était impossible peut devenir possible. Sinon, alors on doit désespérer de l'homme, de sa liberté. À un moment donné, malgré les déterminismes, malgré les conditionnements, malgré les pathologies, malgré toute la faiblesse humaine, à un moment donné, à l'intime de lui-même, il peut s'échapper de son environnement pour dire *je veux*, j'accepte, ou pour dire je ne veux pas, je n'accepte pas.

Pour notre troisième partie, nous tirerons quelques conséquences de ce que nous venons de poser

La liberté est donc une caractéristique de la volonté, mais nous sentons bien que le mot volonté n'a pas un sens volontariste, bien au contraire. La volonté n'a pas un pouvoir absolu de domination sur les autres et sur les choses, ce qui caractérise une pathologie. Il y a des philosophies de la volonté qui sont pathologiques. L'homme volontaire, *maître* de lui au sens absolu du terme, n'existe pas. Les Anciens avaient bien perçu sa capacité à vouloir contre toute explication causale, car la volonté est bien une cause en elle-même, elle produit un effet qui lui est propre. Mais pour que la volonté soit libre, il faut qu'il y ait une délibération à partir des réalités qui constituent la circonstance de l'acte. Dans les textes cités ci-dessus, les Anciens n'associaient l'acte libre qu'à l'acte délibéré. L'homme est en capacité à délibérer sur ce qu'il y a à faire : réfléchir au pour et au contre d'une action. Agir vraiment librement, c'est tout au moins agir de propos délibéré. Ovide a résumé en une phrase que nous connaissons tous, ce pouvoir de la volonté : « *video meliora proboque deteriora sequor* [13] », je vois le meilleur et je l'approuve, je consens au bien, et puis en fait je fais le mal, le pire. Mystère de la liberté, mystère de la volonté qui agit toujours en vue du bien, on veut toujours ce qui est bon. Nous savons que nous désirons ce qui est bon, *sub ratione boni*, comme disaient les Anciens. On agit *sous la raison de bien*, mais on sait aussi qu'en voulant le bien, le mal nous attire un peu plus que le bien. C'est là que se situe la faute, et c'est la raison qui fait qu'à mon avis, la justice des hommes ne peut jamais toucher l'intimité du cœur de l'homme. La justice est aveugle car elle ne peut accéder à ce lieu secret que sont la conscience et l'intention de l'acte. De ce fait, l'équilibre à tenir se résume ainsi : ne pas réduire la volonté à n'être qu'un mot vide de sens car nous serions pris dans le déterminisme des choses, ni l'hypertrophier pour une faire une toute-puissance absolue. Il convient de la saisir dans ce réseau complexe de causalités naturelles et culturelles, comme une causalité spécifique, propre à la rationalité humaine, souvent d'ailleurs,

[13] Métamorphoses, 7, 20.

mais c'est un autre sujet, irrationnelle en raison de tous les biais et pathologies possibles.

En conclusion, il nous faut rester sur une perspective d'espoir, car la volonté ressemble à un muscle[14]. C'est-à-dire que la volonté acquiert des *habitus*, selon l'expression de Bourdieu[15], expression qu'il reprend des médiévaux : la volonté s'entraîne, l'homme s'éduque. La plupart des enfants qui ont passé avec succès le test du marshmallow deviennent des adultes qui réussissent bien dans la vie. En resituant l'acte volontaire à sa juste place dans la dynamique de la vie humaine, nous pourrons réellement, par voie de conséquence, espérer que, si la récidive est possible, le pardon l'est tout autant. C'est un enjeu d'éducation.

---

[14] Cf. l'exposé des études sur le sujet dans la revue Cerveau et Psycho, n° 73, janv. 2016, p. 44-45.

[15] Pierre Bourdieu, Le sens pratique, Paris, Éditions de Minuit, 1980, p. 88 et ss

CONSIDERATIONS CRIMINOLOGIQUES

REPARATION ET RESTAURATION

Le procès, une étape criminologique vers le pardon ?

SOPHIE BARON LAFORET

La place sociale de la criminologie, de ses apports dans notre quotidien, m'anime de longue date. Alors que la criminologie n'est pas reconnue en France comme une matière académique, un savoir en tant que tel, quelle place peuvent avoir les sciences criminologiques, dans le déroulement d'un procès sur des faits commis en récidive ? Que peut apporter la criminologie avec ses regards multi disciplinaires ? Que peuvent indiquer ces grands procès comme pistes à travailler dans la criminologie d'aujourd'hui ? Quelles sont les notions qui pourraient être développées, et parmi celles-ci, le thème de la récidive et la question du pardon me sont apparues comme centrales.

Le procès est dans ce sens une étape fondamentale. Je m'y suis si souvent référée dans la pratique. Les entretiens juste après le procès ont toujours été instructifs. J'y cherchais les indices de ce que l'individu avait pu y percevoir, de ce qui le décalait du discours de la victime pour y placer un discours social, y aborder la règle, les émotions diverses, et ses propres facettes traduites dans tous ces miroirs déformants. Questionner à distance les souvenirs du procès, un repère dans son évolution, dans son regard sur les autres.

Lors du procès d'assises, la place sociale la plus difficile, me semblait-il, était de défendre l'inculpé, l'indéfendable si on l'entend au premier degré. Bien sûr, le rôle de la défense pour un jugement « juste » est indéniable. Et la fonction noble. Mais justement, la parole de la défense doit se faire un chemin pour être reçue. Que peut apporter la criminologie aux avocats de la défense dans ce type de procès ? C'est dans cet esprit que je me rends au procès très attendu d'un homme récidiviste de crimes. Et que je choisis d'assister à la plaidoirie des avocats.

Le dossier du « tueur de la gare »

Le prévenu, Mr. R., est inculpé de « viol commis sous la menace d'une arme en récidive », assassinat en récidive, faits commis en décembre 1997 et juin 1998, et tentative d'assassinat en récidive en mars 1998. Le procès se déroule vingt ans plus tard. Son dossier pénal relate qu'il était connu pour agressions à caractère sexuel contre des jeunes femmes ou des violences sur des ex-compagnes. Je me centre sur ce qui constitue la récidive au sens pénal et au sens de réitération de faits, et de l'impact des sentences, jugements, et peines exécutées. Je ne rapporte pas ici des éléments biographiques ou hypothèses psychopathologiques.

On note une affaire de vol à l'étalage dans la jeunesse. A l'âge de 16 ans la sœur d'un ami d'enfance relate qu'il a eu un geste dit « déplacé » sur elle. Il est éloigné de cette famille. Un peu plus tard dans la même année, une jeune fille de son village relate qu'il a tenté de la déshabiller sous la menace, lui serrant le cou et disant qu'il veut lui « faire l 'amour ». Le père de cette dernière lui donna « une raclée ».

La première condamnation intervient pour viol sous la menace d'une arme. Les faits ont été commis à l'âge de 32 ans. Il reconnaît les faits. La Cour d'Assises le condamne à 8 ans de Réclusion Criminelle. Une enquête permettra de faire le lien avec une plainte déposée par une jeune femme et il reconnaitra les faits d'agression sexuelle commis peu de temps après sa sortie de prison.

Deuxième condamnation pour violence avec menace d'une arme : 3 ans dont 2 avec SME (Sursis Mise à l'Epreuve). Il a été interpellé pour avoir suivi en voiture une jeune femme, n'hésitant pas à percuter son véhicule pour la faire s'arrêter. Interrogé alors sur un des meurtres jugés lors du procès actuel, « il avait contesté son implication et aucun indice n'avait permis de l'impliquer »

Troisième condamnation à 5 ans d'emprisonnement pour agression sexuelle. En prison, il adresse une carte de vœux à la victime et lui présente ses excuses.

Quatrième condamnation en comparution immédiate pour menaces de mort, violence avec menace ou usage d'une arme et dégradation. Il est condamné à 1 an d'emprisonnement dont 6 mois assortis d'un SME de 2 ans

Cinquième condamnation pour menaces de mort réitérées sur son ex-compagne. : un an de prison et un SSJ (Suivi Socio Judiciaire) de 5 ans.

Les faits dont il est inculpé au procès ont eu lieu dans la suite de la première condamnation, l'année qui a suivi. Il a alors 37 ans. Les condamnations suivantes interviennent alors qu'il n'est pas inculpé dans les meurtres et viols qui nous intéressent dans le procès.

Lors de sa mise en détention provisoire pour les affaires jugées au procès sur lequel je centre mon propos, il est sorti de prison depuis trois mois. Il a au total passé onze ans en prison. S'y ajoutent au moment du procès les quatre ans de détention provisoire.

Le procès

Le procès attire une foule depuis des semaines. La presse locale et régionale bien sûr, mais aussi nationale, ce qui n'est pas fréquent dans notre petite ville si éloignée de la capitale. Le drame questionne, fonctionne comme ciment social. L'enquête a été longue, avec des rebondissements et des errances laissant les familles des victimes dans l'attente. Le spectre du tueur de la gare a plané pendant plus d'une décennie sur un quartier. La gare, ce Centre du Monde de Dali. Quel clin d'œil!

L'issue du procès est quasiment certaine : une peine lourde avec plus ou moins de sûreté.

L'homme qui est sur le banc des accusés a près de soixante ans. Il est affaissé, en surpoids, figé, souvent absent dans son regard. Pas de défi, aucune posture. L'inculpé s'anime à peine. Il reste immuable, loin de toute empathie. La sienne pour les familles de victimes, celle du public envers lui. Mais est-ce possible ? Il est seul dans sa cage de verre offert à la vindicte. Avec ses deux avocats devant lui. Les experts psychiatres le reconnaissent responsable des faits.

Les victimes : l'horreur médiatisée

Le rappel des faits donne lieu à des descriptions terrifiantes de corps de femmes retrouvés, abandonnés dans des terrains vagues et mutilés. Ces corps avaient été identifiés, mais l'auteur de ces crimes était resté inconnu. L'enquête a été difficile : des suppositions, des scénarios, des suspects, l'incarcération d'un auteur présumé - qui a été relaxé après un an d'incarcération.

Les familles des victimes sont effondrées. Une association leur procure un soutien. A deux reprises, des membres de la famille voudront s'en prendre à l'accusé, tentant de l'agresser malgré la vitre de protection. L'ambiance est tendue. L'émotion souvent envahissante. L'incompréhension et la colère sont patentes. Lors de son audition par la Cour, la survivante d'une tentative d'assassinat, pousse un cri qui transperce tout l'auditoire, comme si elle revivait son effroi et sa survie ... survie relative depuis des années.

Le procès est un moment central : il met des mots à la place de la violence, une peine à la place de la vengeance et de l'argent à la place de la souffrance. Il vient substituer l'événement du crime à celui du procès. Il offre « le spectacle d'une coprésence devant le tiers justice» [1]« Le procès est une cérémonie de paroles »... « Les victimes attendent du procès la vérité des faits ». C'est bien sûr essentiel, mais quelle vérité ? » [2] Dans ce procès cette vérité, la description des faits, est insoutenable. Et l'accusé ne peut parler avec ses mots, la pauvreté de son langage, son incapacité, à « expliquer ». La reconnaissance, qui pourrait être un soulagement pour les victimes reste insoutenable, distante, trop tardive.

Les trois semaines de ce procès sont un « voyage au bout de la nuit » dira l'avocat du prévenu.

L'enjeu du procès n'est pas essentiellement le quantum de peine. La peine sera lourde. Pas de suspens là-dessus : Il a été condamné à la réclusion criminelle (RC) à perpétuité assortie d'une peine de sûreté de vingt-deux ans.

La plaidoirie

Rappelons que les plaidoiries des avocats interviennent au dernier jour du procès, avant la délibération des jurés. Les avocats sont présents tout au long des débats et interviennent régulièrement. Avocats des victimes comme de l'inculpé. A cette étape du procès, la place des avocats est essentielle, mais plus distante de mon expérience clinique directe auprès des détenus. [3]

---

[1] « Une belle expression de Levinas » citée par A DENOUVEAUX et A GARAPON dans « Victimes et après » Tracts n°10, p22.

[2] Idem p24.

[3] Au sein des équipes de soin nous y faisions très attention. Les avocats représentaient une possibilité de répartition des étayages du justiciable qui allait être présenté au regard du corps social et de la justice. Les prévenus sont convoqués dans une place très difficile à tenir, socialement certes, mais aussi face à leur fonctionnement psychique, le déni si fréquent, qu'ils devaient confronter, leur fragilité psychique qui les rendait vulnérables. La répartition des étayages était essentielle. Nous ne voulions pas troubler leur travail, leur regard différent. Nous

Ce jour-là, la plaidoirie commence par créer un climat propice à un décalage de regard, à quitter l'idée de vengeance. « » Faire taire la haine, la colère et la peur et l'effroi »... « avant de rentrer dans la salle des délibérés, votre conscience deviendra alors limpide et calme »

Aux jurés : je cite encore l'avocat « votre décision sera l'occasion tragique de rappeler à tous les principes fondamentaux d'une civilisation qui porte haut la dignité d'un homme ... et aujourd'hui celle de Mr. R. qu'elle consent à s'abaisser au plus profond des abymes pour lui proposer, comme l'a évoqué monsieur l'Avocat Général, un chemin de rédemption. » « Cette justice dont la plénitude n'est achevée que lorsqu'elle consent, comme ce fut le cas, à s'abaisser au plus profond afin de rejoindre l'humanité de celui qui s'en est privé en jetant sur elle le discrédit, doit avoir le dernier mot afin que se taise pour un temps l'inhumanité de ses actes »

Les conditions d'un pardon de type religieux sont amenées puis le processus de l'ordre d'un pardon est suggéré : « En le sauvant, nous nous sauvons ». « Une certaine idée de l'homme en clamant avec force que son humanité ne peut avoir disparu ... qu'elle demeure à jamais et malgré lui ... qu'elle est un joyau que rien ne peut détruire, et que c'est notre devoir, votre devoir aujourd'hui de nous le rappeler en jugeant Monsieur R. comme il le mérite c'est-à-dire comme un homme »

Permettre de le ramener parmi nous, les humains, sans annuler ce qui a eu lieu, l'horreur, l'absence. La plaidoirie parle d'un après, de ne pas annuler les conséquences : « d'autres retrouveront l'absence d'une sœur, d'une fille » ? « Des vies devenues par la faute d'un des nôtres, un éternel vendredi saint »...

Ces plaidoiries ont résonné avec une des questions incontournables d'un tel procès : quelle place pour le pardon, maintenant ou plus tard ?

---

nous préoccupions de les faire exister dans le parcours du prévenu, dans le respect de leur différence et de la confiance qui devait s'instaurer entre l'avocat et son « client ». De fait, de loin, sans les rencontrer, ni les connaître, ils ont accompagné nombre de détenus dans ce travail de construction de sujet social acceptable. Que les « psy » accompagnaient.

L'empire du traumatisme

Pour aborder la notion de pardon, il faut dépasser l'empire du traumatisme qui a envahi la salle d'audience ... et s'y est installé. « Sous l'empire du traumatisme, la justice ne fait plus tiers entre les hommes. Captée par cette souffrance, la sentence ne symbolise plus la transformation du mal en mémoire. Elle accapare le tiers de justice qui ne peut être l'opérateur symbolique de cette transformation » [4].

« La figure de survivant transperce l'assise du rituel judiciaire. La polarité de la punition et du pardon qui fonde la peine cède devant les crimes qu'on ne sait juger et punir avec la seule vision pénale. Faute d'une identification minimale avec les auteurs, ces crimes ne peuvent se payer que d'une punition irrémédiable. Un opprobre moral happe dans sa représentation hégémonique tout le procès pénal. [5]

« L'idéologie victimaire peut entrer sur une scène totalement imaginaire »... « le récit médiatique y trouve l'horrible détail » [6] Comme, lors de ce procès, les mutilations sexuelles insupportables sur les corps des victimes, mutilations répétées à l'identique ou presque sur les corps à des mois d'intervalle.

Rendre une place aux victimes

Dans le procès, les rôles d'agresseur et de victimes sont mis en scène comme au jour fatal. Les apports criminologiques peuvent permettre de mettre à distance cette scène du crime. Le procès permettrait-il aux victimes « de faire leur deuil » ? Si elles ne l'ont pas déjà fait. Allons-nous les maintenir dans cette posture qu'elles souhaitent quitter, que nous devons les aider à quitter. Dans ce procès, 15 ans après les faits, après quatre ans de détention provisoire, les victimes et leurs familles doivent être protégées de se retrouver dans ce moment de bascule qu'ont été les passages à l'acte criminels. Elles doivent être sécurisées sur le fait qu'elles ne portent pas seules, par leur état au jour du procès, la ou les preuves du crime. Et que cela n'obèrera pas l'évaluation de la réparation. Que ce n'est pas à elles que s'adresserait la demande de pardon.

---

[4] Denis SALAS « » La volonté de punir » p 183.

[5] Idem p 92.

[6] Idem p179.

Des outils d'investigation ont été validés et permettent que les auditions les préservent. Leur accompagnement doit les préparer au processus de se décharger sur d'autres du poids de la peine, du jugement, et leur permettre de reprendre leur autonomie. Avec ces outils, le procès peut permettre de désolidariser auteur et victime, que les mots des dépositions, des actes d'accusation soient portés par le processus judiciaire à qui les victimes les ont confiés.

Le pardon demande aussi de confier à une personne ou à un rituel - tiers non impliqué mais désigné par l'ordre religieux ou par le rituel de la religion - comme celui qui peut délivrer de ce moment innommable qui a relié auteur et victime, cette fusion temporaire et anéantissante insupportable. L'innommable doit être justement nommé. Voire reconnu ? Comme on l'entend souvent. La reconnaissance des faits est-elle une première étape vers le pardon alors qu'il y a récidive ?

La récidive vient-elle interdire le pardon ?

Dans la récidive, que ce soit la réitération des faits jugés lors d'un même procès, et en l'occurrence, aussi des faits commis en récidive pénale, la notion de « pardon » ramène aux précédents procès et exécutions des peines, aux tâches « d'absolution » demandées par la société.

La récidive viendrait-elle interdire le pardon comme si elle supposait un choix, un non renoncement à l'usage social du délit ou du crime pour maintenir la survie au prix de l'autre ? Un même choix que l'auteur, qui doit être « individualisé » dans le prononcé de la peine, n'a pas voulu faire, n'a pas eu le courage de faire. Le courage de se confronter à une vérité des faits auxquels il a pourtant soumis la ou les victimes.

Le pardon n'intervient que dans le changement opéré par la personne concernée, qui en fait la démonstration à celui ou celle qui lui pardonne, à qui « il demande pardon ». Or, par le fait de la récidive, la démonstration est contraire. Le « pardon » n'a pu avoir lieu, dans sa dimension juridique, laïque, de mémoire, d'inscription sociale, et ne semble pas avoir eu d'impact. « La peine même si elle a un côté dissuasif, ne peut faire en sorte que le mal ne se reproduise pas. Elle doit simplement être juste, ce qui suppose d'accorder la loi à la singularité du cas qui lui est soumis»[7].

---

[7] Idem Denis SALAS p246.

Dans la récidive, l'exécution des peines est critiquée

L'information, au cours du procès, des modalités de la peine, de ses finalités est nécessaire. En cas de récidive, il faut interroger, au-delà des actes commis auparavant, le vécu du précédent procès, de l'exécution de la peine, de ce que l'auteur, peut en dire à ce jour. Pour pouvoir mieux déterminer une finalité de la future peine, individualisée, pour le sujet auteur et pour son parcours tel qu'il nous en fait la monstration.

La finalité et/ou l'utopie de la peine sont imprégnées des idéologies sociologiques de leur époque : 1791 ... « La Révolution veut façonner un homme nouveau... La « marque » infamante et les peines perpétuelles sont refusées comme le vestige d'une époque barbare. Nouvel Adam, l'homme démocratique se reconnaît comme membre d 'une société d'individus égaux en droit. ... L'école - mais aussi l'asile et la prison - aura pour mission de produire cet homme semblable à ses pareils. » [8]

La focalisation des pratiques juridiques sur la prévention de la récidive amène à poser d'une autre façon les modalités d'un « pardon » possible dès la première condamnation.

La question du devenir du condamné, de la malnommée « dangerosité », des modalités afin de la limiter, sont souvent posées aux experts psychiatres et psychologues, recherchées dans les éléments de parcours. Au premier crime ou délit, s'agit-il d'un « accident » de parcours ? Et l'auteur des faits va-t-il comprendre « la leçon » ? Le présupposé est là : comment évaluer la capacité de saisir la loi, l'interdit, la place de la loi dans le fonctionnement social. Une fois la récidive constatée des décennies plus tard, quelle faute demandons-nous à l'auteur de porter ?

La compréhension

« Le droit place la compréhension au cœur de la punition alors que le pardon est un acte inconditionnel et librement voulu ». [9] « Le pardon rappelle à toutes les victimes qu'au-delà du mal, il y a une dette intraitable, irréparable avec laquelle il faut rompre un jour et accepter d'en faire mémoire. Il marque la nécessité d'un travail de deuil sans lequel il n'y a pas d'engendrement possible du futur. »

---

[8] Denis SALAS p 26.

[9] Idem p 255.

« Un procès, ..., ne répare que le mal réparable »... « Il reste toujours un excès de malheur qu'il ne peut épuiser »... « Pas plus que la peine n'efface le crime, la réparation n'efface le tort. L'irréversible de ce qui est arrivé un jour subsistera. **Le pardon commence d'abord là** » [10]

Le procès peut permettre de témoigner des savoirs actuels en participant

— Au décentrage des victimes, de partager avec elles, d'aller vers la compréhension au sens propre du terme « d'appréhender avec » elles.

— De poser une trace mémorielle qui pourra servir de support à la suite de la peine individualisée prononcée.

— De proposer des repères pour l'évaluation d'un pardon en cours de peine et en tout cas en fin d'exécution de peine, milieu fermé et milieu ouvert.

Le pardon demande d'accepter l'innommable que le droit et la criminologie permettent de nommer, chacun dans son paradigme.

Bibliographie

« La volonté de punir. Essai sur le populisme pénal » Denis SALAS. Hachette littératures, 2005.

« Du sens de la peine » Franck LUDWICZAK et Jean MOTTE dit FALISSE, L'Harmattan, Criminologie, juillet 2018.

« L'empire du traumatisme. Enquête sur la condition de victime » Didier FASSIN Richard RECHTMAN, Flammarion, 2007.

[10] *Idem* p 255.

Récidive et pardon et le Code pénal belge

HENRI D. BOSLY

Introduction

La récidive est la situation définie par la loi dans laquelle l'auteur qui a été condamné définitivement pour avoir commis une première infraction, commet ensuite une nouvelle infraction[1]. La figure juridique de la récidive en matière pénale n'est pas neuve. En effet, "la prise en compte de la récidive par le droit pénal, si elle a toujours existé, suit un cheminement relativement paradoxal"[2]. Si la nouvelle infraction traduit d'une certaine façon l'échec du droit pénal, l'augmentation facultative des peines exprime plutôt la confiance du législateur dans l'individualisation judiciaire de la peine.

Selon le droit pénal classique, pour qui seule l'infraction est l'objet de la règle de droit, le statut aggravant de la récidive constitue une exception fondée sur la présomption d'une plus grande culpabilité de l'auteur. Pour les positivistes et les partisans de la défense sociale, la récidive traduit l'état de danger de l'auteur qui peut même parfois être classé dans une catégorie spéciale des délinquants réputés dangereux[3].

---

[1] F. KUTY, *Principes généraux du droit pénal belge. Tome IV : la peine,* Bruxelles, Larcier, 2017, pp. 547-608 ; H. D. BOSLY, *Droit pénal en rapport avec la pratique notariale*, Répertoire notarial, Bruxelles, Larcier, 2014, p. 166.

[2] Fr. TULKENS et M. VAN DE KERCHOVE, *Introduction au droit pénal. Aspects juridiques et criminologiques*, 8è éd., Waterloo, Kluwer, 2007, p. 467.

[3] Voy. J. PRADEL, « Que faire des criminels dangereux ? », in F. LUDWICZAK et J. MOTTE dit FALISSE (dir.), *Du sens de la peine*, Paris, L'Harmattan, 2017, p. 103.

Le droit pénal belge actuel

Le Code pénal belge date de 1867. Si les rédacteurs de ce Code ont voulu s'écarter de la sévérité excessive de plusieurs dispositions du Code pénal français de 1810, il s'avère, en réalité, que de nombreuses propositions que l'on retrouve dans ce Code belge de 1867, s'alignent quant au fond, sur le droit antérieur[4]. Comme le Code pénal français de l'époque, le Code pénal belge est divisé en deux Livres: le Livre 1 énonce les principes généraux et le Livre 2 comporte l'énumération des incriminations et des peines appliquées aux auteurs de ces infractions.

La récidive[5]

1) Les conditions légales

a) Une condamnation antérieure

L'état de récidive requiert d'abord une décision judiciaire définitive[6] portant condamnation à une peine[7]. La décision doit avoir été prononcée par une juridiction belge ou, depuis la réforme introduite par la loi du 25 avril 2014, par une juridiction d'un Etat membre de l'Union européenne[8]. Il peut s'agir d'une condamnation à une peine criminelle de réclusion (art. 54, 55 et 56, al. 1er, du Code pénal)[9] ou à une peine correctionnelle d'emprisonnement (art. 56, al. 2, Code pénal)[10]. Mais, dans ce dernier cas, la peine prononcée ne peut constituer la condamnation antérieure pour la

---

[4] *Ibidem*, pp. 106-107.

[5] Fr. TULKENS et M. VAN DE KERCHOVE, *op. cit.*, pp. 470-473.

[6] Cest-à-dire une décision qui n'est plus susceptible de recours (opposition, appel, pourvoi en cassation).Voy. F. KUTY, op. cit., pp. 564-567.

[7] Ne constituent pas une condamnation à une peine : le classement sans suite par le ministère public, l'extinction de l'action publique à la suite d'une médiation et mesures ou d'une transaction pénale, une suspension du prononcé de la condamnation, la simple déclaration de culpabilité, un non-lieu prononcé par une juridiction d'instruction (chambre du conseil ou chambre des mises en accusation) (T. MOREAU et D. VANDERMEERSCH, *Eléments de droit pénal,* 3è éd., Bruxelles, la Charte, 2018, p. 336). Par contre, il importe peu que la peine prononcée ait été assortie d'un sursis total ou partiel à son exécution (F. KUTY, *op. cit.*, p. p.564.

[8] Article 99bis du Code pénal. Voy. F. KUTY, *op. cit.,* p. 568.

[9] Soit la réclusion à temps (dont la durée varie selon les différents crimes entre cinq ans et trente ans) soit la réclusion à perpétuité (art. 8 et 9 du Code pénal). Il faut préciser que seule la cour d'assises (juridiction siégeant avec un jury) peut prononcer une peine criminelle.

[10] La durée de l'emprisonnement varie de 8 jours à 20 ans selon qu'il s'agit de délits ou de crimes correctionnalisés (article 25 Code pénal). Un crime correctionnalisé est une infraction que la loi punit d'une peine criminelle et pour laquelle la juridiction d'instruction (chambre du conseil ou chambre des mises en accusation) ou le ministère public décide, avant le jugement, que l'incupé sera jugé par le tribunal correctionnel parce qu'il mérite des circonstances atténuantes; ce tribunal correctionnel ne pourra prononcer qu'une peine correctionnelle, en l'espèce moins sévère.

récidive de délit sur délit que si la durée de l'emprisonnement est d'un an au moins (art. 56, al. 2, Code pénal).

Si la première condamnation a été annulée pour cause de révision[11] ou de réouverture de la procédure après un arrêt de la Cour européenne des droits de l'homme[12] ou si le condamné a été réhabilité après avoir subi sa peine[13], l'état de récidive disparaît[14].

b) Une infraction nouvelle

La nouvelle infraction doit avoir été commise après la condamnation définitive mentionnée ci-dessus. En matière de récidive de crime sur crime (art. 54 et 55, Code pénal), et en matière de récidive de délit sur crime (art. 56, al. 1, Code pénal), il n'y a aucune condition de délai entre la condamnation antérieure et la nouvelle infraction: la récidive est perpétuelle. Par contre, en matière de récidive de délit sur délit et en matière de récidive de crime sur délit, l'état de récidive disparaît si le nouveau délit n'a pas été commis dans les cinq années depuis que le condamné a subi ou prescrit sa peine (art. 55bis, al. 1 et 56, al. 2, Code pénal)[15].

Une distinction doit être faite entre la récidive générale et la récidive spéciale. Dans la récidive spéciale, il y a identité entre les deux infractions (par exemple: un vol suivi d'un vol). Dans la récidive générale, peu importe la nature ou l'objet des deux infractions (exemple: un vol avec violence peut être suivi d'une escroquerie ou d'un viol). La récidive générale est régie par les articles 54 à 57bis du Code pénal. La récidive spéciale peut être réglementée soit par une disposition du Livre II du Code pénal soit par une disposition d'une loi particulière (ou d'un décret[16] ou d'une ordonnance[17]). Si les règles régissant la récidive générale (art. 54 à 57 du Code pénal) s'appliquent en principe à toutes les dispositions pénales contenant les incriminations et les peines, celles-ci peuvent y déroger. Elles organisent alors une récidive spéciale qui ne s'applique qu'aux infractions

---

[11] Articles 443 à 447bis du Code d'instruction criminelle

[12] Articles 442bis à 442octies du Code d'instruction criminelle. Voy. à ce sujet : M.-A. BEERNAERT, H. D. BOSLY et D. VANDERMEERSCH, *Droit de la procédure pénale*, 8è éd., Bruges, la Charte, pp. 1641-1649.

[13] Articles 621 à 634 du Code d'instruction criminelle

[14] F. KUTY, *op. cit.*, p. 567 ; Fr. TULKENS et M. VAN DE KERCHOVE, *op. cit.*, p. 471.

[15] À propos de ce délai de cinq ans, voy.: F. KUTY, *op. cit.*, pp. 581-583.

[16] La Belgique est un Etat fédéral. Dès lors les entités fédérées, c'est-à-dire la Communauté flamande, la Communauté française, la Communauté germanophone et les Régions flamande et wallonne ont le pouvoir de légiférer par décrets dans les matières qui relèvent de leurs compétences et qui sont déterminées par ou en vertu de la Constitution. Ces entités peuvent donc créer des infractions dans les matières qui relèvent de leurs compétences.

[17] Une ordonnance est un acte législatif adopté par la Région de Bruxelles-Capitaine dans les matières qui relèvent de sa compétence.

qui sont visées spécifiquement. La récidive est spéciale lorsque l'infraction nouvelle est la même que la première infraction ou fait partie de la même catégorie d'infractions ou est instituée par la même loi ou le même décret. Comment s'articulent les régimes de récidive générale et spéciale? Lorsqu'un régime spécial de récidive est organisé mais est inapplicable en l'espèce, il y a lieu de faire application du régime général de récidive sauf si le régime spécial l'a exclu expressément[18]. Mais, lorsqu'un régime spécial de récidive est organisé et est applicable en l'espèce et que les dispositions du Livre II du Code pénal ou de la loi particulière ou du décret particulier dérogent aux conditions d'application du régime général de récidive, l'état de récidive spéciale est constaté tandis que l'état de récidive générale n'est constaté que si, en l'espèce, ses conditions d'application sont réunies[19]

2) Les régimes de récidive[20]

a) Ceux organisés dans le Livre Ier du Code pénal

— La récidive de crime sur crime (art. 54 et 55 Code pénal): la cour d'assises pourra augmenter la peine prononcée pour la nouvelle infraction dans les limites légales. Ainsi, par exemple, quiconque ayant été condamné à une peine criminelle, aura commis un crime emportant la réclusion de cinq à dix ans, pourra être condamné à la réclusion de dix à quinze ans (art. 54, al. 1, Code pénal). L'augmentation de la peine est facultative[21].

— La récidive de délit[22] sur crime (art. 56, al. 1er, Code pénal): le juge pourra prononcer une peine double du maximum porté par la loi contre le délit. Ainsi, par exemple, quiconque ayant été condamné à une peine criminelle, aura commis un délit emportant l'emprisonnement jusqu'à cinq ans pourra être condamné jusqu'à dix ans d'emprisonnement. L'augmentation de la peine est facultative.

— La récidive de délit sur délit (art. 56, al. 2, Code pénal): quiconque ayant été condamné antérieurement à un emprisonnement d'un an au moins a commis un nouveau délit avant l'expiration d'un délai de cinq ans depuis

[18] F. KUTY, *op. cit.,* pp. 560-561. Voy. aussi l'arrêt de la Cour de cassation du 23 janvier 1967, *Pasicrisie,* 1967, I, p. 611, avec les conclusions conformes de l'Avocat général R. Charles.

[19] F. KUTY, *op. cit.,* pp. 562-563.

[20] F. TULKENS et M. VAN DE KERCHOVE, *op. cit.*, pp. 474-477.

[21] Toutefois, lorsque l'infraction nouvelle emporte la réclusion de quinze à vingt ans, la cour d'assises prononcera la réclusion de dix sept ans au moins (Art. 54, al. 3, et art. 55bis, al. 3, Code pénal).

[22] Si la nouvelle infraction est un crime qui a été correctionnalisé ou pour lequel la cour d'assises a admis l'existence de circonstances atténuantes, la durée de la peine d'emprisonnement ne pourra excéder celle de la peine de réclusion maximale prévue par la loi pour ce crime (art. 56, al. 3, Code pénal inséré par la loi du 5 février 2016 dite loi "pot-pourri II". Voy. à ce propos : F. KUTY, *op. cit.*, pp. 575-578).

qu'il a subi ou precrit sa peine, pourra être condamné à une peine double du maximum prévu par la loi pour ce délit[23].

— En cas de récidive et à propos des peines dites alternatives, la peine prononcée ne peut excéder une année de surveillance électronique, trois cents heures de travail ou deux ans de peine de probation autonome (art. 56, al. 4, Code pénal).

— La récidive de crime sur délit: le Code pénal de 1867 n'avait pas prévu l'hypothèse de la récidive de crime sur délit considérant que les peines criminelles prévues par la loi étaient suffisamment lourdes en elles-mêmes de sorte que l'augmentation potentielle de la peine en cas de récidive générale n'était plus nécessaire. Cette solution a été jugée adéquate pendant plus de 150 ans. Mais, depuis une décennie environ, l'application combinée des règles de la récidive et de la correctionnalisation des crimes (élargissement du champ d'application de la correctionnalisation des crimes et aggravation du taux des peines d'emprisonnement pouvant être prononcées par le tribunal correctionnel) a abouti à des discriminations qui furent sanctionnées par la Cour constitutionnelle[24]. Depuis lors, la législation a partiellement changé. En effet, la loi du 5 mai 2019 insérant dans le Code pénal un article 55bis, en ce qui concerne la récidive[25] permet désormais l'augmentation de la peine criminelle en cas de récidive de crime sur délit dans les mêmes conditions que celles qui existent concernant la récidive de délit sur délit. Si cette nouvelle loi a supprimé certaines discriminations, elle ne les a pas supprimé toutes de sorte que le problème n'est pas complètement résolu[26].

b) La récidive spéciale organisée soit par le Livre II du Code pénal, soit par une législation particulière

L'état de récidive spécial est déterminé soit par les dispositions spécifiques du Livre II du Code pénal soit par les dispositions des lois

---

[23] L'article 56, al. 3, Code pénal cité à la note précédente sera également applicable dans l'hypothèse de la récidive de délit sur délit visée à l'article 56, al. 2, Code pénal. Voy. à propos de ce délai: F. KUTY, op. cit.

[24] M.-A. BEERNAERT, « Récidive et crimes correctionnalisés dans la jurisprudence de la Cour constitutionnelle », *Libertés, (l)égalité, humanité. Mélanges offerts à Jean Spreutels,* Bruxelles, Bruylant, 2018, pp. 353-367.

[25] *Moniteur belge*, 28 mai 2019.

[26] Voyez à ce sujet: M.-A. BEERNAERT et D. VANDERMEERSCH, "La loi du 5 mai 2019 insérant dans le Code pénal un article 55bis: un nouvel essai manqué pour pallier les discriminations épinglées par la Cour constitutionnelle en matière de récidive", *Journal des tribunaux*, 2019, pp. 490-492; C. GUILLAIN, "La récidive de crime sur délit: un coup d'épée dans l'eau ?", *Actualités de droit pénal et de procédure pénale*, V. FRANSSEN et A. MASSET(dir.), Commission Université-Palais, vol. 194, Liège, Anthemis, 2019, pp. 45-72.

particulières. Les conditions peuvent soit se rapprocher de celles de la récidive générale soit elles peuvent différer de celles-ci. Lorsqu'il s'agit de récidive prévue par les lois particulières, ces règles ne requièrent habituellement pas que la première infraction ait donné lieu au prononcé d'une peine d'une certaine gravité.

3) Les effets de la récidive

En cas de récidive générale, les peines portées contre les auteurs des infractions commises en état de récidive peuvent être augmentées dans les limites fixées par le Code pénal, le juge disposant généralement d'un pouvoir d'appréciation.

En cas de récidive spéciale, les effets d'aggravation de la peine sont fixés par la disposition spéciale du Livre II du Code pénal ou de la loi particulière. Habituellement, le juge est autorisé à augmenter le taux de la peine jusqu'à doubler le maximum. Mais il n'est nullement obligé de le faire.

En outre, la situation de récidive est prise en considération pour déterminer les conditions d'octroi de la **libération conditionnelle**. Ainsi, lorsque la peine privative de liberté infligée par le juge s'élève à plus de trois ans de privation de liberté, la libération conditionnelle ne peut, en règle, être accordée à un délinquant primaire que s'il a subi un tiers de cette peine[27]. Par contre, si le condamné est récidiviste au sens du Code pénal, la libération conditionnelle ne pourra lui être accordée que s'il en a subi les deux tiers sans excéder toutefois quatorze ans[28] . En outre si la peine privative de liberté est de trente ans ou à perpétuité, la partie de la peine devant nécessairement être subie est de quinze ans[29] et, si le condamné est en état de récidive correctionnelle, la partie de la peine devant être subie est de dix-neuf ans[30] et, si le condamné est en état de récidive criminelle, la partie de la peine devant nécessairement être subie est de vingt-trois ans[31].

Le délai d'épreuve pour que le condamné obtienne la **réhabilitation** – qui entraîne l'extinction pour l'avenir des effets de la peine lorsque celle-ci a été exécutée - de son jugement est porté respectivement à six ans ou à dix

---

[27] Art. 25, § 2, a), de la loi du 17 mai 2006 relative au statut juridique externe des personnes condamnées à une peine privative de liberté et aux droits reconnus à la victime dans le cadre des modalités d'exécution de la peine.
[28] Art. 25, § 2, b), de la loi du 17 mai 2006 précitée.
[29] Art. 25, § 2, c) de la loi du 17 mai 2006 précitée.
[30] Art. 25, § 2, d) de la loi du 17 mai 2006 précitée; la condamnation antérieure est d'au moins trois ans d'emprisonnement et doit avoir été prononcée pour une infraction aux dispositions législatives énumérées à l'article 25, § 2, d) précité.
[31] Art. 25, § 2, e) de la loi du 17 mai 2006 précitée

ans minimum lorsque le condamné est en état de récidive (art. 626, al. 2, Code d'instruction criminelle).

La mise à la disposition du tribunal de l'application des peines

1) Notion

La mise à la disposition du tribunal de l'application des peines (TAP) est une peine accessoire qui doit ou peut être prononcée dans les cas prévus par la loi à l'égard de personnes ayant commis certaines infractions graves portant atteinte à l'intégrité des personnes (article 34bis du Code pénal, version néerlandaise). Cette peine accessoire est prononcée par la juridiction de jugement lorsqu'elle inflige la peine principale au condamné. Elle autorise le TAP à prendre à l'expiration de la peine d'emprisonnement ou de réclusion, des mesures de sécurité consistant soit dans une privation de liberté, soit dans une surveillance du condamné qui est alors laissé en liberté[32] (art. 34bis Code pénal). Elle prolonge la surveillance du condamné au-delà de la durée d'exécution de la peine principale. La mise à la disposition du TAP est ordonnée par la juridiction de jugement pour une durée de cinq ans minimum et de quinze ans maximum (art. 34ter et 34quater, Code pénal).

2) Le tribunal de l'application des peines

Le TAP a été institué au siège de chaque cour d'appel à partir de l'année 2007 (art. 157, dernier alinéa, Constitution et loi du 17 mai 2006 instaurant des TAP[33]) . Chaque chambre de ce tribunal est composée d'un juge de profession qui la préside et de deux assesseurs en application des peines, l'un spécialisé en matière pénitentiaire et l'autre spécialisé en réinsertion sociale (art. 78, al. 2, Code judiciaire). Ces fonctions sont exercées à temps plein. Les assesseurs sont nommés à cette fonction par arrêté royal (pris sur la proposition du ministre de la Justice) parmi les lauréats d'un examen de recrutement. Les assesseurs ne sont pas des magistrats.

3) Peine accessoire obligatoire

La mise à la disposition du TAP **doit** être prononcée par la juridiction de jugement "lorsque l'accusé a été condamné: - à une peine criminelle du chef d'un crime commis en état de récidive de crime sur crime, à moins que la peine antérieure ait été prononcée pour un crime politique (art. 34ter, 1°,

[32] F. KUTY, *op. cit.*, pp. 145-151.

[33] *Moniteur belge*, 15 juin 2006. Voy. M.-A. BEERNAERT, H. D. BOSLY et D. VANDERMEERSCH, *Droit de la procédure pénale*, 8è éd., Bruxelles, la Charte, 2017, t. II, pp. 1723-1726.

Code pénal); - à une peine criminelle du chef d'un crime commis en état de récidive de crime sur crime lorsque la condamnation antérieure à une peine criminelle a été prononcée par une juridiction militaire[34] pour un fait qualifié crime d'après les lois ordinaires, à moins que la peine antérieure ait été prononcée pour un crime politique (art. 34ter, 2°, Code pénal); - à une peine de réclusion ou d'emprisonnement de cinq ans au moins prononcée du chef d'une infraction terroriste ayant occasionné la mort de la victime, de viol ou d'attentat à la pudeur ayant causé la mort de la victime, d'un acte de torture ayant entraîné la mort de la victime sans intention de la donner ou d'enlèvement ou de détention d'un mineur ou d'une personne vulnérable en raison de l'âge, d'un état de grossesse, d'une maladie, d'une infirmité ou d'une déficience physique ou mentale qui a causé la mort de la victime (art. 34ter, 3°, Code pénal)"[35].

4) Peine accessoire facultative

La mise à la disposition du TAP **peut** être prononcée par la juridiction de jugement – lorsque la personne qui a été précédemment condamnée, en Belgique ou dans un Etat membre de l'Union européenne, à une peine d'au moins cinq ans d'emprisonnement du chef de faits ayant intentionnellement causé de graves souffrances ou des atteintes graves contre l'intégrité ou la sante physique ou mentale, est à nouveau condamnée pour des faits similaires dans un délai de dix ans à compter du moment où la précédente condamnation est passée en force de chose jugée (art. 34quater, 1°, Code pénal); - lorsqu'elle est condamnée du chef de violations graves du droit international humanitaire, de prise d'otages ayant causé la mort de la victime, de meurtre, assassinat, de parricide, d'infanticide, d'empoisonnement, de traitement inhumain ou de traite des êtres humains ayant causé la mort sans l'intention de la donner, de meurtre pour faciliter le vol ou l'extorsion ou en assurer l'impunité, d'incendie volontaire ayant causé la mort ou de meurtre commis pour faciliter la destruction ou le dégât de la propriété mobilière d'autrui exécuté à l'aide de violences ou de menaces ou en assurer l'impunité (art. 34quater, 2° Code pénal); - lorsqu'elle est condamnée du chef de certains faits de voyeurisme, d'attentat à la pudeur ou de viol n'ayant pas entraîné la mort de la victime (art. 34quater, 3°, Code pénal); - lorsqu'elle est condamnée du chef de concours matériel de crimes, de concours matériel d'un ou de plusieurs crimes avec un ou plusieurs délits ou encore de concours idéal de crimes dans l'hypothèse où la peine la plus forte seule prononcée ne prévoit pas la mise

[34] En vertu de l'article 157, al. 1er, de la Constitution (tel qu'il a été modifié 17 décembre 2002) il n'y a plus de juridiction militaire en Belgique sauf quand l'état de guerre est constaté.
[35] F. KUTY, *op. cit.*, p. 142.

à la disposition alors qu'elle sanctionne également une infraction énumérée aux 1° à 3° de l'article 34quater du Code pénal (art. 34quater, 4°, Code pénal)[36].

5) Mise à la disposition et libération conditionnelle

La mise à la disposition n'empêche pas le TAP d'octroyer la libération conditionnelle du condamné, mais lorsque celui-ci a été condamné à une peine privative de liberté de trente ans ou à perpétuité et qu'il a été en outre mis à la disposition du TAP, la libération conditionnelle ne peut être ordonnée que par une chambre de ce tribunal composée alors de cinq membres (deux magistrats de profession du tribunal correctionnel sont ajoutés)[37]statuant à l'unanimité[38]. Ces deux conditions particulières ont été critiquées[39]. Mais, dans un arrêt n°10/2015 du 28 janvier 2015, la Cour constitutionnelle[40] a estimé que cette double différence de traitement est conforme aux articles 10 et 11[41] de la Constitution belge parce que le critère de différenciation est objectif, parce que ces mesures apparaissent pertinentes au regard de cet objectif[42] et parce qu'elle n'entraîne pas une limitation disproportionnée des droits des personnes concernées dès lors que l'octroi d'une libération conditionnelle n'est pas rendu impossible et que les conditions de fond de cet octroi n'ont pas été modifiées.

6) Mise à exécution à l'issue de la peine

Lorsque le TAP a octroyé la libération conditionnelle de la personne condamnée à la peine principale, à l'expiration de cette peine, il transforme la libération conditionnelle en mesure de libération sous surveillance[43]. A l'expiration de la peine, le condamné ne peut être privé de liberté par le

---

[36] F. KUTY, *op. cit.,* pp. 143-144

[37] Art. 78, al. 6, Code judiciaire. Voy. C. HOFFMANN et O. NEDERLANDT, « L'exécution des peines à l'heure de la traçabilité », *Actualités de droit pénal et de procédure pénale*, coll. CUP volume 148, Bruxelles, Larcier, 2014, pp. 335-336. Cette réforme a été introduite par la loi du 17 mars 2013 (art. 2, 3 et 16).

[38] Art. 54, § 2, de la loi précitée du 17 mai 2006. Voy. C. HOFFMANN et O. NEDERLANDT, *op. Cit.*

[39] C. HOFFMANN et O. NEDERLANDT, *op. cit.*, pp. 335-336. Ces deux auteures rapportent en outre l'avis critique du Conseil supérieur de la Justice à propos de cette réforme.

[40] *Revue de droit pénal et de criminologie*, 2016, p. 214 et la note de T. SLINGENEYER intitulée "une étape dans la neutralisation des 'monstres' jugée constitutionnelle".

[41] L'article 10 garantit le droit à l'égalité devant la loi et l'article 11 interdit la discrimination.

[42] Cet objectif est le suivant: "...le législateur entendait par l'adoption des mesures en cause, renforcer les modalités d'exécution des peines les plus lourdes pour la catégorie des délinquants les plus dangereux, à l'égard desquels la société doit être particulièrement protégée" (arrêt précité, B.3, dernier alinéa).

[43] F. KUTY, *Principes généraux du droit pénal belge, t. IV : la peine,* Bruxelles, Larcier, 2017, p. 146.

TAP que “lorsqu’il existe dans son chef un risque qu’il commette des infractions graves portant atteinte à l’intégrité physique ou psychique de tiers et qu’il n’est pas possible d’y pallier en imposant des conditions particulières dans le cadre d’une libération sous surveillance” (Art. 95/2, § 3, de la loi précitée du 17 mai 2006).

La période de sûreté

La loi du 21 décembre 2017 instaure une période de sûreté qui peut être décidée par la juridiction de jugement lorsqu’elle prononce la peine[44]. Cette décision individualisée a pour effet d’empêcher toute libération anticipée du condamné avant l’expiration du délai fixé[45]. Elle retarde notamment l’admissibilité à la libération conditionnelle.

« La période de sûreté est une mesure qui affecte l’exécution de la peine mais qui en constitue également un élément qui en fait partie intégrante » [46]. Un jugement du 23 avril 2018 du tribunal correctionnel francophone de Bruxelles (90è ch.) en cause Sa. Ab.[47] décide que la période de sûreté constitue un élément de la gravité de la peine au sens de l’article 14 de la Constitution belge[48]. Dès lors, le jugement précité en a déduit que la loi instaurant cette mesure ne peut rétroagir et s’appliquer à des faits commis avant l’entrée en vigueur de la loi qui la crée. Le jugement précité tient compte d’un arrêt de la Cour européenne des droits de l’homme[49] qui a décidé que la fixation d’une période minimale de détention pour une réclusion à perpétuité relève de l’infliction de la peine et bénéficie donc de la protection de l’art. 7 de la C. E. D. H. Une peine affectée d’une période de sûreté est une peine plus sévère qu’une peine de même durée dépourvue de cette mesure parce que l’admissibilité à la libération conditionnelle est retardée, écrit Franklin Kuty[50].

---

[44] Loi modifiant diverses dispositions en vue d’instaurer une période de sûreté et modifiant la loi du 20 juillet 1990 relative à la détention préventive en ce qui concerne l’arrestation immédiate, *Moniteur belge*, 11 janvier 2018.

[45] F. KUTY, “La loi du 21 décembre 2017 modifiant diverses dispositions en vue d’instaurer une période de sûreté: la peine irrémédiable, la loi de la désillusion?”, *Revue de droit pénal et de criminologie.*, 2018, p. 583.

[46] Ibidem, p. 600.

[47] *Revue de droit pénal et de criminologie*, 2019, pp. 182-183 et la note de Christine GUILLAIN intitulée « La période de sûreté ». Précisons que ce jugement n’a pas fait l’objet d’un appel et est dès lors définitif.

[48] “Nulle peine ne peut être établie ni appliquée qu’en vertu de la loi” (art. 14 Constitution).

[49] 17 janvier 2012 en cause Vinter et autres c. Royaume-Uni.

[50] F. KUTY, *op. cit.*, p. 600.

La durée de la période de sûreté est fixée par la juridiction de jugement conformément à la loi. Dans le premier cas, elle atteint au maximum les deux tiers de la peine (art. 195, Code d'instruction criminelle). Dans le second cas, elle peut s'élever à plus de quinze ans et au maximum à vingt-cinq ans de la peine de réclusion (art. 344, Code d'instruction criminelle)[51]

Le pardon

L'intitulé de de cet ouvrage vise la récidive et le pardon. Il y a lieu d'examiner les dispositions législatives ou les mesures judiciaires qui comportent des règles d'exclusion de la culpabilité ou de la peine ou qui offrent des procédures d'atténuation de la sanction ou de diversion de la poursuite ou de la sanction pénales. Il importe toutefois de vérifier si ces règles ou ces mesures judiciaires peuvent être interprétées comme autant de signes de la place du pardon dans la législation pénale belge. La réponse à cette question n'est pas évidente car d'autres préoccupations peuvent avoir guidé le législateur dans sa mansuétude ou dans ce qui semble être de la mansuétude.

1. Les causes d'exemption de la culpabilité que sont la force majeure et la contrainte irrésistible (article 71 du Code pénal: "Il n'y a pas d'infraction lorsque l'accusé a été contraint par une force à laquelle il n'a pas pu résister"). En outre, la jurisprudence a admis que l'ignorance invincible ou l'erreur invincible, c. À d. celle qu'aurait commise toute personne raisonnable et prudente placée dans les mêmes circonstances, produisait la même conséquence exclusive de culpabilité[52].

2. Les causes d'excuse absolutoire sont les circonstances personnelles énumérées par la loi qui ont pour effet d'exempter l'auteur de l'infraction de toute peine. Le caractère délictueux de l'acte subsiste mais la loi admet que son auteur ne soit pas puni en raison d'une circonstance précise jugée digne d'intérêt[53] (exemples: la dénonciation à l'autorité d'un complot contre la sûreté de l'Etat, la dénonciation avant toute émission de fausse monnaie; la dénonciation de l'existence d'une association de malfaiteurs ou d'une organisation criminelle, la dénonciation avant toute poursuite de l'identité des auteurs des infractions de trafic de drogues punies de peines correctionnelles, la dénonciation avant toute poursuite de l'identité de la

---

[51] *Ibidem*, pp. 591-592.

[52] La simple bonne foi de l'auteur de l'infraction ne suffit pas pour constituer l'erreur invincible et la jurisprudence se montre rigoureuse dans l'interprétation du caractère invincible de l'erreur ou de l'ignorance. Voy. H. D. BOSLY, *Droit pénal en rapport avec la pratique notariale*, Répertoire notarial, Bruxelles, Larcier, 2014, pp. 133-134.

[53] H. D. BOSLY, *op. cit.*, p. 139.

personne qui a délivré des substances à effet hormonal pour les animaux, le désistement d'action constituant un acte de soumission à l'autorité, en cas de sédition ou en cas de rébellion avec bande ou attroupement, l'obéissance à l'ordre illégal du supérieur hiérarchique[54], l'existence de liens familiaux ou d'alliance pour certaines infractions telles que le vol, l'abus de confiance, l'escroquerie, la tromperie ou pour le recel d'une personne poursuivie ou condamnée, les enfants de moins de 15 ans et les membres de la famille entendus en justice sans prestation de serment qui font une fausse déclaration en faveur de leur parent).

3. Les causes de justification qui ont pour effet d'ôter aux faits commis leur caractère infractionnel[55]: l'ordre de la loi ou le commandement légal de l'autorité (art. 70 Code pénal), la légitime défense qui autorise une personne à utiliser la violence comme moyen de défense nécessaire à l'encontre de l'auteur d'une agression actuelle et illégale dirigée contre sa propre personne ou contre autrui, l'état de nécessité qui est la situation de danger grave dans lequel se trouve une personne qui, eu égard à la valeur respective des devoirs en conflit et en présence d'un mal grave et imminent pour autrui, estime impossible de sauvegarder autrement qu'en commettant les infractions qui lui sont reprochées, un intérêt plus impérieux qu'elle était en droit de sauvegarder avant tous les autres.

4. La réclusion à perpétuité ne peut pas être infligéeée à une personne qui n'était pas âgée de dix-huit ans accomplis au moment du crime (art. 12 Code pénal). A l'égard des mineurs, la loi prévoit que le tribunal de la jeunesse ne peut leur appliquer que des mesures éducatives énumérées par la loi. Mais si un mineur agé de 16 à 18 ans a commis un fait qualifié crime ou délit et que le tribunal de la jeunesse se dessaisit du cas de ce mineur, les peines du Code pénal pourront alors lui être appliquées.

5. Les causes d'excuse atténuante qui sont des circonstances atténuantes prévues par la loi. Exemples: l'homicide, les blessures et les coups qui ont été immédiatement provoqués par des violences graves envers les personnes (aer. 411 et 414, Code pénal); l'homicide, les blessures et les coups commis en repoussant pendant le jour, l'escalade ou l'effraction de clôtures, murs ou entrées d'une maison ou d'un appartement habité (art. 412 et 414, Code pénal).

6. Les circonstances atténuantes appréciées librement par le juge et permettant de réduire la peine (art. 79 à 85 du Code pénal). En pratique,

---

[54] *Ibidem*, p. 140. Encore faut-il que l'ordre rentrait dans les attributions du supérieur et que l'agent ait agi de bonne foi.

[55] *Ibidem.*, pp. 121-124.

l'indemnisation par l'inculpé du dommage causé par l'infraction constitue souvent un motif pour le juge pour prononcer une peine plus légère.

7. Les peines alternatives à la peine d'emprisonnement: la surveillance électronique, la peine de travail et la peine de probation autonome.

8. Le jugement sur reconnaissance préalable de culpabilité. Cette procédure peut être appliquée, à l'initiative du ministère public, aux faits qui ne paraissent pas être de nature à devoir être punis d'un emprisonnement correctionnel de plus de cinq ans[56] si le suspect ou le prévenu reconnait être coupable des faits qui lui sont reprochés. Dans ce cas le ministère public peut proposer au tribunal, dans le respect des conditions légales, des peines inférieures à celles prévues autrement (art. 216 du Code d'instruction criminelle)[57];

9. La non-exécution des courtes peines d'emprisonnement dans le double souci d'éviter autant que possible la surpopulation des établissements pénitentiaires et les inconvénients pour le condamné de l'exécution des courtes peines (désocialisation). Le ministre de la Justice a demandé au ministère public de ne pas exécuter en règle les peines d'emprisonnement qui ne dépassent pas quatre mois

10. Les mesures alternatives à la peine: la transaction pénale ainsi que la médiation pénale et mesures qui sont proposées à l'auteur présumé de l'infraction par le ministère public (art. 216bis et 216ter, Code d'instruction criminelle).

11. Le sursis à l'exécution de la peine.

12. La suspension simple ou probatoire du prononcé de la condamnation: après avoir déclaré l'inculpé coupable de l'infraction mise à sa charge, le juge suspend le prononcé de la condamnation pendant un délai d'épreuve; cette décision ne sera révoquée par la suite que si l'inculpé commet pendant ce délai une nouvelle infraction donnant lieu à une peine ou s'il ne respecte pas, pendant le même délai, les conditions particulières mises à la suspension par le juge (loi du 29 juin 1964 sur la suspension, le sursis et la probation). La suspension du prononcé de la condamnation est

[56] Un certain nombre de crimes graves sont toutefois exclus de cette procédure.

[57] F. FERNANDEZ-BERTIER et M. GIACOMETTI, "Le jugement sur reconnaissance préalable de culpabilité ou le plaider coupable", *Revue de droit pénal et de criminologie*, 2016, pp. 268-301; M. FERNANDEZ-BERTIER, M. GIACOMETTI et N. VAN DER EECKEN, "La transaction pénale et la reconnaissance préalable de culpabilité comme modes alternatifs de règlement des conflits pénaux", *La loi pot-pourri II, un an après*, C. DE VALKENEER (dir.) Bruxelles, Larcier, 2017, pp. 171-222.

décidée afin de ne pas provoquer le déclassement de l'inculpé ni entraver son reclassement.

13. La déclaration de culpabilité: le juge prononce la condamnation par simple déclaration de culpabilté. Cette condamnation peut être prononcée soit quand l'inculpé n'a pas été jugé dans un déai raisonnable[58], soit en cas de concours idéal d'infractions lorsque le juge considère que la peine déjà prononcée à l'égard du même inculpé suffit aux nécessités de la répression (art. 65, alinéa 2, Code pénal).

14. L'octroi de modalités d'exécution de la peine privative de liberté: détention limitée, surveillance électronique, libération conditionnelle et mise en liberté provisoire

15. La grâce octroyée par le chef de l'Etat en vertu de l'article 110 de la Constitution. La pratique récente montre que la grâce est très rarement accordée.

16. La prescription de la peine lorsque la condamnation qui la prononce est définitive: les peines criminelles (c. À d. celles qui ne peuvent être prononcées que par les cours d'assises) se prescrivent par vingt ans sauf les peines prononcées pour les crimes de génocide, crimes contre l'humanité ou crimes de guerre qui sont imprescriptibles; les peines correctionnelles se prescrivent par cinq ans si la peine n'excède pas trois ans; sinon la peine se prescrit par dix ans (art. 92 C. Pén.).

17. L'inscription au casier judiciaire des condamnations pénales) (art. 589 à 602 du Code d'instruction criminelle). L'inscription au casier judiciaire est l'inverse de l'oubli ou même du pardon. Mais certaines peines ou mesures ne se retrouvent pas sur les extraits de casier judiciaire demandés par les personnes concernées afin de ne pas entraver leur réinsertion sociale. C'est le cas des décisions judiciaires ordonnant la suspension du prononcé de la condamnation ou la suspension probatoire ainsi que celles qui constatent l'extinction de l'action publique à la suite d'une transaction pénale conclue après l'engagement des poursuites pénales, des jugements condamnant à une peine de travail ou à une peine de surveillance électronique ou à une peine de probation autonome (art. 595, Code d'instruction criminelle)[59].

---

[58] Le droit d'être jugé dans un délai raisonnable est énoncé dans l'article 6, § 1, de la Convention européenne des droits de l'homme. En cas de dépassement de ce délai, le juge doit réduire la peine et peut même se contenter de condamner en déclarant l'inculpé coupable (art. 21ter, alinéa 1, du titre préliminaire du Code de procédure pénale).

[59] T. MOREAU et D. VANDERMEERSCH, *Eléments de droit pénal*, Bruxelles, la Charte, 2018, p. 443.

18. La réhabilitation et l'effacement des condamnations;

19. Le classement sans suite du dossier par le ministère public. Cette renonciation provisoire aux poursuites, peut notamment être prise pour des raisons d'opportunité (art. 28quater, alinea 1, Code d'instruction criminelle). Ainsi, dans la pratique, quand le préjudice causé par l'infraction a été réparé par l'auteur présumé de celle-ci ou quand le préjudice est minime, le ministère public prend l'habitude alors de classer sans suite les dossiers concernant des infractions qui présentent en outre une faible gravité. Le classement sans suite peut parfois être accompagné de la probation prétorienne: le ministère public propose alors à l'auteur présumé de l'infraction de classer le dossier sans suite si celui-ci respecte certaines conditions pendant une période déterminée. Cette pratique n'a pas de base légale spécifique mais elle est justifiée par le pouvoir d'apprécier l'opportunité de la poursuite.

20. Certaines lois particulières prévoient que lorsque le ministère public renonce à poursuivre pénalement l'auteur de l'infraction, l'autorité administrative peut lui infliger une amende administrative pour cette infraction.

21. Le régime des repentis: la loi du 22 juillet 2018 modifiant le Code d'instruction criminelle en ce qui concerne les promesses relatives à l'action publique, à l'exécution de la peine ou à la détention consenties à la suite d'une déclaration, instaure un système visant à récompenser le repenti qui collabore à l'administration de la preuve en apportant son témoignage[60].

L'avant-projet de nouveau Code pénal belge[61]

Nécessité et chantier de la réforme

Si le Code pénal belge de 1867 a connu depuis lors de très nombreuses modifications, presque toutes ont consisté dans des réformes partielles visant surtout telle ou telle infraction. La multiplicité de ces réformes a pour effet de rendre le Code actuel moins lisible et moins cohérent et plus

---

[60] C. DE VALKENEER, "Une nouvelle figure dans le paysage pénal belge: le repenti. Analyse de la loi du 22 juillet 2018", *La science pénale dans tous ses états. Liber amicorum Patrick Mandoux et Marc Preumont*, F. KUTY et A. WEYEMBERGH (dir.) Bruxelles, Larcier, 2019, pp. 375-403; O. MICHIELS et G. FALQUE, *Principes de procédure pénale*, Coll. Faculté de droit de l'Université de Liège, Bruxelles, Larcier, 2019, pp. 21-26.

[61] Voy. une analyse du processus de réforme et des lignes directrices du projet: H. D. BOSLY, "Chronique d'un avant-projet de nouveau Code pénal belge", *Annales de droit de Louvain,* 2018, n°2, pp. 169-186.

difficilement applicable. En outre, la rédaction d'un nouveau Code doit être l'occasion d'adopter des réformes nécessaires concernant aussi bien les principes généraux de droit pénal que la liste et le contenu des incriminations ainsi que le choix des peines. À cette occasion, la modernisation peut atteindre ici les fondements du droit et les orientations de politique criminelle.

Convaincu de la nécessité d'une réforme de grande ampleur, le ministre de la Justice Koen Geens a créé le 30 octobre 2015[62] deux commissions de réforme: une commission de réforme du droit pénal[63] et une commission de réforme de la procédure pénale[64]. La commission de réforme du droit pénal (ci-après la Commission) a effectué son travail en deux étapes. La première a consisté à rédiger une proposition d'avant-projet de Livre Ier du Code pénal et des commentaires substantiels à propos de ces textes[65]. Cette proposition a été soumise par le ministre de la Justice au Conseil d'Etat pour avis. D'autres institutions (telles que le Conseil supérieur de la Justice) et d'autres personnes spécialisées en droit pénal ont formulé des avis. La Commission a effectué un certain nombre d'adaptations de son texte (surtout formelles) et elle a entrepris ensuite la rédaction d'un avant-projet de Livre 2 du Code pénal contenant les différentes incriminations et les peines concernant chacune des infractions. Le travail qu'elle a réalisé avec l'aide de ses collaborateurs/collaboratrices juristes est ici d'une ampleur tout à fait considérable et il a été accompli en un temps record[66]. Les commentaires des nouveaux textes légaux possèdent les qualités d'une

---

[62] Voyez l'arrêté ministériel portant création de ces deux commissions (*Moniteur belge*, 29 décembre 2015). La *Revue de droit pénal et de criminologie* a publié également cet arrêté (2016, n°3, p. 208).

[63] La commission de réforme du droit pénal est composée de Damien Vandermeersch, avocat général près la Cour de cassation, professeur extraordinaire à l'UCLouvain et à l'Université Saint-Louis Bruxelles et Joëlle Rozie, professeure à l'Université d'Anvers. La commission est aidée par trois fonctionnaires juristes.

[64] Cette commission est composée ainsi : Philip Traest, professeur extraordinaire à l'Université de Gand et avocat, Yves Liégeois, premier avocat général près la cour d'appel d'Anvers, Marie-Aude Beernaert, professeure ordinaire à l'UCLouvain et Laurent Kennes, maître de conférences à l'Université libre de Bruxelles et avocat.

[65] J. ROZIE et D. VANDERMEERSCH, av. conc. J. DE HERDT, M. DEBAUCHE et M. TAEYMANS, *Commission de réforme du droit pénal. Proposition d'avant-projet de Livre Ier du Code pénal*, Bruxelles, la Charte, coll. Les dossiers de la Revue de droit pénal et de criminologie n°24, Bruxelles, la Charte, 2016, 175 pages.

[66] J. ROZIE, D. VANDERMEERSCH et J. DE HERDT, avec conc. M. DEBAUCHE et M. TAEYMANS, *Un nouveau Code pénal pour le futur ? La proposition de la commission de réforme du droit pénal*, coll. Les dossiers de la Revue de droit pénal et de criminologie n°27, Bruxelles, la Charte, 2019, XX + 575 pages. Concernant la difficulté de l'entreprise de réforme du code, on lira : D. VANDERMEERSCH, « La réforme du Code pénal : un exercice impossible ? », in *La science pénale dans tous ses états. Liber amicorum Patrick Mandoux et Marc Preumont*, Bruxelles, Larcier, 2019, pp. 127-144.

véritable œuvre doctrinale sur le plan juridique et contiennent les développements d'une démarche qui se veut explicative et justificative des choix faits par les auteurs[67]. Sous réserve de quelques différences, ce travail sert déjà d'exposé des motifs pour deux propositions de loi contenant un projet de nouveau Code pénal[68]. La commission de la Justice de la Chambre des représentants a commencé l'examen de la proposition de loi "instaurant un nouveau Code pénal – Livre 1 et Livre 2" qui a été déposée le 24 septembre 2019 par quatre parlementaires[69].

Récidive générale et récidive spéciale

Parmi les réformes de fond proposées pour le nouveau Code pénal figure la suppression de la récidive générale. La Commission propose de ne plus prévoir la récidive générale dans le Livre Ier du Code pénal mais d'inscrire dans le Livre 2 du même Code des dispositions, peu nombreuses, prévoyant une récidive spéciale pour certaines infractions[70]. Après avoir constaté que, "dans l'état actuel des choses, la récidive est une notion hétérogène aux accents plutôt arbitraires"[71], la Commission fait référence à des études scientifiques qui suggèrent de punir différemment plutôt que plus lourdement ou qui renoncent à la récidive générale. La Commission plaide en faveur de l'abandon d'un système de récidive générale où il n'y a aucun lien entre la première condamnation et la nouvelle infraction[72]. En conséquence, elle n'entrevoit que la possibilité d'instaurer une récidive spéciale applicable seulement à certaines infractions déterminées à propos desquelles il serait possible d'appliquer une peine d'un niveau supérieur qui pourrait être une peine d'emprisonnement plus longue ou même une peine dite alternative.

La récidive spéciale n'est prévue dans le projet de la Commission que pour les infractions visées aux articles 130 (torture, traitement inhumain ou dégradant), 178 (infraction portant atteinte à l'intégrité sexuelle, au droit à l'autodétermination sexuelle et aux bonnes moeurs), 201 (les infractions intentionnelles contre l'intégrité physique ou psychique), 216 (les crimes

---

[67] Voy. à propos du projet de la Commission de réforme: D. VANDERMEERSCH, "A quelques pas de… les lignes de force du projet de réforme du Code pénal", *Actualités de droit pénal et de procédure pénale*, V. FRANSSEN et A. MASSET (dir.) Commission Université-Palais, vol. 194, Liège, Anthemis, 2019, pp. 11-44.
[68] H. D. BOSLY, *op. cit.*, pp. 184 et 186.
[69] *Documents parlementaires Chambre* sess. extr. 55 n°0417/001.
[70] J. ROZIE et D. VANDERMEERSCH, avec conc. J. DE HERDT, M. DEBAUCHE et M. TAEYMANS, *op. cit.*, pp. 150-156.
[71] *Ibidem*, p. 151.
[72] *Ibidem*, p. 154.

contre la liberté individuelle), 236 (les infractions contre la tranquillité personnelle et l'intégrité morale), 314 (les infractions en rapport avec la mise en danger de personnes), 330 (les infractions contre la vie privée des personnes), 362 (les infractions terroristes), 377 (la constitution de groupes armés et la participation à de tels groupes), 394 (la protection physique des matières nucléaires et des autres matières radioactives), 428 (les faux), 441 (le vol et l'extorsion et le vol et l'extorsion de matières nucléaires), 468 (les fraudes), 472 (le recel et le blanchiment), 482 (les infractions qui font naître un danger social), 494 (le vandalisme et la destruction des animaux et la lésion grave infligée aux animaux), 505 (les atteintes à l'intégrité d'un système informatique), 536 (les infractions contre la structure et les pouvoirs de l'Etat), 588 (les infractions contre la défense nationale et les intérêts essentiels de la Belgique), 600 (les infractions contre les relations internationales) et 661 (les infractions contre l'administration de la justice) de l'avant-projet de Livre 2.

A. La suppression de la mise à la disposition du TAP

Concernant la peine accessoire de la mise à la disposition du tribunal de l'application des peines, la Commission estime qu'il est difficile de concilier le maintien de cette peine avec les principes déjà définis de la réforme parce que son champ d'application "est considéré comme arbitraire par la doctrine, ce qui ne cadre pas avec le principe selon lequel une législation pénale optimale doit être précise et parce que sa durée revient à une augmentation artificielle mais réelle de la peine, ce qui est inconciliable avec le principe selon leque les règles de droit doivent être proportionnelles à l'objectif poursuivi"[73] . En conséquence, la Commission propose la suppression de cette peine accessoire.

Quelques réflexions pour l'avenir

Quelques lignes directrices à propos de la récidive

1) La phase du jugement

Après avoir déclaré l'auteur coupable de l'infraction mise à sa charge, le juge est appelé à choisir la peine et à en déterminer son taux. La mission du juge est orientée principalement vers les faits mais aussi vers l'auteur de ces faits.

[73] *Ibidem*, pp. 34 et 35.

Contrairement au Code pénal actuel qui est muet à ce sujet, l'avant-projet de nouveau Code pénal belge énumère à l'article 28 les objectifs poursuivis par le juge lors du choix de la peine et de la détermination de son taux: "1° exprimer la désapprobation de la société à l'égard de la violation de la loi pénale; 2° promouvoir la restauration de l'équilibre social et la réparation du dommage causé par l'infraction; 3° favoriser la réhabilitation et l'insertion sociale de l'auteur; 4° protéger la société; 5° rechercher, dans les limites fixées par la loi, une juste proportionnalité entre l'infraction et la peine infligée"[74] .

Comme indiqué ci-dessus, l'étude de la récidive vise la situation dans laquelle la réitération de l'infraction appelle légitimement à souhaiter le choix d'une peine dissuasive interrompant la spirale de la récidive. Christian De Valkeneer écrit que le tryptique de la dissuasion comporte la sévérité de la sanction, la certitude de celle-ci et la célérité de la sanction[75]. À propos de la sévérité de la sanction, le même auteur signale qu'une étude scientifique basée sur les statistiques américaines, suédoises et britanniques a mis en évidence le fait que la certitude de la sanction peut avoir un effet à la baisse sur le taux de récidive mais que la sévérité de la sanction ne produit pas le même effet[76]. Il précise aussi que les travaux menés par l'Institut national de criminalistique et de criminologie (INCC) sur la récidive après emprisonnement font apparaître un taux de réincarcération des condamnés primaires libérés, de près de la moitié d'entre eux[77]. À propos de la certitude de la sanction, le même auteur précise que celle-ci comporte trois niveaux: le risque d'être arrêté, celui d'être poursuivi pénalement en justice et celui d'être condamné[78]. Dès lors que l'on constate qu'un nombre élevé d'infractions est attribué à un petit nombre de suspects, la certitude de la réaction pénale paraît s'imposer ce qui plaide en faveur d'une augmentation du pourcentage des réponses pénales en mobilisant, selon les cas, les mesures alternatives et les sanctions pénales classiques, voire si c'est nécessaire l'emprisonnement.

Dès lors, la réaction pénale en cas de récidive doit privilégier l'individualisation de la peine par le juge dans un cadre législatif

---

[74] J. ROZIE, D. VANDERMEERSCH et J. DE HERDT, av. conc. M. DEBAUCHE et M. TAEYMANS, *op. cit.*, p. 6.

[75] « Vers une 'sanction shift' ? Réflexions sur la dissuasion pénale », *Les analyses du CRISP en ligne,* 4 décembre 2015, www.crisp.be. CRISP signifie le Centre de recherche et d'information socio-politiques qui est établi à Bruxelles.

[76] *Ibidem,* p. 9. L'I. N. C. C. est une institution scientifique fédérale rattachée au département de la Justice (S. P. F. Justice) en Belgique.

[77] *Ibidem,* p. 6.

[78] I*bidem*, p. 7.

relativement précis permettant pour certains auteurs d'infractions (criminalité grave et organisée, etc...) l'aggravation de la peine infligée au récidiviste et permettant par ailleurs pour d'autres auteurs d'infractions (ceux pour qui la délinquance est davantage une manifestation d'inadaptation sociale) l'application si possible de peines dites alternatives. Parfois, afin de mieux lutter contre le risque de récidive, le législateur lui-même[79] entend favoriser les mesures alternatives à la peine privative de liberté en autorisant expressément le juge pénal, lorsqu'il condamne, à donner des indications afin que le contenu de la peine de travail ou celui de la peine de probation ait un rapport avec, respectivement, la lutte contre le racisme ou la xénophobie[80], la discrimination[81], le sexisme[82] et le négationisme[83]. Par ailleurs, la formule selon laquelle la loi autorise - sans l'obliger - le juge à augmenter, en cas de récidive, la durée de la peine privative de liberté paraît adéquate si elle est appliquée en cas d'infractions graves ou en cas de réitérations multiples d' infractions de gravité moyenne.

2) La phase de l'exécution de la peine

En cours d'exécution de la peine privative de liberté, l'idée est la suivante: la plupart condamnés peuvent évoluer positivement de sorte qu'il est souhaitable que des modalités (congés pénitentiaires, surveillance électronique, libération conditionnelle, etc...) d'exécution de la peine puissent être octroyées par l'administration pénitentiaire ou par la juridiction de l'application des peines. Il appartient au législateur de fixer le cadre à l'intérieur duquel le TAP pourra décider au cas par cas. Dans ce cadre figure la durée minimale de la peine qui doit être exécutée avant de pouvoir examiner l'octroi d'une modalité d'exécution. Cette durée ne doit pas être trop longue pour ne pas décourager le condamné dans le processus de réinsertion sociale. Mais elle ne peut pas être trop courte car elle modifierait à l'excès le jugement et la peine alors que nous sommes dans

---

[79] Loi du 5 mai 2019 portant modification du Code pénal afin de favoriser les mesures alternatives dans la prise en charge de la délinquance inspirée par le racisme ou la xénophobie et de mieux lutter contre la récidive en matière de discrimination (*Moniteur belge*, 28 mai 2019).

[80] Loi du 30 juillet 1981 tendant à réprimer certains actes inspirés par le racisme ou la xénophobie.

[81] Loi du 10 mai 2007 tendant à lutter contre certaine formes de discrimination; loi du 10 mai 2007 tendant à lutter contre la discrimination entre les femmes et les hommes.

[82] Loi du 22 mai 2014 tendant à lutter contre le sexisme dans l'espace public et modifiant la loi du 10 mai 2007 tendant à lutter contre la discrimination entre les femmes et les hommes. Le délit de sexisme s'entend de tout geste ou comportement publics qui a manifestement pour objet d'exprimer le mépris à l'égard d'une personne, en raison de son appartenance sexuelle, ou de la considérer comme inférieure ou comme réduite essentiellement à sa dimension sexuelle (F. KUTY, "L'incrimination du sexisme ", *Revue de droit pénal et de criminologie*, 2015, pp. 41-60).

[83] Loi du 23 mars 1995 tendant à réprimer la négation, la minimisation, la justification ou l'approbation du génocide commis par le régime national-socialiste allemand pendant la seconde guerre mondiale.

une phase d'exécution de la peine. Le législateur peut faire la distinction entre les condamnés primaires et les condamnés récidivistes pour autant que ne soient considérées comme récidivistes pour l'application des modalités d'exécution des peines privatives de liberté que les personnes qui, après avoir encouru une condamnation à une peine relativement longue (5 ans sans sursis ou une peine plus lourde), ont commis une nouvelle infraction qui a été punie en l'espèce d'une peine relativement lourde.

Par ailleurs, il existe une petite minorité de personnes qui ont été condamnées pour des infractions très graves à de lourdes peines (telles que la réclusion d'une durée de 20 ans au moins jusqu'à à la réclusion à perpétuité). À leur égard, on citera les phrases du magistrat honoraire Alain Blanc: "Il ne s'agit pas de nier l'existence de la dangerosité de certains délinquants ou de se refuser à l'évaluer. Au contraire, il s'agit en respectant les limites de notre état de droit et en recourant aux outils d'évaluation les plus sûrs, de mieux prendre en charge les condamnés à partir d'une analyse des causes réelles de leur passage à l'acte, quelles soient liées à leur personnalité ou au contexte familial, social et économique dans lequel le crime a été commis"[84]. Dès lors, il pourra arriver que le TAP retarde la libération conditionnelle de ce condamné jusqu'à ce que les conditions légales autorisant cette mesure soient réunies et il est possible que les conditions légales de celle-ci ne seront en l'espèce pas réunies de sorte que la peine privative de liberté sera exécutée jusqu'à son terme.

La récidive

1) Le choix de la récidive spéciale pour la détermination de la peine

La proposition de la Commission de réforme parait sur ce point convaincante et mérite d'être retenue. Il est possible de renoncer à maintenir la récidive générale et de s'en tenir à la récidive spéciale, celle-ci étant limitée à la réitération d'une infraction faisant partie de la même catégorie d'infractions que la première (par exemple les infractions regroupées dans le même chapitre du Code ou dans la même loi quand il s'agit d'une loi particulière). Peu importe la hauteur de la peine infligée pour la première infraction car il existe des infractions dont la réitération fréquente est suffisamment irritante même si elles ne sont pas punies de peines lourdes. Par contre, la nouvelle infraction devra avoir été commise dans un délai (par exemple cinq ans) suivant la fin de l'exécution de la peine prononcée pour la première infraction ou la prescription de cette peine.

---

[84] "Les longues peines au risque de l'oubli", in *Du sens de la peine*, s. l. dir. F. LUDWICZAK et J. MOTTE dit FALISSE, Paris, L'Harmattan, 2017, pp. 297-298.

2) La phase de l'exécution de la peine et la libération conditionnelle du condamné récidiviste

Il appartient au législateur de définir les conditions auxquelles le condamné à une peine privative de liberté peut être libéré conditionnellement. Parmi ces conditions, l'on trouve la détermination de la partie de la peine qui doit avoir été subie pour que le TAP puisse examiner l'octroi éventuel de la libération conditionnelle. Il revient au TAP de décider si ces conditions sont réunies en l'espèce. Le législateur peut estimer que la durée de la peine devant être subie pour que le TAP puisse octroyer la libération conditionnelle sera différente s'il s'agit d'un condamné primaire ou s'il s'agit d'un condamné récidiviste pour autant qu'il ne retarde pas à l'excès le moment à partir duquel la libération conditionnelle pourra être examinée et octroyée s'il y a lieu.

L'état de récidive pour l'application de la libération conditionnelle ne doit pas être défini par référence aux dispositions du Livre Ier du Code pénal parce que la commission de réforme du droit pénal propose de renoncer à l'avenir à la récidive générale et surtout parce que la notion de récidive du Code pénal est destinée à permettre au juge pénal de prononcer la peine adéquate pour la nouvelle infraction alors qu'il s'agit ici de statuer sur l'octroi de la libération conditionnelle et de prendre en considération l'avenir du condamné dans la perspective de sa réinsertion sociale. Par ailleurs, pour le condamné détenu, la distinction entre les peines de réclusion et d'emprisonnement d'égale durée n'est pas pertinente alors que cette distinction est opérationnelle pour le juge qui prononce la peine principale. Il faut rappeler que, selon le Code pénal actuel, la peine de réclusion est une peine criminelle privative de liberté qui ne peut être prononcée que par la cour d'assises alors que l'emprisonnement est une peine correctionnelle ou de police qui peut être prononcée selon les infractions par le tribunal correctionnel ou le tribunal de police[85]. Dès lors, il est proposé de considérer comme récidiviste pour l'application de la loi précitée du 17 mai 2006 relative au statut juridique externe des personnes condamnées à une peine privative de liberté et aux droits reconnus à la victime, la personne qui, après avoir été condamnée définitivement à un emprisonnement de cinq ans sans sursis ou à une peine plus lourde, commet

---

[85] Il est intéressant de noter que les auteurs de la proposition de loi "instaurant un nouveau Code pénal –Livre 1 et Livre 2" qui est examinée actuellement par la Commission de la Justice de la Chambre des représentants renonce à la distinction entre l'emprisonnement (peine correctionnelle) et la réclusion (peine criminelle) pour unifier la terminologie en ne retenant que le terme "emprisonnement" (Documents parlementaires, Chambre, sess. extr. 55 n°0471/001, pp. 846-848). La terminologie serait ainsi simplifiée et enregistrerait le fait qu'il n'y a plus de différence concrète entre l'emprisonnement et la réclusion sauf quant à la durée de la peine.

une nouvelle infraction pour laquelle elle est condamnée à un emprisonnement de cinq ans ou à une peine plus lourde.

Il est dès lors proposé de conserver la règle actuelle selon laquelle le condamné primaire est admissible à la libération conditionnelle au tiers de la peine et, en cas de condamnation à la réclusion à perpétuité, à partir de 11 ans. Il paraît justifié de faire une distinction entre les condamnés à une peine de 30 ans et les condamnés à perpétuité. En effet, le législateur fait la différence entre les crimes punissables de 20 à 30 ans et les crimes punissables de la réclusion à perpétuité. Par ailleurs, le juge, saisi d'un crime punissable de la réclusion à perpétuité, fait à son tour la distinction quand il prononce la peine.

Quant au condamné récidiviste, il est proposé qu'il soit admissible à la libération conditionnelle aux deux tiers de la peine sans pouvoir excéder toutefois la durée de 16 ans. Pour les raisons qui ont été indiquées ci-dessus, il y a un intérêt à ne pas fixer dans la loi un délai trop long et laisser pour le surplus le TAP apprécier et prendre une décision individualisée.

Les délais spéciaux prévus par la législation actuelle qui allongent la partie de la peine devant nécessairement être subie par les condamnés (primaires comme récidivistes) à la réclusion de 30 ans ou à la réclusion à perpétuité ne seraient pas conservés.

3) La mise à la disposition du tribunal de l'application des peines

Le régime du Code pénal actuel mérite une double critique. D'abord, il a multiplié à l'excès les cas dans lesquels la mise à la disposition du TAP peut ou doit être prononcée. Ensuite, il a rendu cette peine accessoire obligatoire dans un certain nombre de cas, ce qui va à l'encontre du mouvement d'individualisation judiciaire de la peine (voir ci-dessus). Mais, si ces critiques demandent assurément des réformes, elles ne justifient pas la suppression de la mise à la disposition du TAP. Cette peine accessoire constitue une mesure de surveillance qui peut s'avérer nécessaire à l'égard de certains condamnés à des peines lourdes et qui présentent des risques élevés de récidive. On songe d'une part aux personnes qui, après avoir encouru une peine de dix ans de réclusion ou une peine plus lourde, commettent une infraction pour laquelle elle sont condamnées à une peine criminelle. On songe d'autre part aux personnes condamnées à une peine de réclusion de 25 ans ou plus et dont les conditions de réalisation de l'infraction rendent nécessaire la prolongation de la surveillance. La mesure devant être individualisée, la juridiction de jugement ne serait jamais obligée de prononcer la mise à la disposition du TAP. Rappelons enfin que cette peine accessoire n'empêche pas le TAP d'ordonner la libération conditionnelle et que, si à l'expiration de la peine principale, le condamné n'a pas été libéré, c'est encore le TAP qui décidera s'il y a lieu de prendre une mesure de surveillance en liberté ou au contraire, mais en respectant les conditions légales, une mesure privative de liberté.

4) La suppression de la période de sûreté

Comme on l'a vu ci-dessus, la loi du 21 décembre 2017 instaurant la période de sûreté ne tient pas compte des possibilités d'évolution du condamné dans ses capacités d'amendement et de réinsertion sociale. Seule l'exécution modulable de la peine laisse place chez le condamné à l'espoir et à la rédemption[86]. Par ailleurs, la sécurité de la population paraît suffisamment assurée par les règles législatives fixant les conditions d'admissibilité à la libération conditionnelle (durée de la peine variant selon qu'il s'agit d'un condamné primaire ou récidiviste), les conditions d'octroi de la libération conditionnelle et l'application possible de la mise à la disposition du TAP. Dès lors, la période de sûreté me paraît pouvoir être supprimée.

---

[86] F. KUTY, op. cit., pp. 578 et 601.

La justice restaurative dans trois cultures

GUILLAUME ARANDEL

« Si on considère les systèmes d'idées et de valeurs, on peut voir les différents types de sociétés comme représentant autant de choix différents parmi tous les choix possibles. »

Louis Dumont, *Essais sur l'individualisme, une perspective anthropologique sur l'idéologie moderne,* éditions du seuil, coll. Points, Essais, 1983, page 18.

Je vais faire mienne cette citation de Louis Dumont tout au long de cet écrit en considérant que les modèles de justice que nous allons évoquer ensemble sont le reflet d'autant de valeurs et d'autant de choix différents. Je ne les hiérarchiserai bien entendu pas mais relèverai l'intérêt de les confronter, questionner, nourrir les uns des autres.

Avant de présenter ce qui fait le thème de cette prise de parole, à savoir une réflexion sur la criminologie et l'interculturalité et plus particulièrement sur la justice restaurative mise en œuvre dans différentes cultures, je voudrais préciser en deux mots la raison de ma contribution et la démarche commune avec M. Jean Motte dit Falisse. J'ai travaillé trois ans à la mission des services pénitentiaires d'outre-mer (MSPOM) et j'ai donc participé à décliner les politiques publiques pénitentiaires dans sept territoires ultra-marins. J'en suis sorti avec la conviction que des outils complémentaires pour travailler avec certaines communautés au sein de ces territoires étaient envisageables. Je ne donnerai qu'un exemple : si les Kanaks représentent à peu près 40% de la population de Nouvelle-Calédonie, ils représentent environ 90% de la population carcérale. Se poser la question des manières de vivre, des modes de communication, des valeurs et centres d'intérêt d'une culture à l'autre m'est donc apparu assez nécessaire. C'est cette réflexion qui a conduit à l'écriture du livre « Criminologie Interculturelle ou Ethnoprobation » et a fait écho à la création, par M. Jean Motte dit Falisse, d'un DU de criminologie interculturelle, suite à celle de l'Ecole de Criminologie Critique Européenne - ECCE.

Je vous propose donc quelques réflexions sur la Justice Restaurative (JR) dans trois cultures car, des sujets que j'ai traités, celui-ci m'a semblé être le plus proche de la notion de pardon. Proche mais pas identique. Je précise tout de suite que les dispositifs de JR ne recherchent pas le pardon mais l'apaisement des parties par un mécanisme qui me semble bien proche de ceux décrits par Carl Rogers. Mais je n'irai pas sur un domaine qui n'est pas le mien. Pour ceux qui ne connaissent pas la Justice Restaurative, je parle ici des dispositifs de rencontres de personnes condamnées et de victimes. Pardon pour ceux qui connaissent ce sujet et qui en trouveront là une définition très restrictive. J'en profite pour rajouter tout de suite, mais vous l'aurez compris, que mes propos sont ceux d'un professionnel et pas d'un scientifique.

Au cours de mon parcours professionnel, j'ai eu l'occasion de croiser la justice restaurative dans trois contextes différents et trois cultures différentes. Les réactions des professionnels comme des personnes détenues ont été différentes. Les dispositifs étaient plus ou moins compatibles avec les cultures professionnelles et les territoires sur lesquels elle se développait.

La métropole

En Métropole d'abord et avant la Loi du 15/08/2014 qui en consacre le principe. La maison centrale de Poissy, sur l'initiative de François GOETZ, avait mis en œuvre les premières rencontres détenus-victimes en 2010. Nous ferons les premières rencontres condamnés-victimes, en milieu ouvert, avec le SPIP 95, en 2013. A cette occasion nous avons vécu des oppositions fortes de la part des magistrats pour qui le dispositif n'entrait pas dans leur façon de penser. Là où la logique était de séparer auteur et victime, nous les faisions discuter. Le dispositif leur échappait également puisque mis en œuvre sans leur accord ni contrôle dans le cadre du suivi. La loi prévoira un contrôle de légalité et en laissera l'opportunité aux professionnels acteurs de la mesure.

L'article 10-1 de la loi du 15/08/2014 dispose que

« *A l'occasion de toute procédure pénale et à tous les stades de la procédure, y compris lors de l'exécution de la peine, la victime et l'auteur d'une infraction, sous réserve que les faits aient été reconnus, peuvent se voir proposer une mesure de justice restaurative.*

Constitue une mesure de justice restaurative toute mesure permettant à une victime ainsi qu'à l'auteur d'une infraction de participer activement à la résolution des difficultés résultant de l'infraction, et notamment à la réparation des préjudices de toute nature résultant de sa commission. Cette mesure ne peut intervenir qu'après que la victime et l'auteur de l'infraction ont reçu une information complète à son sujet et ont consenti expressément à y participer. Elle est mise en œuvre par un tiers indépendant formé à cet effet, sous le contrôle de l'autorité judiciaire ou, à la demande de celle-ci, de l'administration pénitentiaire. Elle est confidentielle, sauf accord contraire des parties et excepté les cas où un intérêt supérieur lié à la nécessité de prévenir ou de réprimer des infractions justifie que des informations relatives au déroulement de la mesure soient portées à la connaissance du procureur de la République. »

Nous avons également rencontré des oppositions de la part des associations d'aide aux victimes qui soit faisaient de ces rencontres un enjeu de compétition dans l'initiative, soit les refusaient par un réflexe de protection des victimes en refusant à ces dernières l'expression de leur responsabilité. Ce n'était évident ni pour les professionnels, ni pour les personnes condamnées qui en ont finalement assez rapidement compris l'intérêt, ni pour les victimes. Au-delà des enjeux de pouvoir ou des réflexes de corps, il me semble, après avoir eu d'autres expériences dans d'autres contextes, qu'il y avait aussi une question culturelle ou autrement dit de représentations intellectuelles, derrière ces résistances qui n'existeront pas en Nouvelle-Calédonie par exemple.

Je propose finalement de réfléchir ensemble à comprendre pourquoi la justice restauraitve est évidente pour les détenus de Nouvelle-Calédonie, quand elle est plus difficilement acceptable en métropole.

Est-ce la conception de la peine qui diffère ? Brice Deymié, pasteur protestant, tient à ce sujet une réflexion très intéressante quant à la raison pour laquelle le concept de justice restaurative est passé des expérimentations nord-américaines à l'Europe par les réseaux protestants. Selon lui, la culture catholique est en effet peut-être plus marquée par la souffrance que la culture protestante. Mais je cesse ici cette réflexion qui n'est pas la mienne et que je ne voudrais pas déformer.

Avant de parler de l'Afrique et de l'Océanie, ce qui permettra de souligner les différences avec la métropole, j'aimerais rappeler en quelques mots l'origine de la justice restaurative. Elle est née de la pratique d'un magistrat et d'un éducateur canadiens qui, travaillant avec les populations autochtones (premiers habitants, métis et Inuits selon leur appellation) et plus particulièrement avec des communautés Inuits, ont tenté d'adapter les modes coutumiers de règlements de conflits à la pratique de la justice occidentale. Pour la petite histoire, ils ont mélangé cette dernière pratique avec celle d'une communauté Inuit qui ne la partageait pas. Comme quoi, rien n'est simple quand on crée. Pour autant cette pratique qui laissait à chacun le temps de s'exprimer en réunissant auteurs, victimes et communauté, s'est structurée, a développé ses procédures et s'est exportée souvent dans les pays et par les réseaux protestants.

Les deux premières images ci-dessous sont celles des prisons construites pour les autochtones dans le cadre d'une politique de discrimination positive au Canada. La troisième est une tente à sudation, toujours en prison, qui permet la pratique d'un rite amérindien qui fait office de programme de réhabilitation, dans certains établissements des provinces nord du Canada.

Vous comprendrez que quand l'architecture des prisons a cet aspect, la réflexion qui l'a précédée est nécessairement un peu différente de la nôtre. Pour les personnes que cela intéresse, je vous invite à suivre l'actualité de la prison de Koné qui devrait héberger une case Kanak, qui sera co-construite par les coutumiers de la région et les détenus, notamment pour y tenir des dispositifs de justice restaurative.

Mais voyageons un peu, en commençant par l'Afrique, le Mali et la falaise de Bandiagara où se trouve le peuple Dogon. Les éléments que je vous présente sont issus du livre de Marcello Monteleone, magistrat et anthropologue italien, « la justice restaurative des Dogons » et des échanges que nous avons eus à ce sujet.

Le Mali et le peuple Dogon

Avant de parler plus précisément des pratiques restauratives des Dogons, il est nécessaire de dire deux mots de la structuration de cette société. La valeur de la médiation est une de leurs valeurs sociales fondamentales. Cette valeur ne repose pas sur le fondement des droits de l'Homme ou de la morale, mais existe par pragmatisme. Si vous bannissez, tuez ou emprisonnez un homme, la petite communauté que vous représentez perd une force de travail, une ressource de chasse ou d'agriculture pourtant vitale. D'autres solutions doivent donc être envisagées. La société Dogon est structurée par « castes » (le mot est peut-être mal choisi. Si l'on excepte la société des masques dont les membres ne sont pas vraiment des hommes puisqu'ils sont les représentants des esprits et s'expriment lors de cérémonies dédiées, la « caste » de plus haut rang est celle des forgerons. Être forgeron Dogon c'est aussi avoir la mission au quotidien d'intervenir dans tous les conflits, d'apaiser les esprits. Je vous en laisse juge mais je doute pour ma part que la valeur de médiation soit une valeur fondamentale pour nous, français de métropole. La liberté et son pendant, l'individualisme, lui sont peut-être préférés.

Photographie d'une To-Guna Dogon

Sur la photographie ci-dessus, vous pouvez voir une To-Guna, qui est à la fois le tribunal et le lieu d'échanges de la communauté. C'est une maison dont les sept toits représentent les sept cieux de la cosmogonie du peuple. Elle est ouverte sur l'extérieur, permettant ainsi à toutes les personnes impliquées dans le conflit de participer à la procédure. Le procès qui s'y tient durera plusieurs jours et aussi longtemps que quelqu'un a quelque chose à dire. Le procès ne concerne pas que l'auteur, l'Etat et la victime mais toute personne ayant eu à souffrir, même de manière très indirecte, des faits commis. En plus de la recherche de la vérité et de dire le droit, le procès Dogon recherche l'apaisement de la communauté et la possibilité de poursuivre une vie commune après des crimes et des délits De manière très anecdotique, je trouve cette procédure intéressante pour comprendre l'objectif que se donne un tel procès. En cas de crime et dans l'hypothèse où le mis en cause ne parvient à se tenir debout devant ses juges et la communauté, le frère de l'intéressé pourra prendre sa place. Il sera symboliquement le mis en cause et subira les échanges et les reproches. Une fois les débats commencés et un peu apaisés, le vrai mis en cause reprendra sa place et la fonction de restauration du procès reprendra.

Si vous le permettez, je vais me livrer à un exercice de citations quelques instants pour nous permettre d'appréhender à travers elles le paradigme des Dogons sur la prison qu'ils ne comprennent pas, qu'ils peinent même à concevoir. Ce qui est évident pour nous est un non-sens pour eux. Ces citations sont extraites du livre de Marcello Montelleone que j'ai cité plus haut. Elles sont des réponses de Dogons interrogés sur leur préférence en matière de justice : la justice de Bamako, émanation de la justice française héritée de la colonisation, et la justice de Bandiagara qui est la justice traditionnelle Dogon.

Djigiba Gazelou-Blandine répond qu'il vaut mieux la justice traditionnelle que la justice moderne car « *elle favorise la réconciliation des parties à la fin du procès* ».

Sagara Adama considère, pour sa part, que « *par la tradition, on arrive toujours à trouver une solution, alors que la justice moderne ne résout pas les problèmes. Suite à tout procès moderne les gens se retrouvent au village pour la cérémonie du pardon* ».

Kassogué Dramè Omar répondra, quant à lui, que la justice traditionnelle est préférable car « *la paix qu'elle promeut dure longtemps* ».

A la question également de savoir si les gens préfèrent les punitions traditionnelles ou la prison, et pourquoi,

Témbély Dimbiro répond que les gens préfèrent les punitions traditionnelles car *« elles n'impliquent pas de conséquences négatives après la réconciliation* ».

Témbély Ambaga dit *que la prison n'est pas une forme correcte de punition car il y a trop de souffrance et de honte.*

Djigiba Yadouro dit que la prison n'est pas une peine juste *car seule la famille de la partie lésée accepte la prison comme punition mais que cette vision n'est pas partagée par la communauté.* En ce sens, la prison ne ferait pas pour elle consensus et surtout ne fédère pas, ne permet pas de faire société.

Témbély Ogobara Moise pense que les gens préfèrent les punitions traditionnelles « *car elles ne brisent pas l'unité de l'ensemble ».*

Yanogè Jimbogo, forgeron, préfère les punitions traditionnelles « *car les gens les comprennent mieux* ».

A travers ces quelques extraits, l'on perçoit assez rapidement comment le concept de prison ne correspond pas à leur conception de la peine. Dans l'histoire de la France, la prison moderne apparait lorsque la liberté devient une valeur de première importance. La Révolution met en avant la liberté, la prison devient alors la pire des condamnations.

Océanie

La troisième culture que je vous propose d'évoquer aujourd'hui est celle des peuples de l'Océanie, et plus particulièrement de la Nouvelle-Calédonie.

J'y ai accompagné certains services ultra-marins dans la mise en œuvre de rencontres détenus – victimes. Pour cela nous avons organisé cinq semaines de formation à l'attention des personnels de l'administration pénitentiaire, des personnels des associations d'aide aux victimes, des magistrats et des chefs coutumiers kanaks. J'avais en mémoire les résistances déjà évoquées, lors de la mise en œuvre des rencontres en métropole en 2013. J'ai été surpris d'apprendre que 70 personnes détenues, sur un peu plus de 400, ont répondu favorablement à cette proposition en expliquant que, pour eux, cette démarche est évidente.

Alors pourquoi des personnes détenues qui refusent l'autorité de l'Etat français et dont les cellules sont très fréquemment dégradées au son de « la France paiera », acceptent-elles cette mesure ? Interrogés, elles répondent que cela fait écho à la coutume du Pardon. Plutôt que de développer cette notion, je vous invite à regarder quelques minutes du documentaire de Gilles Desniau *Tjibaou, le Pardon*, montrant une démarche de réconciliation entre les familles Tjibaou (Jean-Marie est un indépendantiste qui a signé les accords de Nouméa) et Djubelli Wéa (indépendantiste qui a assassiné Jean-Marie Tjibaou après la signature des accords).

Cette coutume du pardon, exceptionnelle à bien des égards, exprime cependant une manière de traiter les conflits par la parole, les gestes coutumiers, la volonté d'apaisement. La justice restaurative faisant écho à cette coutume dans son esprit, les détenus de Nouvelle-Calédonie y sont favorables.

Conclusion

La justice restaurative, connait des développements théoriques denses que je suis bien incapable de restituer ici. Des débats sur le fait qu'elle ait vocation à remplacer entièrement notre modèle de justice – ce qui est la position maximaliste - ou simplement la compléter – soit la position minimaliste – se poursuivent. Peu importe. Ce qui m'intéresse avec ces développements, c'est de montrer avant tout, par cet exemple de la justice restaurative et cette démarche, encore maladroite, de criminologie interculturelle ou de comparaison centrée sur les systèmes de valeurs, que notre modèle de justice n'est pas universel et que ce qui est devenu absolument évident pour nous est surtout le résultat de choix. Et ces choix reposent sur des valeurs jugées comme fondamentales. La prison fait partie de notre modèle de société. Et en tant que cadre de l'administration pénitentiaire vous comprendrez que je le dise sans jugement. J'ai fait de la prison et de la probation mon métier.

Je conclurai en revenant à la notion de Pardon que j'ai laissée plus ou moins de côté après mon introduction. Mais vous l'aurez compris : la justice restaurative recherche l'apaisement par des dispositifs qui se nomment ailleurs la coutume du pardon (Mali, Nouvelle-Calédonie notamment) et elle se développe aisément là où la culture lui offre un terreau favorable (protestante, océanienne, africaine). Alors pour reprendre le titre de ce colloque : *de la récidive et du Pardon*, je dirai que ce qui s'en rapproche le plus en France est le fait des programmes de justice restaurative qui ont aussi pour conséquence une réduction des infractions, ainsi qu'en témoignent des études à ce sujet qui existent surtout dans les pays anglo-saxon). Mais ces initiatives montrent que cette logique n'est pas évidente pour nous. Elle ne l'est pas pour les professionnels. Elle ne l'est pas pour les citoyens ni pour les auteurs ou les victimes alors qu'elle l'est dans d'autres régions du monde, y compris appartenant à la France comme c'est le cas de la Nouvelle-Calédonie. Je fais le pari que le motif en est essentiellement une raison de valeurs : la peine doit faire souffrir au regard d'un héritage socio-historique basé sur un système de valeurs chrétiennes. Et elle est individuelle, fondement ainsi du principe de la responsabilité pénale, là ou ailleurs elle doit réparer, assurer la cohésion sociale, et là où elle est plutôt une affaire collective.

PARTIE III

LE PARDON

CONSIDERATIONS SEMANTIQUES ET PHILOSOPHIQUES

ÉTHIQUE ET JUSTICE

Par Don et Pardon

PHILIPPE GENUIT

« *Les vices entrent dans la composition des vertus, comme les poisons entrent dans la composition des remèdes...Le plus sûr moyen de se tromper est de se croire plus fin que les autres* », François de LA ROCHEFOUCAULD « Maximes ».

Avant-propos : Anthropologie clinique (sciences humaines et vérification).

Pardon et récidive renvoient, tous les deux, vers le raisonnement et la résonance entre la liberté et le pouvoir d'agir. Liberté de pardonner, se contraindre à renoncer à la vengeance ; liberté de ne pas se contraindre dans la répétition des actes nommés récidive en matière d'infraction pénale.

L'un n'a de pouvoir sur l'autre que parce que ce dernier, en conscience ou à son insu, le lui concède. Ce pouvoir peut être oppressant ou adjuvant.

Dans l'optique et l'option de cet ouvrage, nous pouvons annoncer que demander pardon ou accorder son pardon suppose une résonance entre l'interne et l'externe de la personne dans le rapport soi - autre. Il en est ainsi de l'altérité (être avec l'autre – alliance / appartenance) et de l'altruisme (être pour l'autre – transmission -responsabilité).

C'est parce que l'enfant possède en lui la capacité éthique de se contraindre (un surmoi interne), que le parent ou l'éducateur peut le conduire et le punir, lui pardonner. C'est parce que l'agresseur ressent consciemment ou inconsciemment la résonance interne (vulnérabilité) de la victime, qu'il peut la contraindre.

Il en est dialectiquement de la résilience comme de l'offense, elle suppose une résonance entre l'interne de la personne et l'altérité externe. Il n'est de pardon, pour le récidiviste que par ce qu'il possède en lui une possible résipiscence (un ''par don'') qui lui permet de se l'approprier et d'entrer dans la désistance, autrement dit l'arrêt des actes incivils et infractionnels.

C'est ce dialogue entre l'interne et l'externe, le **par-don** et le **pardon** que nous interrogerons dans la perspective de l'anthropologie clinique, mise en œuvre tant à Louvain en Belgique wallonne qu'à Rennes en Bretagne française.

Il ne s'agit pas de faire l'histoire du savoir sur le pardon et la récidive, mais de les envisager dans le rapport aux différentes situations historiques dans lesquelles les mêmes termes ont pu le désigner sans avoir nécessairement le même contenu. Ce que Stamatios TZITZIS a parfaitement expliqué par ailleurs.

L'anthropologie clinique vient ici comme méthode de vérification de nos hypothèses, de nos assertions, de la relativité des termes. Comme l'énonçait Jean GAGNEPAIN en 1987 : « *La quête n'est pas pour le théoricien d'un complément d'une pratique pour le théoricien ou d'une théorie pour le praticien. C'est qu'ensemble, nous prenions conscience que faire des sciences humaines, c'est toujours faire la théorie d'une pratique, donc d'une praxis. Les sciences humaines sont les sciences du paradoxe et jamais de l'évidence. Dans les sciences humaines, la rationalité n'est jamais donnée dans le phénomène lui-même. Le phénomène, n'est au fond que la manifestation explicite d'un fonctionnement qui l'instaure. Cependant, il nous faut bien en poser l'existence, car sinon, il est impossible de rendre compte des faits. Chez l'humain, il y a toujours une opposition entre l'explicite que nous pouvons saisir et un implicite que nous ne pouvons atteindre d'évidence* ».

Traduction et contexte

L'expression anglosaxonne concernant la vérification clinique de l'*Evidence based medicine*, paradoxalement dénote *a paradox based medicine.*

Mais nous retrouvons là, les embuches de la traduction, et son célèbre *traduttore – traditore*, que Stamatios TZITZIS nous a démontré avec talent et fougue, concernant le pardon et la différence des notions du droit hellénistique antique d'*Aphésis* (ἄφεσις–**Libération**) et de *Syggnomè* (συγγνώμη-**Rémission**) qui résonnent et raisonnent dans la différence anglaise du *forgive et* du *pardon*, ainsi que dans la différence allemande de la *Vergebung* et de la *Verzeihung.*

Ainsi en est-il de la différence entre les manifestations juridiques de la *Common Law* et le *Droit français*, notamment dans la primauté du pragmatisme de la jurisprudence sans édiction d'un mode preuve, mais ayant comme repère l'*habeas corpus*, comparée au célèbre « *nullum crimen sine lege* » de Cesare BECCARIA (*Dei delitti e delle pene*) énonçant la primauté de l'édiction de la loi pour qu'il puisse y avoir incrimination.

Concernant le pardon et la récidive, l'anthropologie clinique nous enjoint de rechercher le processus implicite où ils se fondent, tout en tenant compte de la manifestation explicite et du contexte dans lesquels nous en observons la diversité des manifestations. Diversité de temps (ex. antiquité – actualité), diversité de lieu (ex. Orient – Occident), diversité de milieu (ex. Common Law – droit Romain Germanique) ; la diversité nous enjoint à penser, comme Einstein l'a fait dans les sciences physiques, en termes de relativité, pour nous du regard.

Ceci nous amène dans une position épistémologique du doute et de la réflexion intégrant la dialectique de la contradiction, en contraste avec une position idéologique de l'affirmation. Savoir raison, ou connaître la raison d'une question ne signifie pas avoir raison sur la question.

Il n'est pas raisonnable d'affirmer une position, une option comme seule définition, ou plus comme vérité. Cela serait nier que tout mot employé, pour dénoter une réalité, est polysémique et est dépendant du contexte dans lequel il est usité.

Autrement dit nous analyserons ici la diversité des définitions explicites du pardon, dans ses contextes, religieux, juridiques, sociaux et moraux, pour questionner dans quel processus implicite il se fonde.

Pour comprendre le raisonnement qui suit, il est bon d'inviter le lecteur à entendre que le pardon s'inscrit dans une analyse rationnelle. Le pardon en sens est voué de raison, qui elle-même est tétralogique. Puisque nous sommes des êtres de parole, laquelle nous permet de nommer et définir le pardon, interrogeons cette parole, pour ensuite mieux revenir sur les notions de Pardon, de Récidive et les notions qui en découlent, la résipiscence et la désistance.

La rationalité diffractée et l'analogie des plans - cf. La Parole

Sous le vocable de parole nous désignons plusieurs instances de la rationalité, plusieurs plans de l'analyse anthropologique clinique - autrement dit vérifiable pathologiquement. La parole révèle quatre facultés différentes mais fonctionnant de façon analogique, mais donnant des pathologies différentes et spécifiques, à savoir : le langage, l'écriture, la langue et le discours.

— Par le langage, autrement dit le dire, nous signifions notre pensée, notre faculté logique.

— Par l'écriture, nous transcrivons l'énoncé du dire en faire, grâce à notre faculté technique.

— Par la langue, dont celle dites des signes, nous échangeons notre énoncé, autrement dit l'inter-locution, grâce à notre faculté sociologique (ou sociale) de nous adresse à l'autre.

— Par le discours, par notre propos, intervient la manière de dire ou de ne pas dire (le célèbre non-dit), avec des fleurs ou avec des poings. Nous exprimons notre faculté axiologique (ou morale).

Toutes nos facultés fonctionnent analogiquement, par identification des différences et composition de la diversité. Ainsi, socialement repérons-nous nos capacités de singularité (s'identifier en se différenciant) en lien et en contraste avec nos capacités de communauté (famille, tribu, nation, ethnie etc.).

Pour autant, la rationalité diffractée, au-delà de l'analogie de fonctionnement, se vérifie par les pathologies spécifiques à chaque faculté.

— Les agnosies pour la faculté logique et notamment les aphasies pour les pathologies du langage.

— Les apraxies et les atechnies pour la faculté technique.

— Les asomasies pour la faculté sociologique et notamment les perversions et psychoses, en tant que trouble de la communication et donc de la socialisation.

— Les apathies, aboulies pour la faculté axiologique et tout particulièrement les névroses et les psychopathies pour les pathologies de l'inhibition et de la libération de l'action.

Ainsi, le défaut locutoire, l'agrammaticalité de l'aphasique ne se confond pas avec l'incommunicabilité du psychotique.

Ainsi, le défaut de manipulation technique de l'apraxique ne se confond pas avec l'excès de ce que l'on nomme la manipulation relationnelle perverse, ou l'agir violent et la manipulation morale du psychopathe.

Ainsi, l'amoralité du psychopathe ne se confond pas avec l'asocialité du psychotique ; fut-ce psychopathe, de par l'excès de transgression pris dans les rets de la justice.

La question ici, est de comprendre où est la source du pardon, dans cette tétralogie ? A cette question s'ajoute cette autre : dans notre perception du pardon, ne faisons-nous pas des amalgames, autrement dit, ne confondons-nous pas des registres différents ? Et plus particulièrement cela dans l'interférence des plans de la loi (faculté sociologique) et du droit (faculté axiologique), quand nous envisageons la demande, ou l'octroi de pardon, dans les manifestations d'altérité et d'altruisme.

L'ambiguïté apparente du Pardon et du Droit

Le pardon et le droit sont souvent envisagés sous l'angle de leur manifestation sociale au travers de la faute, de l'infraction, du châtiment, de l'indulgence etc.

Anthropologiquement, la source du droit est implicitement en nous, en notre for interne, et non pas dans la société qui le codifie. Cela n'empêche pas que précisément la société le codifie, par l'entreprise de la loi, du *Nomos*. L'analyse anthropologique nous enjoint de différencier la source du pardon, liée au droit, de ses phénomènes observés dans la demande ou l'octroi, renvoyant au code, en ses différentes manifestations sociales ; de bonne conduite, juridique etc.

Remarquons qu'il y a là quelque chose de profondément regrettable dans la mesure où en donnant le nom de droit uniquement au code, civil ou pénal, quel que soit son contenu en *dikè*, on aboutit à faire de la faute, l'iniquité : "*summum jus, summa injuria*", c'est-à-dire que le comble du droit est souvent le comble de l'injustice.

L'anthropologie clinique pose que le problème philosophique et juridique de la loi est entre le *Nomos* et la *dikè*, laquelle veut dire la justice en grec[1]. Nous lui, donnons le sens de droit, au sens de se donner ou non le droit d'agir justement. Cela, anthropologiquement parlant, n'a rien à voir avec la *némésis,* étymologiquement liée au *Nomos*- au partage, qui signifie le *du de ce qui est dû*, autrement dit la *rétribution et la distribution*, et par extension la vengeance. De là vient que *Dikè* est la déesse de la justice -

[1]*Dikè* : u radical indo-européen commun *deyḱ* » montrer, pointer » d'où viennent également δείκνυμι, *deíknumi* » montrer », et en latin *decet* » il convient de », *ju-dex* » juge ».

distributive, rétributive ou commutative, de l'équité des jugements et des droits consacrés par la coutume et la loi.

Le *Nomos* peut recouper toutes les autres facultés humaines. Nous recoupons le langage par le *Nomos* en en faisant de la langue. Nous recoupons l'art (*ars -tekhné*) par le Nomos en en faisant du style. Nous recoupons le droit- *diké* par la loi- *nomos* en en faisant du code. En ce sens la justice – au sens de ce qui équitable, juste - et la Justice – au sens du Droit, de la faculté de droit - en tant qu'institution sociale sont anthropologiquement apparentés au *nomos* - à la loi (*nullum crimen sine lege*) - et non à la *diké*. Pourtant, cette dernière jauge, juge et prescrit, et utilise donc la capacité axiologique pour ordonner – édicter des ordonnances - et punir dans le recoupement précité du code.

Dans la loi, au sens social, il n'y a pas de *prescriptivité*. Il y a bien *obligation* au sens où il y a *dette*. L'obligation est liée pour nous à l'institution de la personne qui est à la fois acculturation du soi - être avec l'autre et pour autrui.

Pardon et Renoncement

L'enjeu du pardon, vous l'avez compris, est énorme : Il s'agit ni plus ni moins que d'être libéré à la fois de la rancœur et de la culpabilité. La culpabilité est à distinguer du sens de la faute et de la responsabilité. La culpabilité donc, comme la rancœur, est bien quelque chose qui ne nous lâche pas facilement, quelque chose qui nous empêche d'aller de l'avant, au-delà de la répétition de forme récidiviste et de la vengeance.

Analyser anthropologiquement le pardon vient à décortiquer, à déconstruire épistémologiquement le recoupement de la dette et du don, du *nomos* et de la *diké*. La dette nous constitue socialement, au même titre que la signification constitue notre logique. Le don, contrairement à l'analyse de MAUSS dans son étude sur *le « don et le contre don »*, l'offrande, voire le pardon - c'est-à-dire la remise de la dette - ne ressortissent pas à la justice, c'est-à-dire à l'équivalence, à l'équité, des dettes mais ressortissent à la morale, sous le nom de dimension du sacrifice, du potlatch, de la *Verzichtung* qui dit le renoncement, bref de la perte. Accorder son pardon est être capable de renoncer à la rétribution. En ce sens le terme grec *aphésis* - ἄφεσις, comme l'a bien montré et expliqué Stamatios TZITZIS, renvoie au fait d'écarter, d'enlever, de libérer, de renoncer à poursuivre, de s'abstenir, autrement dit à la définition de la perte chez Jean GAGNEPAIN.

Ce renoncement à poursuivre se retrouve dans la prescription juridique de *non-lieu.*

L'utopie de l'irresponsabilité

Ce non-lieu issu du renoncement est particulièrement bien illustré, à travers le recoupement de la responsabilité – de l'obligation envers l'autre - dépendante du *nomos,* et de la culpabilité – de la peine, de la punition interne à soi-même et non pas adventive - dépendante de la *dikè*, dans la contribution du Dr Cyril MANZANERA au présent ouvrage. Ce en quoi le non-lieu pénal à poursuivre, cette utopie[2] juridique, est paradoxalement, fut-ce dans un souci d'être juste socialement, un renoncement au pardon, qui lui est justement renoncement. Le non-lieu dit psychiatrique est une mesure sociale de non jugement pénal externe, et non une mesure morale du type de l'abstinence, qui est jugement interne. Le fil est tenu entre les deux mais le pardon est une décision de remettre la dette que les grecs nommaient συγγνώμη – syggnomè, que la traduction grecque de la bible dénomme rémission, expiation, indulgence, excuse, selon les contextes.

Le don - offrande dépasse la justice, l'équité. Ainsi, cela n'a plus aucun rapport avec un économisme de la rétribution, mais cela nous introduit dans un autre univers, cet univers où cela ne se compte plus parce que l'abstraction se fait par une frustration du désir, c'est-à-dire une perte. Nous ne sommes plus alors dans l'ordre de la dette mais dans l'ordre de la perte.

Le pardon est quelques fois annoncé sous le vocable religieux de miséricorde. Miséricorde veut dire cette espèce de dette, d'obligation à l'égard de l'autre. C'est donc tout autre chose que ce qu'on lui fait généralement dire quand on confond la miséricorde avec la grâce et le pardon. La grâce - χάρισμα- charisma - et le pardon sont à reporter sur le plan axiologique.

La miséricorde est ce qu'on appelait la charité[3] dérivée du terme grec *Charis*, c'est-à-dire une conception non négociée du religieux. Dans le vieux *Minuit Chrétien*s, du temps catholique de la nativité, on chantait

[2]De l'anglais *utopia*, mot inventé, en 1516, par Thomas MORE dans son livre *Utopia*. Construit avec le préfixe grec οὐ-, *ou-* de sens privatif et noté à la latine au moyen de la seule lettre *u*, et τόπος, *tópos* » lieu », signifiant donc « qui n'est en aucun lieu ».

[3] Du latin *charitas* » cherté », « affection », variante de *caritas* par rapprochement avec le grec ancien χάρις, *kháris* » grâce ». Le fait que Charité, Eucharistie, *eukharisto-* merci, et Charisme soient utilisés dans la même langue chrétienne, n'a pas aidé à différencier la dette de la peine, du don et du pardon, au point où « être à la merci » et « rendre grâce » puissent exprimer la soumission plus que le consentement.

« *pour effacer la tache originelle* ». Ce qui s'efface, l'*aphésis*, ce n'est pas une quelconque tare que le croyant portait. Ce qui s'efface dans l'Evangile, c'est une certaine conception de la divinité, un certain type de rapport au transcendant.

A ce moment-là, le baptême ne libère pas d'une dette, d'un péché, mais il est un rite d'adoption et fait le chrétien fils de Dieu.

Autrement dit, dans le pardon chrétien qui a influencé notre justice laïque, il y a une autre compréhension religieuse, qu'on y prête foi ou pas, qui concerne le pouvoir. Cela dans la mesure où on ne peut pas traiter du pouvoir sans traiter de la façon dont on le transcende.

Trop souvent la manière dont on le transcende a été de fabriquer des créanciers à cette dette, y compris le Dieu de l'Ancien Testament. Mais dans la mesure où la conversion transcendantale actuelle fait de Dieu ce que nous sommes et rend à l'Autre ce que nous sommes nous-mêmes ; alors ce Dieu est aussi endetté que le croyant. Comme l'énonce Jean GAGNEPAIN : « *Dieu ne peut pas poursuivre le règlement de nos créances puisque c'est parce qu'il est lui-même endetté qu'il nous a fait endettés* » ; comme le père est endetté par rapport à l'enfant, sans qui il n'aurait pas accès à la paternité explicite.

Sigmund FREUD s'exprimait de façon équivalente, dans son célèbre aphorisme : « *L'enfant est le père de l'homme* », même s'il considérait que *la religion était la névrose obsessionnelle de l'humanité, tandis que la névrose obsessionnelle fonctionne comme une religion privée.* Le névrosé étant alors l'officiant, le prêtre de ses propres rituels.

Où l'on voit que le non-lieu psychiatrique, comme l'a bien montré Cyril MANZANERA, l'irresponsabilité pénale, ne remet pas la dette du criminel, mais l'instaure, non plus comme créancier du juridique, mais comme créancier du thérapeutique. C'est un changement de propriétaire, ou d'usufruitier, qui s'entend cliniquement, mais qui, s'il peut réjouir certains, peut à l'instar de Louis ALTHUSSER dans son livre « *L'avenir dure longtemps* », en insupporter d'autres.

Pouvoir sur soi – Pouvoir de l'autre : l'écho de vulnérabilité

Nous avons dit, plus haut, que dans le pardon chrétien qui influence toujours en occident la justice laïque, il y a là une autre compréhension religieuse qui concerne le pouvoir : pouvoir sur soi dans le renoncement et pouvoir de l'autre et sur l'autre.

Le principe d'altérité renvoie à la dette envers l'autre ou de l'autre envers soi. La question de l'autre en nous renvoie à l'Ego. Quand on parle d'égoïsme et d'altruisme, immédiatement tout le monde croit comprendre de quoi il s'agit ; l'égoïsme, tendance à l'ego, à soi-même, et altruisme, tendance à l'autre.

Penser ainsi occulte le fait qu'il y a de l'altruisme dans la prise, ainsi qu'il y a de l'égoïsme dans le don et même le pardon. Cela fait que la prise chez l'homme n'est jamais accaparement, sauf pathologie. De même, le don n'est pas perte mais il est, sociologiquement, justice, troc.

Dans la mesure où il est **perte, par-don,** gâchis, nous sortons du plan de la loi-*nomos*, - de la transaction, pour entrer dans le plan de la règle-*dikè*), du choix. André GIDE ne s'y est pas trompé dans sa citation : « *Choisir, c'est renoncer* ».

La plupart des langues illustrent cela, y compris le français. Des mots marquent les transactions analogues dans beaucoup de langues. Les verbes « *donner* » et « *prendre* », « *prêter* » et « *emprunter* » sont les mêmes. Par exemple, en français "*louer*" veut dire aussi bien donner à bail que prendre à bail ; cela tient à l'accession à la propriété. Cette accession à la propriété est la même dans un cas et dans l'autre : le bien peut se mouvoir dans cette équivalence qui fait les conditions de vente.

Emerger à la propriété suppose que nous soyons capables d'émerger à l'ego. L'ego, c'est le principe d'altérité. L'Autre, d'où vient-il ? Qu'est-ce qui fait l'autre ? Ce qui crée de l'altérité ne préexiste à la capacité que par l'émergence à l'ego. L'ego, grec ou latin,[4] c'est le principe d'altérité, de non-coïncidence de l'être avec l'être, analogiquement à la non coïncidence du mot et de la chose dans le processus logique.

Comme le dit Jean GAGNEPAIN, dans ses *parlements de 1982* : « *Parce qu'il est ce principe d'altérité, on comprend qu'il ne soit jamais pluriel. Ce qui se pluralise, ce sont les visages performanciels qu'il peut prendre au cours du réinvestissement, des contextes de manifestation.*

---

[4] Ego, de l'indo-européen commun *$éǵh_2$* qui donne le grec ancien **ἐγώ** *egṓ*, le latin ego, le sanskrit अहम् *aham*, le gotique 𐌹𐌺 *ik*, l'allemand *ich*, l'anglais *I*, le tchèque *já*, etc. ; le pluriel *nos* correspond au grec ancien νῶϊ *nõï* ; le radical décliné *me*, se retrouve également dans les autres langues indo-européennes. En latin, comme en grec, le pronom « **je** » fait partie de la déclinaison du verbe, *-o* est pour *-om* et correspond à *me* ; il survit dans *s-um* » je suis » et dans *inqu-am* » dis-je ». *cf. wikionnaire*

Or l'ego a toujours été confondu, même quand on le distingue du "moi", avec le petit domaine dans lequel nous sommes supposés être enfermés. L'ego (Ich) est la capacité qu'on a de se distancer aussi bien du "moi" (Mich), que du "toi"(Dich) que du "lui"(Ihn), que du "on" (Wir), c'est-à-dire, la capacité que nous avons de nous dissocier de la totalité de nos semblables. Nous différencier dans la diversité dirait Aristote le Stagire. *Il n'est pas plus surprenant sociologiquement de définir l'ego par aucun contenu, mais comme principe d'altérité, que de définir logiquement le signe comme impropriété* »

Le pardon ne se confond donc pas avec l'altruisme, qui reste une transaction. Le pardon est renoncement par libération – par *aphésis* - ou par rémission – par *syggnomè*, il n'attend pas de contre don. En ce sens le récidiviste montre une impossibilité provisoire et dans certains cas nosologique, une incapacité à renoncer. Cette incapacité à renoncer, qui entraine un défaut de pouvoir sur soi, se retrouve en miroir dans l'agir de pouvoir sur l'autre. L'un reporte sur autrui sa problématique, particulièrement quand inconsciemment la vulnérabilité de l'autre fait écho à sa propre vulnérabilité.

La rencontre de vulnérabilité

Il ne s'agit surtout pas d'énoncer que cette rencontre de vulnérabilité entre l'agresseur et la victime soit voulue, ce qui serait un discours d'agresseur, mais d'annoncer qu'il n'y pas de rencontre de hasard ; que le prédateur ressent l'effroi de la proie et inversement. Autrement dit dans ce cas il n'y a pas de prise sans don, de prédation sans dation ou paiement.

Ce qui est dissocié normalement dans le rapport Dette / Perte, comme nous l'avons énoncé plus avant, se trouve ici, d'une manière tératologique, confondu.

Si le don et le contre don, pour parler comme Marcel Mauss, sont un échange, un écho de sensibilité conscient et volontaire, l'écho de vulnérabilité morbide dans la sujétion oppressive montre que le rapport prédation / dation entre dans un rapport mimétique inconscient et indissociable. Le rapport mimétique par lequel deux subjectivités rentrent en miroir n'est pas un échange. Il s'agit là plus d'une fusion où la singularité n'est pas individuelle mais couplée. En cela, le nombre de protagonistes ne se résume pas à deux individus.

Echo de vulnérabilité et mimétisme subjectif

La dichotomie agresseur/victime, est sujette à caution et suppose une analyse, en son sens premier de décomposition, voire déconstruction et redistribution. C'est ce qu'exprime le professeur Jean GAGNEPAIN quand il parle de « *force naturelle* » et « *d'exploitation animale de la faiblesse* » comme « *conversion de la force* ». C'est-à-dire : être capable d'une moindre force, d'une faiblesse qui donne l'élan pour donner un résultat supérieur. Cette dynamique est analogue à l'effacement symbolique de l'objet pour émerger à sa représentation.

De ce point de vue, à confronter à d'autres possibles comme nous l'avons dit précédemment, le « Pouvoir » est l'aptitude à contrôler la force. Ainsi la faiblesse, la vulnérabilité, rendent nécessaire l'adaptation évolutionnaire chez l'animal et l'inventivité révolutionnaire chez l'humain. Adaptation et inventivité sans lesquelles nous n'aurions pas inventé, entre autres choses, la roue et domestiqué plus ou moins génialement la nature, en révolutionnant notre propre nature. Dans ce sens l'agir *agressif* est preuve d'une vulnérabilité non transformée en conversion de la force. Cette vulnérabilité non transformée est en écho mutuel avec le *subir victimal*, si tant est que soit validé ce néologisme.

Il y a donc en ce sens un « écho », un « mimétisme », une « mutualité de vulnérabilité », synonymes de faiblesse, de fragilité, etc, entre l'agresseur qui agit son « *incontrôle* » de la force et la victime qui subit sa « *non exploitation de sa faiblesse* ». Cet écho, cette similarité, généralement n'est pas consciente, au point où ce que les latins nommaient « *injuria* » [5] - le *jugement faux* ou l'estimation erronée, et que certains de nos contemporains désignent par le vocable de « distorsion cognitive » - se réalise dans la « *mésestime* », la « *maladresse* », la « *méprise* » où la « *Malencontre* » comme la nommait Etienne de la Boétie.

L'inverse de cette mutualité de vulnérabilité, non transformée et agie à la façon de la malencontre victimaire, d'une agression et d'une victimisation par incontrôle de la force, est la réciprocité vulnéraire, soit là où la rencontre de vulnérabilité convertit et contrôle le rapport de force, comme par exemple dans la rencontre amoureuse, dans le lien parent /enfant, etc... Le

[5] **iniurĭa**, ae, f. [in + jus] : Jugement faux - erroné - 1 - procédé injuste, acte contraire au droit, injustice. - 2 - procédé offensant, outrage, affront, offense, injure, insulte. - 3 - mauvais traitement, tort, préjudice, dommage, lésion. - 4 - dureté (injuste), sévérité (injuste), rigueur (injuste). - 5 - objet pris injustement. (Lebaigue P. 637-638)

fait qu'aujourd'hui le concept anglais *injury* signifie blessure, autrement dit *traumatikos,* n'est dès lors pas anodin.

Sans la vulnérabilité et sa duplicité structurale – la faiblesse naturelle et son exploitation, la conversion de la force - l'être serait comme la plante, soumis aux forces naturelles. La *Sophia* dans sa double nature et aptitude, technique et éthique, à contrôler la force énonce la duplicité du pouvoir : le pouvoir technique est habileté, *cleverness - to can, Geschicklichkeit - können ;* le pouvoir éthique est sagesse pratique, expertise, contrôle de soi, *wisdom - to may, klugheit - dürfen.*

Etienne de la Boétie, dans son « Discours de la servitude volontaire » énonce et annonce : « ***...Vient le secret de toute domination : faire participer les dominés à leur domination*** ».

« *Un homme ne peut asservir un peuple si ce peuple ne s'asservit pas d'abord lui-même. Les uns règnent par l'élection du peuple, les autres par la force des armes, les derniers par succession de race* ». « *Les hommes nés sous le joug, puis nourris et élevés dans la servitude, sans regarder plus avant, se contentent de vivre comme ils sont nés et ne pensent point avoir d'autres biens ni d'autres droits que ceux qu'ils ont trouvés ; ils prennent pour leur état de nature l'état de leur naissance* »... « *Le tyran est soutenu par quelques hommes fidèles qui lui soumettent tout le pays. Ces hommes sont appelés par le tyran pour être « les complices de ses cruautés* »

« *La première raison de la servitude volontaire, c'est l'habitude.* » « *Nous ne sommes pas nés seulement en possession de notre franchise* [liberté], *mais aussi avec affection de la défendre* ».

Cinq cent ans plus tard : Pierre Bourdieu, analyse d'une manière similaire « *La domination masculine* » [6], le « *Pourquoi obéit-on ?».*

Malencontre – asservissement mimétique

« *L'habitude nous joue des tours...* », chante le poète : notre disposition personnelle aussi ! L'une conjuguée à l'autre favorise la *situation vulnérante*[7], où la vulnérabilité de *l'agent vulnérant* - le victimaire - peut *malencontrer* la vulnérabilité du *patient vulnéré* - la victime, et ce dans des confins inattendus. Cette malencontre est souvent difficilement repérable pour l'un et l'autre tant ils sont, en écho, sous l'emprise de *l'habitus* – de

---

[6] In Actes *de la recherche en sciences sociales*, no 84, septembre 1990, p. 2-31

[7] Concept emprunté au professeur Loïck Villerbu

leur éducation, de la transmission familiale - et de leur diathèse, de leur vulnérabilité physique ou psychique.

Et les grecs s'y entendaient pour analyser ce rapport malencontreux quand ils désignaient sémantiquement la proximité de l'obéissance, de la croyance, de la conviction et de la confiance, jusqu'à la soumission.[8] Penser que nous échappons à cette proximité serait illusoire. La soumission légale à l'autorité est proche de celle plus ou moins légitime à un tyran, que celui-ci soit représenté par un gourou ou les propres pulsions de la personne – comme asservissement à la puissance intérieure.

L'asservissement de la victime à une puissance extérieure, telle que celle du prince, côtoie toujours dans le *principe* l'intime conviction du juge. En d'autres mots : la malencontre de mutualité de vulnérabilité psychique entre l'*agresseur vulnérant* et la *victime vulnérée* est possible parce qu'humainement, ce côté obscur de la force est l'inverse de la rencontre de réciprocité – vulnéraire - entre celui qui convainc et celui qui observe une obligation conjointe. Et le renversement du *victimaire* – de l'agression - en *vulnéraire* – en guérison - est du même type bien qu'inverse, du renversement de la victime en *agresseur*. Tout praticien du droit et du soin sait bien, dans l'histoire des sujets de leur magister, que le retournement et l'inversion tiennent du même principe psychique dialectique - contradictoire - qui définit l'humain.

[8] *Peitho* = persuasion, conviction…*Pistis* = confiance, croyance…*Peitharchia* = obéissance, observance, compliance…*disciplina.*

Pardon et rétribution, des notions irréconciliables ?

Stamatios Tzitzis

Dans l'usage le plus fréquent et le plus populaire, le pardon renvoie à la rémission d'une faute. Il possèdeun contenu hautement psychologique car il est accompagné par l'abandon d'un ressentiment, d'un esprit de représailles et, en général, d'une volonté de faire du mal à quelqu'un de fautif qui nous a blessé. Il apporte un sentiment d'apaisement car il représente un signe de renoncement à revendiquer un dû légitime auprès de l'homme fautif, un dû qui peut se traduire de plusieurs façons.

Il entraîne en particulier la dispensation de soi d'agir moralement ou juridiquement contre le coupable. Il libère le soi d'infliger une sanction et l'autre, le condamnable, de la subir. Il est motivé par la générosité et la clémence, la miséricorde et la foi en Dieu et en l'homme. Il prône un humanisme de bienveillance. En certaines circonstances, il renvoie à l'oubli du mal dont on est victime pour ne pas se faire davantage de mal.

Dans la plupart des cas, il trahit la noblesse du cœur ; toutefois, des arrière-pensées ne sont point exclues. Il peut être l'artifice d'une stratégie au niveau politique ou étatique. Il s'agit du pardon stratégique ou « florentin ». Nous entendons par là un pardon intéressé dont la portée utilitaire l'emporte sur la générosité morale, selon laquelle celui qui accorde le pardon en tire un bénéfice certain.

De son côté, la justice rétributive, celle qui exige la punition de toute faute, prend par principe le contre-pied du pardon. Elle a un fondement tant éthique que juridique car elle exige son dû selon la morale ou le droit. Elle constitue le fondement du droit pénal car celui-ci ne souffre aucune impunité du crime. En effet, le droit pénal, tributaire de la définition du *dikaion* (le droit grec) et du *jus* (le droit romain), tire sa rigueur du droit distributif : ce qui exige d'attribuer à chacun des peines et des récompenses selon son mérite : *jus suum quique tribuere.* Cette maxime est au cœur de la philosophie politique et juridique des Grecs que les Romains ont adoptée.

C'est pourquoi le pardon est d'une mince importance dans leurs univers. Agir bien, c'est agir selon la justice rétributive.

Même les dieux païens ne sont pas enclins à pardonner. Ils font toujours prévaloir un droit quidemande d'emblée la punition du coupable. Toute faute doit être sanctionnée même si elle est involontaire (tel est notamment le cas d'Œdipe qui a tué son père par ignorance).

Dans notre travail, nous allons d'abord développer une sémantique du pardon pour pouvoir ensuite, en la confrontant à celle de la justice rétributive, voir si ces deux idées sont inconciliables.

Sémantique du pardon

Pour les exigences de notre travail, nous distinguons d'emblée deux sortes de pardon ; le pardon théologique et le pardon philanthropique.

Au niveau théologique, le pardon est justifié pour la victime, au nom de la métaphysique de la charité commandée par une foi transcendante. Il concerne le dictamen de la conscience qui l'accorde au nom des valeurs supérieures, inspirées par les commandements divins. Plus spécialement, le christianisme est la religion qui élève le pardon au rang de la transcendance de l'agapè, l'amour christique : le Dieu Sauveur de l'humanité, dans ses souffrances humaines, demande à Dieu le Père de pardonner ceux qui ont voulu sa mort. Ainsi Jésus s'est révélé comme un des plus grands maîtres du pardon : « Père, pardonne-leur : ils ne savent pas ce qu'ils font » [1]. Il en est le prototype même.

Le pardon théologique représente une dette que l'on ne doit pas réclamer comme Dieu ne réclame pas la dette que nous ne pouvons pas lui rembourser. Cela apparaît sans ambigüité dans la parabole de l'Évangile selon saint Matthieu : « Je t'ai remis toute cette dette parce que tu m'en as prié. Ne devais-tu pas toi aussi avoir pitié de ton compagnon, comme j'avais eu pitié de toi ? » [2]. Dans le cas contraire, déclare Jésus Christ, « c'est ainsi que mon père vous traitera, si chacun de vous ne pardonne à son frère de tout son cœur » [3].

La charité chrétienne doit donc être motivée par la *syn-pathie* envers les fautifs au nom de la miséricorde que nous montre Dieu et exprimée par la bouche de son fils. « Celui à qui on pardonne peu montre peu d'amour », dit

---

[1] *Evangile* selon saint Luc, 23, 34.
[2] *Evangile* selon saint Mathieu, 18, 32-33.
[3] *Ibid.*, 18, 35.

Jésus dans l'Évangile selon saint Luc[4]. » Heureux ceux dont les offenses ont été remises, et les péchés, effacés » [5].

Dans cette perspective, pardonner pour les chrétiens n'est guère une option mais une nécessité - comme le souligne le Pape François dans un de ses tweets.

Que ce soit aux peuples victimes d'injustices, aux victimes d'abus sexuels, aux pauvres, le Pape demande souvent pardon pour des actes dans lesquels les chrétiens ont leur part de responsabilité. Demander pardon, comme pardonner demande du courage.

Déjà dans le judaïsme, Dieu se révèle non pas seulement comme le Dieu de colère (cf. la destruction de Sodome et Gomorrhe) mais aussi comme le « Dieu des pardons, plein de pitié et de tendresse (...) riche en bonté » [6] .

En effet, la tradition judéo-chrétienne, pilier de la culture occidentale, fonde une grande partie de ses valeurs sur la gratuité du pardon. Pour le grand rabbin, le pardon s'identifie à un processus de compréhension etde bienveillance systématique, visant à diminuer ou à supprimer la responsabilité du fautif[7].

Le pardon va de pair avec l'humilité, il tient compte de notre faiblesse. Pardonner n'est pas occulter la faute, c'est renoncer à la faire payer car le passé est irréversible, à jamais inscrit ; le pardon ne vise pas à l'abolir. Mais le passé n'obstrue pas l'avenir parce que l'on ne persiste pas à le faire payer.

Dès lors il est incontestable que le pardon représente une dette que le débiteur renonce à revendiquer. Or dans la perspective chrétienne, ce pardon renvoie directement à *l'aphèsis* dénotant l'exonération d'une dette.

Cette relation entre le pardon (aphèsis) que l'on demande à Dieu et celui qu'on doit accorder à ses frères est si nette que le Christ l'a inscrite dans la prière du Notre Père : « Remets-nous nos dettes (*aphès*), comme nous-mêmes nous remettons leurs dettes à nos débiteurs » [8] .

Au sens philanthropique du terme, le pardon est accordé pour d'autres motifs que les motivations religieuses. C'est d'abord au nom d'un existentialisme centré sur la compréhension des faiblesses humaines et la générosité du cœur. On pardonne à l'homme fautif car il possède le statut

---

[4] *Evangile* selon saint Luc, 7, 47.

[5] Saint Paul, *Epître aux Romains*, 4, 7.

[6] *Néhémie,* 9, 17.

[7] À écouter : les vœux de Gilles Bernheim pour Rosh Hachana 5773 (2012).

[8] *L'Evangile* selon saint Mathieu., 6, 12.

sacral d'Homme : un être censé préserver en toutes circonstances, les aspects bienveillants de sa nature, à qui on pardonne, malgré l'atrocité de ses actes. C'est souvent la dignité personnelle qui est évoquée comme incompatible avec une peine trop sévère ou cruelle, dispensant ainsi le coupable de payer le prix d'une faute lourde. Tout est donc conjugué à l'universel. Exemple typique : les droits de l'homme qui excluent les spécificités de chaque homme, résumant ainsi une morale axiomatique qui œuvre pour le progrès de l'humanité. Or pour l'époque des Lumières, annonciatrice de l'humanitarisme postmoderne, ce n'est point dans la rétribution que ce progrès se réalise mais dans la générosité du pardon qui unit les hommes et assure la paix tant individuelle que sociale.

Il n'est pourtant pas sans intérêt de mentionner d'autres motivations plus intéressées qu'humanitaires. Cela est fréquent notamment dans le domaine de la politique. On pardonne à l'adversaire un tort car la victime peut gagner davantage pour des raisons stratégiques, par l'octroi de l'impunité ou du pardon. A Rome, Sénèque, (que nous allons aborder plus loin en détails) bien que partisan de la rétribution comme peine méritée, justifie l'impunité du Prince pour des raisons pragmatiques en ces termes : « (...) il est grand de supporter les injures au faîte de la puissance, et que rien n'est plus glorieux qu'un bon prince impunément offensé. » [9]

Pour un autre illustre exemple : la tragédie de Corneille *Cinna* ou *La clémence d'Auguste*. Celui-ci, étant en Gaule, reçoit un avertissement d'une conjuration que Cinna prépare contre sa personne. La première réaction de l'empereur est d'infliger une peine sévère et exemplaire. Sa première réaction lui fait dire ceci :

Qui pardonne aisément invite à l'offenser ;

Punissons l'assassin, prescrivons les complices [10] .

Cependant, après mûre réflexion, il se ravise car un sentiment *noble*, comme la clémence, la générosité du cœur voire le pardon portent certainement à hausser son prestige. Ils révèlent la grandeur de l'âme d'un monarque. Les paroles de son épouse Livie vont en ce sens :

Qu'il peut, en faisant grâce, affermir son pouvoir,

Et qu'enfin la clémence est la plus belle marque

Qui fasse à l'univers connaître un vrai monarque [11] .

---

[9] SENEQUE, *La clémence*, Liv., I, XX.
[10] CORNELLE *Cinna ou La clémence d'Auguste*, v.1160-1161.
[11] *Ibid.*, 1263-66.

Auguste se montre plus que clément. Non seulement pardonne-t-il à son conspirateur, mais il lui donne en outre comme épouse sa fille adoptive Emilie.

Les paroles de gratitude de Cinna qui annoncent la fin de la tragédie résument bien la réussite de ce stratagème :

Seigneur, que vous dirai-je après que nos offenses

Au lieu de châtiment trouvent des récompenses ?

O vertu sans exemple ! ô clémence, qui rend

Votre pouvoir plus juste et mon crime plus grand ![12]

Le discours sémantique sur le pardon demande des éclaircissements sur les idées qui lui sont proches afin d'éviter toute assimilation ou confusion.

Il serait inexact de faire d'un aménagement amical, moyennant une composition pécuniaire, le socle du pardon, tel le cas de la *filotès* qui est issu de la composition grecque. Celle-ci a lieu grâce à la solidarité et l'amitié qui tiennent en cohésion les membres d'un *génos,* d'un groupe familial à l'époque archaïque. Précisons que le rapport qui unit les membres du *génos* est plus juridique que sentimental, je m'explique.[13]

C'est l'époque par excellence des représailles d'une famille contre l'autre, lorsque l'un de ses membres a été victime de la seconde. Tous les membres du *génos* lésés ont le droit et le devoir de se venger sur les membres de la famille du *génos* offenseur[14] Le pardon est impensable en l'espèce. Moyennant une composition pénale, le rachat de la faute a lieu par le versement d'une somme d'argent, le prix du sang : le *wergeld,* ou la *poinè*. Il s'agit d'une réconciliation scellée par un traité de *philotès* (amitié), à savoir que des cérémonies officielles s'organisent entre les deux familles, jusqu'alors ennemies, assises pourtant autour de la même table et offrant un sacrifice à leurs dieux associés car chaque foyer peut avoir ses propres dieux. Leurs sangs se mêlent dans une coupe d'alliance[15].

De même, il serait inexact d'assimiler l'amnistie au pardon. L'amnistie peut se définir comme l'acte qui dispose que des fautes passées devront être oubliées. Or l'amnistie a comme conséquence juridique l'effacement par la loi de certaines condamnations du casier judiciaire. C'est une notion

---

[12] *Ibid.*, 1729-32.
[13] Cf. G. GLOTZ, *La cité grecque,* Paris, Albin Michel, 1968, p. 15.
[14] *Ibid.*, p. 16.
[15] *Ibid.*, p. 17.

hautement juridique. D'ailleurs, l'amnistie renvoie toujours à l'oubli, ce que n'est pas *a priori* le cas du pardon. On peut pardonner sans oublier.

Quant à la grâce, mesure de clémence, elle est une prérogative du pouvoir exécutif. Elle représente un pouvoir discrétionnaire du roi ou du président de la République, c'est-à-dire que ni l'un ni l'autre n'est tenu de motiver sa décision La grâce s'apparente à une suppression ou à une réduction de la sanction pénale. La condamnation reste néanmoins inscrite au casier judiciaire et diffère ainsi de l'amnistie, qui est étymologiquement un « oubli ».

Le recours à la réconciliation entre deux parties en guerre marque aussi notre époque. Ce qui arrive aujourd'hui est très souvent appelé réconciliation nationale, lorsque pour des raisons de stratégie politique, on réconcilie deux groupes jusqu'alors déchirés par une guerre génocidaire. On ne cherche pas à punir les coupables pour ne pas provoquer une nouvelle guerre pire que la précédente. Tel est le cas du Rwanda. Ni le pardon ni l'octroi de dommages et intérêts ne sont exclus ; toutefois, une assimilation du pardon à la réconciliation serait inexacte.

La rétribution face au pardon

Si le pardon est une nécessité pour le Christianisme, et une vertu humanitariste pour la postmodernité, la rétribution est une exigence onto-existentielle pour les Hellènes.

Les Grecs sont attachés à l'idée d'un droit *(dikaion*) qui dépasse la subjectivité humaine, rapporté au devenir des choses, dont le cours de leur histoire politique. La punition du coupable vient d'une intuition qui exige le rétablissement de tout équilibre troublé, par la sanction rétributive et non pas par le pardon. Car le rétablissement de l'ordre naturel ne relève pas de la volonté individuelle d'où est issue la force du pardon. Toute disparition ontologique dans le cosmos est payée par une renaissance de la matière disparue ou perdue. Je m'explique :

La *physis* ou bien *to on*, ce que l'on traduit souvent par nature, a un sens tout particulier pour les Grecs. Il s'agit d'une matière vivante qui s'auto-génère (*pyein)*. Les éléments constitutifs des étants de l'Etre ne périssent pas définitivement mais disparaissent et réapparaissent sous une autre forme. Il y a donc pour les Hellènes, l'immortalité de la matière. Pour Empédocle notamment, « toutes les choses peuvent résulter du mélange des quatre (éléments), du feu, de la terre, de l'air, de l'eau »[16] .Quant à Parménide, l'Etre « est sans commencement et sans fin, puisque nous avons repoussé absolument l'idée de sa naissance et de sa mort »[17]

Selon toujours Parménide, la nature désigne l'Etre ontologique ; cet Être ne pourrait ne pas être. Il est complet. Or rien de l'Etre ne peut être plus ici et moins là pour causer un déséquilibre[18]. Rien n'est né *ex nihilo* et rien ne disparaît définitivement.

Or pour le maintien de l'équilibre ontologique, il faut un ordre qui puisse le surveiller. Ainsi pour les Grecs, la nature est légiférante. Pour Parménide notamment, il y a une justice, *Dikè* qui surveille les choses du cosmos dont elle est la gardienne : » *Dikè* ne relâche pas (...) ses chaînes et ne permet ni la naissance ni la mort, mais maintient fermement ce qui est »[19]. Elle se révèle par là comme une justice rétributive. Dans son poème « De la nature », Parménide parle de la *Dikè polypoinos* : *Dikè* représente la justice rétributive, réprimant sévèrement les fautes tout en gardant « les verrous de la porte de l'univers au double mouvement »[20].

Celui qui nous offre l'exemple le plus caractéristique d'une justice ontologiquement rétributive est Anaximandre, lorsqu'il décrit l'infini (apeiron) comme générateur de tout ce qui compose l'Être. Anaximandre fait régner la loi de la nécessité en tant que loi qui détermine le déroulement de l'Être dans ses métamorphoses. Toute disparition d'élément et sa réapparition sous une autre forme implique des échanges ontologiques équilibrés. La « perte » d'un élément et sa « renaissance » « tout autrement » est vue par le présocratique comme une forme de rétribution représentant une compensation pour tout déficit ontologique. Voici donc chez Anaximandre le fragment capital pour la compréhension de l'idée de rétribution : « (...) c'est de là (d'une nature infinie) que proviennent les êtres, c'est en cela aussi qu'ils se dissipent suivant une loi nécessaire, car (...) ils sont châtiés (*didonai dikèn*) et expient (*tisin*), au temps fixé d'avance, leur réciproque injustice »[21]

La justice punitive grecque désigne ainsi une sanction rétributive ontologique avant d'indiquer la sanction rétributive politique, établie par la cité. En effet, toute atteinte à l'ordre politique est considérée comme une

---

[16] *Les penseurs grecs avant Socrate de Thalès de Milet à Prodicos* (traduction, introduction et notes par J. Voilquin, Parsi, Garnier Flammarion, 1973, p.140.

[17] *Ibid.*, p. 95.

[18] *Ibid.*, p. 96.

[19] *Ibid.*, p. 95.

[20] *Ibid.*, p. 92.

[21] *Ibid.*, p. 51.

atteinte à l'intégrité du cosmos et à ses divinités. Le pardon est ici inexistant. Il s'ensuit que ce n'est point par vengeance que la rétribution s'impose ici mais par respect à un ordre qui dépasse l'individu auquel ce dernier est inexorablement lié.

La rétribution domine dans l'univers des tragiques. À titre d'exemple, rapportons-nous au plus ancien : Eschyle. Dans *Agamemnon,* le chœur chante un châtiment rétributif sans compromis : « L'outrage répond à l'outrage : prononcer est tâche ardue (...) qui a tué paye sa dette. Une loi doit régner, tant que Zeus régnera :'Au coupable le châtiment'. C'est dans l'ordre divin ».[22]

Le même esprit règne chez les Orateurs de l'époque classique. Lysias exhorte les citoyens d'Athènes à ne pas éprouver de la pitié pour ceux qui commettent des injustices. En revanche, ils doivent éprouver de la colère à l'égard des délinquants, tout en les punissant également pour le bien de la cité[23] En particulier, il réagit contre les hommes injustes et impies en ces termes : « Gardez-vous de vous laisser toucher : songez que ce n'est point à ceux qui sont justement condamnés mais aux innocents qui subissent une condamnation injuste, que l'on doit de la compassion » ».[24]

Aphèsis et sygnomè

Pour bien saisir la mission de la rétribution, retournons à deux termes grecs qui renvoient au pardon : l'*aphèsis* et la s*ygnom*è.

En effet, outre l'aphèsis indiquant le pardon, il existe un autre terme censé l'impliquer : la sygnomè. Approfondissons ces vocables.

La *sygnomè* se rapporte au jugement équitable. F. Thurot, traducteur de *l'Éthique à Nicomaque* dans son édition de 1843 traduit la *sygnomè* par « bon sens ». Voici le passage d'Aristote traduit en français *«* Ce qu'on appelle jugement est la faculté qui fait les hommes judicieux et de bon sens (*echein sygnomèn*), et consiste dans un juste discernement (*krisis orthè*) de ce qui est équitable. La preuve, c'est que nous regardons l'homme équitable comme essentiellement indulgent (*sygnômotikon*)[25] et nous reconnaissons la juste appréciation des choses à ce caractère d'indulgence to (*echein sygnomèn*) ». Or, l'indulgence (sygnomè) est un jugement exact et juste de

---

[22] ESCHYLE, *Agamemnon*, 1560-1564.

[23] LYSIAS, *Désertion contre Alcibiade* (*Kata Alcibiadou Astrateias*), LYSIAS, *Discours accusatoires*, Athènes, éd. Zètros, 2003, v.1, P. 173.

[24] LYSIAS, *Discours sur l'impiété d'Andocide*, 55.

[25] EN. 1143 a 19-25. Ed. F. DIDOT, Père et fils.

ce qui est bien ; et ce jugement est juste, quand il est conforme à ce qui est vrai ».

Il est tout aussi important de rapporter le même passage mais traduit par J. Tricot[26] : » Ce qu'on appelle enfin *jugement*, qualité d'après laquelle nous disons des gens qu'ils ont un *bon jugement* ou qu'ils ont *du jugement*, est la correcte discrimination de ce qui est équitable. Ce qui le montre bien, c'est le fait que nous disons que l'homme équitable est surtout favorablement disposé pour autrui, et que montrer dans certains cas de la largeur d'esprit (*sygnomèn*) est équitable. Et dans la largeur d'esprit (*sygnomèn*) on fait preuve de jugement en appréciant correctement ce qui est équitable ; et juger correctement c'est juger ce qui est vraiment équitable. »

Or, la *sygnomè*, entendue au sens du pardon, est loin de se rapporter à l'effacement d'une dette comme l'*aphèsis*. Elle concerne plutôt un jugement critique qui dépasse la lettre de la loi, vu les spécificités de la faute commise, et exige un jugement pas trop sévère.La rétribution n'exclut pas le pardon et *vice versa*. Le pardon supporte, si tel est le cas, l'application d'une justice rétributive mais équitable.

Tel est le cas en particulier chez Démosthène qui, dans ses plaidoyers, nous permet de voir comment *cette sygnomè* théorisée par Aristote, s'applique dans la vie politique des Hellènes.

Remarquons d'abord que l'orateur consacre, plus d'une fois, au nom des traditions et du but des lois, la rétribution, comme devoir des juges[27]. Les lois veulent le juste *(dikaion)*, le beau (*kalon*,) et l'utile (*symphéron*).[28] La rétribution recherchée par les lois combine tant les exigences de l'ordre naturel et historique des choses que les finalités pragmatiques poursuivies par la cité comme la prévention du crime : intimider les *politai* et les empêcher par-là de commettre un crime pareil[29]. Démosthène ira jusqu'à considérer que, pour des actes extrêmement graves, la peine de mort comme un châtimentrétributif (*timôria*) est assez faible[30]. Dans ce contexte, ni la pitié (*eléos*) ni l'humanité *(philanthropia)* n'ont de place dans l'univers punitif[31].

---

26 ARISTOTE, *Éthique à Nicomaque*
Traduction (1959) par J. Tricot Éditions Les Échos du Maquis.
27 *Contre Aristogiton* 1, 6.
28 I*bid.*, 16
29 *Ibid.*, 17.
30 *Ibid.*, 59.
31 *Ibid.*, 76, 81.

Si pour un crime volontaire, Démosthène demande une punition sévère, il prévoit la *sygnomè* pour une erreur involontaire et dans ce cas-là , il va jusqu'à exonérer l'homme fautif de la punition[32].

L'aphèsis, désignant le pardon au sens de l'exonération d'une dette n'est pas fréquente dans les pensées des Anciens. Car l'*aphèsis* désigne l'action de laisser-aller ; c'est le renvoi, le licenciement d'esclave, de prisonniers [33] ou bien la remise d'une dette. Il est intéressant de voir que chez Platon, l'*aphèsis* est rapportée à la souillure et indique l'absolution donnée non pas par la justice mais par la victime au coupable. Il est important de souligner que cette absolution au plan individuel concerne l'attitude de la victime envers son meurtrier et non pas le corps judicaire. Platon remarque à cet effet : »*...à propos de l'absolution d'un tel meurtre par le père s'appliquera identiquement à toute absolution à l'égard des pareils actes : chaque fois que la victime aura, de son plein gré, absous son meurtrier quel qu'il soit, le meurtre sera considéré comme involontaire, son auteur devra être soumis aux purifications et, aux termes de la loi, astreint à passer une année hors du territoire »* [34] Autrement dit, et il faut le souligner, le pardon n'écarte pas les sanctions judiciaires.

Pour les Grecs, la mort de l'homme constitue un outrage à la nature car sa vie tire son sens des finalités naturelles, et c'est pourquoi le droit naturel joue un rôle important dans la cité. Mais il n'y a nulle primauté de l'individu sur la nature, ce qui est le propre de l'humanitarisme postmoderne. Car il existe une hiérarchie dans le classement des hommes. Plus spécialement, Aristote considère que la nature a fait des hommes libres et des esclaves[35]. La vie humaine ne renvoie pas à une valeur universelle comme le veut l'humanitarisme postmoderne. La vie des esclaves est *naturellement* d'une moindre valeur que la vie d'un citoyen, tout comme celle d'un barbare par rapport à celle d'un Hellène. Les Grecs ont hellénisé la nature à leur profit. Si la postmodernité a sanctifié la personne humaine, les Anciens ont sacralisé le *politès* (citoyen grec) en l'ayant placé au centre de la cité qui est au centre de l'univers.

Ainsi, si politisation (étatisation) de la sanction il y a, c'est pour rendre hommage plus au bon fonctionnement du cosmos qu'aux lois et aux conventions juridiques.

---

[32] DEMOSTHENE, *Sur la couronne*, 274.
[33] PLATON, *Le Politique, 273* c
[34] Cf. PLATON, *Les Lois* 869 d-e.
[35] ARISTOTE, *Politique*, L. 1, ch.5.

Le cas de Sénèque

Pour bien approfondir les rapports entre la rétribution et le pardon, il s'avère nécessaire de se rapporter à la philosophie morale et juridique de Sénèque. Le philosophe nous donne la possibilité de saisir une image claire et nuancée de la sanction rétributive et du pardon lorsqu'il les compare à d'autres idées morales voisines : la vengeance, la haine et la cruauté quant à la rétribution, la clémence, la compassion et la pitié quant au pardon, et tout cela sous l'aspect de la moralité et dans leurs perspectives utilitaires.

Pour Sénèque comme pour tous les Stoïciens, l'homme idéal est le sage. Il doit toujours suivre la nature pour former sa morale et cette morale s'impose non seulement sous forme de Droit mais aussi et surtout de Devoir. Il se révèle par là comme un bon juge. Par principe, le sage doit infliger une punition à celui qui commet une faute. Le sage stoïcien n'est point exempt de son devoir d'attribuer à chacun des récompenses et des châtiments, idée fondamentale chez les Grecs, nous l'avons déjà remarqué. De cette manière, le sage « ne fait jamais ce qu'il ne doit pas, et n'omet rien de ce qu'il doit faire »[36]. Il s'ensuit que le sage punit et ne pardonne guère, car « pardonner, c'est reconnaître que l'on manque à l'accomplissement de son devoir ».[37]

En particulier, il relève du devoir du sage de ne pas pardonner car le pardon « est la remise d'une peine mérité »[38] , donc la remise d'un dû. Dans ce cas-là, on pourrait le taxer de manque de compassion voire de faire montre de cruauté, ce qui est à l'opposé de la clémence[39]. Celle-ci ne doit pas être assimilée à la compassion nuisant à l'ataraxie du sage[40]. En réalité, s'il ne pouvait pas pardonner, il pourrait apparaître trop dur devant des hommes fautifs à cause de leurs misères. Toutefois, tel n'est pas le cas du sage. Si on veut obtenir des résultats bienveillants pour les délinquants poussés au crime par leurs malheurs, certes, il n'accorde pas le pardon, mais il peut réagir comme s'il pardonnait le coupable en suivant une voie plus

[36] *De la clémence*, Liv. II, § vii.
[37] *Ibidem.*
[38] *Ibid.*, L.II, VII.
[39] Ibid., L.II, IV.
[40] *Ibid.*, L.II, V.

honorable. Sénèque précise ici que les sages loin d'agir en vengeur[41], « épargne, prévoit et corrige »[42]

Dans la philosophie morale et juridique des Anciens, la vengeance est souvent accompagnée de haine, passion destructrice. Le stoïcisme chasse les passions. Il est certes pour les *plaisirs,* mais il donne la priorité aux plaisirs intellectuels qui sont compatibles avec l'ataraxie, l'idéal fondamental poursuivi par cette école et qui s'oppose aux passions.

Or lorsqu'il se présente comme avocat de la rétribution, le sage (ou bien le juge), condamnant les actes répréhensibles, n'éprouve point de haine. Celui qui est puni doit songer non seulement à la punition sous forme d'une souffrance, ou d'un mal à subir, mais encore à la désobéissance à un devoir qu'il aurait dû remplir, en tant qu'être sociable, vis-à-vis de la nature et de la société[43].

En effet, la rétribution n'implique pas uniquement la violation d'une règle juridique, mais aussi celle d'une règle morale qui demande une justice inscrite dans le code de la nature comme obligation à remplir par l'individu[44].

Dès lors, ni la justice morale ni même la loi qui prône la rétribution n'impliquent aucune sorte de haine pour le coupable. Pour Sénèque notamment, la punition n'est pas associée à la colère qui irrite et porte à un déséquilibre émotionnel, entraînant souvent la *haine.* La loi sert d'exemple au juge : elle ne s'irrite guère contre ceux qu'elle punit : la loi décide[45].

Toutefois, l'idée propre de pardon n'est pas totalement absente dans l'univers de Sénèque.

Pour montrer que les passions comme la colère ne sont pas permises à ceux qui jugent, Sénèque va jusqu'à soutenir que pour ne pas s'irriter contre les individus manquant à leur devoir, à cause des erreurs (ce qui est humain), il faut *pardonner* à la société, voire au genre humain[46] . Ici, ses arguments sont d'un caractère tantôt utilitaire tantôt moral. « La sévérité d'un général se déchaîne sur quelques soldats, le pardon est nécessaire quand toute l'armée a déserté. Qu'est-ce qui dissipe la colère du sage ? La

---

[41] Si Sénèque soutient que le prince punit pout « se venger ou venger les autres » *(si aut se vindicat, aut allium,* (L. I, XX), il serait inexact d'assimiler la *vidicatio* à la vengeance fondée sur les passions, idée courante aujourd'hui. La *vindicio*, désigne l'action de revendiquer en justice, (C. PLINIUS, *Epidtulae*. 10, 88) ou de punir (cf. CICERON, *De inventione*, 2, 66.

[42] *Ibidem.*

[43] SENEQUE, *De la colère*, L. II, XXVII, 4.

[44] *Ibid.*, Liv. II, XXVI, 2.

[45] *Ibid.*, Liv. I, XVI, 6.

[46] *Ibid.*, L. II, X, 2.

foule des coupables. Il comprend combien il serait injuste et périlleux de s'irriter d'un vice public. »[47]

Mais quel est le contenu philosophique du pardon ? L'analyse étymologique du vocable peut nous éclairer. Le terme qui renvoie au verbe pardonner chez Sénèque est *ignoscere.* Le pardon se présente comme un *ignoscendi ratio*[48]. Le substantif *ignoscentia* désigne l'action de pardonner[49] . Enfin, *ignoscenter* signifie avec indulgence[50] Ce dernier renvoie à l'*ignaciens* participe présent du verbe ignosco : pardonner. Tout cela nous pousse à dire que le pardon chez Sénèque se situe entre l'*aphésis* et la s*ygnomè.* Autrement dit, il fait écho à une sanction qui ne saurait être entièrement dissociée de la clémence, donc d'une rétribution équitable. Voici ce que nous entendons par là :

Dans l'idée de rétribution chez Sénèque, il y a sous-entendu l'idée de clémence, car la clémence est une vertu qui rehausse notre réputation si nous sommes prêts à accorder le pardon. [51] Dans ce cas-là, la rétribution traduit une justice équitable qui vise à éviter un excès de punition. Elle est donc compatible avec un pardon qui ne doit pourtant pas être trop généreux : une gratuité pure ou un effacement du dû à payer. Dès lors, le pardon peut apparaître comme une sorte de clémence qui « ne juge point d'après des formules, mais d'après l'équité ; elle a le pouvoir d'absoudre ou de fixer à son gré les limites de la peine ; et dans l'un et l'autre cas, ses décisions ont pour objet, non de déroger à la justice, mais d'y se conformer plus exactement. »[52]

En effet, comme il ne faut pas punir au nom d'une justice implacable, il ne faut pas non plus pardonner par pur gratuité, c'est-à-dire accorder l'*aphèsis* sans discernement ; » car lorsque toute distinction entre le bien et le mal est effacée, le désordre naît et le vice fait irruption. On doit donc procéder avec mesure, et distinguer les esprits qui peuvent revenir au bien de ceux qui sont désespérés. Il faut que la clémence ne soit ni prodiguée ni trop restreinte ; car il y a autant de cruauté à pardonner à tous qu'à n'épargner personne. Il faut conserver un juste équilibre[53] ».

Il existe en l'occurrence, un mélange de moralisme et d'utilitarisme social. Le moralisme porte à la compréhension de la nature individuelle et à

[47] *Ibid.*, l.II, X, 4.
[48] CICERON Pro *Sex, Roscio Amerino*, 3.
[49] GELLIUS, *Annalium*, frg. 6, 3, 17.
[50] AELIUS DONATUS *Ad.* 53.
[51] *De la colère*, XXXIII, 2.
[52] *De la clémence,* L.II, VII.
[53] *Ibid..*, L.I, II.

ses faiblesses qui doivent être pardonnables, et l'utilitarisme à l'ordre sociétal qui doit être imperturbable au nom de la paix et la prospérité de ses membres. Or dans le cas où des individus se montrent incorrigibles et ont de fortes chances de nuire à l'équilibre de la société, Sénèque n'hésite pas à préconiser leur élimination. Il s'agit d'une nécessité objective qui doit être sans rapport avec des sentiments passionnels. Or toute réaction contre ces individus doit être sans colère ni haine[54]. C'est pourquoi le philosophe voit dans la rétribution, non seulement une exigence naturelle mais aussi un remède utilitaire.

Le même esprit motive le philosophe, lorsqu'il prône la peine de mort pour le coupable : Voici les termes qu'il utilise ici : » *Ton âme est incurable, ta vie un tissu de crime (...) tu as toute honte bue et le vice est si bien enraciné dans tes entrailles qu'il n'en ne peut sortirqu'avec elles ; voilà longtemps que tu souffres et cherches à mourir ? Nous te rendrons le service de t'ôter cette folie qui fait le malheur des autres et le tien, et après les supplices où tu plonges et plonges autrui, il en reste un qui peut être bon et nous t'infligerons : la mort.* »[55]

Enfin, le moralisme de Sénèque comporte une teinte humanitaire. Le philosophe nous invite à pardonner les fautes de l'autre surtout en sondant le caractère et les dispositions de l'homme fautif : s'il s'agit d'un enfant, pardonnons à son âge, s'il s'agit de notre père, il nous a donné tellement de bienfaits qu'il a le droit de nous faire injure. S'il s'agit d'une femme considère qu'elle pourrait être égarée, d'un subordonné, son acte était sans doute forcé.[56] Ce sage, au lieu d'appliquer une rétribution stricte peut se contenter d'une réprimande, tout en considérant l'âge du coupable, ce qui pourrait « le rendre susceptible de retour au bien. »[57]

Il faut remarquer que malgré tout, Sénèque considère que le sage stoïcien ne pardonne pas, car pardonner c'est « reconnaître que l'on manque à l'accomplissement d'un devoir. »[58]

---

[54] *Ibid.*, L.I, XV, 1. Cf. L.I, XVI, 2.
[55] *Ibid.*, L.I, XVI, 3.
[56] *Ibid.*, XXX, 2.
[57] *Ibidem.*
[58] *Ibid.,* L II, V II.

Epilégomena

Le pardon n'est donc pas une règle dans la philosophie pénale des Anciens. La rétribution pénale privée ou publique est le fondement et la finalité de la sanction.

Le pardon relève de la conscience individuelle. La justice vise le mérite. La conscience marche sur les champs de la morale. Elle travaille avec la clémence et la générosité. La justice doit rétribuer. Certes, à cette rétribution, il faut procéder avec équité et « humanité ». Car le droit doit juger des faits humains. La rétribution doit être attribuée avec des critères humains compris et acceptés par tous.

Le pardon est accordé sous l'effet des émotions et de la sensibilité du cœur. La justice transcende les sentiments au nom d'une impartialité qui exclut les passions, en se pliant aux exigences du juste. Ce dernier peut pardonner la faute sans exclure la sanction. Le pardon peut transformer la vengeance démesurée en punition juste. L'*hybris* est ainsi évitée par la gratuité de la faute qui trouve sa place dans la rétribution nécessaire à l'équilibre du cosmos. La demande du pardon par l'homme fautif constitue l'assumation de sa culpabilité et sa réconciliation avec la justice morale. La rétribution vient ensuite pour confirmer cette justice. La demande du pardon n'implique pas l'exonération de la sanction mais la réconciliation du coupable avec sa victime ou avec les proches de la victime.

Le pardon dans une perspective spinoziste

JEAN-MARC JOUBERT

Il est des philosophies qui s'inscrivent directement dans la problématique du pardon. Ainsi la philosophie de Ricœur ou de Jankélévitch. Il en est d'autres qui l'excluent complètement. Ainsi celle de Nietzsche.

Les raisons de Nietzsche pour ce faire sont les suivantes : 1) l'homme n'est pas libre : tout ce qu'il fait est nécessaire – *aussi il n'y a tout simplement pas lieu de pardonner* ; 2) c'est le ressentiment des faibles qui inventa le principe moral de la responsabilité, lequel, en donnant *« mauvaise conscience »* aux forts, leur permit d'avoir prise sur eux. Et le pardon, dans cette perspective, n'est que la manifestation ultime, – aussi raffinée qu'hypocrite, – de cette domination acquise par la ruse de la culpabilisation : *« Allez, va, je te pardonne – maintenant que tu es devenu ma chose. »* 3) le vrai fond des choses – qui est leur apparaître même, – c'est l'» *innocence du devenir »* qui ni connaît ni péché, ni offense et par conséquent ni pardon, la *« cruauté »* des forts elle-même étant innocente. Il revient alors au sage, qui est un *vivant,* d'approuver un tel *« devenir »* sans le polluer de morale ou de sens.

Il y a une parenté profonde entre la philosophie de Nietzsche, que nous avons présentée dans le colloque sur *Le sens de la peine*[1], et celle de Spinoza dont nous nous proposons de faire état aujourd'hui. Mais alors que Nietzsche inscrit sa pensée dans la logique de l'intérêt vital et affirme que la recherche même de la vérité n'est que *« volonté de puissance »* se déguisant ou s'abusant, Spinoza croit que la vérité toute nue peut être atteinte par le biais *« d'idées adéquates »*. Et donc, même si le grand ouvrage de Spinoza, *L'Éthique,* poursuit, comme nous allons y revenir à l'instant, une fin de libération humaine, il est important de comprendre qu'il ne s'agit pas pour

[1] J.-M. Joubert, « Généalogie nietzschéenne du châtiment », *in Du sens de la peine,* sous la dir. de Franck Ludwiczak et Jean Motte di Falisse, éd. L'Harmattan, coll. « Criminologie », Paris, 2017, p. 73-91.

Spinoza d'y développer une *« vision »* particulière du monde, de mettre en avant des *« idées »* généreuses (ou pas d'ailleurs), de partir en quête d'un *« sens »,* mais de faire œuvre de *« Raison*[2] *».* Ce qui signifie qu'il ne convient pas de *« se moquer, de pleurer, de détester »,* comme aiment à le faire les moralistes, ou au contraire *« d'admirer »* ou de *« louer »,* – comme les benêts, – mais de *« comprendre ».* Et par conséquent, il ne devrait *pas* s'agir non plus *pour nous* d'apprécier les idées de Spinoza selon qu'elles nous agréeraient, ou s'inscriraient dans notre système de valeurs – ou pas.

Comme nous venons de le dire, la fin de la philosophie de Spinoza est la libération de l'homme[3]. Il s'agit de passer de la *« servitude »* des *« affects passifs »* ou *« passions »,* qui nous aliènent, à la *« liberté »* du *bene agere et laetari,* c'est-à-dire à ce *« bien agir et se réjouir »* – dont Pierre Macherey nous dit qu'il aurait pu être la devise de Spinoza[4].

La seule question qui se posera pour nous est donc celle de savoir si le pardon accordé ou reçu s'inscrit dans cette voie libératoire ou au contraire la contrarie. – Et non pas celle de savoir si le pardon est chose belle, estimable ou généreuse.

Pour y répondre, une présentation de l'anthropologie spinoziste s'avère nécessaire.

Pour Spinoza, l'homme n'est pas un *« empire dans l'empire »,* c'est-à-dire une exception dans la *Nature* : il est un *« mode »* de la *« Substance infinie »* qu'est *« Dieu »,* – c'est-à-dire la *« Nature »,* – laquelle *« Nature »* est entièrement régie par la causalité. C'est dire que la philosophie de Spinoza développe non seulement un naturalisme absolu, mais un déterminisme intégral. En fait, la *« Nature »* est l'ordre même de la *« production causale »* infinie dont l'homme ne saurait *« s'abstraire*[5] *».* En tant qu'individu, que *« res »,* l'homme est un *conatus*, c'est-à-dire un effort qui, déterminé en amont par la chaîne des causes qui le font exister, le déterminent à son tour à conserver ou accroître[6] sa puissance d'individu. La fin d'un individu, c'est donc lui-même. Cette fin ne lui est pas extérieure ; elle ne saurait donc lui être « supérieure » et le polariser, selon un modèle

---

[2] IV, 24 : « L'essence de la Raison n'est rien d'autre que notre esprit en tant qu'il comprend clairement et distinctement. »

[3] Nous préciserons plus bas qu'il s'agit de libérer des *individus.*

[4] Nous renvoyons ici à l'œuvre majeure de P. Macherey, *Introduction à l'*Éthique *de Spinoza* en cinq volumes, Paris, PUF, 1994, 1995, 1997, 1998.

[5] Cf. Yves Citton et F. Lordon, « Un devenir spinoziste des sciences sociales » *in Spinoza et les sciences sociales. De la puissance de la puissance de la multitude à l'économie des affects,* coll. « Caute ! », éd. Amsterdam, 2008, p. 5.

[6] Mais toujours dans les limites de sa nature propre. Aucun « transhumanisme » n'est ici envisageable.

platonicien, plotinien ou chrétien. Elle procède *de* et se réciproque *avec* sa puissance d'exister. Comme le disait le neurobiologiste Henri Laborit : *« Toute structure vivante n'a pas d'autre raison d'être que d'être*[7]*.* » Et comme le disait en substance Montaigne, sur un registre de sagesse, il suffit que d'être.

À la suite de Hobbes, Spinoza identifie la *« nature »,* la *« puissance »,* la *« vertu »* et le *« droit »* d'une chose. Reprenons : La *« nature »* d'une chose, c'est sa *« puissance »,* à savoir ce par quoi elle se déploie et s'accomplit. Par ailleurs, *« L'effort pour se conserver soi-même est le premier et unique fondement de la vertu*[8]*.* » Enfin, cette nature est aussi son *« droit »,* sous-entendu – *naturel*, donc, – lequel *« droit »* est – disions-nous – intrinsèque et non pas conféré de l'extérieur.

Mais attardons-nous un instant sur cette *« puissance ».* Elle n'est pas générique, mais individuelle. Spinoza considère toujours en effet ce que *tel* individu concret *peut*[9] – qu'il s'agisse de ce qu'il est capable d'endurer – ou de ce qu'il est capable d'accomplir, ce *pouvoir* étant ce qui *le* définit proprement et non pas une *« nature humaine »* générale prétendue. Par exemple *tel* homme peut endurer *tel* mauvais traitement et *tel* autre non ; *tel* homme peut comprendre la *Phénoménologie de l'esprit* de Hegel et *tel* autre non ; *tel* homme peut vouloir lire cette dernière œuvre et *tel* autre non. – Et *tel* homme peut pardonner, et tel autre pas... Insistons-y : considérer une nature humaine en général, par exemple en définissant l'homme comme un *« animal raisonnable »* ne dit pas grand-chose... En tout cas rien qui permette de savoir ce qu'un homme singulier *est* et fera.

Une telle approche relève d'une ontologie de type nominaliste. L'*» homme »* en général n'existe pas ; il est une fiction de l'» *imagination »* et non une idée de la *raison*[10]. Il en résulte que c'est *un certain* homme qu'il s'agit de faire passer de la *« servitude »* à la *« liberté »,* par le moyen qui lui convient, et non pas de sauver l'*» Homme »* avec un grand h, lequel n'est, encore une fois, qu'une abstraction. L'éthique, individuelle, n'est pas la morale, universelle. Sans doute en va-t-il alors de même du pardon : il ne saurait être une *« valeur »* universelle[11] ni convenir à tous. Et en effet, ce

---

[7] H. Laborit, *Éloge de la fuite,* Folio essais, Paris, 1976, p. 12.

[8] B. de Spinoza, *Éthique,* III, prop. XXII, corollaire, traduction B. Pautrat, éd. du Seuil, coll. « Essais », p. 393 (désigné « E », dans la suite).

[9] C'est un point sur lequel G. Deleuze a particulièrement insisté.

[10] Ce qui ne veut pas dire que la raison ne puisse pas en maîtriser l'usage. Par exemple, Spinoza parle de *« Volonté »* quand bien même il pose qu'il n'existe aucune faculté et par conséquent que des *« volitions ».*

[11] Il ne s'agit donc pas, à partir d'une conception de l'*» Homme »,* que des *« spécialistes »* – prêtres, sages ou savants, dira Deleuze – auraient fixée, de déterminer des *devoirs*, – mais ce qui

que Spinoza met en avant, c'est l'intérêt de l'individu... – ce qu'il appelle son *« utile propre[12] »,* que lui seul a à déterminer sous la conduite de la *« raison »,* – et non pas des *officia,* des *devoirs* qu'il aurait à accomplir pour rejoindre une *« essence »* humaine générique.

Le *but* – intrinsèque à l'individu et immanent à l'être – étant déterminé, et la question décisive de l'*utilité* du pardon étant thématisée, ajoutons les derniers éléments anthropologiques suivants. Pour Spinoza, l'homme est structuré par les trois *« affects[13] »* primaires suivants : le *« désir », la « tristesse »* et la *« joie ».* La *« tristesse »,* c'est quand le corps éprouve une *diminution* de sa puissance d'exister ; la *« joie »,* c'est quand il éprouve une *augmentation* de sa puissance d'exister. Quant au *« désir »,* c'est un *« appétit »* conscient qui procède du *conatus* lui-même[14].

Il est important de préciser ici que tout ce qui se produit dans le corps est, selon Spinoza, l'objet d'une *« idée »* dans l'esprit, que cette dernière idée soit *« adéquate »,* – et auquel cas on parlera d'une *conception* de la *« raison »...* – ou au contraire *« inadéquate », « mutilée »* et *« confuse »* – auquel cas on parlera d'une *fiction* de l'*» imagination ».* Autre précision

convient à chacun, c'est-à-dire ce qui lui permet de réaliser toute la puissance qu'il recèle ou d'acquérir toutes les *« aptitudes »* dont il serait trop facile de dire qu'elles sont naturellement *« en puissance »* et ne demandent qu'à s'accomplir (cf. Julie Henry, *Spinoza, une anthropologie éthique. Variations affectives et historicité de l'existence*, éd. Classiques Garnier, 2015).

[12] E, IV, Préface, p. 351-359. L'*» utile »* n'est pas une notion secondaire. Cf. E, IV, Déf. 1 : *« Par bien : j'entendrai que ce que nous savons avec certitude nous être utile »* (p. 359). Et le *« bien »,* c'est se conserver soi. On ne saurait concevoir un *» bien »* qui ne serait pas *« utile »,* en vue de soi. L'*» Autre »* quasi déifié par la pensée philosophique contemporaine (ainsi : Levinas) est secondaire et ne vaut que s'il peut s'accorder avec soi (toutes choses qui valent autant pour lui, naturellement : telle est *« la nature des choses »*). En revanche, non seulement il est de l'utile propre d'un individu de vivre dans une société et d'en promouvoir la liberté et la paix, mais un homme libre ne peut que faire en sorte que les autres le soient, sans qu'il y ait là un *devoir « moral »* extrinsèque cependant.

[13] E, III, Définition 3, p. : *« Par Affect, j'entends les affections du Corps qui augmentent ou diminuent, aident ou répriment, la puissance d'agir de ce Corps, et en même temps les idées de ces affections »* et la *« définition générale des affects »* qui achève E., III : *« L'Affect, qu'on appelle Pathème de l'âme, est une idée confuse par laquelle l'Esprit affirme de son Corps, ou d'une partie de celui-ci, une force d'exister plus ou moins grande que celle qui était auparavant la sienne, idée confuse par laquelle, dès qu'elle est donnée, l'Esprit lui-même est déterminé à penser tel objet plutôt que tel autre »* (traduction Misrahi).

[14] Ce désir n'a en vue que lui-même = le *conatus.* Cf. E, IV, 21 : *« Nul ne peut désirer être bienheureux, bien agir et bien vivre, sans désirer en même temps être, agir et vivre, c'est-à-dire exister en acte. »* Ce que Spinoza démontre de la façon suivante : *« La Démonstration de cette Proposition, ou plutôt la chose même, est évidente par soi, et aussi à partir de la définition du Désir. En effet le Désir (par la 1re des Aff.) de vivre bienheureux, c'est-à-dire bien, d'agir bien, etc., est l'essence de l'homme, c'est-à-dire (par la Prop 7 p. 3) l'effort par lequel chacun s'efforce de conserver son être. Donc, nul ne peut désirer, etc. CQFD »* (p. 391). L'existence, *son* existence n'est pas un moyen d'être bienheureux (une condition, un support), elle est la béatitude même. Et c'est tautologique.

décisive pour la suite : Ces trois affects primaires n'indiquent pas quelles en sont les *causes* respectives réelles – intérieures ou extérieures. Et, de fait, le cas le plus fréquent est qu'au lieu de découvrir ces causes au terme d'une analyse rationnelle, il *imaginera* que telle ou telle chose est immédiatement cause de sa *« joie »* ou du comblement de son *« désir »* – et dans ce cas, se fixant sur elle, il l'*aimera* nécessairement – et que telle autre est cause de sa *« tristesse »* et de son échec – et dans ce cas, cherchant à la détruire, il la *haïra* non moins nécessairement.

Notons à ce stade que si pardonner, c'est remettre sa *« dette »* à quelqu'un qui a été cause (imaginaire ou réelle, peu importe) de sa tristesse, on ne voit pas que la chose soit réellement *possible* – ni même *souhaitable* du point de vue de l'*» utile propre »* de l'individu. En n'agissant pas contre celui qui est la cause de sa *« tristesse »,* est-ce que l'individu lésé ne conforterait pas en effet cette dernière en la prolongeant ? Ne continuerait-il pas à ressentir sa *« puissance »* d'exister diminuée ? Ne manquerait-il à sa *« vertu »* conservatoire ? Ne dérogerait-il pas à son *« droit »* ? Et la *réparation* ne serait-elle pas au contraire le plus sûr moyen d'annuler la *« tristesse »* par une *« joie »* contraire : celle que justice a été rendue ? (Et si l'on pardonnait à seule fin d'en finir avec une *tension* qui me mine, pour passer à autre chose en somme, serait-ce là véritablement un *« pardon » ? ...)*

Et pourtant, le pardon existe – du moins selon toutes les apparences. Qu'est-ce alors qui en rendra *raison* ? Il est manifeste qu'une autre donnée anthropologique doit ici être introduite. Il s'agit de l'*imitation des affects.* Voici l'énoncé qui la définit :

« De ce que nous imaginons une chose semblable à nous – et que nous n'avons poursuivie d'aucun affect, – affectée d'un certain affect, nous sommes par là même affectés d'un affect semblable[15]*. »*

Parce qu'une *« chose »* nous ressemble, ou plutôt *de ce qu'*une *« chose »* nous ressemble, nous éprouvons *spontanément* ce qu'elle ressent.

Par exemple, nous éprouvons la *« tristesse »* d'un semblable et, selon la règle ci-dessus énoncée, nous *haïrons* celui que nous identifierons comme sa cause – à sa tristesse à lui... comme à la nôtre, dérivée de la sienne.

L'imitation des affects favoriserait-elle alors le pardon ? En principe non, pourtant ! En effet, la proposition de Spinoza précise bien au sujet de cette *« chose »* dont nous imitons spontanément les affects, que nous ne *« l'avons poursuivie d'aucun affect »,* ce qui signifie que, pour que

---

[15] E, III, 27, p. 255.

l'imitation fonctionne, il faut que nous n'ayons eu avec elle aucune relation antérieure, ou en tout cas certainement pas celle de la haine ! – Sinon, c'est plutôt la règle suivante qui s'appliquerait : « *Qui imagine affecté de Tristesse celui qu'il a en haine, sera joyeux ; si au contraire il l'imagine affecté de Joie, il sera attristé*[16]. »

Comment expliquer alors le fait que nous *pourrions* – semble-t-il – pardonner à celui que nous *devrions* au contraire « *haïr* » et réduire pour nous libérer d'une « *tristesse* » nuisible à l'expression pleine et entière de notre *conatus* ? Réponse : c'est dans le cas où se produit ce que Spinoza appelle une *fluctatio animi,* à savoir une « *confusion de l'âme* » [17]. Cette incertitude, – caractéristique d'une « *servitude humaine* » dont elle signale particulièrement l'impuissance, – a lieu quand l'âme se trouve partagée entre deux affects contraires : – D'un côté, je « *hais* » celui qui m'a attristé et je cherche à m'en revancher. – De l'autre, j'éprouve tout de même de la « *pitié* » pour lui qui est mon semblable, en raison de sa « *tristesse* » manifeste qui m'affecte. Certes, selon le principe spinoziste qui veut que ce soit le plus fort des affects qui l'emporte nécessairement[18], je devrais vite m'employer à réprimer un premier mouvement de « *pitié* », *a priori* bien plus faible que ma « *haine* » ; mais *si*, d'un autre côté, je vois celui qui m'a affecté particulièrement triste et qui plus est suppliant mon pardon de sorte que je comprenne que mon attitude impitoyable est cause de sa tristesse, tristesse que je suis en situation de convertir en joie ; et qu'enfin, auteur d'une telle joie en lui, mon semblable, j'en éprouverais nécessairement une satisfaction, c'est-à-dire une augmentation de ma puissance d'exister, alors je serais en effet porté à lui pardonner.

Mais, naturellement, rien de tout cela n'arrivera s'il est ostensiblement joyeux de m'avoir nui et ne demande en aucun cas que je lui pardonne... Car si la charité est inconditionnelle – et encore ! – le pardon qui ne procède d'aucune « *grâce* » d'en-Haut a ses conditions ou en tout cas ses obstacles.

Comme nous le voyons, à ce stade, il n'y a rien qui relèverait ici d'un mouvement de générosité pure par laquelle l'individu, en vertu d'une incompréhensible abnégation, renoncerait à son intérêt vital pour celui d'autrui. Car, comme le dit de façon définitive Spinoza : « *Nul ne s'efforce de conserver son être en vue d'autre chose*[19]. » Pardonner, cela ne peut pas

---

[16] E., III, 23, p. 251.
[17] Cette *fluctuatio* est à la fois un mélange d'affects contraires, un passage incessant de l'un à l'autre, un tiraillement qui paralyse au moins provisoirement.
[18] Cf. E, IV, 7, p. 369 : « *Un affect ne peut être réprimé ni supprimé que si c'est par un affect contraire et plus fort que l'affect à réprimer* ».
[19] *Éthique,* IV, 25, p. 395.

signifier s'élever au-dessus de l'ordre[20] naturel des choses – ou alors c'est de l'*» ordre »* surnaturel de la Charité dont parle Pascal dont il s'agit, – mais c'est éprouver un rare et improbable affect de *« pitié »* d'intensité supérieure à celle de sa propre *« tristesse ».*

Reste alors à mesurer la valeur intrinsèque réelle de cette *« pitié »,* c'est-à-dire à considérer si cette dernière favorise véritablement l'*» utile propre »* de l'individu comme nous venons d'en envisager la possibilité. Quatre de ses dimensions au moins en font quelque chose d'essentiellement négatif. 1) La *« pitié »* est une *« tristesse »* ; or toute tristesse est en soi mauvaise (sauf dans une circonstance que nous préciserons à la fin) ; en effet, être triste, c'est éprouver une diminution de sa puissance d'exister, contraire à la logique même, conservative ou affirmative, du *conatus*[21]. Autrement dit, avoir pitié, c'est être malheureux. 2) La *« pitié »* est aveugle, irréfléchie, et absolument non « vertueuse » au sens commun du terme, c'est-à-dire qu'elle est étrangère à tout mérite. 3) La *« pitié »* est une *erreur*. En tant que produit de l'*» imagination »,* elle ignore en effet quelle est la situation réelle de l'être affligé dont elle peut s'exagérer – selon l'*» idée »* qu'elle s'en forme – la souffrance ou en ignorer le statut réel. 4) Avoir *« pitié »,* enfin, c'est davantage s'émouvoir sur soi, à partir de qui on mesure inévitablement les souffrances. De sorte que soulager l'autre par qui on se trouve affligé, c'est finalement s'épargner soi... ce qui serait le plus raisonnable des calculs[22].

Citons à cet endroit une fine analyse de Pierre Macherey qui reprend la plupart de ces éléments :

« On peut partager les sentiments de qui que ce soit, par une sorte de lien affectif indirect qui ne concerne pas réellement les personnes particulières considérées dans leur existence concrète, puisque ce lien se noue de façon tout à fait machinale, à la manière dont jouerait un réflexe biologique (...) sans prendre en compte ce qui déterminerait objectivement en profondeur la puissance d'être, le conatus, *des individus concernés par ces mouvements affectifs, qui ont uniquement leur source dans l'imagination. Pour reprendre une expression reprise dans le scolie de la*

[20] Sur la notion d'*» ordre »,* voir *infra.*

[21] Pour le dire autrement, la *« tristesse »,* de soi, ne saurait être en aucun une voie vers la rédemption.

[22] Notons qu'il semble que la seule façon de « justifier » le pardon dans la perspective de Spinoza, de façon non morale donc, est qu'il est plus *« utile »* de *« pardonner »* – de *« remettre »* plutôt – que de prolonger un état de crise.

proposition 26, on peut dire que les hommes qui sont en proie à ce type de transports affectifs, 'rêvent les yeux ouverts[23]'. »

Il en résulte que *pardonner par pitié* serait donc une erreur puisque, ainsi qu'on l'a vu, la *pitié »* équivaut à un jugement faussé. Mais d'un autre côté, on se demandera si l'on pourrait pardonner à celui que l'on ne prendrait pas précisément, d'une quelconque façon, pour compatir avec lui, en *« pitié »...*

À la vérité, pour Spinoza, seule la *« raison »* serait en mesure de déterminer qui serait proprement pitoyable et éligible à une quelconque *« bienveillance », « miséricorde »* ou *« clémence[24] ».* Or que dit-elle ? Il semble qu'elle délégitime complètement ce projet, et cela pour au moins trois motifs. 1) D'abord, il n'y a rien à pardonner dès lors qu'il n'y a aucune culpabilité. On retrouve ici le thème exploité par Nietzsche. Chaque individu, au moment où il agit, le fait de façon nécessaire. Le libre-arbitre est en effet une illusion dont le principe, nous dit Spinoza, est que nous sommes conscients de nos actions en étant ignorant des causes qui les déterminent[25]. 2) Il en résulte que tout ce que nous faisons est, dans l'actualité de l'acte, *« parfait »,* – *« réalité »* et *« perfection »* se réciproquant nécessairement[26]. Rien ne peut être mieux *ou* moins bien *ou* autre que ce qu'il est dans le cadre du déterminisme universel qui est la modalité même d'existence de la Nature = « Dieu ». 3) La *« raison »,* au lieu de se fixer, comme le fait l'*» imagination »,* sur *une* cause supposée de sa *« tristesse »,* cause qu'elle haïra parce qu'elle la croira libre, intentionnelle et donc mauvaise, va déterminer dans un mouvement de *compréhension* globale et adéquate d'une situation, la chaîne entière des causes formant système qui a nécessairement conduit à l'affect de *« tristesse ».* La *« tristesse »* demeurera certes, mais elle ne conduira plus à tenter de se venger... *ou à pardonner.*

---

[23] P. Macherey, *Introduction à l'Ethique de Spinoza, op. cit.,* tome III, p. 220.

[24] Sur la *« clémence »,* cf. III, XXXVIII, p. 341 : *« À la Cruauté s'oppose la Clémence, qui n'est pas une passion mais une puissance de l'âme par laquelle l'homme maîtrise colère et vengeance. »*

[25] E., III, 2, scolie, p. 221 : *« C'est ainsi qu'un petit enfant croit librement appéter le lait, un jeune garçon en colère vouloir la vengeance, un peureux la fuite. Un homme en état d'ébriété aussi croit dire par un libre décret de l'âme ce que, sorti de cet état, il voudrait avoir tu ; de même le délirant, la bavarde, l'enfant et un très grand nombre d'individus de même farine croient parler par un libre décret de l'âme, alors cependant qu'ils ne peuvent contenir l'impulsion qu'ils ont à parler ; l'expérience donc fait voir aussi clairement que la raison que les hommes se croient libres pour cette seule cause qu'ils sont conscients de leurs actions et ignorants des causes par où ils sont déterminés ; et, en outre, que les décrets de l'âme ne sont rien d'autre que les appétits eux-mêmes et varient en conséquence selon la disposition variable du corps. »*

[26] E., II, Définition VI, p. 99 : *« Par réalité et perfection, j'entends la même chose. »*

Il n'y a donc lieu ni d'avoir *« pitié »* ni de *« pardonner »*. *« La Pitié, dans l'homme qui vit sous la conduite de la raison, est par soi mauvaise et inutile[27] »,* écrit Spinoza. On serait encore tenté de dire qu'il faut laisser les choses en l'état, *tout étant dans l'ordre*, si Spinoza ne disait pas que la notion d'*» ordre »* était elle-même une fiction (inévitable !) de l'imagination anthropomorphiste[28].

Or, en voulant se figurer, *en amont*, un libre arbitre, c'est-à-dire un *jeu des possibles*, là où il n'y a que du nécessaire, et *en aval*, un pardon, c'est-à-dire une possibilité de, pour ainsi dire, *doubler le réel* en l'annulant par miracle[29], on manque complètement la réalité des choses dont on notera qu'il est, somme toute, bien préférable de la concevoir telle qu'elle est, – c'est-à-dire *« innocente »* et *« parfaite »,* – que tributaire d'un jugement moral assignant des culpabilités et portant des condamnations...

Est-ce à dire qu'il faille totalement renoncer à l'idée de pitié et donc du pardon qui l'entraîne ? Pas tout à fait. Nous avons dit plus haut en incise qu'il pouvait être *« utile »,* et donc *« raisonnable »* de ne pas prolonger son état de *« tristesse »,* et donc de pardonner. Mais alors la question devient : s'épargner soi, est-ce *pardonner* l'autre au sens commun du terme ?... Assurément non ! Par ailleurs, Spinoza explique qu'à tout prendre – et en réalité il faut bien tout prendre, y compris les fictions de l'imagination qui font partie du réel – il convient de se réjouir qu'un individu non sage éprouve des sentiments de *« pitié »* et pardonne plutôt que de n'en éprouver aucun et d'être *« inhumain[30] »*. D'ailleurs, de façon générale, – mais sans qu'il faille ranger la chose sous l'égide d'un devoir au sens moral du terme ou encore d'une charité religieuse, – Spinoza affirme de la façon la plus claire que celui qui vit sous la conduite de la raison, pour ne pas nourrir une *« pitié »* – de *« bonne femme »,* disait-on... naguère, – ne laisse pas d'être bienveillant et d'œuvrer de telle sorte que tout homme soit lui-même libre et bienheureux. Pour le dire autrement : l'égoïsme proprement ainsi nommé n'a rien de rationnel et d'estimable. Si le langage de Spinoza est celui de la raison *« mathématique »,* les qualités de loyauté, de justice, et de faveur s'y

---

[27] E, IV, 50, p. 437.

[28] E, I, Appendice, p. 83-95; E, I, 8, scolie, p. 25. Précisons : il y a bien un *ordre* causal objectif, mais cet ordre ne saurait être qualifié d'ordonné, selon la mesure humaine, ou (dis)qualifié de désordonné, d'après la même.

[29] Il nous semble que l'on pourrait introduire le thème du double magistralement développé par Clément Rosset dans la problématique du pardon. Cf. C. Rosset, *Le réel et son double,* Paris, Gallimard, 1976.

[30] Cf. E. IV, 50, p. 439 : *"Car celui que ne meut ni raison ni pitié à être secourable aux autres, on a raison de l'appeler inhumain. Car* (par la Prop. 27 p. 3) *on ne voit pas qu'il ressemble à un homme. »*

font clairement reconnaître (comme en témoigne son indignation à l'annonce de l'assassinat des frères de Witt).

Si rien ne peut changer dans l'instant à ce qui est, une société devra assurément promouvoir les sentiments pitoyables, la *« bienveillance »,* la *« miséricorde »* et la *« clémence »* plutôt que leurs contraires. Mais c'est là un aspect de la pensée *politique* et non proprement éthique de Spinoza[31]. Car si le sage doit vivre selon ce que la *« raison »* conçoit et comprend, ce même sage sait qu'une vie libre et profitable n'est possible que dans le cadre d'une cité. L'idéal, assurément, serait que les hommes fussent mus par la *« raison »,* car dans ce cas ils *« conviendraient en nature[32] ».* Mais le fait est qu'ils sont possédés par des *« passions »,* ce qui produit l'effet contraire[33]. Et donc, quitte à ce qu'ils aient des passions, autant que ce soit celles qui favorisent la concorde sociale et notre tranquillité ! Et c'est pourquoi, nous pouvons en définitive dire : *felix misericordia !*

Remarques finales

En nous attachant au seul *« pardon »,* nous n'avons pas honoré notre cahier des charges qui comportait une analyse du *« repentir »* (en tant qu'il n'ouvre la voie à aucune *« récidive »*). Pour autant, ce que nous avons dit du premier est, dans une large mesure, applicable au second[34].

Ajoutons donc les deux brefs développements suivants, le premier portant sur le *« repentir »* et le second de nouveau sur le *« pardon »,* considéré cette fois du côté du pardonné.

I/ On devinera sans peine que le *« repentir »* – pas davantage que le pardon – ne saurait être une *« vertu »,* c'est-à-dire une force profitable et utile au *conatus,* ou participant de sa détermination intrinsèque. Et cela, quand bien même il répondrait à un *« pardon »* préalable.

Nietzsche condamnait le repentir au motif qu'il constituait une déloyauté commise à l'endroit de la personne que nous avions été. (Une idée belle et forte, soit-dit en passant.) Spinoza, sans parler en ces termes moraux[35],

[31] Pour autant, les deux dimensions éthique et politique ne sauraient être séparées. C'est la raison pour laquelle la partie IV de l'*Éthique* inclut un groupe de propositions (29 à 37) portant sur la nécessaire et bienfaisante vie communautaire. La proposition 36 pose notamment que *« le souverain bien de ceux qui suivent la vertu est commun, et tous peuvent en jouir également ».*

[32] E. IV, 35, p. 407.

[33] E. IV, 32, p. 403.

[34] On soulignera que l'analyse du repentir et de la pitié font partie d'un même ensemble : E., III, 50 (scolie) et 51 ; E., IV, 53 et 54. Ceci exigerait cependant d'être analysé en détail.

[35] D'ailleurs un peu étonnants de sa part.

affirme comme Nietzsche le caractère nécessaire de nos actes... mais c'est ce qui lui *suffit* pour rendre absurde, rationnellement parlant, le pardon, sans autre considération. Là où Nietzsche voit la faute, Spinoza n'a en vue que l'erreur effectuée par l'*» imagination » :* comment se repentir d'un acte que l'on ne pouvait pas accomplir au moment où il l'a été ?

De surcroit, le repentir est un affect de *« tristesse »,* laquelle est mauvaise[36], alors que nous avons vu, d'une part, que la pitié peut favoriser dans certains cas une *« joie »* [37] et, d'autre part, que Spinoza la range explicitement au rang des préférables (pour les non-sages). Telle est la définition synthétique que Spinoza en produit en effet : *« Le Repentir est une Tristesse qu'accompagne l'idée d'un acte que nous croyons avoir fait par un libre décret de l'Esprit*[38]. » L'analysant plus avant (comme nous n'avons pas ici le loisir de le faire), Pierre Macherey en explicite le caractère nocif de la façon suivante :

« De quelque côté qu'on le prenne, le repentir est inutile et nuisible : il ne répare pas la faute commise et il en aggrave même les conséquences en proposant en échange un illusoire palliatif. Il ne sert donc à rien de se morfondre, et, au cas, où l'on considérerait avoir mal agi en certaine circonstance, mieux vaut tâcher de réparer les dégâts causés par cette mauvaise action plutôt que d'en remâcher sinistrement, et surtout vainement, le fait accompli[39]. »

On notera cependant que la perspective prise ici est celle du sujet qui se repend, ce qui est d'ailleurs des plus logique. Or, peut-être y a-t-il des effets positifs du repentir susceptibles de se répercuter positivement sur celui qui le donne. Considérant en effet que le « coupable » (en fait innocent, parce que non-libre) se repend, la victime pourra s'estimer satisfaite, en éprouver un affect de *« joie »,* puis de l'*» amour »* pour le repenti qui en aura été la *« cause »*... Quant à ce dernier, se voyant pardonné, il pourra éprouver un sentiment de *« joie »,* lequel, etc. Sous ce rapport, le repentir apparaît comme une chose *indirectement* bonne de la même façon que la pitié pouvait l'être.

Enfin, dans une perspective politique et sociale, on pourra sans nul doute dire qu'il est préférable que les coupables se repentent, même par seule imagination, que le contraire. Des criminels non repentis et endurcis ne

---

[36] Précisons : il arrive que la *« tristesse »* (comme la joie) soit bénéfique si elle m'empêche d'agir contre mon *« utile propre ».* L'imbécile heureux est capable de tout entreprendre, au risque de devenir malheureux (et toujours imbécile).
[37] Pour les chrétiens, il y a de la joie libératrice à se repentir – pas dans l'anthropologie spinoziste.
[38] E., III, def. 27, p. 333.
[39] P. Macherey, *Introduction à l'*Éthique *de Spinoza, op. cit.,* p. 300..

laissent pas d'être asociaux, c'est bien évident. Comme il est évident que la bonne harmonie sociale voudrait que pardon, repentir et absence de récidive se répondissent. Et c'est pourquoi, nous pouvons, en définitive, aussi dire : *felix pœnitentia !*

II/ Qu'en est-il du pardon du point de vue de celui qui en est l'objet ? En première approximation, il est préférable d'être pardonné – car c'est de nature à apporter de la *« joie »* – plutôt que le contraire. Mais est-ce toujours vrai ? Être pardonné peut être mal vécu. *Objectivement*, c'est être redevable et se trouver, ce faisant, dans une position de faiblesse attristante : celui qui me pardonne me confirme en quelque sorte dans mon statut de pécheur[40] (pardonné, certes, mais *pécheur* pardonné). *Subjectivement*, si la chose peut être un soulagement et libératoire (et sans doute est-ce généralement le cas), elle peut aussi être, en raison de ce que l'on vient de dire, difficile à porter. Par ailleurs, quelqu'un peut assumer parfaitement son acte et ne pas souhaiter être pardonné – et notamment par la « société » honnie ou dont il a eu à souffrir la loi de l'ordre. Pour le dire autrement, celui qui me pardonne – surtout s'il le fait de haut : cf. le *« Va, je te pardonne »* évoqué en introduction, – non seulement me fixe dans mon statut de transgresseur (puisque pardonner n'est pas oublier) et m'oblige en quelque sorte à une reconnaissance qui peut être humiliante, mais il me contraint moralement *« à ne pas recommencer »,* – à ne pas *« récidiver ».* Et c'est à ce point que le pardon peut se donner pour une paradoxale incitation à récidiver. Pourquoi ? – Pour échapper à la culpabilité, à son statut inférieur de pardonné, et pour demeurer libre de ses actes et libre dans ses actes.

Ce ne sont là que des hypothèses rapidement ébauchées, non formellement spinozistes, mais s'inspirant de sa théorie de ses affects primaires et des mécanismes qui les complexifient. Peut-être expliquent-elles cependant en partie le phénomène, souvent tenu pour surprenant, de la récidive et, *a fortiori,* de la multi-récidive. Ne pas se repentir, ne pas se réconcilier, ce sont aussi, pour un *conatus,* des manières d'être, de se croire, de se vouloir (illusoirement) libre. Et peut-être est-ce la raison pour laquelle les non repentis ont quelque chose d'aussi inquiétant et désespérant que fascinant. Il est des hommes qui ne se rendent jamais et qu'on ne peut s'empêcher d'admirer confusément...

---

[40] Ou *transgresseur,* pour ne pas réduire la chose à une perspective religieuse.

CONSIDERATIONS MORALES

MONSTRUOSITE ET PRESCRIPTION

Entre imprescriptibilité et amnistie, un chemin éthique : le pardon

DOMINIQUE FOYER

Introduction

Dans cette communication, nous examinerons les implications éthiques de deux notions juridiques diamétralement opposées : l'amnistie et l'imprescriptibilité. Nous cherchons à montrer comment la perspective, à la fois théologique et éthique, du « pardon » peut nous sortir d'un antagonisme stérile en jouant le rôle précieux de voie médiane.

Après la fin de la IIème guerre mondiale, en 1945, les procès de Nuremberg et de Tokyo ont contribué à installer dans notre droit international la notion de « crimes contre l'humanité » [1]. La Cour Pénale Internationale a mis en œuvre cette notion, lui donnant des contours un peu plus précis[2]. Depuis, la plupart des Etats ont commencé à intégrer cette notion de « crime contre l'humanité » dans leurs droits nationaux, convenant de considérer qu'un crime contre l'humanité est une infraction criminelle comprenant l'assassinat, l'extermination, la réduction en esclavage, la déportation et tout acte inhumain commis contre une population civile. On parlera aussi de crime contre l'humanité quand on tue des gens simplement parce qu'ils existent. Tous ces crimes sont déclarés « imprescriptibles ». Dans l'histoire du Droit, cette notion d'imprescriptibilité constitue une innovation. Au regard de la philosophie et de la théologie morale, elle rejoint la question récurrente de l'inexcusable et de l'impardonnable : existe-t-il des fautes morales, voire des péchés, tels que nul ne puisse les excuser ou les pardonner ? La culpabilité peut-elle constituer une dimension inépuisable, inextinguible, de notre existence, tant

[1] Statut fixé par l'article 6, § c, de la *Charte de Londres* (8 août 1945). On remarquera qu'il a été adopté la veille du bombardement atomique sur Nagasaki, qui pourrait bien être considéré comme un « crime contre l'humanité ».

[2] Le *Statut de Rome*, fondant la CPI, a été adopté le 17 juillet 1998.

collective qu'individuelle ? Spontanément, nous pensons que si Dieu est capable de tout pardonner, en raison de son amour infini, il n'en va pas de même des humains car nous sommes souvent, pour les autres comme pour nous-mêmes, des juges impitoyables condamnant sans rémission possible.

Nous le voyons déjà, derrière ces notions – inexcusable, impardonnable et imprescriptible – se dessinent bien des questions éthiques : faut-il garder la mémoire des crimes du passé ? Faut-il, au contraire, en organiser l'oubli ? Le pardon est-il un devoir moral ? Ce devoir est-il un absolu ? Sommes-nous, dans ce domaine, confrontés à une sorte d'impératif éthique, qu'il s'agisse de dire : « N'oublie jamais ce qui s'est passé ! » ou, au contraire « Ne te souviens pas du passé ! » ? Et quant aux chrétiens qui récitent le « Notre Père », puisque Dieu pardonne tout, ne devraient-ils pas chercher à l'imiter et à pardonner à leur tour ? Ils le disent : « Pardonne-nous nos offenses, comme nous pardonnons aussi à ceux qui ont offensés... » Mais le font-ils vraiment ?

Nous aborderons ces questions selon deux axes de réflexion. D'abord selon un axe anthropologique et éthique. Les différentes dénominations habituellement utilisées : *inexcusable, impardonnable, imprescriptible*, mais aussi *inoubliable, inexpiable*, tous ces qualificatifs nous invitent à examiner les ressorts éthiques de la très ancienne pratique de la **prescription** des crimes et de l'**oubli volontaire** des forfaits commis. Prescription et oubli volontaire qui ne veulent pas dire, pour autant, qu'il y ait pardon. Comme nous le verrons, cette pratique a peut-être rencontré ses limites avec les épouvantes du dernier conflit mondial. Ensuite, nous les aborderons selon un axe moral et théologique. Partant des relations complexes entre le pardon et la mémoire, surtout dans le contexte de la *shoah*, nous chercherons à identifier l'originalité de la proposition chrétienne du pardon et sa différence avec l'oubli, qu'il soit volontaire ou non. Nous verrons qu'il s'agit autant d'une position théorique que d'une pratique innovante.

Quelques figures de l'*impardonnable*.

De tous temps, l'humanité a été confrontée à l'existence de crimes et de forfaits si monstrueux qu'elle ne parvient pas à les oublier. Même la volonté de dépasser ces catastrophes semble impuissante à opérer un oubli réel. Les humains, individuellement ou collectivement, sont alors littéralement hantés par le souvenir du mal subi ou du mal commis.La mémoire du mal subi est plus cruelle encore que le mal lui-même. En cela le crime des bourreaux peut nous sembler à bon droit ressortir à la catégorie de l'inoubliable : ce qui ne peut ni ne doit être oublié. Dans la Bible, l'oubli du mal commis est parfois assimilé à une sorte de soulagement. Dieu décide d'oublier les crimes et les péchés de son peuple, sans oublier l'amour de ses fidèles. Mais l'homme peut-il faire cette distinction et ne se souvenir que des bonnes choses ? Sommes-nous capables de pratiquer l'oubli sélectif ?

Une autre approche de notre question se trouve dans les notions d'inexcusable et d'inexpiable. Ce qui ne peut pas être oublié, c'est ce qui ne peut être ni excusé ni expié, si tant est que l'expiation représente le prix à payer pour, en quelque sorte, « acheter » l'oubli d'un crime auprès de la victime ou de ses représentants. Dans toutes les sociétés, les crimes et les délits sont évalués par l'ampleur de la compensation requise en cas de jugement. Souvent, il suffit de « présenter ses excuses », de demander que l'offensé veuille bien nous excuser. Certaines atteintes à autrui ou à la collectivité, plus graves, seront sanctionnées par une amende ou par un châtiment proportionné (autrefois un châtiment corporel, aujourd'hui la prison) ; d'autres atteintes, plus graves encore, ont longtemps justifié une mise à mort. Mais il arrive que le crime soit tellement énorme qu'aucune peine ne semble pouvoir l'expier. Il faudra alors une mise à mort, parfois accompagnée des supplices les plus raffinés. Sinon elle serait encore trop douce, trop clémente.[3]

De nos jours, l'optimisme de notre civilisation pousse à croire que tout crime peut trouver sa rédemption ou du moins son expiation : une peine de prison très longue peut déboucher sur une remise en liberté. L'ancien criminel peut alors – du moins théoriquement – reprendre sa place dans la société parmi ses semblables. Pourtant, l'expérience montre que les choses ne se passent pas facilement, notamment quand la collectivité refuse de le réintégrer. On se souvient du cas récent de Lucien Léger, « l'étrangleur » du petit Luc Taron. Après avoir purgé sa très longue peine de prison, cet homme a eu beaucoup de mal à trouver une localité où résider. Le criminel avait peut-être payé sa dette à la société, mais le crime restait inexpiable, inoubliable, totalement inexcusable.

La pratique sociale de la *vendetta* est une autre figure de l'inexpiable : on poursuit le criminel à travers ses descendants et sa parenté, sur plusieurs générations. La dette se perpétue et s'augmente au fil du temps. Le sang

[3] On pense à l'effrayant cérémonial pénal qui a entouré le supplice de régicides comme Ravaillac ou Damiens. Voir Michel Foucault, *Surveiller et punir* (Gallimard, Paris, 1975).

appelle le sang puisque la vengeance appelle la vengeance. L'inexpiable du crime commis engendre alors l'inextinguible du ressentiment des victimes.[4]

La psychologie nous montre que le processus d'inextinguibilité est également à l'œuvre chez les individus. Le sentiment de culpabilité peut renaître sans cesse. Dans certains états de culpabilité pathologique, la personne s'accuse d'autant plus qu'elle se punit elle-même. Se dessinent alors les contours de l'impardonnable : quoi qu'on fasse ou qu'on dise, certains actes semblent au-delà de tout pardon. Il semble que personne, ni les hommes, ni même Dieu peut-être, ne pourra effacer certaines taches de sang ! La notion d'impardonnable délimite une sorte de « frontière sacrée », comme l'a bien montré Giorgio Agamben.[5] En deçà de cette frontière, la vie commune est possible, mais au-delà non.

L'Antiquité connaissait bien cette sorte de frontière sacrée : on pouvait bannir quelqu'un de la cité, pour un temps ou pour toujours. On pouvait aussi pratiquer la *damnatio memoriae*, la « condamnation de la mémoire ». Ainsi tel criminel particulièrement abominable voyait-il son nom effacé des inscriptions publiques et retiré des documents officiels. L'exemple le plus significatif d'une telle *damnatio memoriae* est peut-être celui d'Erostrate : en juillet 356 av. JC., ce citoyen d'Ephèse incendie le temple d'Artémis, une des sept merveilles du monde. Il avouera avoir voulu se rendre célèbre. On le met à mort, bien sûr, et surtout on interdit à tout jamais de garder le souvenir de cet homme. On veut effacer jusqu'au souvenir qu'on pourrait avoir ! Pourtant, son nom et son histoire sont parvenus jusqu'à nous.

Les régimes totalitaires ont montré comment la *damnatio memoriae* peut être pratiquée à des fins de cohésion politique : lorsque Staline élimine ses rivaux, il ne se contente pas de les faire mourir, il fait modifier les archives et les images les concernant. Il fait réécrire l'histoire officielle pour effacer jusqu'au souvenir de leur existence et de leur action. Le crime qui leur avait valu la mort était littéralement impardonnable. A l'inverse, nos sociétés démocratiques où le désir de vivre ensemble est premier, ont élaboré diverses stratégies pour réintégrer les auteurs de crimes. Quand l'expiation est jugée possible par une privation de liberté plus ou moins longue, on convient que même un emprisonnement « à perpétuité » pourra avoir un

---

[4] Cette pratique, bien attestée en Albanie sous le nom de « *kanon* », a amené des religieuses catholiques à ouvrir un asile où des enfants innocents mais menacés de mort par la *vendetta* héréditaire, peuvent trouver refuge. Mais ils doivent rester cloîtrés sous peine d'être assassinés.

[5] Giorgio Agamben, *Homo sacer* : I, *Le pouvoir souverain et la vie nue* (trad. Marilène Raiola, Paris, Le Seuil, 1997) ; II, 1, *État d'exception* (trad. Joël Gayraud, Paris, Seuil, 2003) ; II, 2, *Le Règne et la gloire* (trad. Joël Gayraud et Martin Rueff, Le Seuil, Paris, 2008) ; III, *Ce qui reste d'Auschwitz : l'archive et le témoin* (trad. Pierre Alfieri, Paris, Payot & Rivages, 1999).

terme. Une fois sa peine purgée, le criminel devra être réintégré socialement.

Il existe une autre stratégie de réintégration sociale : c'est la pratique de l'amnistie. Par une décision de type législatif, on convient d'oublier ce qui s'est passé. En matière criminelle, la prescription judiciaire obéit à la même logique. Cette notion juridique suppose une durée au-delà de laquelle un crime ou un délit ne peut plus être poursuivi judiciairement. Jusqu'à quand faut-il poursuivre et punir le criminel ? Il est facile de comprendre que dans une société relativement close sur elle-même, on ne pouvait pas poursuivre indéfiniment les coupables d'un crime. Il fallait pouvoir les réintégrer un jour ou l'autre dans le jeu social, même s'ils n'avaient pas subi de condamnation et purgé de peine. Fondamentalement, cela concerne la mémoire collective du groupe et sa gestion politique. Pour le bien de tous, il est donc souhaitable que l'autorité politique fixe une limite aux poursuites judiciaires : c'est la prescription.

L'actualité judiciaire nous a récemment remis en mémoire la variabilité de cette limite : devant l'augmentation des affaires dites de « pédophilie », donc d'atteintes sexuelles sur des mineurs, le législateur français a décidé d'augmenter le délai de prescription, en faisant courir la période non plus à partir de la date de la commission du crime, mais à partir de l'accès de la victime à la majorité civile. Certains réclament une période plus longue encore, pour tenir compte de la lenteur des prises de conscience chez les personnes abusées et violentées...

Dans tous les cas, l'exigence de justice et la nécessité de punir demeurent, mais c'est la nécessité de continuer à vivre ensemble qui l'emporte sur toutes les autres considérations. Dès lors, l'existence de crimes imprescriptibles, par exemple les crimes contre l'humanité, pose une question inédite et difficile : pourquoi faut-il que la société conserve la mémoire de crimes aussi monstrueux ? Pourquoi faut-il qu'elle s'interdise de les oublier de quelque façon que ce soit ? Est-ce par un désir de chercher à punir les coupables tant qu'ils sont encore vivants ? Est-ce à cause des supposées vertus éducatives d'un tel souvenir maintenu vivant, comme s'il fallait que les crimes commis soient donnés en exemple permanent aux générations futures ? Est-ce parce que le vivre-ensemble ne serait désormais possible qu'au prix de l'exclusion perpétuelle de certains criminels, en rejouant *mutatis mutandis* la scène primordiale du bouc émissaire, chargé de tous les péchés du peuple (cf. Lv 16) ? Il paraît difficile de trancher.

Le statut de la mémoire humaine, individuelle et collective est au cœur du débat : peut-on oublier certaines choses ? Doit-on chercher à le faire ? Si l'on veut esquisser un détour par la psychologie, on conviendra vite que la réponse est double : oui, on doit chercher à oublier certains traumatismes ; non, on ne peut pas toujours le faire. En effet, les psychocliniciens constatent que l'amnésie (plus ou moins voulue) est souvent une stratégie pour continuer à vivre. Le patient veut oublier ce qui l'a traumatisé, et il semble y parvenir. Mais son inconscient n'oublie pas aussi facilement ! Bien au contraire, des hantises surgissent, des angoisses apparemment injustifiées obsèdent la personne, ses nuits sont peuplées de cauchemars récurrents, des conduites irrationnelles parasitent son quotidien... Tout se passe donc comme si une part de soi refusait désespérément d'oublier ce qu'une autre part voudrait tant oublier. La cure psychologique prendra alors la forme d'une longue et pénible anamnèse, afin de désigner les traumas, de les nommer, de les situer et peut-être de les apprivoiser, en les faisant advenir à la parole consciente. Telle est du moins l'ambition de la cure analytique freudienne.

On peut penser que le corps social est justiciable d'une démarche similaire : mais il ne suffit pas de garder la mémoire vive des crimes commis ou subis, encore faut-il pouvoir en faire quelque chose ! Là aussi se pose la question : les hommes peuvent-ils transformer le mal en bien ? Y a-t-il une « parole » qui « guérit », une « parole » qui puisse nous sauver de ce qui nous tue ?

Le pardon et la mémoire : une question théologique et morale

Cette question nous mène directement dans le champ de la morale et de la théologie. Nous partirons d'une réflexion de Nietzsche, dans sa *Généalogie de la morale* : « Ne pouvoir prendre longtemps au sérieux ses ennemis, ses malheurs, ni même ses *méfaits*, c'est le signe de natures fortes et accomplies, chez lesquelles règne une surabondance de force plastique, régénératrice, curative, allant même jusqu'à faire oublier... »[6] Pour Nietzsche, c'est le propre des hommes « nobles » que d'être capable d'oublier. Le philosophe oppose ce type de comportement à l'attitude de ceux qu'il désigne avec mépris comme les « hommes du ressentiment », à savoir les chrétiens et les juifs. Pour lui, c'est la seule voie possible pour réaliser le précepte évangélique. Il ajoute : « Ici seulement est possible, à supposer qu'il soit possible sur terre, le véritable 'amour des ennemis'. Quel respect de son ennemi a l'homme noble ! – et un tel respect est déjà un pont vers

[6] Friedrich Nietzsche, *Généalogie de la morale*, IIème dissertation, § 10 (trad. Angèle Kremer-Marietti ; U.G.E, Paris, 1974).

l'amour... »[7] Le pardon supposerait à la fois la mémoire et l'oubli : seul celui qui a le courage de se souvenir de mal subi ou même commis, pour mieux l'oublier, peut entrer dans la noble logique du pardon. Les natures faibles, suspicieuses, prisonnières du « ressentiment » ne le peuvent pas. Donc, incapables de pardonner, elles chercheront à organiser le souvenir et à l'entretenir. Or, nous l'avons vu, l'invention juridique de la prescription répond à cette volonté d'organiser l'oubli collectif pour une saine gestion de la mémoire du groupe. C'est un choix politique commandé par un certain pragmatisme : puisque nous sommes condamnés à vivre ensemble, il vaut mieux décider d'oublier certaines offenses même gravissimes, certains crimes même inexpiables. C'est le prix nécessaire du vivre-ensemble.

Créer, comme ce fut le cas après la IIème guerre mondiale, une catégorie de crimes « imprescriptibles », reviendrait à instaurer une limite d'un nouveau genre : on affirme qu'il existe des forfaits si abominables qu'ils empêchent définitivement tout oubli et donc toute réintégration sociale pour leur auteur. C'est comme un bannissement absolu qui viserait non seulement des personnes, mais aussi leurs actes et le souvenir de leurs actes, sauf que cette sorte de bannissement garde la présence du mal au cœur du groupe social par le biais de la mémoire. Le crime imprescriptible est clairement circonscrit, désigné au regard de tous. Il devient littéralement « inoubliable ». Bien plus, la mémoire du crime imprescriptible doit être soigneusement entretenue. Cela devient un impératif moral.

La notion d'imprescriptibilité nous conduit nécessairement à celle d'impardonnable : y a-t-il des crimes impardonnables ? L'accès au pardon rencontre-t-il une limite infranchissable ? Au plan théologique et moral, cette question devient : existe-t-il des situations telles qu'aucune issue ne soit possible, aucune nouveauté ? Vladimir Jankélévitch[8] le pensait et il avait organisé sa vie en conséquence. Après 1945, lui, le pianiste si amoureux de la musique allemande, il s'était interdit de jouer la moindre note d'un musicien allemand, non pas seulement Wagner, mais aussi Schubert ou Schuman qui pourtant n'avaient rien à voir avec les crimes nazis ! Dans son petit livre sur *le Pardon*, il écrit : « Le mystère de l'irréductible et inconcevable méchanceté est à la fois plus fort et plus faible, plus faible et plus fort que l'amour. Aussi le pardon est-il fort comme la méchanceté ; mais il n'est pas plus fort qu'elle. » Il est vrai que certaines situations nous paraissent tellement inhumaines et abominables que nous ne voyons pas comment on pourrait humainement en sortir. C'est une clôture : nous

[7] Friedrich Nietzsche, *Généalogie de la morale*, IIème dissertation, § 10 (trad. Angèle Kremer-Marietti ; U.G.E, Paris, 1974).

[8] Vladimir Jankélévitch, *Le Pardon* (Ed. Montaigne, 1967) ; id., *L'imprescriptible* (Seuil, 1986).

sommes coincés entre l'impossibilité de l'oubli et la cruauté d'une mémoire lancinante.

Dieu peut-il y changer quelque chose ? « Seul un Dieu peut encore nous sauver »[9], peut-on penser alors, pour reprendre le titre d'un livre de Bernard Sichère, lui-même emprunté à Heidegger. Et pourtant Dieu lui-même semble impuissant à nous libérer de cette mémoire obsédante. La question a souvent été posée : peut-on encore croire en un Dieu tout-puissant et sauveur après Auschwitz ?[10] Dans une pièce de théâtre, Elie Wiesel a évoqué le procès de Shamgorod[11], intenté en 1649 par des rabbins après à un pogrome subi par leur communauté : à l'instar de Job dans la Bible, ces Juifs osèrent citer Dieu en justice ! On dit que la même scène s'est répétée à Auschwitz même, et que, cette fois encore, Dieu fut condamné. Certains jugent que, au long des siècles, le Dieu tout-puissant de la révélation biblique se révèle tragiquement impuissant : impuissant à faire triompher la paix et la justice, impuissant à sauver les innocents, impuissant également à faire surgir le pardon dans une humanité ensanglantée par tant de crimes qui la déshumanisent.

Et pourtant, l'envie de croire en un Dieu, capable de sauver les hommes de leurs péchés et de leur incapacité à pardonner, demeure comme une brèche, une aspiration profonde, une blessure vive. On se souvient de la scène cruciale des Evangiles où Jésus se voit suspecté de remettre les péchés : « Il blasphème, dit-on autour de lui ; qui peut remettre les péchés, sinon Dieu seul ? » (Mc 2, 7). Les hommes savent bien qu'il y a une limite objective à leurs capacités de résilience : pour nous, tout n'est pas pardonnable. Et la mémoire des crimes contre l'humanité est là pour nous le rappeler. Mais pour Dieu ? Est-ce que pour Dieu tout – absolument tout – est pardonnable ? La question est théologique, ma réponse le sera aussi.

Conclusion

Cette question est apparue au grand jour – me semble-t-il – lorsqu'on a commencé à parler de « repentance », notamment par rapport aux victimes de la *shoah*. Devant ces actes publics de repentance, effectués par des responsables politiques ou religieux, les sages d'Israël ont répondu : les victimes de la *shoah* ne sont plus là pour accorder leur pardon, donc le crime demeure... Et il est exclu que Dieu puisse intervenir pour pardonner

[9] Bernard Sichère, *Seul un Dieu peut encore nous sauver* (Paris, DDB, 2002).

[10] Voir : Hans Jonas, *Le concept de Dieu après Auschwitz* (Paris, Rivages, 1994).

[11] Elie Wiesel, *Le procès de Shamgorod tel qu'il se déroula le 25 février 1649* (Paris, Seuil, 1979).

les péchés des hommes, sauf peut-être à la fin des temps, lorsqu'Il fera advenir le « monde futur ».

De leur côté, les chrétiens considèrent que toute tentative seulement humaine d'accéder à un pardon est d'avance vouée à l'échec, du fait du péché d'origine dont les conséquences continuent d'affecter l'humanité. Nous ne pouvons pas vraiment pardonner, nous n'en sommes pas capables car il faudrait pouvoir recréer les cœurs. Le seul pardon possible est à attendre d'une intervention de Dieu qui seul peut recréer ce qui a été détruit et tout particulièrement ressusciter les morts. Les chrétiens affirment que, à Pâques, Dieu a pardonné absolument tous les péchés. La foi chrétienne est entièrement structurée par cette mémoire d'un pardon fondamental, encore plus originaire que le péché du monde. Et théologiquement parlant, l'Eglise se définit comme la communauté des pécheurs qui se savent pardonnés et en vivent.

Cet acte de foi est très spécifique, mais trop de chrétiens s'en croient incapables, ce qui explique pourquoi tant de personnes restent enfermées dans leur culpabilité. Alors, pour y échapper, on cherche à tourner la règle légale en reportant la responsabilité sur d'autres, sur les circonstances ou sur une quelconque fatalité biologique ou sociale... Nos sociétés postchrétiennes en donnent de bons exemples : le criminel est considéré comme un malade ou une victime. La foi étant absente, il ne reste que les arguties du raisonnement ou bien l'oubli volontaire pour échapper à l'impardonnable. Dans ces conditions, on ne voit pas comment un crime, même effroyable, pourrait rester imprescriptible : pour vivre, il faudra bien consentir un jour à oublier.

Dans *Spe salvi*, son encyclique de 2007 sur l'espérance, le Pape Benoît XVI présentait audacieusement le jugement de Dieu comme un facteur d'espérance : « Le jugement de Dieu est espérance, aussi bien parce qu'il est justice que parce qu'il est grâce. S'il était seulement grâce qui rend insignifiant tout ce qui est terrestre, Dieu resterait pour nous un débiteur de la réponse à la question concernant la justice – question décisive pour nous face à l'Histoire et face à Dieu lui-même. » [12] Le pape François le dit à sa manière : en affirmant que « le nom de Dieu est miséricorde[13] », il pose un au-delà de la justice qui est le pardon divin. Entre la dette infinie et l'oubli sans fond, le pardon me semble être le seul chemin qui conjugue l'exigence de la justice et la nécessité de la grâce.

---

[12] Pape Benoît XVI, encyclique *Spe salvi* (2007), n°47.

[13] Pape François, *Le nom de Dieu est miséricorde*, livre-entretien avec Andrea Tonielli (2016).

Qu'est-ce qu'un acte pardonnable ? Une réflexion à partir de la clinique des auteurs de violences sexuelles.

PIERRE COLLART

Introduction

Le 13 août 1996, Marc Dutroux est arrêté en Belgique. Il est à la tête d'une bande impliquée notamment dans l'enlèvement et la séquestration d'enfants et d'adolescentes. Les enfants étaient enfermées dans une geôle souterraine de 2,34 mètres de long, 99 centimètres de large et 1, 64 mètres de haut. Deux d'entre elles y sont mortes de faim. Il est également poursuivi pour le viol de neuf enfants, pour l'assassinat de trois personnes, pour la participation à un trafic de drogue et pour vol avec violence.

Plus tard, un de ses avocats expliquera que Marc Dutroux avait comme projet « d'enlever énormément d'enfants » et de « créer une espèce de cité souterraine » dans d'anciennes galeries de mines où selon lui « règneraient le bien, l'harmonie et la sécurité ».

Marc Dutroux a été condamné à la réclusion à perpétuité assortie de dix ans de mise à disposition du gouvernement, ce qui permettait à l'époque au Ministre de la Justice de le garder en prison même en cas de libération conditionnelle[1].

Vingt-trois ans plus tard, c'est à dire actuellement, se pose la question de sa libération conditionnelle. Son avocat a obtenu qu'une nouvelle expertise psychiatrique soit réalisée, préalable à l'examen de son éventuelle libération conditionnelle. Le simple fait d'avoir posé la question de cette libération conditionnelle provoque des réactions dans la population et paraît, pour certains, tout simplement indécent au regard des horreurs qu'il a commises.

[1] Voir à ce propos https://fr.wikipedia.org/wiki/Affaire_Dutroux

On trouve, en la personne de Marc Dutroux, l'illustration parfaite du concept de « monstre ».

Le « monstre », en sociologie, est « *le gardien mythique des frontières, car il figure le résultat de la coexistence de deux réalités vécues comme inconciliables* »[2].

« Le "monstre", ici, qui serait représenté par l'adulte qui aurait abusé sexuellement d'un enfant (...), fonctionne efficacement comme un exemple négatif duquel il importe de se démarquer afin de rester, de cette manière, du "bon côté" de la limite. Ainsi, l'on peut considérer cette figure du "monstre" comme un gardien veillant sur la dernière limite séparant le normal du déviant »[3].

On comprend que la définition en termes de « monstre » devient un défi pour la justice, garante du respect des normes et donc du vivre ensemble, pour laquelle la peine est mesurée, a un début, une fin, qui donc conçoit le maintien ou le retour du condamné dans le groupe social... Peut-on envisager qu'un « monstre » cohabite avec les humains, dans la société ?

Un monstre peut-il répondre de sa faute, commet-il d'ailleurs une faute s'il est un monstre et de ce fait, comme l'écrit Hannah Arendt, situé « tellement hors des catégories de l'humain [qu'il met] en question jusqu'à la faculté même de juger et de pardonner »[4].

Le monstrueux, garant de la limite

Ainsi, s'il existe bien des transgressions que l'on peut sans trop de difficultés comprendre comme humaines, il y en a d'autres que, du fait de leur horreur, l'on est tenté de rejeter du côté du monstrueux, de l'inhumain. Ce qui implique l'existence de deux limites distinctes, de statuts différents[5].

La première de ces limites correspond à la norme sociale instituée qui interdit certains comportements, comme les interactions sexuelles entre adulte et enfant. C'est une limite au départ imposée, extérieure à l'individu. Dans la clinique des auteurs de violences sexuelles, il apparaît que certains considèrent parfois cette limite comme susceptible d'être interprétée en

---

[2] Marquet J., 1992.
[3] Collart P., 2004, pp.172-173.
[4] Manon S., 2009, pp.6-7.
[5] Ce qui suit à propos du concept de « marge » est tiré de Collart P., 2005, pp.86-94.

fonction de chaque situation spécifique, dans un raisonnement au cas par cas[6].

La deuxième limite, par contre, est perçue comme "infranchissable" par l'individu. Son dépassement représente dans tous les cas une déviance évidente et non susceptible d'être discutée. La définition de cette limite est donc une affaire personnelle, elle se réfère à la norme d'élection.

Chaque individu fonctionnant selon cette logique détermine donc lui-même sa limite à ne jamais franchir et cette détermination s'opère sur la base de références qui font sens pour lui, ce qui là aussi constitue un choix individuel, contrairement à la limite précédente, la norme sociale.

La détermination de la limite infranchissable est donc, dans tous ses aspects, un enjeu individuel permettant à chacun de mobiliser les ressources qu'il estime pertinentes pour y parvenir. Cette deuxième limite figure le point de passage entre une représentation subjective de la conformité de l'interaction sexuelle entre l'adulte et l'enfant d'une part, et l'assomption d'un comportement subjectivement reconnu comme indiscutablement déviant d'autre part.

La coexistence de ces deux limites distinctes implique l'existence d'une « marge », grâce à laquelle l'adulte pourra développer des interactions sexuelles avec un enfant sans s'identifier comme un transgresseur. La marge se situe en effet entre la limite constituée par le cadre social normatif et la limite "infranchissable". Le principe de la marge découle de l'existence des deux limites. Par contre, les balises de cette marge sont dépendantes de chaque individu, qui fixe la limite infranchissable en fonction de ses propres références et valeurs.

Le dépassement de la limite du "cadre social normatif" autorise, selon l'individu, une argumentation permettant de maintenir ces interactions dans la conformité. Par contre, le dépassement de la limite "infranchissable" ne permet aucune exception, elle introduit de manière irréfragable la notion subjective de déviance.

L'existence de la marge ouvre donc pour l'individu un nouveau cadre d'interprétation des interactions sexuelles avec des enfants, dans le sens où elle transforme la limite instituée par le cadre social normatif, pensée au départ comme absolue, en une limite toujours pertinente et opérante, mais relative, et donc susceptible de connaître des exceptions en fonction de situations présentées par l'individu comme spécifiques. Il y a ainsi, pour

---

[6] Cette interprétation renvoie à un type particulier de rapport à la norme, que nous avons appelée « le jeu avec la limite ». Voir à ce propos Collart P. 2005, pp.71-109.

celui qui raisonne sur la base de cette argumentation circonstancielle, la possibilité d'étendre la "désignation de conformité" au-delà de la limite du cadre social normatif jusqu'à la deuxième limite, non négociable celle-là.

L'existence de la marge peut se schématiser de la manière suivante :

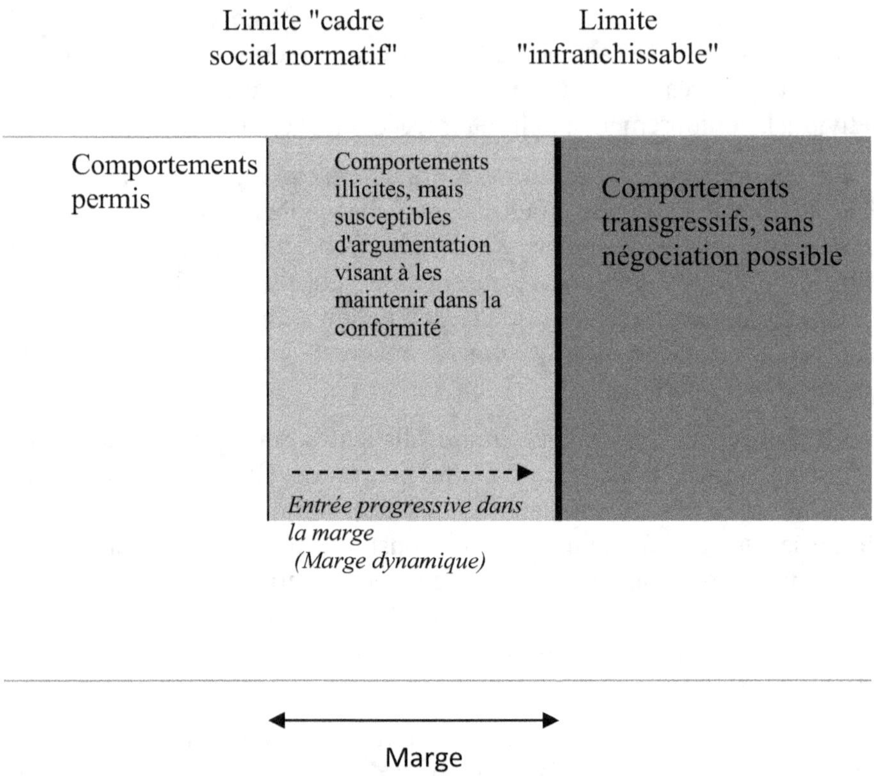

L'existence de la marge ne signifie pas pour autant que tout y soit permis à n'importe quel moment. Il y a, plutôt, une entrée progressive, déterminée par les différentes dimensions de l'interaction, dans ce champ des comportements possibles. En ce sens, la marge est "dynamique", car ce qui y est permis et interdit dépend véritablement – outre les limites théoriques qui la balisent, fixées par l'individu – des "normes du moment" établies par les protagonistes de l'interaction.

L'argumentation constitutive de la marge peut porter sur les différentes dimensions de l'interaction sexuelle entre l'adulte et l'enfant. Elle peut concerner les caractéristiques des enfants impliqués. Elle peut également concerner le caractère sexuel de l'interaction, comme la dimension de violence (notamment, par le biais du modus operandi) que le discours social y associe.

La marge crée donc un espace qui permet la coexistence de deux réalités qui ne sont pas susceptibles de se rencontrer sans risquer une désignation de déviance. L'utilisation de cette technique permet donc, théoriquement, à l'individu qui initie des interactions sexuelles avec l'enfant, d'y pratiquer des comportements qui peuvent aller jusqu'à atteindre – sans la franchir – la "limite infranchissable".

Et selon ce modèle, est potentiellement un monstre celui qui a franchi la limite infranchissable.

**Les auteurs de violences sexuelles :
entre monstruosité et pardon**

Dans la clinique des auteurs de violences sexuelles, la problématique de la définition de soi en tant que « monstre » et l'interrogation sur une démarche de pardon sont deux thématiques récurrentes et indissociables.

La référence à la notion de monstruosité, incarnée par Marc Dutroux est– pratiquement – omniprésente, au moins à un moment donné du suivi.

Pour certains patients, l'enjeu est de se définir comme un « monstre » – ou de se différencier de lui : « Je suis / je ne suis pas un Dutroux », définition qui renvoie au registre de la personne (je suis, je ne suis pas, je me qualifie d'une certaine façon). D'autres patients proposent plutôt une définition des faits à partir d'un autre référentiel, celui de la circonstance : « c'est à cause de... l'alcool, un manque, une maladie, ... », dans lequel on peut y voir, du moins en partie, une forme d'attribution externe.

Selon cette interprétation de la cause des actes qui leur sont reprochés, selon la définition que les patients donnent d'eux-mêmes, ils s'estiment possiblement pardonnables ou pas.

Ceux qui font la distinction entre eux et le monstre admettent que leur acte est possiblement pardonnable.

Ceux qui estiment qu'ils sont impardonnables ne font pas la distinction entre eux et un monstre, par exemple entre eux et Marc Dutroux. Non pas au niveau des actes car ils n'ont pas commis la même chose que lui. Mais sur le fond, où ils estiment avoir quelque chose en commun avec lui : la « monstruosité ».

Ils se considèrent donc impardonnables, disent qu'ils n'ont plus droit à rien, ont tendance à s'exclure socialement et entrevoient un destin tragique. Les exemples n'en manquent pas dans la clinique :

Un de ces patients s'est ainsi laissé mourir, disant : « je n'ai plus droit à rien et plus personne ne peut rien pour moi ». Il est effectivement mort assez rapidement après sa confrontation avec la justice ;

Un autre a développé une maladie auto-immune subite. Il expliquait à quel point il était terrible pour lui de ne pas être confronté à la justice, parce qu'au moins, la justice mettait des limites. Il y avait un début aux poursuites, une fin à la sanction, et surtout un « dosage » de la peine qu'il recevrait, une mesure des actes qu'il avait commis. Ce à quoi il pressentait ne pas avoir droit, le caractère « trop » terrible des actes qu'il avait posés l'empêchant par ailleurs de se rendre à la justice pour se dénoncer ;

Un troisième patient s'est suicidé après avoir récidivé, ne voyant probablement pas d'autre destin pour sa monstruosité ;

Un quatrième patient s'est posé à son tour la question du suicide. Sa réflexion était celle-ci : « je suis quelque chose que de toutes mes forces, je ne veux pas être. Mais c'est trop fort, c'est plus fort que moi. Dois-je continuer comme ça pendant 40 ans, ou est-ce que j'arrête tout de suite ? ». Il a, pour l'instant, décidé de ne pas se suicider, mais vit très difficilement sa situation. Parce que cet homme perd tous ses moyens dès qu'il se trouve en présence de jeunes filles de 13-14 ans. Et même s'il ne veut pas que ça lui arrive, ça lui arrive quand-même : « C'est débordant ».

Le caractère « insupportable » de leurs actes et de ce qu'ils découvrent d'eux-mêmes peut s'interpréter comme l'expérience que font ces patients de la stigmatisation[7], c'est-à-dire de l'incompatibilité entre ce qu'ils ont fait - et ce que cela implique en termes de monstruosité - et ce qu'ils pensaient d'eux-mêmes jusque-là.

Le pardonnable / impardonnable comme question identitaire

Le pardonnable / impardonnable apparaît donc comme l'enjeu d'une relation entre une identité réelle et une identité virtuelle, d'une relation à soi-même et d'une relation entre l'individu et l'autre, les autres, le social.

Selon la théorie de la stigmatisation que développe Erving Goffman, nous avons tous une identité sociale virtuelle, des contingents d'attributs,

[7] Au sens où l'entend Erving Goffman, 1963. Le développement qui suit en découle.

des caractéristiques qui constituent des attentes normatives a priori, des stéréotypes par rapport aux individus que nous sommes censés être du fait que nous faisons partie d'un certain nombre de catégories d'individus. Par exemple, « les adultes protègent les enfants ». « Les adultes ne couchent pas avec des enfants ». Ce sont des attributs, des stéréotypes de l'adulte par rapport aux enfants, qui traduisent de véritables attentes a priori à l'égard de tous les individus faisant partie de cette catégorie (« les adultes sont bienveillants envers les enfants »). A côté de cela existe l'identité sociale réelle, c'est à dire l'identité constituée des attributs que l'individu possède réellement. Ceux-ci peuvent être conformes ou au contraire diverger des attributs de l'identité sociale virtuelle.

L'individu normal, selon cette lecture, est celui dont l'identité sociale réelle ne diverge pas négativement des attentes particulières qui constituent son identité sociale virtuelle et l'individu stigmatisé, au contraire, est celui qui présente une divergence entre son identité sociale virtuelle et son identité sociale réelle : dans ce cas, l'on peut être discrédité ou discréditable, selon que cette divergence et visible et reconnue ou invisible et inconnue. Le stigmate est donc un certain type de relation entre l'attribut et le stéréotype. Il s'agit d'un point de vue qui peut d'ailleurs être réflexif, un regard que tout individu peut porter sur lui-même (« je suis un... »).

Cette stigmatisation « a des conséquences importantes sur la participation ultérieure à la vie sociale et sur l'évolution de l'image de soi de l'individu. La conséquence principale est un changement dans l'identité de l'individu aux yeux des autres. En raison de la faute commise et du caractère flagrant de celle-ci, il acquiert un nouveau statut » [8].

C'est là un moment crucial pour l'individu. « La désignation par autrui a pour effet que toutes les actions que l'individu accomplit, ou qu'il a accomplies dans le passé, sont susceptibles d'être interprétées à la lumière de cette désignation. L'individu acquiert ainsi un « master status » [9] de déviant, qui va progressivement le "convaincre" que la désignation dont il fait l'objet correspond effectivement à son identité. Et en retour, celui qui progressivement accepte son changement de statut va agir d'une façon qui reflète sa conception de lui-même, de sorte que cette adaptation de son comportement au statut de déviance confirmera à ceux qui l'ont désigné qu'ils ont eu raison de le faire. » [10].

---

[8] Becker H.S., 1963, pp.54-55.
[9] Moore S., 1988, pp.47-48.
[10] Collart P., 2004, t.1, p. 147.

Se pose alors la question de la manière dont les individus auteurs de violences sexuelles vont se positionner par rapport à cette désignation de déviance.

Certains, nous l'avons vu, s'estiment impardonnables et restent figés dans ce positionnement.

D'autres choisissent la voie du rejet du groupe social et de ses normes et prennent en quelque sorte le pouvoir en se positionnant comme « outsiders » [11] qui tentent d'imposer un système normatif alternatif[12]. D'autres encore plaident la situation d'exception[13] (par exemple en mettant en évidence des caractéristiques particulières de l'enfant, du contexte, en décrivant une relation exceptionnelle...) et tentent ainsi d'expliquer qu'une situation socialement perçue comme abusive, selon eux, ne l'est pas.

Quoiqu'il en soit, dans le chef des auteurs de violences sexuelles, la reconstruction de l'identité en tant qu'êtres complexes, humains, rend possible la contextualisation et la compréhension de l'acte. Et peut-être la possibilité de se pardonner, d'abord à soi-même.

Une possible évolution identitaire et relationnelle

L'enjeu de la clinique des auteurs de violences sexuelles porte notamment sur ce processus d'évolution identitaire par lequel ces patients peuvent passer peut-être de l'état « d'impardonnable » à l'état de « possibilité de devenir un jour pardonnable ».

Pour ce faire, trois dimensions imbriquées sont à prendre en compte : le temps, l'identité et le rapport à l'autre.

La dimension temporelle suggère un positionnement particulier de l'individu par rapport aux actes qu'il a posés. Il est assez remarquable, lorsque l'on demande aux patients de se présenter à d'autres, à des moments différents de leur suivi thérapeutique[14], la manière dont ils décrivent leur « problème » évolue avec le temps. Ainsi, la première version qui est souvent présentée se réfère à la définition *sociale* des actes : » je suis ici parce que j'ai commis un attentat à la pudeur avec violence sur un mineur de moins de 16 ans ». Un second niveau est susceptible d'apparaître plus

[11] Becker, 1963

[12] Collart P, 2005, pp.47-70.

[13] Collart P, 2005, pp.71-109.

[14] Le suivi thérapeutique se déroulant sur le mode de groupes ouverts, des patients intègrent et quittent les groupes à tout moment. Il est ainsi régulier qu'un nouvel arrivant rejoigne un groupe, occasion pour l'ensemble des participants de se présenter les uns aux autres.

tard dans ces présentations et se réfère aux aspects *interactionnels* des actes : « je suis ici car j'ai commis des attouchements sexuels sur une fillette de 10 ans ». Enfin, cette présentation peut encore évoluer jusqu'à un niveau *personnel*, où le patient dira : « je suis ici parce que j'ai de l'attirance sexuelle pour les enfants ».

Cette évolution situe bien les préoccupations du moment du patient face à la désignation dont il fait l'objet et éclaire le type de réflexion qui l'occupe alors.

La dimension de l'identité mise en question dans la démarche clinique concerne les identités multiples simultanées de l'individu. Ainsi, pour Erving Goffman, « s'il était possible d'isoler une entité qui aurait les allures de l'identité d'un individu, elle devrait être envisagée comme la totalité des engagements qui s'accumulent et se stratifient au long d'une existence, sans s'exclure ni s'annuler jamais. Et de ce point de vue, questionner le rapport entre rôle et identité est illogique, puisque celle-ci ne possède que deux formes d'expression : le rôle ou les pratiques de distance au rôle » [15]. Autrement dit, un individu est stigmatisé parce qu'il a commis un acte criminel, il peut même en arriver à intégrer qu'il *est* un criminel, mais il n'est pas que cela. Il peut se positionner par rapport à cette caractéristique, prendre distance par rapport à ce rôle.

Un de nos patients a ainsi pris la décision de ne plus passer à l'acte sexuel sur des enfants car il ne voulait pas prendre le risque d'encore faire du mal à l'un d'eux. Ce patient développait une théorie « politique » de la pédophilie, expliquant que les rapports sexuels avec des adultes étaient très positifs pour les enfants. Pendant toute sa thérapie, il n'a pas changé de point de vue. Mais, confronté à la retranscription de la déclaration vidéo-filmée de sa victime, il a pu lire qu'elle avait dit : « *j'avais tellement peur que je n'osais rien dire et que je n'osais rien faire* ». Cette simple phrase a bouleversé ce patient car, dans ses propres valeurs, il ne voulait surtout pas faire de tort à quelqu'un d'autre : dans sa théorie politique de la pédophilie, il faisait du bien à l'enfant et le sortait d'une ignorance asservissante. Or, cette parole de l'enfant lui a indiqué qu'il y a un problème, qu'il court un risque qu'il refuse d'assumer. Ce qu'il a exprimé ainsi : « *je ne peux pas supporter de courir le risque de faire du mal à un enfant. Donc, j'arrête. Je suis sûr que j'ai raison (par rapport à sa théorie du bien de l'enfant), mais il se peut qu'à un moment donné je me trompe et il se peut qu'avec un enfant je fasse des dégâts, ce que je ne veux pas. Donc, j'arrête* ». A notre connaissance, il n'a plus jamais touché un enfant depuis lors, et il en est très

[15] OGIEN A., 1989, pp.107-108.

malheureux. Mais il a pris une position par rapport à un des aspects de qui il est et il a renforcé une valeur personnelle essentielle pour lui : *« je ne fais pas de tort à l'autre »*.

Par ce travail d'intégration des faits délictueux et des caractéristiques personnelles qu'ils mettent à jour dans l'identité de l'individu, on quitte le « master status » induit par la stigmatisation pour intégrer cette caractéristique problématique dans une vision plus globale de l'identité, forcément complexe.

Il s'agit là d'une étape difficile, au niveau narcissique notamment. Cette étape demande un travail d'apaisement par rapport à soi-même, que l'on peut, peut-être, qualifier de démarche de reconstruction et de pardon, ou de possibilité pour l'individu concerné de considérer son acte comme pardonnable, au sens qu'en donne Hannah Arendt : « si nous n'étions pardonnés, délivrés des conséquences de ce que nous avons fait, notre capacité d'agir serait comme enfermée dans un acte unique dont nous ne pourrions pas nous relever »[16] : « *est-ce que j'ai encore un futur malgré le fait que je suis un criminel ?* ».

Dans ce processus, la question du rapport à l'autre va se poser : comment reconstruire une relation avec « l'autre » – dont la victime.

Certains ne se posent pas la question. Il y a un certain nombre de patients, et plus généralement, de gens, qui ne sont pas dans un rapport relationnel à l'autre – où « l'autre » est une personne – mais plutôt dans un rapport d'usage de l'autre – où « l'autre » est un objet à consommer.

Certains encore ne se posent pas la question, parce qu'ils sont dans un rapport d'excuse, c'est-à-dire dans une recherche de circonstance, d'attribution externe. Ils ne sont, en quelques sortes, pas concernés par la « faute ».

D'autres, par contre, s'interrogent sur le futur de leur relation avec l'autre : « est-ce que je vais pouvoir revoir mes petits-enfants ? », « est-ce que je vais pouvoir refaire couple avec une femme ? », « vais-je devoir me suicider ? ». Là va se poser la question du pardon. Si en effet, dans les débuts de la démarche thérapeutique, beaucoup de patients disent espérer que la victime leur pardonnera alors qu'eux-mêmes estiment leurs actes impardonnables, arrivés à cette étape où l'identité est en reconstruction, la question commence à être un peu plus mature.

---

[16] Arendt A., 1958, p.251 (trad. française 2012)

Le pardon comme relation.

Le pardon est donc une question de relation. Parce que l'acte d'offense est également un acte relationnel. Une relation à soi-même d'abord et une relation à l'autre dans un second temps : « offenser, c'est toujours blesser un être, lui infliger une souffrance et prendre par là le risque de rompre la relation humaine dans les différents visages que peut revêtir cette rupture » [17]. « Pardonner consiste à rompre l'engrenage souvent inéluctable des faits passionnels par lequel le mal subi suscite tout naturellement ressentiment, haine et désir de vengeance » [18].

La démarche de pardon implique donc, dans le chef de l'auteur comme dans celui de la victime, d'attribuer un /du sens aux actes commis et aux actes subis. Sens pour soi-même et sens chez l'autre [19], de vouloir en faire quelque chose, d'envisager le futur personnel et relationnel en intégrant la réalité de l'acte commis sans y être enfermé.

En guise de conclusion

Un acte tel qu'un abus sexuel n'est donc pas, en soi, (im)pardonnable. Il le devient, au terme d'une démarche personnelle, relationnelle et sociale qui en clarifiera la responsabilité et la portée, ainsi que les possibilités d'avenir qui existent pour les différentes parties liées par lui.

Ainsi, le dépassement de cet acte pour l'auteur et pour la victime, permettrait à l'un comme à l'autre de continuer à vivre au sein de la catégorie des humains. Il passe par ce processus de changement – ou d'évolution – identitaire chez l'auteur comme chez la victime, qui sont amenés à quitter cette identité prépondérante d'auteur ou de victime qui parfois les enferme, pour évoluer vers une identité qui intègre les actes commis ou subis, leur donne un sens et permet de se positionner à leur égard.

---

[17] Manon S., 2009

[18] Ibid.

[19] Par exemple, en utilisant l'outil clinique de l'analyse interactionnelle (Collart P., n.p.) lors duquel l'auteur est invité à réfléchir au processus et aux enjeux qui l'ont poussé à l'acte, mais également à réfléchir à la même démarche du point de vue de la victime, donc à envisager la position de l'autre. Cela renvoie également aux quatre questions qu'envisage Pascal Pignol (2011, pp. 370-375) à propos du travail psychique de la victime : « qui fait quoi ? » - la question de l'imputation ; « quoi est quoi ? » - la question de la qualification ; « qui doit quoi ? » - la question de la réparation ; « quoi coûte quoi ? » - la question de la condamnation.

Bibliographie

Arendt A. (1958). *Condition de l'homme moderne*, Paris, Gallimard, 2012.

Becker H. S. (1963). *Outsiders. Études de sociologie de la déviance*, Paris, Métailié, 1985.

Becker H. S. (Ed.) (1964). *The Other Side. Perspective on Deviance*, New York, The Free Press.

Collart P. (2004). *Abuseurs sexuels d'enfants et rapports à la norme. Etude par l'interactionnisme symbolique des logiques de rapports au cadre social normatif construites par des adultes impliqués dans des interactions sexuelles avec des enfants*. Louvain-la-Neuve, UCL. 3 tomes. Thèse de doctorat en sciences psychologiques – orientation famille et sexualité.

Collart P. (2005). *Les abuseurs sexuels d'enfants et la norme sociale*, Louvain-la-Neuve, Academia-Bruylant.

Goffman E. (1963). *Stigmate. Les usages sociaux des handicaps*. Paris, Les Éditions de Minuit, 1975 (trad. française).

Manon S. (2009). Peut-on tout pardonner ? https://www.philolog.fr/peut-on-tout-pardonner/

Marquet J. (1992). "Monstres et transgressions", *La Revue Nouvelle*, 95, 07-08, pp.56-68.

Moore S. (1988). *Investigating Deviance*. Oxford, Oxford University Press.

Ogien A. (1989). "La décomposition du sujet". In Joseph I. et alii, *Le parler frais d'Erving Goffman*, Paris, Les Éditions de Minuit.

Pignol P. (2011). *Le travail psychique de victime. Essai de psycho-victimologie*. Université de Rennes 2 Haute Bretagne. Thèse de doctorat en psychologie. https://www.yumpu.com/fr/document/read/21959445/le-travail-psychique-de-victime-essai-de-psycho-victimologie

De la récidive au pardon : la force de la clémence

TONY FERRI[1]

Résumé : Parmi les nœuds possibles qui se tissent entre les notions de récidive et de pardon, il s'agira de réfléchir, au-delà de la question de savoir comment tantôt la récidive peut conduire à empêcher l'émergence du pardon et comment tantôt le pardon est susceptible de mettre un frein au processus de réitération des infractions, plus précisément *à la place et à la portée de la clémence* dans l'économie du pouvoir de punir contemporain. Au fond, nous voudrions nous demander en quel sens et jusqu'où l'acte de pardonner pourrait se donner à la fois comme l'occasion d'éloigner le ressentiment dans la relation entre les infracteurs et les victimes, et comme la possibilité, en définitive, de débarrasser l'action criminelle répétée de ses relents (réels ou supposés) de méchanceté.

Les intrications du don et du pardon

Dans un geste introductif, il nous faut rappeler comment la notion de pardon se fonde sur celle du don. De cette manière, nous percevrons mieux les propriétés du pardon et les enjeux autour de la question de la récidive[2].

Il est d'ores et déjà à remarquer que, dans pardon, il y a don, c'est-à-dire une référence à la donation. La première connexion sémantique qui s'établit entre pardon et don tient au rapport au temps, mais selon un mouvement de temporalisation distinct, selon deux modalités temporelles différentes.

En effet, pour ce qui est du don, on constate qu'il a un rapport essentiel au présent, puisqu'on donne quelque chose au présent, on le *présente* à autrui, on parle d'un cadeau comme étant un présent, ici et maintenant. Tandis que, concernant le pardon, on découvre plutôt qu'il entretient un rapport essentiel au passé, dans la mesure même où il évoque un événement

---

[1] Tony Ferri est philosophe, docteur en philosophie, chercheur au laboratoire Gerphau, conseiller pénitentiaire d'insertion et de probation, et auteur.

[2] La récidive caractérise la répétition d'une infraction, la redite d'une action criminelle, le bégaiement de la délinquance. Dans bien des cas, elle lèse une ou des victimes.

antérieur, un souvenir, un passé précisément qui ne passe pas, puisqu'il reste présent à l'esprit et envahit la mémoire même longtemps après qu'il a eu lieu. Le pardon est souvent aux prises avec un passé douloureux.

Il est à noter un autre lien entre pardon et don, un autre rapprochement plus paradoxal encore, dans la mesure où le principe du don invite au pardon, selon deux manières. Le premier paradoxe, avec le don, c'est qu'il se vit au présent, comme nous l'avons indiqué, mais tout en charriant avec lui des éléments d'absence, un vide, à savoir qu'il nous rappelle combien on n'est jamais assez généreux, jamais assez hospitalier, jamais assez bon donateur. C'est-à-dire que l'acte de donner est moins donné pourrait-on dire, moins facile à faire et à voir, qu'à construire ou à maintenir dans la durée. A ce propos, nous pouvons citer ces réflexions de Jacques Derrida extraites d'une conférence du philosophe : Il y a quelque chose « qui me rend incapable, dit-il, de donner assez ou d'être assez hospitalier, d'être assez présent au présent que je donne et à l'accueil que j'offre, si bien que je crois, j'en suis même sûr, toujours avoir à me faire pardonner, à demander pardon de ne pas donner, de ne jamais assez donner, de ne pas assez offrir ou accueillir »[3]. En ce premier sens, le don invite au pardon, conduit à devoir demander pardon : « On est toujours coupable, on a toujours à se faire pardonner quant au don », conclut Derrida.

Il y a lieu de relever également que, si on peut avoir à demander pardon parce qu'on ne donne pas assez, on peut aussi avoir à demander pardon, à l'inverse, parce qu'on donne trop, parce que, par-là, on s'affirme comme supérieur, dominant, possédant. C'est la seconde implication paradoxale. Il faudrait dire alors ici : pardon d'être dans la toute-puissance ! Car, dans l'acte de donner, on prend aussi quelque chose (on ne fait pas que donner), à savoir la reconnaissance par les autres, sa propre valorisation, la démonstration de sa prétendue vertu ou bonne conscience. On ne donne sans doute pas innocemment. Le fait même que je sache que je donne me fait perdre l'innocence de mon geste de donation. Autrement dit, comme l'indique Jacques Derrida, derrière le don, gît un « désir de souveraineté ». Autant dire que, dans une certaine mesure bien sûr, le don est hanté par la volonté de domination ou, du moins, la condescendance vis-à-vis de laquelle il convient, là encore, de se faire pardonner.

Notons encore que, s'il se peut que, dans l'acte de donner, dégouline paradoxalement une forme de domination, dans l'acte de pardonner ne transpire pas moins, semblablement, une certaine logique de maîtrise,

---

[3] Jacques Derrida, *Pardonner. L'impardonnable et l'imprescriptible*, Paris, Galilée, 2012, p. 10-11. 4 *Ibid.*, p. 11.

puisque celui qui pardonne s'affiche comme étant celui qui a le statut, le pouvoir, le privilège d'accorder le pardon, de distribuer le pardon. Il peut donc y avoir paradoxalement quelque chose d'impur dans le pardon, qui tient à la prétention de pouvoir sauver une âme : je suis prétendument celui qui peut te sauver, remettre ta peine ou te transformer, je suis celui qui peut te purifier par mon pardon ! Par conséquent, pas plus qu'on ne saurait pardonner sans avoir à donner quelque chose de soi - sa générosité, son ouverture d'esprit, sa clémence, quelque chose de sa personne -, on ne saurait donner sans avoir à demander pardon ou à se faire pardonner.

Il y a un autre lien stupéfiant entre le don et le pardon, et qui tient à la notion de grandeur, au rapport avec le plus et avec le moins, au sens arithmétique du terme. Il est d'emblée frappant de voir que le don est actif et généreux, qu'il donne immédiatement quelque chose, un cadeau, une matière palpable et tangible, tandis que le pardon, lui, ne donne rien d'une certaine manière, il se contente d'oublier l'offense, il se résout à ne plus en tenir compte de manière vindicative ou rancunière, il écarte ou dégonfle l'événement douloureux passé, sans l'effacer d'ailleurs complètement. Le don apparaît ici comme ayant plus de positivité que le pardon, comme étant plus que le pardon, comme possédant plus de réalité.

Cependant, à bien y regarder, le jugement peut s'inverser : on peut dire que le pardon est plus fort ou mieux que le don, non pas en ce qu'il donnerait, matériellement parlant, un présent ou un cadeau, mais en soulageant le coupable de son forfait, en lui ôtant une souffrance, en le libérant de la servitude liée à l'angoisse ou au remords. Examiné sous cet angle, force est de reconnaître que le pardon est plus fort que le don, même s'il ne donne rien et qu'il est réactif ou négatif. Il y a donc une positivité du négatif, il y a une positivité du négatif qui est plus positif que la positivité elle-même. On trouve notamment cette idée chez Kant, Hegel et Jankélévitch.

Nous avons évoqué l'idée qu'il y a un rapport du pardon au passé. Sur le plan linguistique, ce rapport à une antécédence, à un événement antérieur se retrouve formulé dans le terme anglais d'une manière particulière : en effet, pardonner, en anglais, se dit *to forgive*, et s'oppose à *to forget*, ce qui souligne là le rapport d'opposition entre pardonner et oublier. De sorte qu'on ne pardonne pas pour oublier tout de go, contrairement à ce qu'on croit spontanément. Pardonner, ce n'est surtout pas oublier, mais se souvenir. On ne pardonne pas pour oublier et passer à autre chose, comme on le dit cavalièrement, mais pour se rappeler et accepter. En ce sens, le pardon n'est pas l'excuse, car seul le pardon se rapporte à un fait *grave*, à une offense douloureuse, qui resurgit dans la mémoire à mesure qu'on cherche à l'évacuer. Le passé du pardon est un passé *têtu*.

La question de la *relation* dans le pardon

Il paraît clair que le pardon se conçoit habituellement dans une relation duelle, à la faveur d'un face-à-face ou d'un tête-à-tête. Il suppose un rapport intentionnel et dialogique. Demander ou accorder le pardon, pour un mal commis, dont la particularité est que ce mal est irréparable, ineffaçable, irréversible, et donc tragique dans son acte comme dans ses conséquences, c'est l'affaire d'un face-à-face entre un auteur et une victime. Cela signifie que *seul* l'auteur du mal ou de la faute peut demander pardon, et que *seule* la victime de cet acte peut l'accorder ou le refuser. Il y a alors lieu de se demander à qui ou par rapport à quoi on demande pardon : pardonne-t-on à quelqu'un *quelque chose* comme une faute ou une infraction commise, comme un mal perpétré, ou pardonne-t-on *quelqu'un* d'avoir fait du tort ? Autrement dit, pardonne-t-on quelqu'un (ce qui renvoie à la personne) ou pardonne-t-on quelque chose à quelqu'un (ce qui correspond à son acte commis) ? On peut donc se demander si le pardon est lié à un qui, au fautif, ou à un quoi, à la faute.

Dès lors, cela nous place, derechef ou avec insistance, devant la question de l'adresse ou du destinataire du pardon. Si en effet le pardon concerne un événement passé qui a eu lieu entre deux individus, cela a pour corollaire d'écarter de la logique du pardon toute collectivité - comme un groupe, une institution, une corporation, une association - de la possibilité même d'accorder ou de refuser le pardon. De sorte que l'institution pénale n'est pas habilitée à accorder ou à refuser le pardon, car le pardon excède le cadre de la logique punitive, il se situe au-delà des limites du châtiment.

D'où il résulte que, selon toute une tradition, qui s'étend d'Augustin à Vladimir Jankélévitch et Jacques Derrida, le pardon n'appartient pas à l'ordre du droit, mais à celui de la morale ou de la religion, à celui du *cœur*, pour reprendre la terminologie pascalienne. Le pardon est d'un autre ordre que l'ordre juridique ou judiciaire, il n'est donc pas le lieu du prescriptible ou de l'imprescriptible, du droit de grâce ou de l'amnistie, qui relèvent, quant à eux, du domaine de la loi pénale. Vladimir Jankélévitch le note expressément dans son livre consacré au *Pardon* : « Le vrai pardon, souligne-t-il, en marge de toute légalité, est un *don gracieux* de l'offensé à l'offenseur » [4]. Et il ajoute plus loin : « Le pardon ressortit en effet au

[4] Vladimir Jankélévitch, *Philosophie morale*, Paris, Flammarion, 2018, p. 1001

domaine extra-légal, extra-juridique de notre existence ; il est, comme l'équité, et bien plus encore, une ouverture dans la morale close, une espèce d'auréole autour de la loi stricte : l'équité n'est-elle pas l'entorse bienvenue que nous faisons parfois à l'exacte justice ? »[5].

Néanmoins, à l'inverse, il n'est pas inutile de souligner pour discuter que, Hanna Arendt, quant à elle, rattache le pardon à la sphère juridique, dans l'exacte mesure où elle voit une corrélation entre le pardon et le châtiment. En fait, selon la phénoménologue, on ne peut pardonner que des actes punissables. Cela veut dire que, quand l'acte n'est pas prévu ni réprimé par la loi, quand on ne peut pas assortir un crime à une punition tant ce crime est grave et odieux, il en résulte qu'il n'est pas pardonnable. Il est par-delà la punition et le pardon. Autrement dit, selon elle, *on peut seulement punir un acte pardonnable et seulement pardonner un acte punissable.*

Permettons-nous de relire ces lignes de Hannah Arendt qui vont dans ce sens : « Il [Le châtiment] a ceci de commun avec le pardon qu'il tente de mettre un terme à une chose qui, sans intervention, pourrait continuer indéfiniment. Il est donc très significatif, c'est un élément structurel du domaine des affaires humaines, que les hommes soient incapables de pardonner ce qu'ils ne peuvent punir, et qu'ils soient incapables de punir ce qui se révèle impardonnable »[6]. La possibilité de pardonner et la possibilité de punir seraient donc corrélatives l'une à l'autre, puisqu'on ne pourrait pardonner que des actes punissables, c'est-à-dire proportionnés à leur gravité.

Au-delà du droit : le pardon

Selon nous, il nous semble toutefois plus conséquent de rejoindre la position de Jacques Derrida et de Blaise Pascal, plutôt que celle de Hannah Arendt, au moins à titre d'hypothèse et de réflexion. Car il importe d'entrevoir comment le concept de pardon est étranger au domaine du droit, comment il est irréductible ou hétérogène aux pénalités, attendu que, si le droit énonce la règle de ce qui devient prescriptible et de ce qui reste imprescriptible, le pardon, quant à lui, peut être demandé ou refusé *à n'importe quel moment*. Il n'y a pas de *limite temporelle* au pardon. C'est pourquoi le pardonnable n'est pas le prescriptible, de même que

---

[5] *Ibid.*, p. 1004

[6] Hannah Arendt, La *Condition de l'homme moderne*, Paris, Calmann-Lévy, 1961, p. 271. Voir aussi, sur ce point, la thèse similaire de Vladimir Jankélévitch, dans *L'imprescriptible. Pardonner ? Dans l'honneur et la dignité*, Paris, Le Seuil, 1986.

l'impardonnable n'est pas l'imprescriptible. A toutes fins utiles, rappelons ici que, historiquement, la loi française sur l'imprescriptibilité des crimes commis contre l'humanité est assez récente, puisqu'elle date de 1964, et que la notion de crime contre l'humanité remonte au tribunal de Nuremberg, en 1945.

Par conséquent, le prescriptible et l'imprescriptible relèvent du droit, là où le pardonnable et l'impardonnable ressortissent à la morale, à la spiritualité. Selon la dichotomie pascalienne fameuse et féconde, il y a d'un côté l'esprit géométrique - c'est ici le droit qui fait des calculs d'apothicaire, qui spécule et délibère, qui quantifie et inflige un tarif à l'infraction -, et, d'un autre côté, l'esprit de finesse - c'est là le cœur et l'esprit qui éprouvent le besoin de demander, d'accorder ou de refuser le pardon -, qui est indépendant des calculs et des rigueurs de la justice pénale. La justice est *quantitative*, tandis que la charité (*agapè*), quant à elle, est *qualitative*. La justice énonce sa sentence : tel forfait est égal à telle quantité d'années de prison, par exemple. Seul le cœur peut déroger à cette égalité ou à cette équation arithmétique. On n'attend d'ailleurs pas des juges qu'ils aient du cœur, mais de la rigueur et de l'exactitude dans l'action de faire tomber le couperet du jugement.

Selon cette posture philosophique qui donne à penser, croyons-nous, tout son intérêt consiste à se demander si pardonner, dans son acte authentique et véritable, ne consisterait pas, dans le fond, à la faveur d'une force intérieure, que nous nommons la *clémence* ou la *douceur d'âme*, à accorder le pardon quand bien même il serait impossible à accorder. Pardonner un acte impardonnable - impardonnable, parce qu'il serait un acte si méchant, si malveillant, si récidivant - ne serait-il pas le reflet d'un pardon authentique ? A partir de cette hypothèse très pascalienne et très derridienne, la valeur du pardon, sa puissance de générosité, sa force d'amour (*agapè*) se reconnaissent dans l'acte, que ce pardon forme, de pardonner ce qui est impossible de pardonner pour tout un chacun. Le propre du pardon résiderait, d'une certaine façon, dans sa surnaturalité, dans sa surhumanité, dans sa confrontation au mal radical qu'il entend éventuellement laver. De ce que Vladimir Jankélévitch a soutenu que : « Le pardon est mort dans les camps de la mort »[7], il s'ensuit, selon ce philosophe de la morale, qu'il n'y a pas de pardon possible, que le pardon se heurte à sa limite infranchissable quand il est en présence de l'innommable et du monstrueux. Le mal infini le dépasse, pourrait-on dire, ce n'est plus de ses compétences. A l'inverse, demandons-nous, encore une

[7] Se reporter à son recueil de textes, *L'imprescriptible. Pardonner ? Dans l'honneur et la dignité*, *op. cit.*

fois, à titre d'hypothèse et de méditation à prolonger, si le pardon, comme acte d'amour, ne consiste pas à l'accorder à celui-là même qui ne le mérite pas (en raison de son inhumanité réelle ou supposée), ou à celui-là même qui ne le demande même pas ?

C'est ce que Jacques Derrida nomme « l'éthique hyperbolique », et voici ce qu'il écrit à ce sujet : « Il y a dans le pardon, dans le sens même du pardon, une force, un désir, un élan, un mouvement, un appel (nommez cela comme vous voudrez) qui exigent que le pardon soit accordé, s'il peut l'être, même à quelqu'un qui ne le demande pas, qui ne se repent ni ne se confesse, ni ne s'améliore ou ne se rachète : par-delà, par conséquent, toute *économie* identificatoire, spirituelle, sublime ou non, par-delà même toute expiation »[8]. Car il ajoute : « Pardonner le pardonnable, le véniel, l'excusable, ce qu'on peut toujours pardonner, ce n'est pas pardonner »[9].

Le pardon comme condition de sortie hors de la récidive ?

Par où l'on voit que la relation attendue entre l'auteur et la victime s'inverse nettement ici : d'ordinaire, en effet, on s'attend à ce que celui qui veut se faire pardonner demande préalablement pardon, se manifeste sous les dehors de la détresse et de la mortification. On s'attend, peu ou prou, à ce qu'il se présente devant la victime dans un déchirement d'autant plus abyssal qu'il a commis un acte irréparable ou qu'il a indéfiniment récidivé dans l'horreur. La posture chrétienne, et plus précisément la figure christique, nous donne à sentir et à penser un autre modèle de pardon : il s'agirait de pardonner ou d'essayer de pardonner au pécheur ou au criminel ses fautes impardonnables ou ses récidives monstrueuses, d'une part en l'absence d'une demande de pardon, et d'autre part en dépit de la radicalité du mal perpétré. Selon cette perspective, celui-là même qui serait en état de pardonner, ce serait l'individu qui éprouve, avec tristesse ou contrition, toute l'étendue du malheur où se trouve le pécheur ou le criminel qui ne demande pas pardon ni ne se tourmente, qui n'avoue pas son méfait, qui ne s'accuse pas lui-même, qui ne ressent pas de culpabilité, qui n'expie pas pour laver ses péchés, qui ne manifeste pas de remords ou de repentir face à ses torts. On perçoit par-là la dimension hyperbolique du pardon.

Si ce pardon-là est difficilement accessible au commun des hommes, du moins a-t-il le mérite de dessiner un chemin possible, un horizon de sens

---

[8] Jacques Derrida, *Pardonner. L'impardonnable et l'imprescriptible, op. cit.* p. 24.
[9] *Ibid.*, p. 28.

vers lequel il peut être bon de se diriger pour favoriser la réconciliation et l'apaisement.

Car, *a contrario*, il n'est pas rare qu'on se heurte, ici ou là, à des remarques banales regrettant les éventuelles intentions bienveillantes dans le domaine pénal et appelant à plus de sévérité dans les condamnations. D'aucuns tentent d'expliquer l'appel fait en faveur de l'alourdissement des châtiments, en citant le nom d'un multirécidiviste ou d'un criminel hors-norme. L'existence même de celui-ci justifierait celle des prisons, et inviterait donc à maintenir, voire à consolider celles-ci. Ce faisant, c'est oublier que ce criminel hors-norme n'est pas représentatif des prisonniers (fort heureusement), c'est oublier que les criminels de sang ne constituent pas plus de 3% de la population carcérale (point que l'opinion publique, nourrie aux médias, ignore). Par conséquent, il se peut qu'on ait à gagner grandement, sur le plan humain, en raisonnant différemment, en se demandant s'il serait juste et bon que la collectivité prenne en otage, dans l'enceinte carcérale, l'ensemble des personnes condamnées, au motif qu'il existe malheureusement une poignée de criminels peu ordinaires. Car, à suivre cette logique punitive, et par comparaison, tout se passerait comme s'il fallait être favorable à ce qu'un enseignant punisse toute la classe suite aux agissements d'un seul cancre parmi ses membres, ou punisse même l'ensemble de l'établissement scolaire...

Dans le livre *Abolir la prison*[10], il y a aussi un chapitre consacré à la prise en charge et au traitement des personnes dites dangereuses qui, encore une fois, sont fort heureusement minoritaires au sein de la population pénale, ce qui ne saurait dès lors justifier aucunement l'existence de ce que Jean-Marie Delarue nomme aujourd'hui « les usines de la captivité ».

Il n'est pas inutile d'attirer l'attention sur une observation qu'il n'est pas difficile de faire : en règle générale, il y a une pente glissante qui facilite davantage l'intolérance que la tolérance, la sévérité que la clémence, la condamnation que la compréhension, la punition que le pardon, c'est presque un réflexe instinctif ou bestial... Cela ne se remarque-t-il pas sans difficulté ? De la même manière, bien trop souvent se discerne socialement, chez les gens, plus d'aisance dans l'égoïsme que dans l'altruisme, plus de mimétisme dans l'abandon ou l'écrasement des autres (surtout plus faibles) que dans les manifestations d'aide, de solidarité, de commisération ou de pardon justement des plus déshérités. En prenant part aux malheurs des

---

[10] Tony Ferri, Abolir la prison. L'indispensable réforme pénale (préface de Thierry Paquot, postface de Thierry Lodé), Paris, Éditions Libre et Solidaire, 2018

autres, on se met, bien souvent, en posture de se délivrer soi-même d'un certain nombre de préjugés tenaces.

Il importe de voir combien la capacité de pardonner - qui suppose une activité ou une volonté de pardonner et qui reste toute relative chez les hommes en ce qu'elle est susceptible de posséder encore quelque rancune secrète, ou d'être encore intéressée (absence de gratuité) - peut influer sur l'offenseur ou le coupable, peut l'aider à prendre un chemin d'amendement, peut avoir une influence *transformatrice* ou une espèce de souffle rédempteur. Dans bien des cas, le criminel ou le multirécidiviste, qui a maintes fois été puni par les rigueurs de la justice pénale (c'est en cela qu'il est multirécidiviste), est capable d'amorcer une conversion comportementale lorsque le punisseur, au lieu de le punir, fait preuve de clémence ou de magnanimité à son égard. Vladimir Jankélévitch souligne ce pouvoir de transfiguration du pardon, en ces termes lumineux. Rappelant d'abord que « la sévérité est en général plus simpliste que l'indulgence » [11], il énonce avec force ceci : « L'accusateur qui abandonne l'accusation pour transformer le fautif engage sa responsabilité propre dans une aventure activement conduite. Il ne prend pas le risque de supposer innocent celui qui a l'air coupable : il travaille lui-même à le racheter, non pas en le punissant, mais de façon paradoxale, en le désarmant à force de douceur ».

Bibliographie

ARENDT Hannah, La *Condition de l'homme moderne*, Paris, Calmann-Lévy, 1961.

Centre d'histoire des idées de l'Université de Picardie, *Le pardon* (actes du colloque du Centre culturel des Fontaines, Chantilly, 19-21 septembre 1985), Paris, Éditions Beauchesne, coll. « Le point théologique », 1987.

DERRIDA Jacques, *Pardonner. L'impardonnable et l'imprescriptible*, Paris, Galilée, 2012.

DERRIDA Jacques, *Donner le temps 1. La fausse monnaie*, « Don et contre-don, l'excuse et le pardon », Paris, Galilée, 1991.

FERRI Tony, *Abolir la prison. L'indispensable réforme pénale*, Paris, Libre et Solidaire, 2018.

JANKELEVITCH Vladimir, *Philosophie morale*, Paris, Flammarion, 2018.

JANKELEVITCH Vladimir, *L'imprescriptible. Pardonner ? Dans l'honneur et la dignité*, Paris, Le Seuil, 1986.

KANT Emmanuel, *Métaphysique des mœurs*, *Tome 2, Doctrine du droit, Doctrine de la vertu*, Paris, Flammarion, 1999.

RICOEUR Paul, *Le mal. Un défi à la philosophie et à la théologie*, Genève, Labor et Fides, 1987.

Vladimir Jankélévitch, *Philosophie morale*, *op. city.*, p. 1098. 13 *Ibid.*, p. 1099.

CONSIDERATIONS PENALES
RETRIBUTION ET RESPONSABILISATION

Justice pénale et pardon. Une coexistence très particulière

Jean Pradel

Pour le juriste, spécialement pour le pénaliste, parler des rapports entre justice et pardon est une entreprise redoutable, sinon vouée à l'échec, pour une première raison de *définition*. C'est que la matière pénale ignore le concept et même le mot pardon[1]. D'où la rareté des études sur le binôme justice pénale et pardon[2].

Dès lors, on est tenté de se rabattre sur le sens ordinaire du pardon. E. Littré, notre maitre à tous, voyait dans le pardon « la rémission d'une faute, d'une offense » [3]. Dans une langue plus savoureuse, Rabelais avait parlé de « l'oubliance sempiternelle de toutes les affaires précédentes » [4]. La doctrine catholique évoque le « pardon des âmes ». Bref le pardon est un concept qui intéresse les philosophes, les moralistes, les théologiens et qui implique une gratuité totale : le pardon est un don gratuit, le donateur n'attendant rien d'un tiers, agissant par altruisme et n'ayant en principe d'autre rétribution que le plaisir d'accorder un bienfait au gratifié. Ajoutons que le pardon, qui est différent de l'oubli, émane de la victime, implique un rapport direct entre offenseur et offensé, dans le cadre d'un face à face.

Dès lors le pardon, n'a pas sa place dans la justice qui, dira-t-on, rétribue les fautes à leur juste prix, sans avoir à accorder des bénéfices étrangers à la justice.

---

[1] En droit italien, l'article 169 du Code pénal, intitulé « *Perdone giudiziale per iminori degle anni diciotto* indique que si le mineur encourt une peine restrictive de liberté non supérieure à deux ans, le juge peut selon les circonstances ne pas prononcer de peine s'il présume que l'intéressé ne recommencera pas à fauter.

[2] C. Gatto, *Le pardon en droit pénal*, thèse Nice PUAM, 2014 ; J. Pradel, « Pardon et justice pénale », in *Le pardon un défi dans l'histoire*, Actes du colloque qui s'est tenu à l'ICES en février 2015, éd. Du CVRH 2017, p. 51 et s.

[3] *Dictionnaire de langue française*, V° Pardon.

[4] *Pantagruel,* III, 1.

C'est pourquoi le pardon, appliqué à la justice pénale ne peut se concevoir qu'avec un sens particulier, distinct de celui qui vient d'être évoqué. Le pardon ne peut être – logiquement – qu'un pardon monnayé, calqué sur ce que la justice peut espérer de l'agent pénal, calqué et donc calculé : en clair, le pardon est une forme de donnant-donnant évoquant l'idée du contrat, l'autorité judiciaire ne réduisant le poids de la réponse pénale que sous certaines conditions, c'est-à-dire avec l'espoir ou la certitude que le délinquant entend ou a entendu annuler la tache de son crime par une sorte de « rétropédalage » compensateur. A l'apologie de l'île abandonnée - chère à Kant - répond le calcul du délinquant et du législateur.

Cependant – et c'est la seconde difficulté – *comment concilier l'objectif de la justice pénale avec l'idée de calcul, de marchandage.* Le monde semble y perdre puisque, je l'ai déjà dit, la justice doit être rétributive et juste, la réponse étant calquée sur la faute[5]. Certes, mais rien n'interdit d'ajouter à la dimension rétributive une dimension utilitaire de politique criminelle dont le but est de réduire la criminalité (et la charge de la justice). A Kant répond Bentham. De la sorte, l'idée de donnant-donnant apparait donc légitime socialement.

Dès lors, et c'est la troisième difficulté, *comment notre droit réalise-t-il cette justice à base de pardon calculé et presque négocié ?*

Mon point de vue sera purement juridique car l'analyse pourrait être menée de façon à la fois juridique et psychologique : par exemple, on pourrait se demander si par l'effet d'une action civile, la victime obtiendra satisfaction et pardonnera alors à son agresseur.

Juridiquement, il apparait que le pardon au sens que je lui ai donné imprègne un nombre considérable d'institutions. Citons notamment le classement sans suite, la dispense de peine, les alternatives à l'emprisonnement, la liberté conditionnelle[6]. Mais comment les classer ? On peut classer ces institutions en deux catégories en fonction de la volonté des magistrats et du délinquant : il y a d'abord le pardon que les autorités judiciaires veulent bien accorder à l'auteur des faits dans l'espoir d'un redressement moral et il y a ensuite le pardon que ces mêmes autorités sont

[5] Sauf évidemment à tenir compte de certaines circonstances comme l'âge ou le tempérament de l'accusé, le comportement de la victime, le cadre dans lequel l'infraction a été commise. C'est ce que l'on appelait jadis les circonstances atténuantes et l'on parle aujourd'hui de personnalisation.

[6] On peut ajouter ces institutions que sont l'amnistie, la grâce, la prescription, la réhabilitation, qui de façon plus lointaine, évoquent l'idée de pardon. On laissera de côté ces notions, les deux premières n'intéressant pas (ou quasiment pas) l'autorité judiciaire, la troisième étant fondée sur l'oubli et donc pas sur le pardon, et la quatrième ayant dans une large mesure un caractère mécanique.

tenues d'accorder à l'auteur en rémunération des services qu'il rend à la société. La première situation est de loin la plus fréquente. Nous envisageons donc le pardon normalement octroyé au délinquant par l'autorité judiciaire et le pardon exceptionnellement accordé au délinquant après services rendus.

Le pardon normalement octroyé au délinquant dans l'espoir d'une bonne conduite

L'hypothèse est celle-ci : le magistrat saisi d'une affaire estime à la fois que l'infraction (ou sa tentative) est bien commise, mais considère que son auteur mérite une certaine mansuétude. Il peut en conséquence lui faire une proposition de minimisation de la réponse pénale sous la condition d'une bonne conduite : il y a ainsi une sorte de « contrat » entre la justice et le justiciable, un pardon sous conditions. Evidemment, en cas de violation des conditions de ce « contrat » par l'auteur des faits, l'avantage tombe. On est donc conduit à examiner l'offre d'un pardon et l'éventuelle caducité du pardon.

L'offre d'un pardon

Il faut bien s'entendre sur le contenu du pardon : ce n'est pas un oubli total des faits, mais simplement une mansuétude de la réponse pénale compte tenu des circonstances de fait ayant entouré l'acte de l'auteur. Ces circonstances sont telles qu'une application stricte de la loi serait inutile, voire contreproductive. Apparait donc un principe cardinal du droit pénal, celui de l'individualisation de la peine[7] et reconnu aujourd'hui par le Conseil constitutionnel, après hésitation d'ailleurs, comme ayant une valeur constitutionnelle[8]. Cette individualisation de la réponse pénale – ou personnalisation en fonction des caractéristiques propres à l'auteur des faits – était naguère de faible importance compte tenu des impératifs présumés essentiels de la répression. Elle a pris peu à peu une importance considérable et concerne les trois stades d'une affaire pénale : celui de la poursuite, celui du prononcé du jugement et celui de l'exécution du jugement (en cas de condamnation).

---

[7] R. Saleilles, *L'individualisation de la peine*, 1898. Cet auteur – qui était civiliste - a le premier théorisé ce concept.

[8] Cons. const., 22 juillet 2005, n° 2005-520 DC, l'individualisation se fonde sur l'article 8 DDHC selon lequel « la loi ne doit établir que des peines strictement et évidemment nécessaires » ; add. J. Pradel, *Droit pénal général*, 22ème éd., Cujas, 2019, n° 716.

1. *Au stade de la poursuite*, le magistrat du parquet n'étant pas tenu de poursuivre en droit français, peut donc soit classer l'affaire sans suite[9], soit mettre en œuvre une procédure alternative à la poursuite dite « troisième voie » (art. 40-1 C.P.P.). Or si le parquetier opte en faveur d'une alternative, il informe l'auteur des faits de son obligation de respecter certaines obligations, ces obligations qu'il devra évidement respecter pour ne pas subir une poursuite effective.

Il est évidement hors propos d'entrer ici dans le détail de la matière[10]. On se bornera à rappeler que les premières manifestations de l'idée résultent d'une loi du 4 janvier 1993 instituant la médiation qui implique un accord entre auteur et victime sous l'égide d'un procureur de la République ou d'un tiers médiateur[11]. Diverses lois vont suivre (des 23 juin 1999, 12 juin 2003, 8 mars 2004, 4 avril 2006, 5 mars 2007, 9 juillet 2010 et 23 mars 2019 pour l'instant) ; cette multitude de retouches législatives démontre l'importance, aux yeux du législateur, de la « troisième voie » qui n'est ni classement, ni poursuite. Le législateur a ainsi créé une série d'obligations soit à vocation réparatrice (art. 41-1 C.P.P.) qui énumère le rappel à la loi, l'obligation de régulariser sa situation ou de réparer le dommage, la médiation, l'obligation pour le conjoint ou concubin de résider hors du domicile commun[12], l'interdiction de paraître dans tel lieu[13], soit à caractère punitif. Ces dernières, sous l'appellation de « composition pénale » comportent une bonne vingtaine de modalités (art. 41-2 et 41-3 C.P.P.)[14] et constituent une réponse à la petite criminalité (délits punis d'une amende ou d'un emprisonnement de cinq ans au plus avec les articles 41-2, et 41-3 C.P.P.). La composition pénale n'est pas sans évoquer la procédure du plaider coupable (CRPC)[15] et l'on peut se demander si chacune d'elle ne va pas freiner l'application de l'autre : dans les deux cas en effet, l'assentiment

---

[9] « Dès lors que les circonstances particulières liées à la commission des faits le justifient », art. 40-1.3 C.P.P. Ainsi le parquetier dispose d'une liberté d'appréciation considérable et la loi se borne à lui demander de respecter « une politique de prévention de la délinquance » (art. 39-2 al. 2 C.P.P.).

[10] J. Pradel, *Procédure pénale*, 20ème éd., Cujas, 2019, n° 683 et s.

[11] A l'étranger, on retrouve le même mouvement, y compris pour la détention provisoire (qui, elle, suppose une poursuite), J. Pradel, « Les alternatives à la détention provisoire en droit comparé », in *Quelle place pour les alternatives à la prison au seuil du XXIème siècle*, sous la direction de M. Danti-Juan, Institut de science criminelle de Poitiers, Travaux, vol. XXX, 2017, p. 37 et s.

[12] Ce qui vise à protéger les femmes battues.

[13] Ce qui vise à supprimer une récidive car il est des lieux criminogènes.

[14] Par ex., verser une amende de composition au Trésor public, remettre son véhicule pour six mois ou son permis de conduire pour la même durée, accomplir un travail non rémunéré et au profit de la collectivité… Certaines de ces modalités constituent des sortes de quasi-peines, rappelant l'amende pénale et le TIG pour certaines.

[15] Créée par une loi du 9 mars 2004.

de l'auteur des faits est nécessaire et il s'agit de faits à la fois simples, reconnus et pas trop graves.

2. *Au stade du jugement*, la juridiction dispose aujourd'hui d'excellents instruments de modération de la réponse pénale – tendant essentiellement à éviter l'emprisonnement du prévenu, mais impliquant à divers titres son accord. Ainsi en est-il des quinze alternatives à l'emprisonnement, énumérées à l'article 131-6 C.P. comme la suspension du permis de conduire, l'interdiction de porter une arme, le retrait du permis de chasse, l'interdiction de fréquenter certaines personnes... ces modalités supposant implicitement l'accord du condamné. Ainsi en est-il aussi de cette sanction curieuse qu'est la sanction-réparation de l'article 131-8-1 C. P[16]. Ainsi en est-il aussi du travail d'intérêt général prévu à l'article 131-8 C.P.[17]. Même la peine de stage suppose implicitement l'accord du condamné. Cette peine qui comporte sept modalités énumérées à l'article 131-5-1 C.P.P. tel que réécrit par la loi du 23 mars 2019 ne se conçoit en effet qu'en cas d'adhésion de l'intéressé. Mais cette adhésion n'est proclamée que de façon incidente, au moment de l'exécution : en effet l'article 131-5-1 C.P. décide en son alinéa 3 que « le stage est exécuté... sauf impossibilité résultant du comportement ou de la situation du condamné ». On pourrait citer encore le sursis (simple ou probatoire) qui sans exiger l'accord du prévenu, mise sur son adhésion et la conviction qu'il se redressera[18].

3. Enfin *au stade de l'exécution du jugement*, le législateur a créé le concept de bénéfices pénitentiaires applicables au condamné à une peine privative de liberté. Evoquons spécialement la libération conditionnelle créée en 1885 par l'effet de laquelle le condamné, sous la condition d'exécuter certaines obligations, peut être libéré avant le terme de sa peine (aujourd'hui article 729 et s. C.P.P.). Certes la lecture du premier de ces articles donne l'impression que le législateur vise surtout le passé et qu'il veut récompenser un passé témoignant d'un souci de réadaptation du détenu. En effet, l'article 729 al. 2 décide que les condamnés peuvent bénéficier d'une libération conditionnelle s'ils manifestent des efforts sérieux de réadaptation sociale et lorsqu'ils justifient :

1° Soit de l'exercice d'une activité professionnelle ;

2° Soit de leur participation essentielle à la vie de leur famille ;

---

[16] M. Giacopelli, « Libres propos sur la sanction-réparation », D. 2007, 1551.

[17] La peine peut durer de 20 à 400 heures !

[18] Le prévenu peut avoir besoin d'une aide pour faciliter son redressement et c'est pour cela que le législateur, après avoir créé en 1881 le sursis dit simple, ajouta en 1959 le sursis probatoire comportant assistance et surveillance du condamné par le JAP.

3° Soit de la nécessité de suivre un traitement médical ;

4° Soit de leurs efforts en vue d'indemniser leurs victimes ;

5° Soit de leur implication dans tout autre projet sérieux d'insertion ou de réinsertion.

Mais à la vérité, la réalité de ces exigences doit être interprétée comme la conviction que l'incarcération n'est plus nécessaire et que la réadaptation du condamné se fera plus aisément en liberté qu'en détention. Il y a donc un pari sur l'avenir, sur un avenir meilleur, comme d'ailleurs dans les autres formes de pardon déjà évoquées. Bref, il s'agit moins de « rémunérer » un bon passé pendant la détention que de parier sur un futur meilleur à partir de la libération.

Mais alors que faire si l'auteur des faits ne se montre pas digne de la confiance mise sur lui ? Le pardon alors disparait, frappé de caducité.

La caducité du pardon

On peut faire le rapprochement avec le contrat de droit civil (ou commercial) où l'inexécution de ses obligations par une partie dispense l'autre d'exécuter les siennes (c'est l'exception d'inexécution). La mansuétude des autorités judiciaires se transforme en une décision bien plus sérieuse dès lors que l'auteur des faits se conduit mal et déçoit la justice. Mais la sévérité de l'autorité judiciaire ne se présente pas toujours sous la même forme, notamment pour des raisons de technique juridique et aussi pour une raison tenant au principe d'individualisation.

1. Imaginons d'abord que l'auteur des faits *ne respecte pas les obligations mises à sa charge dans le cadre d'une troisième voie*. Il semblerait qu'il en soit ainsi dans 30% des cas ! Sans doute, faudrait-il préciser que l'inexécution est parfois partielle, pas totale. Quoiqu'il en soit, la loi distingue deux situations.

Lorsque la dangerosité de l'auteur des faits parait minimale, le parquet utilise la voie réparatrice de l'article 41-1 C.P.P. et en cas d'inexécution de ses devoirs par l'auteur, le parquet, « sauf élément nouveau met en œuvre une composition pénale ou engage des poursuites » (art. 41-1 avant dernier al. C.P.P.). Il faut rappeler en effet que le fait pour le parquet d'utiliser une modalité de la troisième voie ne lui interdit pas même après exécution d'exercer l'action publique (ou de mettre en œuvre une composition pénale) car l'emploi de cette modalité n'est pas une causse d'extinction de l'action publique, l'article 6 C.P.P. énumérant limitativement ces causes et l'appel à une forme de la troisième voie n'étant pas visé à cet article. La chambre criminelle a eu l'occasion de le rappeler deux fois[19]. En outre, la logique implique que le parquet ne soit pas désarmé devant le mauvais vouloir de l'auteur des faits. On observera tout de même que le parquet peut mesurer l'importance de sa réaction : il peut, dans les cas favorables, se limiter à une troisième voie plus répressive que celle de l'article 41-1 C.P.P.

Lorsque la dangerosité de l'auteur parait plus sérieuse, sans qu'une poursuite s'avère pour autant indispensable, le parquet peut utiliser la voie plus répressive de l'article 41-2 C.P.P.[20]. Et alors de deux choses l'une : ou bien l'auteur exécute ses obligations, l'action publique est éteinte encore que –bien que l'action publique n'ait pas été exercée – la composition pénale figurera au casier judiciaire bulletin n° 1 (art. 41-2) ; ou bien l'auteur des faits n'accepte la composition pénale ou encore ne l'exécute pas intégralement, alors « le procureur de la République met en mouvement l'action publique sauf élément nouveau » (art. 41-2 C.P.P.). En somme la seule issue possible est le lancement de la poursuite : en effet on ne concevrait pas que le parquet ordonne une seconde composition pénale[21].

2. S'agissant des *décisions rendues par la juridiction de jugement*, leur méconnaissance par le condamné donne lieu à des réactions diverses.

Pour ce qui est du travail d'intérêt général, la répression est doublement forte. D'abord, la loi a prévu l'existence d'un délit spécial : l'article 434-42 C.P. prévoit un emprisonnement de deux ans et une amende de 30 000 €. Ensuite, la jurisprudence est sévère car la personne condamnée au titre de l'article 434-42 C.P. reste tenue d'exécuter le travail présent[22] ; de même l'inexécution rendue impossible du fait de l'incarcération du condamné pour vol n'exclut pas la condamnation pour inexécution du travail d'intérêt général[23].

---

[19] Crim., 21 juin 2011, n° 11-80.003 P, D. 2011, 2379, note Desprez ; ibid. 2349, obs. Perrier ; ibid Pan. 2118, obs. Pradel ; AJ pénal 2011, 584, obs. Belfonti ; RSC 2011, 680, obs. Danet ; JCP 2011, n° 1453, obs. Ludwiczak – 17 janvier 2012, D. 2012, Pan. 2120, obs. Pradel.

[20] Créant, rappelons-le, la composition pénale, plus lourde que la modalité précédente : elle implique en effet la validation par un juge.

[21] La composition pénale, naguère peu utilisée, l'est aujourd'hui bien plus, ce qui peut témoigner du souci des justiciables d'en respecter les modalités imposées par les parquets. Sur les débuts de l'utilisation, J. Danet et S. Grunwald, « Brèves remarques tirées d'une première évaluation de la composition pénale », *AJ pénal 2004*, 1961. Cependant, on note depuis quelques années un certain tassement : 70 620 en 2011 (*Les chiffres clés de la justice*, 2012, p. 17) et 60 900 en 2017 (Les chiffres clés de la justice, 2018, p. 17). Sans doute, le succès de la CRPC y est-il pour quelque chose.

[22] Crim., 7 janvier 1997, *Bull. crim.*, n° 1 ; Dr. pénal 1997, 76, obs. Véron ; JCP 1997-II.22878, note Salvage ; *RSC* 1997, 829, obs. Bouloc.

[23] Douai, 21 mai 1987, *Gaz. Pal.* 1988-II.777, 2ème arrêt, note Doucet.

Quant à la sanction-réparation, le législateur a prévu un autre système : celui de la peine que le condamné devrait exécuter s'il n'exécutait pas spontanément sa condamnation à la sanction-réparation et en ce sens l'article 131-8-1 C.P. décide qu'en prononçant la sanction réparation, le tribunal en même temps « fixe la durée maximum de l'emprisonnement qui ne peut excéder six mois ou le montant maximum de l'amende qui ne peut excéder 15 000 €... ». Le système est le même pour les peines de stage de l'article 135-1 C.P., les alternatives de l'article 131-6 C.P., le travail d'intérêt général de l'article 131-8 C.P. (art. 131-9 C.P.)[24]et le suivi socio-judiciaire[25]. Le président de la juridiction en avertit le condamné. L'idée du législateur est double : bien informer l'intéressé de ce qu'il risque s'il n'exécute pas ses obligations ; éviter la tenue d'un second procès.

Quant à la nouvelle peine (alternative) de détention à domicile sous surveillance électronique (DDSE), créée par la loi du 23 mars 2019 et pouvant durer de quinze jours à six mois (art. 131-5 C.P.), la sanction de l'inexécution est originale : c'est le JAP qui « en cas de non-respect par le condamné de ses obligations peut soit limiter les autorisations d'absence, soit ordonner un emprisonnement pour la durée de la peine restant à exécuter ». En somme, le JAP peut, dans cette seconde possibilité, transformer le temps restant à courir en emprisonnement.

C'est encore une autre technique qui s'applique en cas d'emprisonnement avec sursis. En cas de sursis simple, suivi dans le délai de cinq ans d'une nouvelle condamnation à une peine privative de liberté, la juridiction saisie peut par décision spéciale révoquer totalement ou partiellement, pour une durée qu'elle détermine la précédente condamnation affectée du sursis (art. 132-36 al. 1 C.P.) ; et elle peut même, par décision spéciale et motivée, ordonner l'exécution par provision de la révocation (art. 132-36 al. 3 C.P.). Tout cela confère à la seconde juridiction un large pouvoir d'individualisation. En cas de sursis probatoire, et si le condamné commet une nouvelle infraction ou vient à méconnaitre ses obligations dans le délai d'épreuve (entre 1 et 3 ans), son sursis peut être révoqué soit par le JAP en cas d'inexécution des mesures de contrôle ou des obligations particulières, soit par la juridiction saisie d'une nouvelle infraction (art. 132-

[24] Ce qui fait qu'il existe deux systèmes pour le travail d'intérêt général.

[25] Selon l'article 131-36-1 al. 3 C.P., « la décision de condamnation fixe également la durée maximum de l'emprisonnement encouru par le condamné en cas d'inobservation des conditions qui lui sont imposées », à savoir 3 ans en cas de condamnation pour délit et 7 ans en cas de condamnation pour crime.

47 et s. C.P.)[26]. N'entrons pas dans les détails qui témoignent d'une certaine complexité de la matière.

3. C'est enfin au *cours de l'exécution de sa peine que le condamné peut mal se conduire*. Revenons là encore sur la libération conditionnelle. L'expression même montre bien que le condamné ne peut sortir de prison que sous la condition de bien se conduire en liberté. La question se pose car la libération conditionnelle peut être assortie de condition particulière et de mesures d'assistance et de contrôle (art. 731 C.P.P.) qui sont fixées par la décision de libération conditionnelle (art. 732 C.P.P.). C'est pourquoi la mesure de faveur peut être révoquée en cas d'infraction à ces conditions et également d'ailleurs « en cas de nouvelle condamnation » et « d'inconduite notoire » (art. 733 C.P.P.). Dès lors le condamné retourne en prison pour y exécuter – selon les dispositions de la décision de révocation – « tout ou partie de la durée de la peine qu'il lui restait à subir au moment de sa mise en liberté conditionnelle... » (art. 733 C.P.P.).

Ainsi la liberté des autorités judiciaires dans l'octroi d'un pardon ou dans la révocation de celui-ci est considérable. La règle de l'individualisation joue à plein. Il n'en va plus de même dans le cas particulier de criminels qui ont aidé la justice dans sa lutte contre certaines formes de criminalité.

Le pardon exceptionnellement dû au délinquant après services rendus

L'hypothèse est la suivante. Des infractions graves ont été commises par plusieurs agents opérant ensemble. Si l'un des participants regrette ce qu'il a fait ou redoute pour lui des conséquences pénales lourdes et s'il vient à aider la justice, cette « désertion » lui vaudra un traitement particulièrement favorable. La société lui « pardonne » sa dérive et le fait « bénéficier » d'une peine réduite, voire d'une absence de peine. L'avantage est double : l'auteur obtient donc un traitement pénal favorable et la société se voit bénéficier de preuves sur un « plateau d'argent », sans avoir à mener des investigations longues et difficiles, la seule investigation conduite servant à vérifier l'authenticité des déclarations de l'intéressé[27]. C'est le système des repentis dont on verra les modalités et les constantes.

---

[26] Art. 132-47 à 132-51 C.P. pour le cas d'une nouvelle infraction (décision prise par le tribunal).

[27] Il faut tout de même se méfier des déclarations d'un ancien participant à une infraction grave. D'où l'article 132-78 al. 4 C.P. selon lequel « aucune condamnation ne peut être prononcée sur le seul fondement de déclarations émanant de personnes ayant fait l'objet des dispositions du présent

Les modalités du système des repentis

Il convient avant tout d'éliminer le cas particulier de l'agent qui s'écarte du groupe criminel auquel il avait adhéré, mais sans aider pour autant la police et la justice. C'est ce qu'on peut appeler le dissocié qui, par prudence ou pour raisons morales se sépare de ses compagnons. Le droit italien tient compte des dissociés, mais pas le droit français sauf pouvoir du juge d'individualiser la répression en la modérant en faveur de celui qui a déserté le camp du crime.

Cela dit, le législateur dans sa politique de réponse pénale distingue deux hypothèses, celle de l'infraction tentée et celle de l'infraction réalisée.

1. Dans le cas de *l'infraction tentée*, le mal pour la société est encore nul en sorte que l'action du repenti rend un grand service à celle-ci : en dénonçant le projet criminel, il tue dans l'œuf la réalisation de l'infraction. De là une forte « rémunération » prévue par la loi. Selon l'article 132-78 al. 1 C.P., « la personne qui a tenté de commettre un crime ou un délit est, dans les cas prévus par la loi, exemptée de peine si, ayant averti l'autorité administrative ou judiciaire, elle a permis d'éviter la réalisation de l'infraction et, le cas échéant, d'identifier les autres auteurs ou complices ». Voilà créé le concept d'exemption de peine par l'effet duquel aucune peine n'est prononcée, et qui rappelle celui de la dispense de peine de l'article 132-58 C. P[28].

Comme l'exemption de peine est un excellent instrument pour lutter contre le crime commis à plusieurs, le législateur y recourt assez souvent. Citons le trafic de drogue (art. 222-43-1 C.P.), les actes de terrorisme (art. 422-1 C.P.), les atteintes à la défense nationale (art. 414-2 et 414-3 C.P.)[29], l'évasion (art. 434-37 C.P.), la fausse monnaie (art .442-9 C.P.), l'association de malfaiteur (art. 450-2 C.P.), l'enlèvement et la séquestration (at. 224-5-1 al. 1 C.P.), le blanchiment (at. 324-6-1 al. 1 C.P.), l'assassinat ou l'empoisonnement (at. 221-5 al. 1 C.P.) etc... C'est dire que la loi fait appel à cet outil très souvent, et même de plus en plus souvent en matière de criminalité grave, notamment en matière de criminalité organisée.

---

article », c'est-à-dire ayant averti l'autorité administrative ou judiciaire et permis d'éviter la réalisation de l'infraction et, le cas échéant, d'identifier les autres auteurs et complices.

[28] Les deux institutions ont pourtant un fondement différent : avec la dispense de peine le reclassement du coupable est acquis, le dommage est réparé et le trouble, de l'infraction a cessé selon l'article 138-58 al. C.P. ; avec l'exemption de peine, le législateur a créé in outil de politique criminelle pour casser un groupe criminel.

[29] L'article 414-3 C.P. vise le complot, infraction obstacle ne comportant en elle-même aucun préjudice à la société, ce qui montre le souci du législateur de faire appel à cette « carotte » qu'est l'exemption de peine très souvent.

2. Dans le cas de *l'infraction réalisée*, l'aide apportée à la justice est moindre car des dégâts se sont déjà produit. Toutefois l'accord peut avoir pour objet de stopper l'infraction et donc de réduire le dommage à la société et aux victimes. C'est pourquoi la loi se montre plus avare d'avantages pénaux en ne prévoyant qu'un rabais de peine. Selon l'article 132-78 al. 2 C.P., « dans les cas prévus par la loi, la durée de la peine privative de liberté encourue par la personne ayant commis un crime ou un délit est réduite si, ayant averti l'autorité administrative ou judiciaire, elle a permis de faire cesser l'infraction, d'éviter que l'infraction ne produise un dommage ou d'identifier les autres auteurs ou complices ». Et la loi étend ce bénéfice pénal à celui qui a permis soit d'éviter la réalisation d'une infraction connexe de même nature que celle pour lequel elle était poursuivie, soit de faire cesser une telle infraction (art. 132-78 al. 3 C.P.).

Dans l'application, on retrouve pratiquement les mêmes infractions que dans les cas précédents.

Ainsi quand l'infraction a déjà causé des dommages, le bénéfice est moindre, la loi parlant de peine « réduite » (sans en dire plus, ce qui laisse au juge une certaine liberté)[30]. En outre, le bénéfice ne concerne cette fois que la peine privative de liberté.

Reste la grande question de savoir quelle est la nature du système des repentis. C'est aborder le problème des constantes du système.

Les constantes du système des repentis

1. La première constante est relative à l'aide apportée à la justice par le repenti. *En quoi consiste cette aide ?* Doit-elle être déterminante et à quel moment doit-elle apparaitre ? Sur le premier point, la jurisprudence décide que l'aide apportée par l'un des malfaiteurs doit être réelle : ainsi pas de faveur possible si l'agent s'est contenté de répondre aux questions posées par les enquêteurs lors de son arrestation[31] ; en revanche, la faveur joue si l'agent arrêté a fourni l'ensemble des informations en sa possession permettant d'identifier les autres participants[32]. Sur le second point, il n'est pas nécessaire que l'agent fournisse les informations préalablement à l'enquête[33] : il peut les fournir soit avant l'enquête, soit au cours de celle-ci, par exemple à l'occasion de son interrogatoire à la suite de son arrestation.

---

[30] Mais les textes particuliers décident que la peine est réduite de moitié. Il s'agit de la peine maximale encourue selon la jurisprudence, Crim., 25 juillet 1991, *Bull. crim.*, n° 307.
[31] Crim., 20 juin 1996, *Gaz. Pal.*, 1996, 2, chron., n° 173.
[32] Crim., 19 juin 1997, *Gaz. Pal.* 1997, 2, chron., n° 217.
[33] Crim., 19 juin 1997, *précité*.

2. Si l'aide a été fournie conformément aux exigences qui viennent d'être rappelées, la juridiction doit-elle accorder le bénéfice au prévenu ou accusé ou est-elle libre de ne pas l'accorder ? La réponse est nette : la lettre de l'article 132-78 C.P. décide que la personne « est exempte de peine (al. 1) et que « la durée de la peine est réduite » (al. 2). Le bénéfice est donc automatique. Le Conseil constitutionnel approuve cette conception quand il déclare que les dispositions légales « ne portent atteinte ni au principe d'individualisation des peines, ni à aucune autre exigence constitutionnelle »[34]. Le pardon est donc imposé, il apparait comme un dû au profit du délateur qui compense par son attitude la réalité de son crime.

Cette position qui tranche avec le credo classique de la liberté du juge s'explique en réalité parfaitement. Le bénéfice accordé par la loi est une « carotte » offerte aux criminels dans des domaines où la délinquance est à la fois grave et difficile à prouver pour les autorités judiciaires ou de police. Il faut donc que le délinquant s'il franchit le Rubicon, de la dénonciation et encourt des risques de représailles soit certain d'obtenir un rabais ou une absence de peine.

*****

Ainsi donc l'idée de pardon, mais d'un pardon très original en ce qu'il est de nature utilitaire, irrigue toute la justice pénale. Le pardon des pénalistes n'est en rien le pardon des philosophes et des théologiens. Peut-on alors encore parler de pardon ? Oui peut-être, mais à la condition de dilater le sens du mot pardon et de lui conférer un cadre quasi contractuel. A l'étranger le législateur connait les mêmes principes par exemple en Belgique, aux Pays-Bas, en Italie[35]...

[34] Cons. const., décision du 4 décembre 2013, n° 2013-679 DC, Loi relative à la lutte contre la fraude fiscale et la grande délinquance économique et financière, cons. 18.

[35] Le droit italien va plus loin en accordant une libération au condamné à perpétuité pour crime terroriste ou mafieux s'il dénonce ses complices, au cours de l'exécution de sa peine. Ce système a cependant été condamné par la CEDH dans l'affaire *Viola c./ Italie*, 13 juin 2019, v. J. Pradel, « En hommage aux magistrats Chinnici, Falcone et Borsallino et en réponse à la Cour de Strasbourg », D. 2019, Point de vue, n° 40. On peut regretter cet arrêt.

Justice pénale, aveu
et prévention de la récidive

ALAIN BLANC

Introduction

Je tiens tout d'abord à remercier les organisateurs de ce colloque de m'avoir invité à y intervenir parallèlement à la création de votre Ecole de Criminologie Critique Européenne, qui est évidemment un évènement important et prometteur.

Le thème de ce colloque, centré sur le pardon, a d'abord posé un vrai problème au magistrat pénaliste que je suis pour deux raisons :

— La Justice - en tant qu'institution - n'est pas explicitement concernée par ce sujet du pardon qui se pose dans toutes les situations où il y a un rapport entre celui qui a commis une "faute" (violé la loi ou le règlement écrit ou non...) et "les autres" ou "la société": en famille dans les rapports parents-enfants, dans le couple, dans le cadre d'un contrat commercial, enfin dans toutes les "institutions" où une règle interne est instituée implicitement ou explicitement pour organiser la vie du groupe considéré, qu'il soit composé de deux personnes ou d'une entité qui peut être aussi large que l'univers.

— Le pardon n'est donc pas à mon sens un concept "judiciaire" et je ne crois pas que le mot ne figure ni dans notre code pénal ni dans notre code de procédure pénale.

Je me suis donc demandé s'il ne fallait pas, pour traiter votre sujet - qui semble poser l'hypothèse que le pardon serait un facteur de non récidive - s'attarder auparavant sur la question de *l'aveu* qui me semble être le préalable du *pardon*. C'est donc autour de cette problématique que sera construit mon propos.

1re partie : l'aveu, le pardon et le juge : approche éthique et philosophique

Le pardon n'est donc pas un concept "judiciaire", ce qui n'empêche pas qu'il "flotte" toujours dans pratiquement tous les contentieux, au pénal comme au civil, dès lors que sont confrontés devant le juge le responsable présumé du dommage et celui qui dit l'avoir subi.

Quoiqu'il en soit, le pardon est *accordé* par un tiers :

- soit la victime, seule ou dans le cadre d'une triangulation avec le représentant de la règle bafouée (le parent, le professeur, le magistrat, etc. le médiateur- conciliateur etc...

— soit Dieu pour ceux qui y croient ;

— soit l'Etat, via le parlement (loi d'amnistie) ou le président de la république et auparavant le roi : c'est la grâce, qui renvoie aussi historiquement et subliminalement à un domaine religieux (mais qui, contrairement à l'amnistie, n'efface pas la condamnation, soit par l'autorité judiciaire par exemple dans le cas de la réhabilitation de l'article 735 du C.P.P. [1].

— Je me limiterai à tenter ici de repérer le pardon tel qu'il a pu m'apparaitre - de manière plus ou moins fugace - dans ma pratique de juge. L'intitulé du titre de ce colloque, m'a en effet posé problème du fait de ma difficulté en tant que magistrat à identifier puis à clarifier cette question du pardon. Je suis donc allé chercher sur ce sujet quelques auteurs dont je ne suis pas familier, mais qui chacun pour leur part éclairent ce partage entre le domaine du *droit* et celui du *pardon* :

C'est pourquoi je crois utile de les citer ici brièvement :

D'abord Jacques Derrida[2] : *"D'une certaine manière le pardon nous semble ne pouvoir être demandé ou accordé que "seul à seul", en face à face, si je puis dire, sans médiation, entre celui qui a commis le mal irréparable ou irréversible et celui ou celle qui l'a subi, et qui est seul(e) à pouvoir (l') entendre, la demande de pardon, l'accorder ou le refuser. Cette solitude à deux, dans la scène du pardon, semblerait priver de sens ou d'authenticité tout pardon demandé collectivement, au nom d'une*

---

[1] Le conseil constitutionnel a eu l'occasion récemment de se prononcer sur la question de savoir si la réhabilitation d'un condamné décédé était possible: https://www.conseil-constitutionnel.fr/actualites/communique/decision-n-2019-827-qpc-du-28-fevrier-2020-communique-de-presse

[2] Jacques Derrida *Pardonner, l'impardonnable et l'imprescriptible. (Galilée). Page 17.*

communauté, d'une Église, d'une institution, d'une corporation, à un ensemble de victimes anonymes, parfois mortes, ou à leurs représentants, descendants ou survivants. De la même façon, cette solitude singulière, voire quasiment secrète du pardon ferait de celui-ci une expérience étrangère au règne du droit, du châtiment ou de la peine, de l'institution publique, du calcul judiciaire, etc. Comme le rappelle justement Vladimir Jankélévitch dans "Le pardon", le pardon du péché est un défi à la logique pénale (...)".

Puis Paul Ricoeur [3] : *"Le pardon n'appartient pas à l'ordre juridique ; il ne relève pas du plan du droit. (...) Le pardon échappe au droit aussi bien par sa logique que par sa finalité. D'un point de vue, qu'on peut dire épistémologique, il relève d'une* ***économie du don****, en vertu de la logique de surabondance qui l'articule et qu'il faut bien opposer à la logique d'équivalence présidant à la justice ; à cet égard le pardon est une valeur non seulement supra-juridique mais supra-éthique. Mais il n'échappe pas moins au droit par sa* ***finalité****. Pour la comprendre il faut d'abord dire qui peut l'exercer. Absolument parlant ce ne peut être que la victime. A cet égard le pardon n'est jamais dû. Non seulement il ne peut être que demandé, mais la demande peut être légitimement refusée. Dans cette mesure, le pardon doit d'abord avoir rencontré l'impardonnable, c'est à dire la dette infinie, le tort irréparable. Cela dit bien que non dû, il n'est pas sans finalité. Et cette finalité a rapport avec la mémoire. Son "projet" n'est pas d'effacer la mémoire ; ce n'est pas l'oubli ; bien au contraire, son projet qui est de* ***briser la dette****, est incompatible avec celui de* ***briser l'oubli****. Le pardon est une sorte de guérison de la mémoire, l'achèvement d'un deuil ; délivrée du poids de la dette, la mémoire est libérée pour de grands projets. Le pardon donne un futur à la mémoire".*

Il est ici question du pardon vu du côté de la victime et donc de celui qui accorde le pardon. Mais ne peut-on pas extrapoler et étendre cette analyse sur la fonction du pardon à celui qui en "bénéficie", et donc au responsable du dommage causé ? Et se demander alors si le pardon accordé a un effet de prévention du risque de récidive sur le responsable du dommage causé, en donnant un "futur à sa mémoire » ? Ce pourrait être en tous cas une question que suggère le thème de ce colloque.

Nous sommes évidemment ici dans la philosophie.

Ces lectures - tardives - m'ont amené à mieux comprendre les nombreuses situations dans lesquelles je me suis trouvé dans l'exercice de mes fonctions successives de magistrat, juge des enfants, président de cour

[3] Paul Ricoeur (Le Juste . Ed. Esprit, page 206-207.

d'assises, puis président de la CPMS durant ces 5 dernières années, et confronté à ce titre à des dossiers de condamnés qui sollicitaient un aménagement de leur peine criminelle en arguant de ce qu'ils avaient fait, comme la loi le leur demandait, de "sérieux efforts de réinsertion" afin de présenter moins de risques de récidiver. Or dans chacune de ces fonctions, la question suivante se posait immédiatement : l'auteur présumé du crime (ou du délit) *va-t-il avouer* ? Et si oui - mais un peu plus tard - survenait parfois l'autre question : est-il dans des dispositions qui vont le conduire à solliciter le pardon de la victime...et celui du juge, ne serait-ce que pour espérer une peine moins lourde ? Où l'on voit que si le *pardon* ne relève pas explicitement du domaine du juge et si la loi n'en parle pas, il reste en réalité "embusqué" derrière un autre sujet qui lui, reste au cœur de la pratique du droit pénal, et même du droit en général : *l'aveu.*

L'aveu est au cœur du rapport entre le représentant de la loi et le prévenu ou l'accusé puisque le juge a entre ses mains le "sort" pénal de l'auteur du crime. Il ne faut pas oublier les temps où l'aveu suffisant comme preuve de la culpabilité pouvait être obtenu sous la torture. Mais le pardon, c'est autre chose.

Entre l'auteur et la victime - en tant que susceptible d'accorder le pardon - le rapport est d'une toute autre nature. Il est "privé", parfois intime, et lié au sens du crime : entre la situation de la caissière de banque braquée par un malfaiteur cagoulé et celle de l'épouse violentée dans le cadre de violences conjugales, les enjeux de l'aveu et de l'éventuel pardon sont incomparables.

À l'audience de jugement, toutes ces questions sont en suspens. Mais il faut bien l'avouer (sic) : le juge "espère" toujours l'aveu. Et une fois l'aveu formulé, le pardon n'est pas très loin au moins en tant qu'hypothèse, ou "espoir" du juge.

Mais précisément, qu'y a-t-il derrière cette *attente-espoir* du juge ?

Quelle place le juge a-t-il, ou devrait-il avoir - ou pas - par rapport au pardon et en amont, par rapport à l'aveu ?

Plusieurs questions ou observations à ce sujet :

1 - En quoi le juge dans sa fonction symbolique et effective de représentant de la loi, est-il concerné par le pardon ? De quoi se mêle-t-il ici, finalement ? D'où vient cette attente "naturelle" du juge vis à vis de l'aveu puis de la demande de pardon, *(gage de non récidive ? il faudra y revenir).*

Ce qui se joue là est l'une des fonctions consubstantielles du juge qui est de faire cesser le trouble que le crime et le viol de la loi ont créés : Hélène

Cixous dans sa préface aux Euménides d'Eschyle, mise en scène par Ariane Mnouchkine en 1992 le dit clairement et violemment : *"La Justice n'est pas faite pour être juste. Elle est faite pour arrêter. La Justice entre hommes, il la faut. Pour couper court aux douleurs qui sont interminables. Trancher tout ce qui dépasse, refouler les sanglots. Les victimes sont scandaleuses, elles ne cessent de se plaindre. La Justice est là pour régler les cris et couper le cours des plaintes. »* [4]

C'est pour cela que l'aveu, puis, "cerise sur le gâteau" ou accomplissement "espéré", le pardon, sont pour le juge, le début de processus de clôture du trouble dont il a la charge. Une fois l'aveu obtenu, formulé, le juge n'aura plus qu'à se consacrer à définir et mesurer la peine, qui sera sans doute modérée du fait même de cet aveu, et peut être encore plus si le pardon de la victime suit.

2 - Il faut évidemment préciser que l'aveu - et donc éventuellement le pardon qui le suit ou le précède - se pose différemment dans les deux grands systèmes de procédure pénale en vigueur dans le monde.

Dans notre système **inquisitoire**, le juge est chargé de rechercher la vérité ce que dit expressément la loi : *« "Le président est investi d'un pouvoir discrétionnaire en vertu duquel il peut en son honneur et en sa conscience, prendre toutes mesures qu'il croit utiles pour découvrir la vérité (...)* [5]*»*. En France la fonction du juge génère donc implicitement une propension à la fois naturelle et légitime à chercher, à recueillir l'aveu, même si celui-ci n'est plus "la reine des preuves", on y reviendra. Ce qui n'est pas le cas dans le système **accusatoire** des pays anglo-saxons, où le mis en cause choisit de *plaider coupable* (et choisit donc d'avouer) *ou non coupable*. Là, le débat contradictoire entre les parties, et lui seul, a vocation à éclairer les juges qui restent à distance.

Dans notre procédure par conséquent, les conditions du recueil de l'aveu posent un problème éthique et déontologique fondamental, à tous les niveaux du processus pénal, depuis le premier interrogatoire par les services de police ou de gendarmerie, en passant par la phase d'enquête par le Parquet puis le cas échéant l'instruction puis la phase d'audience de jugement, jusqu'à la phase de l'exécution de la peine. Cette double problématique d'éthique et de déontologie s'impose de manière spécifique à leur fonction à tous les intervenants de ce processus : juges, avocats (on n'avoue pas nécessairement tout à son avocat), policiers, gendarmes, travailleurs sociaux, psychologues ou psychiatres soignants et experts etc...

---

[4] Hélène Cixous : Préface aux Euménides aux éditions du Soleil. (1992)

[5] Art. 310 du code de procédure pénale, pour la cour d'assises.

Et elle se pose avec d'autant plus d'acuité du fait de la montée en puissance des exigences d'impartialité vis à vis du juge, et de neutralité du service public.

3 - L'aveu est donc un sujet "terrible". Terrible, parce que l'aveu "soulage" tellement tout le monde et mobilise tellement d'enjeux au fur et à mesure du déroulement du processus pénal, qu'il faut s'en défier : de même qu'il est censé soulager le criminel, il soulage, une fois formulé, tous les professionnels du processus pénal et on verra que pour des raisons de gestion la procédure pénale a multiplié les dispositifs fondés sur l'aveu pour accélérer le cours de la Justice. C'est donc un sujet à passer au crible de toutes les disciplines de la criminologie et en particulier, outre la psychologie, la psychiatrie, la sociologie, de la philosophie, de l'éthique et de l'anthropologie.

La question de l'Ethique, au sens philosophique et politique de ce terme semble ici fondamentalement éclairée par deux textes de nature très différente :

— Un texte tiré d'un article de Jacques Commaille daté de 1991[6], dont je ne citerai que le résumé qu'en a fait l'auteur en tête de son texte : *" Y a-t-il une éthique dans l'exercice de la fonction de justice ? Bien que la question ne soit généralement pas explicitement abordée, le constat de l'existence de deux grands modèles de justice conduit à penser que l'éthique des juges est déterminée par des conceptions différentes du rapport au droit, en fonction d'une certaine place accordée au social et au politique et en fonction des facteurs internes à l'institution judiciaire. A l'avenir, les transformations de la régulation juridique, en bouleversant le modèle dominant de rapport au droit devraient faire de cette question de l'éthique du juge une question centrale de la Justice".* Dans le corps de ce texte, l'auteur explique qu'il *"n'entend pas "éthique" au sens étroit de déontologie d'un corps professionnel, mais comme expression par les magistrats dans leur pratique, au-delà de la référence nécessaire à un droit porteur lui-même de jugements moraux, de valeurs morales induites de leur rapport au monde social, au monde politique ou de leur adhésion à l'un ou l'autre corps de principes généraux existant au sein de la Justice concernant la fonction socio-politique de l'institution judiciaire".*

— Un passage de la conférence inaugurale datée du 2 avril 1981 de l'édition établie par Fabienne Brion et Bernard E. Harcourt à partir d'un

[6] "Ethique et droit dans l'exercice de la fonction de justice" : https://www.cairn.info/revue-societes-contemporaines-1991-3-p-87.htm

cours donné par Michel Foucault à l'Université de Louvain[7] sous le très beau titre qu'il lui avait donné : "*Mal faire, dire vrai. Fonction de l'aveu en Justice*".

« Il y a cette longue histoire de l'aveu, ces immémoriales croyances dans les pouvoirs et effets du "dire vrai" en général et en particulier du "dire vrai sur soi-même" (...) Une chose me parait singulière : Dieu seul sait si les mythes, les légendes, les contes, les récits - bref tout ce qui touche de notre point est le non vrai - a suscité d'études d'ethnologie. Mais après tout, le dire vrai lui aussi est inséré dans des tissus rituels denses et complexes, il est accompagné de croyances nombreuses, on le dote d'étranges pouvoirs. Il y aurait peut-être à faire toute une ethnologie du dire vrai (...)."L'aveu n'est pas simplement une constatation à propos de soi-même. C'est une sorte d'engagement, mais un engagement bien particulier : il n'oblige pas à faire telle ou telle chose ; il implique que celui qui parle s'engage à être celui qu'il est, et précisément parce qu'il est cela (...) En bref l'aveu suscite ou renforce une relation de pouvoir qui s'exerce sur celui qui avoue. C'est pourquoi il n'y a d'aveu que coûteux.(...) De même si le criminel qui avoue n'est pas jugé de la même façon que celui dont le crime a été établi par preuves et témoignages, c'est que l'aveu est censé modifier le rapport qu'il a à son crime (...) Disons-en quelques mots pour résumer tout ceci que l'aveu est un acte verbal par lequel le sujet pose une affirmation sur ce qu'il est, se lie à cette vérité, se place dans un rapport de dépendance à l'égard d'autrui, et modifie en même temps le rapport qu'il a à lui-même. »

Enfin, dans la leçon du 20 mai 1981, ces quelques lignes :

« L'aveu ne consiste pas simplement, dans ce système moderne, à reconnaitre son crime, (mais) en même temps à reconnaitre, à travers la reconnaissance de son crime, la validité de la punition qu'on va subir. L'aveu est donc une sorte de rite de souveraineté par lequel le coupable fonde ses juges à le condamner et reconnait dans la décision des juges sa propre volonté. L'aveu, est donc en ce sens le rappel du pacte social, c'en est la restauration. Si bien que dans cette parole d'aveu, le coupable peut à la fois (et en termes de droit strict, non pas du tout de psychologie) sceller la punition qui le retranche du corps social ou le dépouille de ses droits ; et en même temps, cet aveu va marquer le premier jalon de sa réintégration (puisque par l'aveu, on reconnait qu'on a rompu le pacte fondamental,

[7] "Mal faire, dire vrai, fonction de l'aveu en justice" UCL Presses universitaires de Louvain.1981.

mais en le reconnaissant, on marque le premier pas, on fait la première démarche dans le sens de cette réintégration ») [8].

À travers cette approche "politique" de ***l'aveu*** on voit que la réflexion sur le droit, la justice et même sur le sens de la peine, évoquée dans cette même Faculté en novembre 2015, se trouve considérablement enrichie. Ajoutons que dans leur présentation de cet ouvrage, Fabienne Brion et Bernard Harcourt soutiennent [9] que *"le cours qu'il* (Michel Foucault) *donne, et le séminaire qu'il anime contribuent au débat sur la réforme en minant les fondements de la doctrine de la défense sociale. (...) il contribue à saper le discours criminologique qui sous-tend la doctrine de la défense sociale et assigne aux criminologues la tâche de se constituer en "conscience critique du droit pénal".* On est là au cœur du sujet sur la nature et la vocation de la criminologie, sur lequel nous reviendrons[10].

J'ai cherché à comprendre pourquoi ces pages consacrées à l'aveu m'ont frappé et tant touché. Sans doute, au-delà de la séduction qu'exerce toujours la forme du "discours" de Michel Foucault, parce que maintenant à la retraite, je prends mieux la mesure de ce tout ce qui était en jeu dans mes rapports de juge avec un mineur délinquant, un braqueur de banque ou un père incestueux.

Pour conclure à ce stade, une dernière remarque importante sur la question du pardon: depuis l'introduction dans le droit positif international de l'incrimination de "crime contre l'humanité" puis la mise en place de juridictions internationales ad hoc, mais aussi d'autres dispositifs de justice tels que la justice "restaurative"[11] ou la justice "transitionnelle"[12], plusieurs écrits [13] ont renouvelé et approfondi la nature du ***pardon***: même si ce n'est pas notre sujet ici, ces écrits apportent énormément à l'intelligence du phénomène criminel et aux réponses à y apporter.

---

8 Leçon du 20 mai 1981 page 207.

9 Page 1 de leur "Note des éditeurs".

10 Olivier Razac et Fabien Gouriou se réfèrent - mais leur propos est assez différent du nôtre dans cette contribution - à ces "leçons inaugurales" dans un texte paru dans un numéro de "Cultures et conflits" de 2014, sous le titre "Sous une critique de la criminologie, une critique des rationalités pénales": https://www.cairn.info/revue-cultures-et-conflits-2014-2-page-225.htm.

11 Cf http://www.justice.gouv.fr/le-ministere-de-la-justice-10017/quest-ce-que-la-justice-restaurative-29943.html ainsi que la contribution de Guillaume Arandel

12 https://www.cairn.info/revue-les-cahiers-de-la-justice-2015-3-page-333.htm

13 A Paul Ricoeur, Jacques Derrida, et Vladimir Jankélevitch j'ajouterai Thierry Cruvellier et son "maitre des aveux" sur le procès de Douch, le gardien du camp S21 au Cambodge sous Pol Pot.

2e partie : l'aveu - et possiblement le pardon - la vérité, et la récidive au regard de l'évolution de nos politiques pénales

Pour la justice pénale - mais c'est le cas dans tous les domaines du droit - le rapport à la *vérité* des faits, lorsqu'il s'agit pour le juge de se prononcer sur la culpabilité, est essentiel. Or l'aveu n'implique évidemment pas que celui qui le formule dise la vérité. Il y a de faux aveux délibérés, tel que ceux d'un faux coupable se désignant à la place d'un autre aux fins de voir innocenté celui qui avoue faussement et le véritable coupable échapper à la condamnation. Il y a surtout les aveux, extorqués ou non, d'un vrai innocent, liés à une fragilité psychique ou à des stratégies - délibérées ou non - du professionnel en situation de les recueillir. Et que faire alors du pardon consécutif à de "faux aveux » ?

Qu'en est-il de la place de l'aveu dans notre système pénal actuel ?

De fait, et surtout dans les procédures criminelles, les progrès considérables en matière de criminalistique et de police scientifique, en particulier depuis le recours aux analyses de l'ADN, ont complètement modifié la donne par rapport aux moyens de preuve permettant de confondre les coupables. De fait, l'aveu n'est donc plus "la reine des preuves". Des leçons ont été tirées des nombreuses erreurs judiciaires qu'il a pu générer, et parallèlement, les preuves scientifiques ont pu permettre d'innocenter de nombreux mis en cause puis accusés[14]. Sur les 200 dossiers criminels examinés par la CPMS [15] de Lille entre 2017 et mars 2019, 28 seulement faisaient état d'un déni des faits par le condamné devant la cour d'assises, 8 d'entre eux donnant ensuite lieu à un aveu au cours de l'exécution de leur peine. D'où l'importance du débat sur les conditions dans lesquelles l'aveu est sollicité puis recueilli (ou non) en termes de déontologie et d'éthique procédurale ou processuelle[16].

---

[14] Cf. l'affaire de Mr Machin qui avait avoué un viol dont il a été innocenté ensuite grâce à l'ADN du vrai coupable retrouvé plus tard sur la victime et condamné depuis: https://www.lemonde.fr/societe/article/2012/12/20/acquittement-requis-au-proces-en-revision-de-marc-machin_1809013_3224.html

[15] La commission pluridisciplinaire des mesures de sûreté qui, avant la loi du 23 mars 2019, formulait un avis sur la requête en libération conditionnelle de tous les condamnés à des peines de plus de 10 ans pour la plupart des crimes.

[16] Cf *L'équité processuelle* au sens de Martine Herzog Evans, *l'éthique procédurale* au sens de René Lévy à propos de la Police, se réfèrent aux travaux du même auteur américain Tom Tyler. MHE:"Les vertus criminologiques de l'équité processuelle: le modèle LJ-PJ-TJ (AJPénal Mars 2016) et René Levy: "La police française à la lumière de la théorie de la justice procédurale"

Par ailleurs, et l'on est là dans une évolution structurelle, l'aveu est un *préalable* dans le cadre de procédures sur lesquelles il parait utile de s'attarder compte tenu de la place qu'elles prennent[17] dans notre système pénal sous différentes formes :

— d'une part la "troisième voie" précisément régie dans notre code de procédure pénale dans ses multiples formes - dont la "comparution sur reconnaissance préalable de culpabilité" des articles 495-7 et suivants du C.P.P. - qui prend une place de plus en plus importante et pour des infractions de plus en plus graves[18]. Ici la "qualité" de la procédure de recueil de l'aveu est très variable selon qu'il s'agit, comme c'est possible pour le rappel à la loi (article 41-1 du C.P.P.) d'un aveu obtenu par un O.P.J., ou d'un aveu devant un magistrat.

— d'autre part des dispositifs plus récents tels que ceux de "justice résolutive de problèmes" [19] qui ne sont qu'expérimentaux en France mais qui font aussi figure de solutions alternatives aux modes de traitement judiciaires "classiques".

— S'agissant en particulier de la troisième voie, *l'aveu* - le *pardon* de la victime étant sans aucun doute en coulisses - est le passage obligé de ces nouvelles procédures qui comportent de nombreux avantages. A titre principal, et c'est ce qui est à l'origine de leur développement compte tenu des contraintes de l'institution, il s'agit de gains de gestion, non négligeables pour autant, surtout s'ils génèrent à leur tour des avantages sur la qualité du débat judiciaire et de la décision rendue : la procédure est moins lourde, prend moins de temps, et mobilise moins de moyens humains et matériels que l'audience pénale classique. Reste d'un point de vue "éthique" deux questions :

— dans son principe même, n'y a-t-il pas un risque de voir le mis en cause préférer cette procédure en escomptant une peine moins lourde, quitte

---

(Déviance et Société 2016/2 vol 40 pages 139 à 164). On notera que de son côté, quand René Levy parle de la théorie de la justice procédurale, il précise ceci qui le distingue à notre sens du propos de Martine Herzog Evans: "*En ce qui concerne les institutions pénales, et plus particulièrement la police, l'originalité de cette perspective tient à ce qu'elle ne rapporte pas prioritairement cette confiance à la performance policière, à son* ***efficacité****, mais aux* ***modes d'opérer*** (c'est nous qui soulignons) *de la police (c'est-à-dire les « procédures », d'où le nom de cette théorie) (Tyler, 2004, 89).*

[17] Cf. Info Stat Justice n°157 de décembre 2017: 13% des condamnés en correctionnel l'avaient été en 2016 dans le cadre de la procédure de CRPC, créée en 2004. http://www.justice.gouv.fr/art_pix/stat_Infostat_157.pdf

[18] Cf. Jean Danet: La réponse pénale. Dix ans de traitements des délits" et "La justice Pénale entre rituel et management" (Presses Universitaires de Rennes) et aussi "Justice ou précipitation" de Benoit Bastard, David Delvaux, Christian Mouhanna et Fréderic Schoenaers (PUR).

[19] http://fnapte.fr/la-justice-resolutive-de-problemes/

à avouer des faits dont la preuve n'est pas rapportée, refusant ainsi le bénéfice de la présomption d'innocence ? Le conseil constitutionnel a repéré ce risque et invité *le président du TGI, lors de la séance d'homologation* de l'accord obtenu devant le ministère public, *"à exercer la plénitude du pouvoir d'appréciation des faits qui incombe au juge du fond* [20]. Ce qui suscite une autre interrogation que nous laisserons ouverte : quid de la valeur d'un *pardon* consécutif à un *aveu* sinon insincère mais en tous cas inscrit dans une stratégie opportuniste par rapport à la peine escomptée ?

— par ailleurs, de fait, cette troisième voie n'a -t-elle pas tendance - logiquement d'un point de vue de gestion - à être privilégiée pour un public plus "coopérant" et socialement différent de celui qui est renvoyé, souvent faute de garantie de représentation, en comparution immédiate ? N'y a-t-il pas là une inégalité de fait sur les conditions dans lesquelles l'aveu et son éventuel corollaire, le pardon, peuvent être suscités, recueillis et sur leurs effets tant sur la peine que pour la victime, y compris en termes de prévention de la récidive ?

Dans cette troisième voie, son caractère non public a sans doute une autre incidence sur cette problématique de l'aveu puis du pardon : les audiences et leurs suites restent l'affaire exclusive des parties, avec sans doute l'atout que peut procurer le fait d'éviter l'humiliation que peut revêtir la comparution en audience publique pour le prévenu, et parfois pour la partie civile. C'est d'ailleurs là une autre question, avec une forte incidence sur celle du pardon : a-t-on mesuré le prix de la honte, et ses effets sur la récidive ? Sans entrer sur ce que pourraient en dire les différentes sciences humaines, ou la philosophie, on se contentera ici d'un constat d'expérience, qui ne surprendra sans doute pas de nombreux professionnels de la justice pénale: dans les 8 dossiers examinés en CPMS où les condamnés indiquaient avoir nié les faits aux assises qu'ils admettaient maintenant avoir commis, ils exposaient, en même temps que leur aveu, le sens à leurs yeux de leur crime mais aussi les raisons qui les avaient empêchés d'avouer l'avoir commis: la honte d'eux-mêmes et surtout celle ressentie vis à vis de leurs proches à l'audience.

---

[20] Décision n° 2004-492 DC du 2 mars 2004 - Communiqué de presse.
Voir à ce sujet "la dialectique aveu-droit au silence" dabs la manifestation de la vérité judiciaire en droit pénal comparé" par Delphine Chalus.
https://ssl.editionsthemis.com/uploaded/revue/article/10401_chalus.pdf. L'auteure remarque (page 352) que *"si la justice est aujourd'hui laïcisée et n'a pas à obtenir le repentir de l'accusé, l'aveu conserve encore une part importante de repentir moral. Il est, à ce titre, un symptôme du maintien d'un fond de religiosité (particulièrement de la religion chrétienne) dans notre procédure pénale. Il continue d'assurer un certain confort moral au juge."*

Les effets comparés en termes de prévention de la récidive, de la comparution en audience pénale classique ou dans le cadre de la troisième voie - dont l'aveu est donc un préalable - il ne semble pas que des études existent à ce sujet. Une évaluation serait possible, assortie de précautions méthodologiques précises, par l'analyse de cohortes, ce qui parait difficile en l'état, malgré les attentes exprimées par l'Observatoire de la récidive, du fait en particulier du blocage constaté par plusieurs chercheurs pour accéder aux données du casier judiciaire.

Toujours est-il qu'en termes d'éthique philosophique ou processuelle, et tout simplement de vérité judiciaire, des précautions s'imposent donc sur les conditions du recueil de l'aveu, et donc de son éventuel corollaire, le pardon.

L'aveu, préalable possible au pardon, et la récidive : quels liens ?

Nous sommes bien cette fois-ci face à un concept juridique et qui a nécessairement une place centrale dans notre droit et notre procédure pénale, puisque la peine a vocation, entre autres, à prévenir la récidive.

Incidemment, on notera que ce concept n'est pas propre à la justice pénale. Pour le médecin comme pour le juge, la récidive renvoie à la répétition ou à la persistance d'un "mal". Qui plus est, pour réduire la récidive d'un malade comme celle d'un délinquant, surtout depuis l'école de la défense sociale nouvelle de Marc Ancel et dans la foulée des premiers écrits de criminologie, le médecin comme le juge ont recours au "traitement" avec cette ambiguïté ou cette polyvalence de sens renforcée par le fait que les normes européennes en matière de procédure pénale parlent aussi de "traitements" parfois "inhumains et dégradants".

Comme on l'a vu, l'aveu a toujours été au centre du rapport entre le justiciable et le juge, même si sa force probante sur la culpabilité par rapport à des faits avérés est aujourd'hui plus relativisée. Tous les travaux de criminologie le démontrent, en particulier ceux sur la désistance, ce qui est essentiel par rapport au risque de récidive, ce sont deux données : d'une part l'évolution du *rapport du justiciable à la loi* dont l'aveu au juge ne suffit pas à rendre compte, et d'autre part *le contexte familial et social* dans lequel le crime ou le délit a été commis et son évolution après la peine[21] . Ces deux

[21] : **Article 132-1:** Toute peine prononcée par la juridiction doit être individualisée. Dans les limites fixées par la loi, la juridiction détermine la nature, le quantum et le régime des peines prononcées en fonction des circonstances de l'infraction et de la **personnalité** de son auteur **ainsi**

domaines mobilisent, une fois la peine prononcée, le juge d'application des peines et les services de l'administration pénitentiaire. On le sait peu, mais depuis quelques années des outils criminologiques sont mis à la disposition de ces services pour renforcer leurs compétences et leur efficacité dans cette perspective de prévention de la récidive. En l'état les magistrats commencent juste à être associés à ces formations [22]. Il est temps, car dans notre culture judiciaire perdure un lieu commun - véhiculé encore dans certaines expertises psychiatriques - selon lequel, non seulement "faute avouée est à moitié pardonnée", mais celui qui avoue a moins de chance de récidiver que celui qui nie son crime. Ce qui est une contre-vérité absolue. A l'évidence on est là plus dans la morale que dans la clinique psychiatrique et criminologique et assez proche d'une attente de *capitulation* au sens où Michel Foucault en parlait dans le texte cité plus haut.

D'où l'intérêt de recourir aux savoirs criminologiques tels qu'ils ont été valorisés et débattus au cours de la conférence de consensus sur la prévention de la récidive de 2013 et de reprendre au fond le débat sur ces questions.

Quelle philosophie pénale aujourd'hui ? Quelle criminologie ?

Les préconisations de la conférence de consensus sur le recours aux savoirs criminologiques pour définir des politiques pénales *efficaces* marque une rupture de paradigme avec l'approche sécuritaire qui avait donc dominé les années précédentes.

Il faut y revenir car il s'agit d'une évolution de philosophie pénale considérable dont les enjeux n'ont sans doute pas été perçus de manière claire au cours de ces 20 dernières années : en France les politiques pénales et de sécurité publique ont été traversées par des courants aussi contradictoires que difficiles à repérer du fait de la politisation de ces questions.

---

que de sa situation matérielle, familiale et sociale, conformément aux finalités et fonctions de la **peine** énoncées à l'article 130-1.

[22] Cf. Alain Blanc et Isabelle Gorce: " Retour sur quarante ans de politique pénitentiaire" AJ Pénal novembre 2019, n°11.

Un peu d'histoire récente

En juillet 2005, le rapport Burgelin "Santé Justice et dangerosités"[23], posait le nouveau paradigme du droit pénal des années qui vont suivre, celui de la *dangerosité* [24] avec une distinction qui recouvrait la nature des crimes à l'origine de la création de cette commission : *"Dans son acception criminologique, la dangerosité peut se définir comme « un phénomène psychosocial caractérisé par les indices révélateurs de la grande probabilité de commettre une infraction contre les personnes ou les biens »*[25]. *L'évaluation de l'état dangereux se confond alors avec le pronostic de la réitération* et de la récidive*. (...) La dangerosité psychiatrique, quant à elle, se définit comme un risque de passage à l'acte principalement lié à un trouble mental, et notamment au mécanisme et à la thématique de l'activité délirante".*

C'est à partir de ce concept de *dangerosité,* sans plus de référence à des données criminologiques, que se succéderont d'autres rapports invoquant ou non la criminologie, puis de nouvelles lois, en réaction à d'autres faits divers [26]. En particulier le rapport commandé le 25 février 2008 par le président de la république, au premier président de la cour de cassation Vincent Lamanda, chargé de formuler *"toutes propositions utiles d'adaptation de notre droit pour que les condamnés, exécutant actuellement leur peine et présentant les risques les plus grands de récidive, puissent se voir appliquer un dispositif tendant à l'amoindrissement de ces risques".*

Ce rapport, daté du 30 mai 2008 se conclut par 23 préconisations dont les 4 premières concernent explicitement la criminologie[27].

— *Promouvoir la recherche et l'enseignement en criminologie.*

---

[23] Cf. https://www.vie-publique.fr/sites/default/files/rapport/pdf/054000449.pdf

[24] La question de "l'état dangereux" est consubstantielle à la criminologie et fait l'objet d'une littérature abondante. Voir en particulier Jean Danet: "la dangerosité une notion criminologique séculaire et mutante": https://journals.openedition.org/champpenal/6013

[25] Référence étant faite ici à Christian Debuyst (page 10 du rapport).

[26] Cf. Anne Wyvekens : *"La loi du 25 février 2008 fait suite à quelques faits divers tragiques particulièrement médiatisés. Deux événements sont explicitement présentés par le rapport de la commission des lois comme motivant la loi, dans ses deux volets. Le non-lieu requis contre l'auteur, malade mental, du meurtre en 2004 de deux infirmières dans un hôpital psychiatrique de Pau (affaire Dupuy) «explique» la mise en place de la déclaration d'irresponsabilité pénale pour cause de trouble mental. Quant à la rétention de sûreté, elle suit immédiatement «l'enlèvement et le viol à Roubaix d'un enfant par un pédophile récidiviste qui venait de sortir de détention (affaire Évrard) » (Fenech, 2007, 9). «Réforme en réponse à un fait divers », tel est même l'intitulé du paragraphe qui présente le contexte de la rétention de sûreté dans un traité de droit pénal (Desportes, Le Gunehec, 2008, 1087).*

[27] Cf. http://psysnepap.free.fr/wp-content/uploads/Rapport-LAMANDA-2008-Amoindrir-les-risques-de-recidive-criminelle-des-criminels-danrgereux.pdf: (page 68).

— Confier la définition des orientations et des priorités de la recherche criminologique, la coordination des différentes études et la valorisation de leurs résultats à un conseil scientifique national.

— Favoriser l'enseignement universitaire approprié à l'acquisition de la qualification de criminologue clinicien.

— Compléter en criminologie clinique les formations, initiale et continue de certains professionnels".

On peut considérer que ces préconisations sont quasiment restées sans suite effective, pour des raisons qu'il est impossible de développer ici, mais qui là aussi mêlent enjeux politiciens et corporatistes à partir d'un débat à notre sens mal posé autour de la finalité de la criminologie en tant que "discipline universitaire"[28].

La loi du 28 février 2008 - préparée puis votée avant la commande du rapport au premier président de la cour de cassation - a institué la rétention et la surveillance de sûreté, qualifiées alors de "peine sans crime". Ces mesures de sûreté sont l'aboutissement logique de cette philosophie pénale qui est aussi à l'origine de la loi du 10 août 2007 instituant les " peines planchers". C'est là toute la période marquée par la Défense sociale nouvelle de Marc Ancel et le principe de l'individualisation des peines qui sont remis en question au profit d'une philosophie centrée sur l'exemplarité et **la fonction dissuasive de la peine**, faisant appel à la criminologie alors dominante au Canada de Maurice Cusson et illustrée en France, entre autres, par les positions publiques et les thèses du professeur Jean Pradel[29]. On ne s'étendra pas ici sur les conséquences liées à l'époque à l'affirmation de la nécessité de fournir une réponse pénale à toute infraction (référence explicite à la politique de la "vitre brisée" conceptualisée aux USA) et à la surpopulation

---

[28] Voir sur ce sujet: Laurent Mucchielli: (2004). L'impossible constitution d'une discipline criminologique en France : cadres institutionnels, enjeux normatifs et développements de la recherche des années 1880 à nos jours. Criminologie, 37 (1), 13–42.
https://doi.org/10.7202/008716ar.
Cf. aussi deux positions antagonistes à l'époque sur ce sujet:
https://www.lemonde.fr/idees/article/2012/03/28/la-criminologie-entre-succes-mediatique-et-rejet-universitaire_1676828_3232.html ;
https://www.lemonde.fr/idees/article/2012/03/21/l-emergence-indispensable-de-la-criminologie-a-l-universite_1672835_3232.html

[29] Cf. "Une Justice pénale fondée sur une criminologie moderne" Jean Pradel à l'Institut pour la Justice. 2012. https://www.institutpourlajustice.org/evenements/justice-penale-renovee-fondee-criminologie-moderne-partie-1/; Cf. Le "Précis de criminologie" de Raymond Gassin Dalloz 7ème édition). On observera que l'auteur, décédé en 2016, avait été élu président de l'Association Française de Criminologie en 1960. A propos de Maurice Cusson, il note ici (page 238) qu'il a "délaissé la criminologie proprement dite pour la "sécuritologie" avec le *Traité de la sécurité intérieure* codirigé avec deux de ses collègues et publié en 2007".

des maisons d'arrêt qui en résultait, puis, pour y faire face, à des lois réduisant les juges de l'application des peines à des agents de *gestion des flux* des condamnés, ce que le président de la république a depuis explicitement condamné dans son discours à l'Ecole Nationale d'Administration Pénitentiaire le 6 mars 2018[30].

Nous sommes donc depuis 2013 et avec les préconisations de la conférence de consensus sur la prévention de la récidive sur une autre philosophie radicalement différente, celle de l'affirmation de la nécessité de recourir aux **savoirs** criminologiques pour définir et recourir au prononcé de peines **efficaces.**

Sans prétendre pouvoir rendre compte de tous les facteurs à l'origine de cette mutation - dont il reste à mesurer les effets concrets dans les lois et les politiques judiciaires en cours et à venir- il faut ici faire référence à un texte collectif rédigé par plusieurs magistrats et fonctionnaires pénitentiaires et décrivant *l'impasse* et la situation de blocage liée aux politiques pénales jusqu'à présent mises en œuvre. Sans aucun doute, ce texte a été déterminant pour initier la conférence de consensus[31]. On remarquera qu'il n'émane pas d'universitaires ou de chercheurs. Pour l'essentiel il est le résultat d'une réflexion de praticiens de terrain à partir des travaux et des pratiques criminologiques anglo-saxonnes ou venant du Québec, à partir de tout le mouvement du "What Works" et des travaux sur la désistance diffusés, entre autres, par Martine Herzog Evans et par Marwan Mohammed.

La criminologie. Certes, mais laquelle ?

C'est toute la question puisque ce bref rappel historique montre bien que cette "discipline appliquée" est susceptible, selon les besoins et la philosophie pénale au service de laquelle elle est sollicitée, de venir à l'appui de toutes les politiques pénales.

D'où la nécessité d'y regarder de plus près et de repérer ce qui distingue les différentes théories sollicitées au moins depuis 1945 jusqu'à aujourd'hui. Notre conviction à ce sujet est que, selon ses contenus, la philosophie et l'éthique qui les sous-tendent, les savoirs criminologiques peuvent être partagés en deux grands pôles ou tendances :

— Ceux qui se réfèrent ou sont compatibles avec la philosophie de la Défense sociale nouvelle et sont fondés sur l'individualisation des peines

---

30 https://www.elysee.fr/emmanuel-macron/2018/03/06/discours-demmanuel-macron-a-lenap-ecole-nationale-dadministration-penitentiaire

31 cf. https://docplayer.fr/16416714-Prevention-de-la-recidive-sortir-de-l-impasse-pour-une-politique-penale-efficace-innovante-et-respectueuse-des-droits.html

chère à Marc Ancel et qui constitue le socle humaniste de ce que nous avons qualifié de *criminologie d'émancipation*[32].

Et à l'opposé ceux qui relèvent à notre sens d'une *criminologie d'adaptation* voire sécuritaire, qui a tendance à considérer certains individus comme intrinsèquement dangereux, indépendamment du contexte dans lequel ils commettent des infractions, et qui justifie leur élimination du corps social.

Ce débat a-t-il à voir avec la question du *pardon* et de la *récidive* ? Précisément oui. Car si la philosophie pénale que l'on veut promouvoir accorde sa place au pardon, c'est bien à une criminologie *d'émancipation* qu'il faut avoir recours, quel que soit le crime ou le délit qu'il s'agit de prévenir ou de réprimer. D'abord parce que cette criminologie-là est fondée sur les valeurs humanistes d'éducation, de respect de la personne et des libertés individuelles qui intègrent donc le pardon au moins comme horizon. Ensuite parce que cette *émancipation* n'est pas entendue comme étant seulement celle du délinquant, mais bien évidement, parallèlement, celle de la victime qui doit être à la fois prise en charge, réparée mais le plus possible "dégagée" du dommage qu'elle a subi pour ne pas être "fixée" dans ce statut de victime: Hervé Henrion rappelle dans sa contribution à un ouvrage de référence sur le sujet [33] ce que disait Jean Carbonnier [34]: en France l'une des réussites les plus bruyantes du droit pénal de notre temps consiste à mobiliser les victimes, à les retourner et à les transformer en sujets passifs du délit, en agents martiaux de la répression. C'est cela aussi qu'il faut éviter.

---

[32] Nous avons posé ce concept dans un éditorial de la newsletter de l'Association Française de Criminologie en janvier 2008, en plein débat sur ce qui deviendra la loi du 28 février 2008 instituant la rétention de sûreté. Il a été repris avec cette référence dans la postface d'un ouvrage de 2014, "Crime, Justice et lieux communs" (Ed. Larcier) rédigé par Christophe Adam, Jean-François Cauchie, Marie-Sophie Devresse, Françoise Digneffe et Dan Kaminski. Cette précision est ici apportée au moment où le Colloque dans lequel s'inscrit cette contribution est aussi celui qui pose la première pierre de l' l'Ecole de Criminologie Critique Européenne -ECCE - entre l'Université Catholique de Lille et l'Ecole de criminologie de l'Université Catholique de Louvain.

[33] Cf. "La victime sur la scène pénale en Europe" sous la direction de Geneviève Giudicelli-Delage et Christine Lazerges PUF 2008. On soulignera ici l'intérêt de l'analyse de Geneviève Giudicelli-Delage sur l'intérêt dans le souci de protéger "la victime intime", de "penser sa réparation en marge ou en dehors du procès pénal".

[34] Jean Carbonnier, Droit et passion du droit sous la Vème république, Paris Flammarion 1996, page 147

Les limites au paradigme de l'efficacité ?

On en relèvera au moins trois :

1. La première relève de l'évidence mais ne doit jamais être perdue de vue : aucune politique, aucune loi, aucune peine ne peut prétendre empêcher toute récidive ou délinquance. Nous sommes dans le domaine de l'humain où, par nature, toute activité reste soumise à des aléas qui ne sauraient être anticipés que dans des sociétés totalitaires.

2. La seconde tient à la nature même des "savoirs » : ils ne sont pas univoques et intangibles, ils doivent être discutés : c'est le rôle de la recherche, quand on lui donne les moyens d'exister et ici de la *criminologie critique* telle que définie en particulier en Belgique[35] et que l'on peut rapprocher quant à son positionnement de la sociologie de la réaction sociale ou de la déviance[36], théorisée en France par Philippe Robert dans les années 60/ 70.

3. La dernière renvoie aux disciplines évoquées au début de cette contribution : la philosophie, l'éthique et la politique.

L'efficacité de la peine et de la mesure prise pour prévenir la récidive est une chose, *la justice* en être une autre : pour autant qu'elle puisse être efficace, une peine ne saurait être injuste.

Il s'agit donc bien ici de la question centrale identifiée entre autres par Michel Foucault mais "laissée de côté" depuis quelque temps, ce qui interroge nécessairement sur notre époque : à l'occasion des débats puis du vote de la loi de programmation du 23 mars 2019, la Garde des Sceaux se voulait rassurante en affirmant qu'il n'y avait "aucune idéologie dans son projet de loi de programmation". Nous serions donc dans une phase de stabilisation de la philosophie pénale ? Même si remontent régulièrement à la surface des velléités voire des appels au recours à la peine-élimination comme on l'a vu dans le cadre du débat - évidemment légitime - sur les violences conjugales, ou au sujet des affaires de terrorisme. Tout cela reste malgré tout fragile et ne saurait être sauvegardé par le seul refus des "idéologies".

Et c'est là que la criminologie est utile voire indispensable. On peut en effet contester la mise en place de la conférence de consensus sur la récidive comme l'ont fait un certain nombre d'intellectuels - dont Bernard E.

---

[35] Cf. https://www.persee.fr/doc/ds_0378-7931_1997_num_21_1_1625

[36] Cf. Philippe Robert: *L'Année sociologique (1940/1948-): De la criminologie de la réaction sociale à une sociologie pénale.* Et Jacques Faget: https://www.cairn.info/sociologie-de-la-delinquance-et-de-la-justice-pena--9782749207629-page-75.htm

Harcourt, à l'origine de l'édition des leçons de Michel Foucault auxquelles nous avons fait référence plus haut, et Pierrette Poncela, pourtant en son temps présidente de l'Association Française de Criminologie - en instituant une conférence de dissensus [37] pour marquer leur défiance à l'égard de cette initiative du gouvernement de l'époque et, semble-t-il, de la criminologie en elle-même.

Mais au profit de quoi ? La criminologie qui se met en place depuis un certain temps à partir de savoirs discutés et éprouvés dans des institutions qui font elles-mêmes appel aux chercheurs de la criminologie critique, n'a plus rien à voir avec les théories comportementalistes et les évaluations exclusivement fondées sur des grilles actuarielles à juste titre contestées il y a quelques années.

La criminologie en elle-même n'est ni réactionnaire ni progressiste, comme nous avons tenté de le démontrer : ce qui peut l'être, ce sont les théories et les pratiques s'en réclamant. Mais pour savoir ce qu'il en est, il faut y aller voir. C'est en ce sens que l'analyse de Bernard E. Harcourt et Fabienne Brion[38] selon laquelle Michel Foucault, dans son cours précité "*contribue à saper le discours criminologique qui sous-tend la doctrine de la défense sociale et assigne aux criminologues la tâche de se constituer en "conscience critique du droit pénal",* nous parait devoir être référée aux débats sur la criminologie de l'époque.

L'un des mérites des leçons de "Mal faire dire vrai, l'aveu en justice" est d'introduire, à partir de ce qui est le sujet de Michel Foucault, à savoir son analyse de ce qui se joue dans l'aveu en termes de rapports de pouvoir entre le délinquant et le représentant de la loi, la dimension du tragique. Il n'y est pas question du pardon, ni même de la victime en tant que telle.

Et c'est là qu'on voit bien que cette dimension du tragique est fondamentale. Et que c'est elle, à la condition de ne pas être négligée ou gommée, qui permet d'éviter de croire que des technologies ou des savoirs, aussi performants et pertinents qu'ils soient, puissent prétendre suffire à résoudre la question de la délinquance, qui plus si y est posée comme horizon le pardon de la victime et du corps social. Et de se tourner vers la philosophie et l'Ethique.

Pour conclure, ne faudrait-il pas s'il s'agit de justice et donc d'aborder la question du droit et de la pratique pénale par rapport à cet enjeu de "récidive et pardon" *laïciser* ce sujet du pardon tellement connoté et "lourd" pour se

---

[37] Cf. sur les objectifs de cette initiative:
http://www.thecarceral.org/cn8/Programme_Conf_Dissensus_Final_2013.pdf
[38] Cf. note 9 supra.

tourner vers des perspectives de fonctionnement de la justice et des pratiques judiciaires plus modernes et "démocratiques" comme le suggèrent les auteurs de "La prudence et l'autorité"[39] qui à la fin de leur analyse des différents "offices" du juge notent en particulier ceci: *"L'office du juge conduit au plus profond du rôle du droit qui rend libre en interdisant, fait grandir en imposant des contraintes, autorise le pouvoir en lui imposant des limites. En bref, le juge s'adresse en démocratie à une couche plus profonde que le simple registre du droit formel car il est ce qui agence les droits entre eux".* Ce qui nous parait complémentaire de la vocation émancipatrice évoquée précédemment à propos de la criminologie que nous appelons de nos vœux.

[39] *La prudence et l'autorité, Juges et procureurs du XXIème siècle"*, par Antoine Garapon, Sylvie Perdriolle et Boris Barnabé.

On en parle, on n'en parle plus ! le malade mental irresponsabilisé : pas de peine, pas de réparation, pas de pardon ?

CYRIL MANZANERA

« Pourquoi celui-là parle-t-il ainsi ? Il blasphème. Qui donc peut pardonner les péchés, sinon Dieu seul ? » Marc 2 : 7

Un crime odieux vient d'être commis, les médias s'emparent de l'affaire.

Le coupable est appréhendé par les forces de l'ordre.

On s'interroge : Qui est l'auteur d'une telle atrocité, d'une telle folie ?

C'est un malade mental : Les experts sont formels !

Horreur, puis incompréhension du côté des plaignants, des proches, de la société : les juges déclarent l'auteur irresponsable pénalement de son crime.

La raison ? Un trouble « psychique ou neuropsychique au moment des faits... ».

Il est transféré en hôpital psychiatrique, s'il n'y était déjà admis, la justice se dessaisit de l'affaire, et puis ?

A la surprise succède rapidement la colère, l'indignation, l'injustice et finalement l'exigence de réparation : mais alors qui ? Qui est responsable ? Qui est le véritable coupable ?

Une nouvelle croisade commence justifiée par la nécessité d'une réparation pour la ou les victimes, une réparation qui exige la contrepartie d'un sacrifice expiatoire, d'un responsable, seul chemin autorisant le pardon.

Ce texte, traduction écrite d'une intervention orale tenue lors du colloque international[1] « de la récidive et du pardon : A la croisée des chemins du

[1] Colloque international « De la récidive et du pardon » : A la croisée des chemins du destin. 6,7 et 8 novembre 2019. ECCE, faculté de Droit, 58 rue du Port, Lille.

destin ? », appuie sa réflexion sur la chronologie d'un drame datant de 2008 et sur ses multiples rebondissements, judiciaires et médiatiques, jusqu'à son épilogue en 2019.

L'ensemble des faits qui sont relatés dans ce texte émanent de la presse écrite de l'époque et sont consultables en libre accès sur les divers sites Internet cités.

Un fait divers dramatique

Fin de l'année, 2008, un jeune homme est frappé d'un coup de couteau par un inconnu en pleine rue d'une grande ville française. Il décède dans la soirée des suites de ses blessures. La presse dénonce la qualité de l'auteur des faits : un « déséquilibré[2] ».

« Après avoir pris « son argent de poche à la direction », le malade âgé de 56 ans a ensuite fugué du parc de l'hôpital auquel il avait libre accès, pour prendre un bus. Sa fugue l'a mené à [...], où il achète un couteau avant de frapper le premier passant venu [...] qui est décédé dans la soirée ».

Les auteurs de l'article s'interrogent : ce crime « suscite aujourd'hui de nombreuses interrogations sur les conditions de sortie des malades mentaux, notamment en dehors de leurs permissions ».

La réponse politique est immédiate : » Nicolas Sarkozy a fait le point avec les ministres concernés sur les circonstances du meurtre d'un étudiant par un déséquilibré qui s'était échappé d'un hôpital psychiatrique. ».

Le profil de l'auteur tel que dessiné dans les journaux renvoie à celui d'un malade mental criminel récidiviste : « ce malade mental, qui dit « entendre des voix », a commis trois agressions du même type qui se sont soldées chaque fois par son placement d'office en hôpital psychiatrique. »

À ce moment de l'affaire, la principale question qui se pose pour le magistrat de l'instruction est celle de la responsabilité pénale de l'auteur au sens de l'article 122-1 du code pénal. Le droit français envisage trois solutions : la pleine responsabilité de l'auteur, l'atténuation de la responsabilité ou, enfin, l'irresponsabilité pénale qui entraine le dessaisissement de l'autorité judiciaire au profit de l'autorité administrative et sanitaire.

Un expert est désigné.

[2] O.W. et L.S. (lefigaro.fr) avec agences ; Publié le 13 novembre 2008 à 20:58, mis à jour le 13 novembre 2008 à 20:59. Consultable en ligne sur : www.lefigaro.fr/

Des expertises et des experts

Dans cette affaire, l'auteur sera rencontré à plusieurs reprises par des experts psychiatres.

Le journal « Le Monde » titre, le 18 novembre 2008[3], « Meurtre de [...] : l'état mental du déséquilibré compatible avec sa mise en examen » : « *"l'état mental"* de l'homme qui a mortellement poignardé un étudiant, la semaine dernière [...], était *"compatible avec son audition et avec son éventuelle mise en examen"* ».

On apprend dans ce même article que l'auteur présumé est actuellement hospitalisé et maintenu en chambre d'isolement dans un établissement de Santé Mentale. Toutefois, « le parquet envisage de requérir le placement [de l'auteur] en détention provisoire ».

Le profil de l'auteur se révèle un peu plus et avec lui s'esquisse les premiers traits d'une éventuelle complicité : « Hospitalisé en psychiatrie depuis les années 1980, cet homme avait déjà commis deux agressions similaires, pour lesquelles il a été déclaré pénalement irresponsable. »

Les premiers effets collatéraux du drame tombent :

« Le directeur suspendu avant les résultats du rapport de l'IGAS. Le directeur a, semble-t-il, été suspendu pour avoir déclaré au lendemain du meurtre que *"rien ne laissait présager"* la récidive du patient ».

Simultanément, le populisme pénal[4] s'invite et exécute sa danse : « le chef de l'État a demandé aux ministres de l'intérieur, de la justice et de la santé, de préparer une réforme de l'hospitalisation psychiatrique. »

Entre 2009 et 2011, les experts concluent à une abolition du discernement de l'auteur au moment des faits : « Dans leur rapport remis aux juges d'instruction, les experts ont établi que la « maladie » du meurtrier présumé, atteint d'une « schizophrénie paranoïde », l'une des formes de schizophrénie les plus graves, avait « aboli son discernement »[5].

Les conclusions des experts (psychiatres) signent la fin du premier acte et provoquent l'application du premier alinéa de l'article 122-1 du code

---

[3]Le Monde avec AFP Publié le 18 novembre 2008 à 20h39 - Mis à jour le 18 novembre 2008 à 21h18. Consultable sur : www.lemonde.fr/

[4] SALAS D. La volonté de punir. Essai sur le populisme pénal. L'Isle-d'Espagnac : édition Hachette littérature, 2005, 287 p.

[5] « Le schizophrène qui avait poignardé un étudiant [...] jugé irresponsable. JUSTICE Les experts ont estimé que son discernement était aboli au moment des faits... 20 minutes - Publié le 01/12/09 à 00h00 — Mis à jour le 01/12/09 à 16h51

pénal : « N'est pas pénalement responsable la personne qui était atteinte, au moment des faits, d'un trouble psychique ou neuropsychique ayant aboli son discernement ou le contrôle de ses actes ».

L'intervention de l'expert [psychiatre] et l'affirmation de la prééminence de la maladie sur l'individu victimise cet individu dans son humanité souffrante et rejette définitivement la faute sur la maladie, auteure présumée de l'acte mortel : le malade mental est soigné [sauvé ?] et le criminel condamné.

Voilà l'affaire bouclée : l'auteur de cet acte effroyable est maintenant entre les mains de la santé mentale, probablement hospitalisé sous contrainte au sein d'une unité pour malades difficiles...

Seulement, il y a un hic : ce n'est pas suffisant.

Quid des plaignants et quid du processus de deuil ?

D. Salas écrit dans un article publié en 1996[6] :

« La réparation suppose aussi la sanction. [...] la sanction civile - l'indemnisation – [...] aussi et surtout la sanction pénale. » Selon lui, « la chaîne sanction-réhabilitation-pardon est la seule susceptible de reconstituer la trame rompue d'un monde commun. » et, précise-t-il, « [le pardon porte] sur la dette dont la charge paralyse la mémoire », « [le pardon] met fin à ce rapport de créance et de dette qui réunit la victime et son agresseur. » Il conclut : » La justice est une médiation nécessaire » !

Dans cette affaire, en l'absence de condamnation pénale, la chaine judiciaire semble se rompre : la réparation devient-elle impossible et le pardon inaccessible ?

A défaut de coupable, il faut donc un responsable. Mais qui ?

Première cible, un bon vieux serpent de mer rejaillit des profondeurs de l'abysse : la responsabilité de l'irresponsable[7].

---

[6] SALAS D. comment et à quelles conditions une victime peut-elle encore pardonner ? La trace et la dette. RSC, 1996

[7] Colloque international « le sens de la peine ». 12 et 13 novembre 2015. Faculté de Droit de Lille. 58 rue du Port, Lille.

Responsabilité mentale, malade mental criminel et expert psychiatre

« Une information judiciaire pour homicide volontaire avait été ouverte et un collège de trois experts saisi pour se pencher sur la responsabilité du schizophrène, qui a été mis en examen et placé en unité pour malades difficiles[8] ».

L'expert [psychiatre] intervient sur sollicitation de la justice en tant que technicien pour éprouver et rendre compte, et apparait sous cet angle comme auxiliaire de la Justice civile et de la Justice pénale et non comme traitant ou thérapeute.

Pour l'expert psychiatre, et conformément aux conditions de fond de l'application de l'article 122-1 du Code Pénal[9], se prononcer sur la responsabilité d'un individu c'est réunir trois conditions :

— Une condition Clinique : l'existence d'un trouble « psychique ou neuropsychique » ;

— Une condition Temporelle : le trouble doit être contemporain de l'acte [« au moment des faits »] ;

— Une condition Causale (ou lien de causalité) : le trouble doit être en rapport avec l'infraction commise.

En cas de prononcé du premier alinéa de l'article 122-1, l'individu troque son costume de prévenu pour celui de patient, quitte la prison pour l'hôpital, la justice pour la santé mentale...

S'il est plutôt admis que le malade mental, reconnu comme tel par le biais de l'expertise psychiatrique, relève davantage des soins que de la sanction, de l'hôpital que de la prison, cet équilibre séculaire entre santé et

---

[8] Supra n°5 (20 minutes)

[9] Article 122-1 du Code Pénal :

« al 1 : N 'est pas pénalement responsable la personne qui était atteinte, au moment des faits, d'un trouble psychique ou neuropsychique ayant aboli son discernement ou le contrôle de ses actes

al 2: La personne qui était atteinte, au moment des faits, d'un trouble psychique ou neuropsychique ayant altéré son discernement ou entravé le contrôle de ses actes, demeure punissable; toutefois, la juridiction tient compte de cette circonstance lorsqu' elle détermine la peine ou en fixe le régime. Si est encourue une peine privative de liberté, celle-ci est réduite du tiers ou, en cas de crime puni de la réclusion criminelle ou de la détention criminelle à perpétuité, est ramenée à trente ans. La juridiction peut toutefois, par une décision spécialement motivée en matière correctionnelle, décider de ne pas appliquer cette diminution de peine. Lorsque, après avis médical, la juridiction considère que la nature du trouble le justifie, elle s'assure que la peine prononcée permette que le condamné fasse l'objet de soins adaptés à son état. » consultable en ligne sur www.legifrance.fr/

justice a régulièrement été attaqué par les partisans d'un modèle de type Défense Sociale ou à l'occasion d'affaires particulièrement médiatisées.

Depuis le début des années 2000, c'est la prise en compte des mouvements de victimes qui a ébranlé la dichotomie pinélienne (soins pour le malade mental et sanction pour le criminel).

Une succession de textes et d'écrits tendent plus ou moins directement à responsabiliser le malade mental criminel tout en réduisant le champ d'application du premier alinéa de l'article 122-1 du code pénal.

Ainsi, en 2004, Y. Mayaud[10] écrit dans un article publié dans l'AJ Pénal : « Irresponsabilité pénale : [Les victimes] sont le plus souvent confrontées à une décision de non-lieu, sans possibilité de faire le deuil de leurs souffrances ». Il formule deux hypothèses : la création d'une « juridiction ad hoc (...) chargée de statuer uniquement sur l'imputabilité des faits, les dommages et intérêts et les mesures de sûreté. » ; la possibilité que « des obligations puissent être imposées à l'auteur déclaré irresponsable ».

Il conclut : « l'imputation des faits aux malades mentaux, dans le cadre d'une procédure adaptée, ne serait que justice pour les victimes. »

Toujours en 2004, A. Boulay, président de l'APEV (aide aux parents d'enfants victimes)[11], témoigne de l'insatisfaction des familles de victimes « lorsqu'une ordonnance de non-lieu est prononcée par le juge d'instruction en application de l'article 122-1, alinéa 1, du code pénal[12]. Parmi les « solutions » proposées, l'auteur de cet article privilégie un « passage devant une juridiction de jugement » assorti d'autres mesures s'apparentant au final à une condamnation de type pénal qui n'ose dire son nom, une condamnation de type « judiciaro-sanitaire » [13].

---

[10] Mayaud Y. Les malades mentaux entre non-imputabilité et imputation. AJPénal, 2004, p.303

[11] Boulay A. L'irresponsabilité pénale de malades mentaux : la position de l'APEV. AJ Pénal 2004 p.318

[12] « Insatisfaction de voir clore l'instruction sans qu'elle soit parvenue à son terme ; insatisfaction de ne pas voir les faits et leur auteur officiellement reconnus avant que ne soit déclarée son irresponsabilité pénale, ; insatisfaction de voir remises en liberté des personnes dangereuses sans aucune surveillance. »

[13] 3 aspects :
- Internement : Unité pour Malade Difficile, durée de l'internement avec interdiction de sorties, suppression des autorisations de sortie ;
- mesures de sûreté : lors de la sortie ;
- Judiciarisation de la sortie d'hospitalisation : -> suivi post-hospitalisation s'inspirant de ce qui existe pour les agresseurs sexuels.

En 2005, le rapport de la commission Burgelin traduit cette évolution vers un modèle de défense sociale comme le souligne E. Nadjar en écrivant ces lignes : « Le rapport [Burgelin] traduit un renversement de perspective, puisque le malade mental est d'abord perçu comme un individu dangereux dont la société doit se protéger, avant d'être un malade à soigner[14]. »

C'est finalement trois ans plus tard, en 2008, soit quelques mois avant que n'ait lieu le drame que nous relatons, que le législateur ouvre la voie au jugement de l'irresponsable[15].

La loi du 25 février 2008 rend en effet possible un jugement d'imputabilité matérielle (en audience publique avec comparution du mis en examen si son état [de santé] le permet) pour les bénéficiaires du premier alinéa de l'article 122-1, rendant toute sa place à la victime, et offre la possibilité au magistrat d'ordonner des mesures de sûreté[16].

2008 restera comme l'année du passage de « l'irresponsabilité morale à la responsabilité sociale[17] », et, citant M. Delmas Marty, » de la punition des personnes pour ce qu'elles font à la punition des personnes pour ce qu'elles sont ».

Revenons maintenant à notre affaire : nous sommes à la fin de l'année 2008 et le débat sur la responsabilité « sociale » du malade mental irresponsabilisé tourne à la défaveur de ce dernier avec l'adoption de la loi du 25 février 2008.

Le drame de 2008 pourrait servir de cas princeps, l'exemple parfait pour définitivement sortir de la modernité et de l'humanisme aveugle des héritiers de l'équilibre santé-justice du 19e siècle pour enfin entrer dans l'aire post-moderne de la tolérance zéro et de la défiance sociale.

Hors sujet !

Loin des évidences, tapis à l'ombre des débats médiatiques et idéologiques, c'est ailleurs que se trouvent la vérité et avec elle, le chemin du pardon...

---

[14] Nadjar E. Rapport Burgelin : des propositions en vue d'une meilleure prévention de la récidive, AJPénal 2005, p.319

[15] Loi du 25 février 2008 relative à la rétention de sûreté et à la déclaration d'irresponsabilité pénale pour cause de trouble mental.

[16] Articles 706-119 et suivants du Code de Procédure Pénale.

[17] Leturmy L. La pénalisation des personnes atteintes de troubles mentaux, AJPénal, 2018, p.491

Une autre voie

En décembre 2008, on peut lire dans la presse :

« Je ne dirais pas que je n'en veux pas à ce meurtrier » (...) » Mais il ne faut pas que ça recommence. Toute l'action qu'on entame, a-t-il souligné [un parent proche de la victime], c'est pour essayer que ça ne soit plus possible ».

De tels propos n'étonneront personne, et l'exigence sociale et morale d'une peine exemplaire à l'encontre de l'auteur d'un crime aussi sordide, nous paraît immédiatement compréhensible, normale, logique.

Fin du premier alinéa de l'article 122-1 ? Abrogé ?

Pas tout à fait.

Voici la suite du l'article du nouvel Obs. :

« Les proches de la victime [...] ont porté plainte contre X pour déterminer les erreurs et les manquements administratifs qui ont conduit au drame[18]. » L'article cite les propos d'un parent proche de la victime : « Il y a une telle succession de récidives, de rapports extrêmement alarmants, et que ça n'ait été accompagné de pratiquement aucun suivi dans la surveillance de ce monsieur, ça me laisse totalement désarçonné ».

Il y a un autre responsable, peut-être plusieurs, qui font vraisemblablement courir un grave danger à la société toute entière par leurs erreurs, leurs manquements d'une particulière gravité, et qui malheureusement demeurent tapis dans l'ombre, impunis, ignorant peut-être jusqu'à leur propre dangerosité à l'image de notre malade mental délirant.

Mais qui ?

En avril 2012, le juge d'instruction estime que personne ne doit être poursuivi et conclut à un non-lieu général[19].

Affaire conclue ?

Non, le processus de deuil est bloqué : « la famille [...] se bat pour que les poursuites continuent » (...) « Elle veut un procès, pour qu'un tel drame

---

[18] Jeune poignardé à X : la famille porte plainte contre X. Nouvel obs., 27 novembre 2008. Consultable sur : www.nouvelobs.com/

[19] Meurtre de x à x en 2008 : jugement ce mardi pour le psychiatre qui avait laissé sortir un schizophrène.
France Bleue Isère. Mardi 15 mai 2018 à 10:48 - Par Véronique Saviuc, Élisa Montagnat, France Bleu Isère, France Bleu. Consultable sur : www.francebleue.fr/

ne se reproduise pas, fait appel du non-lieu et obtient gain de cause : en avril 2012, trois médecins et l'hôpital (en tant que personne morale) sont mis en examen. ».

La date est importante.

C'est en effet en 2012 que le docteur Canarelli, psychiatre, est condamnée en première instance à 12 mois de prison avec sursis pour homicide involontaire par négligence à la suite du meurtre commis en 2004 par l'un de ses patients déclaré en fugue[20]. Une première en France. Elle sera finalement relaxée en appel pour prescription des faits. Point final !

La période est propice.

En décembre 2016, deux « personnes » restent en course et comparaissent au banc des accusés : l'hôpital (en tant que personne morale) et l'un des psychiatres en charge (?) des soins du patient criminel.

Le 14 décembre 2016, le verdict tombe :

Le coupable, c'est... le psychiatre !

La sanction/sentence est prononcée :

— 18 mois d'emprisonnement assortis du sursis et 2500 euros d'amende pour le psychiatre ;

— L'hôpital est relaxé, la cour estimant que les autorisations de sortie du patient sont régulières.

Pour quels motifs ?

Quatre arguments principaux sont avancés et engagent la responsabilité du psychiatre dans cette affaire :

— Pas de consultation du dossier médical complet ;

— Pas d'investissement dans le suivi du patient ;

— Signataire des certificats mensuels, en particulier des sorties d'essai ;

— Non prise en compte d'événements alarmants récents ;

— Délégation de la prise en charge du patient à un médecin en formation.

A ces arguments s'ajoute la « personnalité » et les antécédents particuliers de l'auteur de l'acte homicide : Patient schizophrène qualifié de

[20] Le patient bénéficiera en 2005 d'un non-lieu par décision d'application du premier alinéa de l'article 122-1 du Code Pénal.

dangereux ayant des antécédents de tentatives de meurtre par arme blanche...

Pour l'avocat des proches de la victime : « La réalité du dossier a parlé (...) Les magistrats ont dit que chaque patient a droit à un suivi. (...) Un tabou est tombé, celui de l'évaluation de la dangerosité des patients. Et c'est sur les psychiatres que repose cette responsabilité[21]. »

Il s'agit donc, en ce sens, du véritable responsable ?

Dans cette perspective, il existe une certaine similitude entre la première voie, celle qui consiste à remettre en cause le principe de l'irresponsabilité pénale du malade mental au nom de la dangerosité [responsable de sa (propre) dangerosité], et la seconde voie qui consiste à déplacer la responsabilité de la dangerosité du malade mental contraint sur celui à qui il est confié [responsable de sa dangerosité].

Dès lors, et en extrapolant, un malade mental dangereux ou considéré comme tel attache, sur un plan judiciaire et social, une sorte de fil d'Ariane de responsabilité pénale entre lui et son praticien traitant / référent.

Voilà qui va probablement contribuer à la promotion de la profession de psychiatre hospitalier (en charge des patients hospitalisés sous contrainte ou en contrat de soin ambulatoires[22]) qui fait face à un taux de vacance de postes de près de 30 %[23] depuis de nombreuses années.

Le responsable démasqué et condamné :
la chaine sanction – réparation – pardon[24] ressoudée ?

L'appel.

Les proches de la victime :

« Si (...) n'est plus là, c'est la faute d'un homme qui n'a pas fait son travail[25] ».

---

[21] Le psychiatre d'un schizophrène meurtrier condamné pour homicide involontaire. Le Monde avec AFP Publié le 14 décembre 2016. Consultable sur : www.lemonde.fr/

[22] Voir en particulier : les articles L3212-1 et suivants du Code de la Santé Publique, les articles L3213-1 et suivants du même code.

[23] Pénurie médicale, triste record : 27,4 % des postes de praticien hospitalier temps plein vacants. Par Anne Bayle-Iniguez. Le quotidien du médecin – publié le 11/07/2018. Consultable sur : www.lequotidiendumedecin.fr/

[24] SALAS D. cf supra n°6

[25] X : Le psychiatre d'un schizophrène assassin jugé en appel pour homicide involontaire. Elisa Frisullo Publié le 17/12/17 – 20 minutes. Consultable sur : www.20minutes.fr/

« Ce n'est ni de l'acharnement ni de la vengeance. Ce que nous voulons, c'est que la justice dise, une fois pour toutes, qu'un médecin psychiatre n'a pas fait son boulot sur un patient précis et que c'est ce qui a conduit à la mort de mon frère ».

La condamnation à 18 mois d'emprisonnement avec sursis est confirmée en appel pour les motifs suivants :

« Sur le fond, la justice reproche au Dr G. d'avoir failli dans le suivi de ce patient en n'ayant pas pris connaissance de son dossier durant les deux années où il était hospitalisé dans le pavillon dont il avait la responsabilité de fait[26]. »

Le levier par lequel la responsabilité pénale du médecin psychiatre a été engagée se cache dans l'article 121-3 du code pénal au niveau de la faute caractérisée : « Dans le cas prévu par l'alinéa qui précède, les personnes physiques qui n'ont pas causé directement le dommage, mais qui ont créé ou contribué à créer la situation qui a permis la réalisation du dommage ou qui n'ont pas pris les mesures permettant de l'éviter, sont responsables pénalement s'il est établi qu'elles ont, soit violé de façon manifestement délibérée une obligation particulière de prudence ou de sécurité prévue par la loi ou le règlement, soit commis une faute caractérisée et qui exposait autrui à un risque d'une particulière gravité qu'elles ne pouvaient ignorer[27]. »

---

[26] Prison avec sursis en appel pour le psychiatre du meurtrier de X. par Coline Garré – Publié le 15/05/2018, Le quotidien du medecin.fr. Consultable sur : www.lequotidiendumedecin.fr/

[27] Article 121-3 du code pénal :
« Il n'y a point de crime ou de délit sans intention de le commettre.
Toutefois, lorsque la loi le prévoit, il y a délit en cas de mise en danger délibérée de la personne d'autrui.
Il y a également délit, lorsque la loi le prévoit, en cas de faute d'imprudence, de négligence ou de manquement à une obligation de prudence ou de sécurité prévue par la loi ou le règlement, s'il est établi que l'auteur des faits n'a pas accompli les diligences normales compte tenu, le cas échéant, de la nature de ses missions ou de ses fonctions, de ses compétences ainsi que du pouvoir et des moyens dont il disposait.
Dans le cas prévu par l'alinéa qui précède, les personnes physiques qui n'ont pas causé directement le dommage, mais qui ont créé ou contribué à créer la situation qui a permis la réalisation du dommage ou qui n'ont pas pris les mesures permettant de l'éviter, sont responsables pénalement s'il est établi qu'elles ont, soit violé de façon manifestement délibérée une obligation particulière de prudence ou de sécurité prévue par la loi ou le règlement, soit commis une faute caractérisée et qui exposait autrui à un risque d'une particulière gravité qu'elles ne pouvaient ignorer. »
Il n'y a point de contravention en cas de force majeure.

Réparation ?

« » Un soulagement », a réagi l'avocat de la famille ».

Le pourvoi en cassation[28] du psychiatre condamné ne change rien à l'affaire. Dans son arrêt, la cour de Cassation précise les motifs du rejet :

— « L'arrêt retient que les *autorisations de sortie*, renouvelées sans discontinuer par M. X., ne pouvaient que conduire à *une baisse de vigilance générale*, contribuant ainsi, de façon certaine à la délivrance de l'autorisation de sortie donnée le 12 novembre 2008... meurtre. » ;

— « Caractérisant un lien de causalité certain entre la faute retenue et le décès de M. X, la cour d'appel a justifié sa décision »

Pour l'avocat de la famille[29] :

« On pose ici les bases de la responsabilité pénale d'un médecin psychiatre. Ceux-ci doivent prendre en considération la dangerosité des patients et la sécurité du public, y compris en différant parfois des autorisations de sortie et en maintenant des personnes en hospitalisation plus longtemps lorsque cela est nécessaire ».

Arrêtons-nous un instant sur cette idée (cet enseignement) étonnante selon laquelle les médecins psychiatres « doivent prendre en considération la dangerosité des patients et la sécurité publique », estimant probablement qu'ils ne le font pas ou pas suffisamment ou négligemment...

Rappelons d'une part ce qu'écrivait Rogues de Fursac, psychiatre, dans son traité de psychiatrie en 1923[30] :

« j'estime en effet que l'expert n'a le droit de déclarer irresponsable un individu que s'il peut proposer des mesures d'ordre médical suffisantes pour assurer la défense sociale, soit en modifiant, au moyen d'une thérapeutique appropriée, le psychisme du sujet, de façon à supprimer la cause profonde de ses réactions dangereuses, soit si cette première éventualité ne peut être envisagée, en l'internant dans un asile d'aliénés, avec la certitude que son état mental permettra de l'y conserver aussi longtemps que persistera en lui l'état dangereux, au besoin toute sa vie ».

Rappelons d'autre part la rédaction de l'article 3213-1 du Code de la Santé publique : « (...) l'admission en soins psychiatriques des personnes

---

[28] Cour de cassation, criminelle, Chambre criminelle, 22 octobre 2019, 18-84.001

[29] Étudiant tué par un schizophrène à X : le pourvoi du psychiatre rejeté. Par Etienne Jacob. Le Figaro, 22 oct 2019. Consultable sur : www.lefigaro.fr/

[30] Rogues de Fursac J. Manuel de psychiatrie. Paris : édition Félix Alcan, 1923, 314 p

dont les troubles mentaux nécessitent des soins et compromettent la sûreté des personnes ou portent atteinte, de façon grave, à l'ordre public. »

On peut facilement conclure que la prise en compte de la dangerosité psychiatrique (c'est à dire en lien avec une pathologie psychiatrique) de l'individu qui lui est confié et de la sécurité publique font partie intégrante des missions historiques du médecin psychiatre et des établissements de santé mentale.

Alors quel est le sens de cette affirmation ?

A l'évidence, ce n'est pas la prise en compte de la dangerosité [psychiatrique] par le psychiatre ou la qualité de ses soins qu'exige l'auteur, mais plutôt la pré-désignation d'un pénalement responsable suppléant en cas d'absence du titulaire...

Au fond, le fil conducteur de cette longue et douloureuse procédure, c'est le processus de deuil qui rythme, étapes par étapes, le cheminement des différentes parties au procès et la procédure judiciaire, en partant de l'axiome : « le pardon est possible si et seulement s'il y a sanction pénale » : Victime/Auteur –> Responsable –> Sanction –> Réparation –> Pardon.

« C'est un vrai poids qui tombe pour eux [la famille]. Ils vont pouvoir faire totalement leur deuil[31]. »

La sanction pénale s'impose-t-elle comme une étape indispensable et incontournable sur le chemin du pardon pour les victimes et pour leurs proches ? En négatif, cette quête ne risque-t-elle pas de nous imposer l'obligation de désigner un coupable « à tout prix » avec toutes les dérives qui peuvent en découler[32] ?

Pour conclure

Les crimes perpétrés par les malades mentaux, bien que rares, ont un impact particulièrement délétère sur l'opinion publique et, par répercussion, sur l'ensemble de la population des personnes atteintes de maladies mentales et sur ceux qui les prennent en charge.

---

[31] L'avocat de la famille. Cf supra n°29.

[32] « Le psychiatre et l'assassin » : la société a besoin de coupables sur Public Sénat - 11 oct 2019 : Résumé : On l'appelle communément « l'affaire de Grenoble », en 2008 un malade schizophrène tue en pleine rue un jeune homme, jugé irresponsable de ses actes, c'est son médecin qui est condamné. Peut-on être condamné pour les actes commis par un de ses patients ? Pourquoi a-t-on besoin de désigner un coupable ? Dans son film, Agnès Pizzini, s'interroge sur les relations entre la justice et la psychiatrie, et la place des malades psychiatriques dans une société qui les craint.

L'intérêt grandissant du législateur pour l'évaluation de la dangerosité et son contrôle, et la prise en compte plus importante des victimes et de leur entourage depuis deux décennies, ont participé à une remise en cause méthodique du principe de l'irresponsabilité pénale du malade mental au point de permettre depuis 2008 la mise en œuvre de mesures de sûreté en cas d'irresponsabilité pénale (1er alinéa article 122-1 du CP) ainsi qu'un jugement d'imputabilité matérielle qui donne toute sa place aux victimes.

Ces dernières années, une autre voie se dessine dans l'idéologie du « coupable à tout prix », celle de la suppléance, ou comment l'irresponsabilité du malade mental menace d'impliquer secondairement celle de son praticien référent par le biais notamment de la faute caractérisée.

Bien sûr, l'objectif est louable puisqu'il s'agit encore de permettre aux victimes et/ou à leur entourage de traverser la terrible épreuve du deuil, si l'on admet que la sanction du coupable/responsable ou, le cas échéant, de son suppléant, est l'unique passage indispensable pour accéder à la réparation et au pardon.

Pourtant, sans les opposer, d'autre chemins sont proposés en particulier dans le domaine de la justice restaurative[33] : « La justice restaurative offre un espace de dialogue inédit, professionnel et sécurisé de paroles et d'échanges sur les ressentis, les émotions, les attentes de toutes les personnes concernées par une infraction. Elle leur permet pour la première fois, de dialoguer, de poser les questions du « pourquoi » et du « comment » de l'infraction, et de tenter d'y répondre[34] »

« La Loi, faite pour nous rendre plus juste, ne sert souvent qu'à nous rendre plus coupable. »

Lettres persanes – Montesquieu

---

[33] Le concept de justice restaurative (appelée parfois justice réparatrice) a pour but d'associer en complément de la réponse juridictionnelle un auteur d'infraction pénale et une victime, selon des modalités diverses, en vue d'envisager ensemble les conséquences de l'acte, et le cas échéant, de trouver des solutions pour le dépasser, dans un objectif de rétablissement de la paix sociale. Consultable sur le site : www.justice.gouv.fr/

[34] Institut français pour la justice restaurative. Consultable sur : www.justicerestaurative.org

CONSIDERATIONS INTERCULTURELLES

GRACE ET ALTERITE

« C'est comme ça... Conception chinoise du sujet condamné au silence éternel des processus des phénomènes violents »

Christophe Sy-Quang-Ky

Que vaut le pardon dans d'autres sociétés et cultures au-delà de l'horizon occidental ? Horizon occidental et non pas européen car les notions n'ont pas de neutralité. Elles ont un contenu idéologique. A quoi renvoie le concept de récidive ? Nous essaierons de répondre à ces questions du point de vuede la culture chinoise.

A partir de ma pratique de psychologue hospitalier et du fait de soigner en milieux fermé puis ouvert des auteurs adultes de violences sexuelles depuis 20 ans, je m'interroge sur les aspects anthropologiques, sociologiques, économiques et cliniques de ce type de prise en charge. L'association RAISONANCE fut une étape décisive pour mettre en lien le monde de la justice, les professionnels de la santé et ceux du champ social. Toutefois, l'expérience professionnelle a rejoint une expérience de vie correspondant à l'itinéraire d'un enfant issu de double « ressources » familiale, une chinoise, une autre européenne.

En acceptant l'invitation de mon ami Jean Motte dit FALISSE en mai dernier, je traversais une lourde épreuve personnelle : le décès de mon père, Chevalier de l'Ordre National de la Légion d'Honneur.

Non seulement je lui dédie cette intervention mais je remercie Jean de vous proposer une intervention à la croisée des chemins du destin, conformément au titre De ce travail : à la fois d'ordre professionnel et au niveau intime. Dans cet exposé, il sera implicitement question de paternité et de transmission pour appréhender les concepts de récidive et de pardon.

Sur un plan théorique, nous nous intéresserons à la société narcissique qui provoque le développement d'une clinique du lien au détriment d'une société névrotique qui fait disparaître une clinique de la relation. En fil rouge, notre hypothèse est la suivante : les sociétés néolibérales vieillissantes se « démentialisent » et le pardon devient de plus en plus inaccessible ; il se substitue à l'oubli dans le meilleur des cas, à la haine liée au clivage et au mécanisme de projection pour certaines populations. Les sociétés individualistes pardonneraient de moins en moins car l'accès au plaisir (et à la jouissance) immédiate des biens et des personnes supposerait une disparition progressive de la période de latence et des instances surmoïques.

Du coup, deux notions seraient diamétralement opposées, s'annulant l'une, l'autre. La notion de récidive serait empruntée à la société de la responsabilité dans une culture du lien tandis que la notion de pardon proviendrait de la société de la culpabilité, dans une culture de la relation. Dans le lien, l'objet est posé à l'extérieur, c'est une mise en commun sous forme d'un contrat entre deux individus ou entre deux collectivités. Dans la relation, l'objet est internalisé voire incorporé sans partage, dans une stricte intimité. Dans le premier cas, il est question de protection ou de garantie. Dans le second cas, on parlera de sécurité.

Les sociétés néolibérales tendent à développer le lien pour renoncer à la relation d'objet. Fondamentalement, l'amour ou la haine serait du côté de la relation tandis que l'attachement ou l'abandon questionnerait la problématique du lien. Le pédopsychiatre et psychanalyste Pierre BENGHOZI (1994) développera la théorie du *maillage généalogique* et du *Lien psychique de filiation et des Liens d'affiliation,* selon le modèle de l'appareil psychique groupal familial. La relation d'objet implique l'idée de la castration symbolique ou celle de morcellement tandis que le lien renvoie à l'angoisse de perte et à l'angoisse abandonnique. En psychopathologie, on aurait les névroses et les psychoses, problématiques de la relation d'objet Les pathologies limites et les troubles du narcissisme correspondent aux problématiques du lien. La quête individualiste et de l'Idéal du Moi provoquerait un basculement de l'humanité et un changement de civilisation.

Or, sans pardon, le vivre ensemble serait menacé et de la même façon nos libertés individuelles et le concept de démocratie. Paradoxalement, l'individualisme effacerait progressivement l'individu au profit d'une société normative, statistique, corrélative. Ainsi, la société matérialiste fondée sur la preuve se détacherait de la société de la foi reposant sur la vérité. Avec la notion de « crédit social » allié au développement des technologies interconnectées, ce que Michel FOUCAULT appelait le biopouvoir, la Chine entre dans la postmodernité pour dessiner un régime numérique totalitaire. Nous reviendrons sur cette vision du monde pas si éloignée de la nôtre, en Occident. Notre propos se découpe en trois parties :

les causes, les conséquences et la finalité du bouleversement de civilisation. Nous emprunterons le terme de 'ressources culturelles' à François JULLIEN pour récuser le terme d'» identité culturelle » afin de concevoir une disponibilité et une exploitation libre des concepts et des idées. Les ressources ne sont pas exclusives comme le sont des 'valeurs' ; elles ne se prônent pas.

Mais, on les déploie ou l'on ne les déploie pas. A chacun, sa responsabilité.

Les causes du basculement.

Tout d'abord, « *Il n'y a pas d'identité culturelle* », nous dit le sinologue François JULLIEN (2016). Il convient, sur les plans anthropologique et géopolitique – si nous ne cherchons pas l'affrontement interculturel et la guerre entre nations – d'analyser l'écart plutôt que la différence entre cultures.

Du même auteur, reconnaissons que « *Dans la différence, la distinction une fois faite, chacun des deux termes oublie l'autre ; chacun s'en retourne de son côté. Dans l'écart, à l'inverse, les deux termes séparés restent en regard – et c'est en quoi l'écart est précieux à penser. La distance apparue entre eux maintient en tension ce qui s'y trouve séparé. Mais que signifie maintenir « en tension » ?*

*Si, dans la différence, une fois que la mise en rapport opérée par la comparaison a abouti, chacun des deux termes s'en retourne placidement de son côté, se refermant sur sa spécificité, voici que dans l'écart, en revanche, par la distance apparue, chacun des deux termes demeure en confrontation avec l'autre. Il reste ouvert à lui, tendu par lui et ne cesse d'avoir à s'appréhender dans ce vis-à-vis. Ce vis-à-vis ne se défait pas. (...) chacun reste dépendant de l'autre pour se connaître et ne peut se replier sur ce qui serait son identité. L'écart, par la distance ouverte entre l'un et l'autre, a fait apparaître de l'» entre », par conséquent, et cet « **entre** » est actif. Dans la différence, (...) il n'y a pas d'» entre » qui s'ouvre entre eux et plus rien ne se passe. (...) Dans cet **entre** ouvert entre les deux, se déploie une intensité qui les déborde l'un par l'autre et les fait travailler : on perçoit déjà ce que le rapport des cultures pourra y gagner. Il est vrai que nous ne savons pas penser l'» entre ». Car l'» entre » n'est pas de l' « être »* (Ibid. p 39). La pensée grecque a façonné notre vision du monde en termes de propriété et de détermination. L'» entre » est indéterminé. Ni l'un ni l'autre, dépossédé de son en-soi et de sa propriété, sans essence.

L'» entre » a été remplacé par l' « au-delà », *« méta »* de la métaphysique, relevant de la foi.

Alors qu'en peinture, ce qui est entre la pomme et l'assiette, se peint aussi ! Les estampes chinoises représentent le vide pour relier le plein. Le vide est une énergie qui interroge et qui vit en chacun de nous. Donc, « *l'écart nous fait sortir de la perspective identitaire : il fait apparaître, non pas une identité, mais une « fécondité », ou dit, autrement, une ressource.* (Ibid., p 41). Que choisissons-nous ? Le repli identitaire par la différence et l'hégémonie ou la mise en tension entre les cultures ?

Voici un triangle théorique : le commun, l'uniforme, l'universel. Il n'y aurait pas d'uniforme qui relève, non de la raison, comme l'universel, mais de la production : il n'est que le standard et le stéréotype. Il procède, non pas d'une nécessité, mais d'une commodité : « *l'uniforme ne se produit-il pas à meilleur marché ?* », nous indique François JULLIEN. A l'opposé, l'universel constitue un idéal, innovant et unitaire. Autre précision sémantique, le commun est vrai, le semblable est faux. Deux personnes peuvent se ressembler mais elles n'ont rien en commun. « *Le commun ne s'édicte pas, comme le fait l'universel. Mais, pour une part, il est donné : tel est le commun de ma famille ou de ma 'nation', lui qui me vient par la naissance. Pour une autre part, il se décide et fait proprement l'objet d'un choix : tel est le commun d'un mouvement politique, d'une association ou d'un parti, celui de tout engagement collectif.* (...) *Le partage du commun est extensif mais aussi équivoque car la limite qui définit l'intérieur d'un partage peut se retourner en son contraire. Elle peut se renverser en frontière qui exclut de ce commun tous les autres. L'<u>inclusif</u> se révèle du même coup, à son envers, <u>exclusif</u>. Se refermant en dedans, il expulse au dehors, et tel est le commun devenant intolérant du <u>communautarisme</u>.* (Ibid., p 13, 14).

Poursuivons le raisonnement de François JULLIEN pour non pas distinguer ni opposer mais mettre en tension, l'héritage grec de la civilisation européenne vis-à-vis de la pensée chinoise. Les Grecs ont d'abord voulu dire le « tout » du monde. Ce « tout » insaisissable en pensée, il est devenu un « *mode du tout*ou « *selon le tout* » (*kath'holou,* dont viendra « catholique ») sur le mode du concept, autrement dit de l'universel. Qu'est-ce que le beau, en soi, selon ce tout unitaire. L'universel abstrait constitue peu à peu la connaissance. La science envisage les choses sur le mode du nécessaire, donc de l'universel, c'est-à-dire de ce qui ne peut être autrement. En vous parlant, j'introduis une pensée nécessaire pour saisir une autre façon d'envisager le monde !

À propos de la « citoyenneté universelle », *civitas universa,* dans la cité de Rome, « *par le droit,* nous enseigne François JULLIEN, *l'universel sort de la philosophie et de sa gaine logique pour définir une unité de statut et de condition.* » (Ibid. p 21). Ainsi se construit un lien juridique. Le christianisme instaure un autre ordre universel : non de la loi mais de la foi. « *Non pas en plein, comme dans le cadre de la citoyenneté romaine, mais en creux : par l'évidement intérieur de tout ce qui n'est pas l'universel de la grâce et de l'amour de Dieu.* » Une égalité de principe est désormais établie, bannissant tous clivages : « *Il n'y a ni Juif ni Grec, ni esclave ni homme libre, ni homme ni femme* », mais tous sont compris dans le même statut d'enfants de Dieu, ne faisant qu'un en Jésus-Christ. Etant conçu à la fois totalement homme et totalement Dieu, le Christ unit, réconcilie en lui, deux opposés, l'universel et le singulier. Existe-t-il des valeurs universelles telles que le pardon ? Cette incarnation de l'universel dans le singulier sera transposée ensuite à l'Eglise puis laïcisée dans le grand Homme, déposée dans une classe, le prolétariat, porteuse de l'émancipation de l'humanité avec Marx, puis dans une culture, la civilisation « occidentale ».

Du point de vue occidental, et non plus européen, l'Occident se pense comme une puissance, un pôle de valeurs et d'hégémonie. « *Une chose en tout cas est certaine,* nous dit François JULLIEN, *c'est qu'une forme d'universel s'est invalidée : celle de totalisation ou d'incomplétude. Quand on croit avoir atteint l'universel, c'est qu'on ne sait pas ce qui manque à cette universalité.*

Quand les frères Van Eyck, dans le retable de Gand, peignent les foules du monde entier convergeant vers l'autel de l'Agneau mystique – tandis que trône au-dessus un Dieu qui paraît à la fois Père et Fils, et qu'on aperçoit en arrière-plan des murailles qu'on peut croire aussi bien de Jérusalem ou de Gand – voilà qu'ils peignent un universel périmé. Non pas seulement en vertu du message apocalyptique exprimé, mais parce que cet universel panoramique n'a pas l'idée de ce qui fait défaut à sa totalité. Parce qu'il se considère acquis, définitivement advenu, et ne se soucie plus de ce qui peut lui manquer : parce qu'il se repose dans sa positivité et ne donne plus à progresser. (...) L'universel, autrement dit, est à concevoir à l'encontre de l'universalisme, celui-ci s'imposant souverain et croyant posséder l'universalité. (...) Universel régulateur (au sens de l'idée kantienne) qui, parce qu'il n'est jamais satisfait, ne cesse de repousser l'horizon et donne indéfiniment à chercher. » Nous mesurons ainsi comment l'expression artistique révèle la structure de la langue et dévoile la manière de penser.

L'expression latine ***mutatis mutandis,*** en droit, est utilisée commodément dans le cadre d'une comparaison entre des situations que l'auteur entend présenter comme étant similaires. Il ne retient que ce qu'elles ont en commun, écartant les différences et l'expression — littéralement en changeant ce qui doit être changé — lui évite de décrire ces dernières. Cette expression décrit parfaitement un mode de raisonnement et une certaine vision du monde, ***nolens volens,*** qu'on le veuille ou qu'on ne le veuille pas. Ce qui est exclu fait loi ou autorité, sur le plan psychique.

Les conséquences du basculement

Comment penser le sens du mot récidive et celui de pardon sans déconstruire la dimension universelle du sens des mots ? Or, dans la pensée et la langue chinoises, la relation ou la prédication est préférée à l'identité ou à l'essence. Le mot « chose » se dit « est-ouest », ***dong-xi***, non pas en tant qu'essence mais en tant que relation ou direction géographique.

Prenons le stade subtil de ***la transition*** propre à la pensée chinoise et peu présente dans la pensée euclidienne. Peindre le soir ou le brouillard, comme le fait l'artiste en peinture traditionnelle chinoise, en s'imprégnant à la fois de deux états « il y a – il n'y a pas », entre existence et inexistence, cela suppose d'intégrer le concept de transition. Au niveau de chaque sujet, cette transition est caractéristique de la période de latence, entre l'enfance et l'adolescence. Cependant, la techno-mondialisation, depuis son virage économique produit dans les années 1980 a entraîné la perte de l'objet transitionnel (pourtant nécessaire à la constitution d'un bon objet interne) et constitue une menace pour la période de latence. D'où l'augmentation des pathologies du vide, des personnalités 'borderline', des états-limites entre névroses et psychoses, en psychiatrie, avec l'essor des personnalités narcissiques. Nous constatons que le consumérisme généralisé en 40 ans allié à l'Idéal du Moi a précipité de nombreux individus dans la dépression. Les violences radicales de toutes parts, idéologisées ou pas, constituent cette lutte morbide contre la dépression.

Les forces d'extinction liées à la pulsion de mort se nourrissent du principe de distinction générant l'intolérance et l'affrontement. « *La causalité fonde la pensée scientifique qui finira par bouleverser l'Occident. Et la notion d'individu avec sa liberté, son bonheur ou son salut, etc., sera le cœur de la longue émergence de la modernité dans les cultures d'Europe de l'Ouest* », nous précise l'universitaire Serge-Christophe KOLM in *L'Orient intérieur* (p. 82, 1985). Mais qu'en est-il du 'bonheur' et de la 'liberté' au XXIe siècle en Occident ? « *De l'ère de la 'richesse des nations', passons à celle de la sagesse des hommes. (...) Les protections et antidotes contre les dangers de l'individualisme disparus, celui-ci reste seul sans boussole ni contrôle. On voit aisément que c'est sans aucun doute une des causes centrales de l'angoisse moderne. (...) Au XIXe siècle, Dieu trépasse. Au XXe, l'homme agonise. Les grandes illusions s'estompent ici-bas.* » (Ibid., p 87). Au XXIe siècle, François JULLIEN (2016) préconise, idéalement, « *la promotion du Sujet : non pas de l'individu (et de l'individualisme replié sur l'étroitesse de son moi), mais du* **sujet** *comme un « Je » qui s'énonce et, par-là, introduit son initiative dans le monde, y porte un projet qui fait effraction dans la clôturation de ce monde.* »

L'idéal, du grec *eidos,* signifiant la forme-modèle, nous conduit peu à peu à la société du lien, la société normative, celle de l'Idéal du Moi. Choisir les ressources plutôt que les racines, l'écart plutôt que la différence entre cultures, c'est accepter que les ressources « *(...) ne se brandissent pas. Elles ne se manient pas en slogans. En quoi elles se distinguent des 'valeurs'. (...) Des ressources, elles, ne sont pas idéologiques (ne se construisent pas en 'système') : elles se mesurent seulement à leurs effets, au parti qu'on peut en tirer. (...) Des ressources ne se 'prônent' pas ; on n'a pas à les prêcher, et ce à la différence des valeurs appelant à conversion, ou du moins approbation. (...)* [Des ressources] *elles sont à qui se donne la peine de les exploiter.* » (Ibid., p 64). Selon ce point de vue, nous comprenons mieux l'affrontement de valeurs, en France, autour d'un voile !

Deux écarts culturels. La « culture de la honte » (*shame culture*) de la Chine ou du Japon s'opposerait ainsi à la « culture de la faute » (*guilt culture*) propre à l'Occident christianisé. Dans le premier cas, les infractions à la norme provoqueraient une sanction essentiellement extérieure, la « honte » n'étant produite que par le sentiment d'avoir enfreint une convenance d'ordre avant tout social. Dans le deuxième cas, on aurait une intériorisation morale de ce sentiment, qui serait avant tout le produit d'avoir commis une faute ou un péché appelant une sanction non seulement sociale mais religieuse.

La honte s'éprouve devant la société, la faute, comme péché, s'éprouve devant Dieu ou ses représentants. La traduction moderne, en chinois, du mot pardon peut se faire communément et, selon le contexte, par des mots aussi différents que *yuanliang* (qui relève purement de l'excuse) ou *kuanshu* (qui comporte une forte connotation morale). Mais la pleine compréhension, dans un contexte chinois, du problème soulevé par Jacques Derrida en signifiant la possibilité d'un pardon inconditionnel me semble rendre nécessaire la prise en compte de trois types de traditions propres à la Chine : l'exercice du droit de grâce ou d'amnistie par le pouvoir politique, l'exigence morale de « mansuétude » (*shu*) développée par la pensée confucéenne et l'horizon d'une exigence proprement religieuse, celle de la

« compassion » bouddhique. Les trois piliers de la sagesse sont convoqués pour cerner la notion de pardon ou de récidive sans les intégrer totalement via le bouddhisme, le confucianisme et le taoïsme.

Ces notions sont en même temps et à la fois présentes et absentes de la pensée chinoise. Selon Anne CHENG, à propos de l'*Histoire de la pensée chinoise* (1997, p 41) : « *La continuité des parties au tout est aussi envisagée dans la réflexion chinoise sur la relation. Celle-ci n'est pas comprise comme un simple lien venant s'établir entre des entités dans leur existence et leur devenir. Confucius commence par situer notre humanité dans la relation qui nous unit du fait que nous vivons ensemble. Les couples d'opposés complémentaires qui structurent la vision chinoise du monde et de la société (Yin/Yang, Ciel/Terre, Vide/Plein, Père/Fils, souverain/ministre, etc.) déterminent une forme de pensée, non pas dualiste au sens disjonctif, mais ternaire en ce qu'elle intègre la circulation du souffle qui relie deux termes. Dans son mouvement tournant et spiralé, il indique un centre qui, bien que jamais localisable et fixé d'avance, n'en est pas moins réel et constant. (...) le troisième terme est l'homme qui, par sa participation active, 'parachève' l'œuvre cosmique. C'est à travers lui et ce qui le relie à l'univers queles penseurs chinois ont axé leur réflexion sur la réalité de 'ce qui naît entre' et sur ce qu'elle implique en termes de comportement moral : tel est le sens de la notion de 'Milieu' (zhong).* » Le Milieu n'est pas un point équidistant entre deux termes, mais il constitue la « meilleure part de ce qui naît entre nous ». Le Milieu est le Centre des taoïstes où les forces vitales se créent et se régénèrent en vue d'une mutation harmonieuse et durable. Les notions de 'pardon ou d'indulgence' et de 'grâce ou d'amnistie politique' impliquent la pratique juridique chinoise fortement corrélées à l'histoire de la Chine et à la pensée chinoise, de la Chine impériale jusqu'à nos jours. Le but essentiel serait de conserver l'unité du pays qui suppose de respecter le principe de l'harmonie, selon une nécessité cosmique et selon une logique collective et anonyme.

Le terme de ***kuanshu,*** traduit classiquement par mansuétude prend tout son sens dans la sagesse confucéenne. L'exercice de la mansuétude n'est pas que négatif, elle suppose l'établissement d'une relation active et affirmative envers autrui : la relation d'empathie qui manifeste le sens de l'humain.Plus précisément, la mansuétude n'est que l'extension à autrui de l'exigence morale qui doit d'abord s'appliquer à soi-même (notion de ***zhong,*** ou fidélité à cet engagement personnel). Nous retrouvons la notion de ressource, au sens de François JULLIEN, dans la mesure où, il s'agit d'aller au-delà d'une expression morale ou d'une justice de rétribution. Du point de vue de la pensée chinoise, l'exercice confucéen de la mansuétude consiste bien de donner, mais ainsi d'aller au-delà de soi pour aider l'autre à se transformer. Hélas, l'idée de transformation paraît centrale dans la position dogmatique et coercitive des camps de rééducation des systèmes collectivistes.

L'action est mise moins sur la faute commise que sur l'état mental qui la précède afin d'éviter cette faute (de récidiver). C'est l'exercice mental (d'auto-transformation) qui évite la faute commise soit par défaut soit par excès. Le droit pénal prend le relais de l'idéal ritualiste confucéen ou néo-confucéen. L'approche bouddhique, en Chine, a rendu encore plus difficile d'atteindre la problématique du pardon. A chacun sa confession, celle d'un maître de telle ou telle école bouddhique, celle d'un adepte lambda centré sur les dévotions bouddhiques. Loin de l'idée chrétienne d'élimination de la faute, la confession-contrition bouddhique vise un acte de purification. Rien n'indique l'équivalent de l'acte performatif accompli par celui qui pardonne et qui transforme le sujet pardonné. Tout le mérite revient au sujet par la repentance, la contemplation et la purification, sans l'aide de Dieu ni d'un saint. « *S'il y a une apparition de Bouddha ou de Boddhisattvas, pour le sujet qui se confesse en lui touchant la tête ou en lui imprimant un sceau sur le bras, l'action est comparable à celle pratiquée dans un bureau de l'administration chinoise !* » Le coupable est responsable de sa faute mais son acte criminel s'intègre dans une longue chaîne de causalité karmique dont le sujet n'a pas conscience. Sa repentance concerne donc à la fois sa vie présente et ses vies antérieures. Autre conséquence : la vacuité de la faute. Le but est de prendre conscience que non seulement la faute repose sur l'illusion et l'ignorance, mais le sujet lui-même n'a pas d'existence substantielle. La « vacuité », pourrait-on dire, est au fondement tant de la faute que du sujet de la faute à partir d'un conditionnement. Se libérer de ce conditionnement, telle est la voie suprême. Dans la culture chinoise, le péché comme le pécheur n'ont qu'un sens particulier et provisoire. De même pour la compassion. Ce que les lettrés ont retenu de la pensée bouddhique – en Chine, on s'accommode, on n'assimile pas – est qu'il n'y a pas de « séparation » entre le dispensateur de la compassion et celui qui en bénéficie. L'écart est encore préféré à la différence. La distinction entre moi et autrui est le produit de consciences restées attachées au monde phénoménal : l'action du Boddhisattva s'exerce depuis un plan de réalité qui transcende cette distinction.

Admettons que la problématique du pardon, avec la distance qui sépare le sujet qui pardonne du sujet pardonné, soit difficilement conceptualisable dans un tel univers. Pardon et récidive, sans être inexistantes, demeurent problématiques dans les traditions de pensée chinoise du fait de trois notions essentielles absentes. La première, la singularité, qui est nécessaire au pardon, semble faiblement maintenue dans ce système. Autre condition du pardon : l'altérité. La logique de l'identification dans la pensée confucéenne ou celle de la vacuité dans le bouddhisme par l'effort de l'auto-transformation empêche toute reconnaissance de l'altérité. Troisième notion inopérante dans la pensée chinoise : la conception dramatique de l'humanité, caractéristique de la vision chrétienne ou abrahamique. Il y a un drame du pardon corrélatif au drame du péché, ce qui permet de poser le Bien contre le Mal. Le pardon est un don qui transforme le sujet coupable, un don qui lui vient d'un Autre et constituant un récit dramatique du salut.

Pourquoi la théâtralité du pardon est-elle exclue de la pensée chinoise ? Anne CHENG (1997) répondrait ainsi : « *C'est à la faveur d'un désarroi à la fois physique et moral du monde chinois au lendemain de l'écroulement des Han, suivi de trois siècles de division, que le bouddhisme prend un ancrage profond en Chine, intervenant là où la mentalité confucéenne s'est révélée déficiente : par-delà toutes les distinctions hiérarchiques, c'est à tous les hommes que s'adressent le folklore de l'au-delà – paradis ou enfer -, la doctrine du* ***karma*** *qui met tout un chacun à la même enseigne, et surtout l'idéal de la bouddhéité dont nous possédons chacun les germes en nous et que nous pouvons faire éclore avec l'intercession des Boddhisattva.* » (Anne CHENG, 1997, p 356).

Ces principes d'Unité et d'impermanence se révèlent davantage dans la pensée taoïste où chaque partie est à l'image du tout et où le macrocosme présente une forme analogique au microcosme. Cette configuration holistique, énergétique et complexe du vivant exclut toute scène dramatique du pardon : « *Rien n'est plus apparent que le caché, rien n'est plus évident que l'infime* », selon le penseur CHENG YI, pour commenter *L'invariable Milieu* (Ibid. p 482). Dernier point qui évite à la pensée traditionnelle chinoise de valoriser le pardon, le sens de la loi : « *Le pouvoir n'est plus lié à la valeur personnelle du souverain, fondement de toute la pensée politique confucéenne, mais à l'efficacité des institutions, qui font respecter la loi et la position de force. Celle-ci, indépendante de toute subjectivité, est à l'image de la balance, un instrument parfaitement neutre, susceptible d'être manipulé par n'importe qui* », écrit Anne CHENG (1997, p 242).

Que ce soit dans la pratique d'expertise ou que ce soit dans la psychothérapie de groupe, la clinique de l'écart peut intégrer la clinique du lien par rapport à la clinique de la différence qui suppose une clinique de la relation. Notre approche a pu faciliter une mise en tension entre patients et clinicien pour aborder les aspects transféro-contre-transférentiels non pas de façon asymétrique mais symétrique. Nous mesurons le travail de maillage généalogique, agencement de liens de filiation et d'affiliation qui est un travail de construction-déconstruction, au sens de Jacques DERRIDA, comme la production d'une nouvelle écriture. Rappelons que le maillage généalogique permet l'intégrité et le maintien des contenants généalogiques groupaux, familiaux et communautaires. « *Le contenant psychique que constitue ce maillage est un élément essentiel sur lequel on est amené à travailler en thérapie familial mais aussi quand on se situe dans les champs cliniques médico-psycho-sociaux et dans les pratiques de réseau* », nous précise Pierre BENGHOZI (1994). Nous avons développé ce travail de réseau entre professionnels de la Justice, de la Santé et du champ Social au sein de l'association RAISONANCE depuis 2006. Au terme du travail thérapeutique de Sébastien, nous admettons un « non soi » inaccessible pour l'un et l'autre. Cette approche du patient rend possible une juxtaposition d'écarts dépliant et déployant indéfiniment le pensable en remettant en tension la pensée.

Mais comment demeurer en tension sans être en tension psychique ? La situation inconfortable des professionnels de différentes institutions permet de moins en moins d'être à bonne distance face aux usagers. Les conséquences du basculement sociétal semblent affecter tous les services publics en Occident. En France, depuis ces dernières décennies, les nouvelles cartes judiciaires et hospitalières ont redéfini les missions et l'organisation du travail des agents de l'Etat, que ce soit le monde judiciaire ou que ce soit les professionnels de la fonction publique hospitalière. Les dernières réformes ciblant les collectivités territoriales, aux niveaux des régions puis des départements vont dans la même direction : la concentration des moyens financiers et humains par une réduction des dépenses publiques. Les politiques d'austérité produisent toujours plus de précarité voire de la pénurie des effectifs et de grandes disparités territoriales entre l'hyperspécialisation oligopolistique pour traiter les cas complexes, sensibles ou extraordinaires d'un côté et de l'autre, la sous dotation des administrations pour traiter l'ordinaire et la « gestion des flux ». Nous le constatons avec la création des Centres de ressources interrégionaux pour le traitement des auteurs de violences sexuelles en psychiatrie rattachés aux Centres hospitaliers universitaires, ou pour les Juridictions interrégionales spécialisées qui interrogent les modèles de procédures : « *De telles évolutions vers un système plus accusatoire ne se produiront sans doute pas sans que des questions annexes sur les acteurs du procès pénal ne soient posées, l'une en amont de ce qu'est aujourd'hui l'instruction, les autres en aval* », nous indique Jean DANET, maître de conférence à la faculté de droit de NANTES dans *Justice pénale, le tournant* (2006). Or, la concentration de pouvoirs dans les services publics entraînerait une baisse des libertés individuelles dans nos démocraties. Par ailleurs, la mise en tension actuelle dépasse le cadre européen ou occidental. C'est une mise en tension mondiale, ce qui implique une « *clinique de la mondialité* », définit par Daniel DERIVOIS (2017). Il ne nous est pas possible d'appliquer les notions de 'pardon' ou de 'récidive' sans référence à la clinique de la mondialité.

La finalité du basculement

Les quatre piliers de la clinique de la mondialité (singularité, totalité, situation, évolution) concernent patients et professionnels. Nous sommes tous en situation de mondialité, tous en situation post-coloniale, au sens de BALANDIER (2007) voire post-raciale, au sens de Barak OBAMA (2008). « *Ce « post » signifie « au-delà », effort pour aller au-delà des événements pour penser et traiter les traces en les transformant, effort pour aller au-delà de nous-mêmes pour nous élever à l'autre* », écrit Daniel DERIVOIS (2017, p 123). « *Les « patients » viennent de partout, de tous les horizons géographiques et pour diverses raisons sanitaires, sociales, éducatives, économiques, de sécurité. Le point de référence ici est « nous » par rapport à « eux ». Nous sommes professionnels et citoyens de partout.* » La logique essentialiste est réductrice et mortifère. La quête de différence par rapport à celle de l'écart marque l'opposition et l'affrontement entre individus. Par angoisse de pénétration et paresse intellectuelle. Les mécanismes paranoïaques de projection et de clivage empêchent de penser la complexité du monde. « *Ici, le point de repère est « eux » par rapport à « nous ». Nous sommes tous au pied du monde. Il n'y a pas de centre ni de périphérie. Nous sommes à la fois centre et périphérie. Nous sommes* [tous] *décentrés. Nous sommes des patients et des thérapeutes mondialisés.* (...) *Nous avons tous des origines, des accents et cela participe de la diversité du monde. La clinique inter- et transculturelle est aussi celle des « non-migrants » qui sont d'ici. Nous sommes tous des étrangers à nous-mêmes et à l'autre. Heureusement : cela nous permet d'être en position d'humilité.* (...) *Nous devons en conséquence,* nous dit Daniel DERIVOIS (2017), dans un nouvel espace, l'environnement-monde, le monde comme méta-cadre, *penser nos postures professionnelles mais aussi nos postures citoyennes.* » Ce travail d'élaboration est en chacun de nous vertigineux, pris entre résistance et nécessité de changement de paradigme. « *Comment accueillir l'étranger, l'étrangeté et le familier aujourd'hui ?* » (Ibid., p 124).

Précisément en nous pardonnant nous-mêmes. Mais « *la patientèle mondialisée est exigeante. Elle demande à faire évoluer la « tâche primaire » des institutions* [dans la terminologie de René KAËS, 1987]. Les institutions socio-judiciaires, sanitaires et éducatives auraient trois *tâches primaires partagées* (D. DERIVOIS, 2010a, 2015) : *éduquer, soigner, accompagner. (...) Pour lutter contre les clivages professionnels et institutionnels, l'institution* [se doit d'être] l'interface entre la famille et le monde. Dans cette clinique théorisée, admettons que les jeunes dits radicalisés ou à risque de radicalisation se heurtent à un vide symbolique dans leur monde interne mais aussi dans leur environnement familial, social et institutionnel. « *Ils se trouvent empêchés de transformer des éprouvés de ruptures, d'échec et de dévalorisation.* » Notre travail clinique est de réinstaurer des aires intermédiaires d'expérience. « *On peut nommer pour appeler à la vie mais mal nommer peut tuer tout potentiel créateur autant chez les jeunes que chez les professionnels qui les observent.* » (Ibid., p 127). « *Et si la radicalisation faisait aussi partie intégrante des outils de pensée ? Et si la radicalisation participait d'un héritage de longue durée articulant pensée binaire, ethnocentrisme et colonialisme ? Et si son éradication relevait aussi de nos postures professionnelles, institutionnelles et épistémologiques* », conseille Daniel DERIVOIS (2017, p 128).

L'effondrement de la valeur culpabilité a fait émerger le sens des responsabilités. L'Idéal du Moi est devenu hypertrophié par rapport à un Surmoi atrophié. Le but de cette évolution serait l'ouverture d'un sujet égotique vers un sujet holistique : la fission du Moi-Monde 'normalisé'. « C'est comme ça ». Cette proposition venue de la pensée chinoise fait appel à un processus de vie de changement sans but ni larmes, loin de l'idée du Bien ou de celle du Mal.

Prenons le concept de « crédit social », utilisé par l'actuel gouvernement chinois pour surveiller, récompenser (par l'accord de prêt bancaire), punir, déshonorer les citoyens. D'un point de vue occidental, cet outil est l'aboutissement d'un système totalitaire liberticide, antidémocratique, au service d'une idéologie, d'une doctrine et d'un parti unique. Du point de vue chinois, c'est un outil de maintien de l'ordre et d'unité. N'avons-nous pas d'autres « crédits sociaux », plus subtiles et tout aussi performants en matière de contrôle et de biopouvoir ? Regardons les citoyens connectés aux réseaux sociaux. Dans une servitude volontaire boétienne, au sein de nos sociétés de plus en plus normatives, les GAFA (pour le compte des firmes multinationales GOOGLE, AMAZONE, FACEBOOK et APPLE) ont fabriqué, à l'échelle de la planète, des individus prisonniers de leur « crédibilité sociale ». La puissance algorithmique des bases de données dépasse le contrôle technologique chinois lié au « crédit social ». S'affirmer en s'exposant pour exister.

L'écart est saisissant. L'Occident questionne les libertés individuelles en Chine mais le narcissisme des uns observe le désir d'uniformité des autres, dans une tension numérique commune mais globale ! Là réside le véritable basculement civilisationnel. Cela correspond à la notion d'un « *pré-contre-transfert collectif* », selon les travaux de Daniel DERIVOIS « *qui va organiser le contretransfert collectif et ses expressions personnelles, personnalisées dans la relation clinique. Ce pré-contre-transfert collectif accorde une place centrale à l'Histoire (avec un grand H) collective des pays en présence, dans le cas de la migration des patients et/ou des professionnels. (...) Les histoires singulières vont se raconter et être écoutées, interprétées implicitement ou explicitement sur fond d'histoires collectives. Elles participent probablement de ce que Pierre BENGHOZI (2016) appelle « géo-narrativité ». Le récit de soi prendra alors sens dans la géolocalisation des histoires.* » (Ibid., p 141).

Conclusion

Dans une certaine mesure, les chrétiens rejoignent les bouddhistes qui proposent de combattre le mal par le mal, « *à savoir d'anéantir une pulsion de mort débridée par une pulsion de mort instrumentalisée par le Moi et l'Idéal du Moi au service des forces de vie, c'est-à-dire par le détachement* », nous dit Véronique DONARD (2009). « *En quoi consiste le détachement ? Il semble que, lorsque Maître Eckhart nous dit que 'dans tous les dons et dans toutes les œuvres nous devons apprendre et contempler Dieu, et ne nous laisser satisfaire en rien et ne nous fixer en rien'* – Discours du discernement -, *il s'agit tout d'abord de désinvestir tout ce qui pourrait être source immédiate de satisfaction, de sorte que la tension d'un désir à jamais inassouvi ne cède en rien de son économie à ce qui le ferait tendre au retrait, c'est-à-dire à son apaisement par la satisfaction. Il faut donc exacerber la tension du principe de plaisir au point où seule la satisfaction hallucinatoire puisse constituer un possible apaisement. Cette satisfaction hallucinatoire des pulsions de vie (sexuelles et d'autoconservation), nous la retrouvons, sous toutes ses formes, dans les différentes expériences extatiques livrées par les mystiques.* » Bref, la relation au sein rejoint ici le sentiment océanique ou le principe de Nirvâna, par la cessation de la douleur et du désir. Se libérer du désir pour échapper au cercle dans lequel nous enferme la souffrance, c'est là la voie choisie par la sagesse bouddhiste. Demander le pardon, être pardonné seraient deux finalités existentielles de rencontre de l'altérité en soi, mais insuffisantes pour se libérer de son égo. Notre propos a tenté de réunir la culture du pardon, l'européenne à la culture de la honte, la chinoise.

La techno-mondialisation depuis son virage économique néolibéral entamé dans les années 1980 a produit la perte de l'objet transitionnel en Occident, où l'illusion est au cœur du lien, comme dirait Christophe JANSSEN (2014). Le consumérisme généralisé allié à l'Idéal du Moi permet de moins en moins aux individus d'éprouver le sentiment de culpabilité, d'intérioriser l'instance surmoïque et d'accorder du sens au pardon. Du coup, ce bouleversement civilisationnel a précipité de nombreux individus dans la dépression et l'angoisse de vide. Contre une « collapsologie du pardon », contre le « pathos » de l'oubli ou de la haine systématisée, le pardon demeure une valeur humaine nécessaire pour mieux penser « l'écart » entre les cultures. Le but de chacun serait de mieux structurer le « dia-logue » entre les peuples.

Bibliographie

Pierre BENGHOZI, *L'adolescence, identité chrysalide*, Editions L'Harmattan, 1994

Anne CHENG, *Histoire de la pensée chinoise,* Editions du Seuil, 1997

Jean DANET, *Justice pénale, le tournant,* Editions Gallimard, 2006

Daniel DERIVOIS, *Clinique de la mondialité,* Editions De Boeck, 2017

Véronique DONARD, *Du meurtre au sacrifice – Psychanalyse et dynamique spirituelle,* Editions du Cerf, 2009

Michel FOUCAULT, *Surveiller et punir, naissance de la prison*, Editions Gallimard, 1975

Christophe JANSSEN, *L'illusion au cœur du lien*, Editions Academia-L'Harmattan, 2014

François JULLIEN, *Il n'y a pas d'identité culturelle,* Editions de l'Herne, 2016

Serge-Christophe KOLM, ouvrage collectif, *L'Orient intérieur*, Editions Albin Michel, 1985

L'alliance du pardon et de la prévention de la récidive sous l'Ancien Régime : les amnisties en matière de piraterie (XVIIe-XVIIIe siècles)

GUILLAUME WATTELLIN

Puisant sa source dans la tradition romaine, le droit de grâce est la manifestation éclatante d'un principe cardinal de l'ancien droit : le roi, par l'onction du sacre, est « source de toute justice ». Plus particulièrement, la mission justicière du roi se cristallise autour de la délivrance de lettres de grâce, dont la pratique est laissée à la discrétion des souverains avant d'être réglementée par l'ordonnance criminelle de 1670. Quel que soit le nom qu'on leur donne, ces lettres présentent les mêmes caractères : ce sont des mesures de clémence qui adviennent après le prononcé d'une sentence définitive et qui se traduisent par l'absolution du coupable[1]. Le pardon pénal apparaît donc comme une prérogative régalienne qui intervient en aval du procès et à l'égard de personnes spécialement désignées. Toutefois, un examen plus approfondi de la législation et de la correspondance ministérielle impose de nuancer cette présentation car, de toute évidence, le pardon ne sert pas uniquement à gracier des criminels. Il est aussi un outil de politique pénale permettant de mettre un terme à la commission des infractions et de prévenir la récidive. Néanmoins, cet usage du pardon royal concerne un crime très particulier : la piraterie.

Alors que le Grand Siècle brille de ses derniers feux, le royaume de France est confronté à une grave difficulté : les exactions des pirates se multiplient dans la mer des Caraïbes et, ce faisant, portent atteinte à la puissance militaire et commerciale de la France. Pourtant, le pouvoir royal est loin de faire preuve d'indulgence à leur égard : la peine ordinaire est la pendaison suivie, le plus souvent, de l'exposition du cadavre sur le rivage, près de l'entrée du port, afin de dissuader ceux qui seraient tentés de suivre

[1] Pour une présentation plus détaillée, voir Reynald ABAD, *La grâce du roi. Les lettres de clémence de Grande Chancellerie au XVIIIe siècle*, Paris, Presses de l'Université Paris-Sorbonne, 2011, p. 17-33.

le même chemin[2]. Cependant, en cette fin de XVIIe siècle, de plus en plus de personnes rejoignent le pavillon noir. Dès lors, le roi s'interroge : plutôt que de poursuivre une politique répressive qui, manifestement, donne peu de résultats, ne serait-il pas préférable d'inciter les pirates à déposer leurs armes en échange de la promesse de ne pas être poursuivis ? Louis XIV est donc confronté à un dilemme : doit-il rester fidèle à l'idéal de justice en poursuivant une répression sanglante de la piraterie, ou faire preuve de pragmatisme en accordant son pardon à ces gibiers de potence, en espérant qu'ils retourneront dans le droit chemin ? Le monarque opte finalement pour une solution médiane. D'un côté, il accentue la chasse aux forbans dans cette région du globe, en multipliant les expéditions ; de l'autre, il tente d'endiguer la criminalité maritime en édictant des amnisties en faveur des écumeurs des mers[3], cette politique pénale du pardon se poursuivant encore sous la Régence[4].

Néanmoins, il ne s'agit pas d'une décision facile à assumer, tant vis-à-vis de la population française que des puissances étrangères. C'est ainsi que le roi et ses ministres entourent de beaucoup de précautions les ordonnances d'amnistie qui se multiplient dès la fin du XVIIe siècle. Concrètement, les pirates ne pourront en profiter que si certaines conditions sont réunies, ce qui conduit à en restreindre le champ d'application (**I**). Dès lors, la Couronne tente de pallier cette difficulté en autorisant les gouverneurs à faire preuve de mansuétude vis-à-vis des forbans qui se présenteraient devant eux et qui, normalement, ne devraient pas pouvoir bénéficier des dispositions des amnisties (**II**).

---

[2] Voir, par exemple, le procès d'Olivier Levasseur, plus connu sous le nom de « la Buse ». Reconnu coupable du crime de piraterie par le conseil supérieur de l'île Bourbon (La Réunion), il est condamné « à faire amende honorable devant la porte principale de l'église de cette paroisse, nu en chemise, la corde au col, et tenant en sa main une torche ardente de poids de deux livres, pour là dire et déclarer à haute et intelligible voix que méchamment et témérairement il a fait pendant plusieurs années le métier de forban, dont il se repent et demande pardon à Dieu, au Roy et à la Justice ; ce fait, sera conduit en la place publique pour y estre pendu et étranglé jusqu'à ce que mort s'ensuive, à une potence qui pour cette effet sera plantée à la place accoutumée, son corps mort y resté vingt-quatre heures et ensuite exposé au bord de la mer » (A.D. Réunion, C 2517, arrêt du 7 juillet 1730, fol. 120v°-121r°). Nous tenons à remercier très chaleureusement notre collègue et ami Jérémy Boutier pour nous avoir transmis une copie de cette décision de justice.

[3] Sur les circonstances politiques ayant pu inciter la monarchie française à poursuivre dans cette voie, on consultera avec intérêt Philippe HRODEJ, « L'État français face à la piraterie (1715-1727) », dans M. Battesti (dir.), *La piraterie au fil de l'Histoire : un défi pour l'État*, Paris, Presses de l'Université Paris-Sorbonne, 2014, p. 353-358.

[4] Voir la liste des amnisties en annexe 1.

L'amnistie royale, un outil à la portée limitée

Si l'on se réfère à la littérature juridique du XVIIe siècle, force est de constater que, pour certains auteurs, le pardon doit être préféré à la répression dès lors qu'il s'agit du moyen le plus efficace de faire cesser la commission de l'infraction et de prévenir la récidive. Tel est le cas de Samuel von Pufendorf, qui voit dans le pardon un instrument de politique pénale, pour autant que le souverain en use avec parcimonie[5]. Cette opinion est partagée par la royauté française qui, à la charnière du XVIIIe siècle, accorde plusieurs amnisties au bénéfice des pirates. Cependant, soucieuse de ne mécontenter ni la population, ni les puissances étrangères, elle les assortit de plusieurs mentions qui en restreignent considérablement la portée.

Avant tout, il lui faut exposer les circonstances qui l'ont conduite à adopter cet acte. L'amnistie doit donc reposer sur une justification valable, autre qu'une simple considération de politique pénale. Pour bien comprendre cette exigence, il faut rappeler que le pardon royal ne dépend pas uniquement du bon vouloir du souverain : il est strictement encadré par la morale chrétienne, ce qui implique qu'il ne peut être accordé qu'à des personnes qui le méritent. Il est donc nécessaire que les pirates en fassent expressément la demande et que leur comportement plaide en leur faveur. C'est ainsi qu'en pratique, les ordonnances d'amnistie sont souvent rédigées de la même manière. On explique d'abord qu'il est arrivé à la connaissance des autorités que certains forbans veulent réintégrer la société, mais que la sévérité des peines encourues les en dissuade ; or, précise-t-on ensuite, ceux-ci sont dignes de pardon car, s'il est vrai qu'ils se sont engagés sous le pavillon noir, ce n'était que sous la contrainte ou par un effet d'entraînement. Toutefois, cette légitimation de l'amnistie va de pair avec la limitation de sa durée, l'idée étant de répondre à une demande ponctuelle[6].

---

[5] Samuel VON PUFENDORF, *Le droit de la nature et des gens*, trad. Jean Barbeyrac, Amsterdam, G. Kuyper, 1706, t. II, p. 359 : « quoique […] le Souverain ait certainement le pouvoir de punir les méchans, il n'est pas pour cela dans une obligation indispensable de punir tous ceux qui ont commis quelque crime. Cela dépend de la liaison qu'il y a entre la peine & les fins pour lesquelles elle a été établie. Si donc, en certains cas, ces fins ne sont pas moralement nécessaires, comme s'il ne paroît pas à propos de publier un certain crime, ou s'il se présente de l'autre côté des fins qui ne sont pas moins avantageuses ou nécessaires, je veux dire, si en faisant grâce on peut procurer autant ou même plus d'utilité, enfin si l'on peut obtenir plus commodément par une autre voie ce que l'on se propose dans la punition des crimes, rien n'oblige alors précisément & indispensablement à punir ».

[6] À l'origine, la légitimation de l'amnistie avait aussi pour corollaire la limitation de son champ géographique, le pardon ne pouvant concerner que les pirates qui le sollicitaient. Ainsi, l'ordonnance du 12 avril 1702 visait exclusivement les habitants de Saint-Domingue ; elle ne

Ainsi, les amnisties visant un lieu déterminé ne sont valables que pour six mois à compter de leur publication dans la colonie, c'est-à-dire le temps, pour les pirates, d'en être informés et de prendre leur décision. À vrai dire, cette durée est juste suffisante pour assurer la bonne exécution de l'amnistie, dans la mesure où les forbans se cachent souvent dans des lieux difficiles d'accès, quand ils ne sont pas en mer pour commettre leurs derniers forfaits. Il semble, en tout cas, que les autorités locales aient conscience de cet écueil, car il leur arrive souvent de confier des exemplaires de l'amnistie à des personnes de diverses conditions afin qu'elles les remettent directement aux pirates[7] ; toutefois, cette pratique est vivement critiquée par certains officiers, qui estiment qu'il ne leur appartient pas de courir après les forbans pour leur remettre ce sauf-conduit[8]. De même, les amnisties visant une zone géographique plus large ont une validité plus longue. Ainsi, l'ordonnance du 5 septembre 1718 est valable pendant une année, dans la mesure où elle ne concerne plus quelques îles, mais « les mers des Indes occidentales » [9]. Il s'agit néanmoins d'un délai relativement court qui, là encore, peut poser problème si les pirates souhaitant bénéficier du pardon ne se manifestent pas suffisamment tôt. Pour contourner cette difficulté, le pouvoir central renouvelle certaines amnisties afin d'en prolonger les effets. Tel est le cas de l'ordonnance du 5 septembre 1718 : adoptée initialement pour un an, elle est finalement prolongée jusqu'au 31 décembre 1720 grâce à deux textes successifs[10].

---

pouvait donc pas être étendue aux îles voisines. Cependant, le pouvoir royal décida vite d'étendre le champ d'application des amnisties, quitte à révéler ses véritables intentions : utiliser le pardon comme un outil de politique pénale afin d'inciter les écumeurs des mers à se rendre. C'est ainsi que, le 1er juin 1707, Louis XIV accorda son pardon à tous « les flibustiers et habitans des isles de l'Amérique ». Mieux encore : le 5 septembre 1718, le Régent amnistia « tous les sujets, matelots, soldats et habitans qui ont quitté le royaume et les colonies soumises à son obéissance » … difficile de faire plus large !

[7] Les autorités vont-elles jusqu'à recourir aux services d'anciens pirates ? Rien ne permet de l'affirmer, mais les recommandations du *Mémoire sur la nécessité d'engager des forbans dans le parti de la France* (1699) semblent aller en ce sens : « il faudroit […] choisir pour cet effet un homme qui eût vécu autrefois avec eux et qui fût assez dévoué à l'État pour s'en aller seul dans un canot descendre dans leur île, ou les chercher où ils seroient, chargé de l'amnistie » (ANOM, Marine, C^{8B} 4, n° 3).

[8] ANOM, Marine, C^{8B} 3, n° 69, lettre adressée par l'intendant des îles d'Amérique au secrétaire d'État à la Marine, 23 août 1715 : « Monsieur Duquesne écrivit au major de lui demander l'amnistie qui étoit restée en original dans ses mains dans le dessein de la faire remettre par Monsieur de Valmeinière à Bourillon s'il l'avoit rencontré ; je le remis au major mais il avait biffé son seing et lui dit qu'il ne convenoit pas d'envoyer une amnistie à la mer, que c'étoit aux forbans à la venir chercher, ou du moins à la faire demander ». Cependant, le major n'aura pas gain de cause : l'intendant Arnoul de Vaucresson chargera un autre intermédiaire de porter l'amnistie à Bourillon.

[9] Voir la retranscription de cette ordonnance en annexe 2.

[10] Ordonnances des 24 janvier 1719 et 13 août 1719 (*cf.* annexe 1).

Cette solution n'est pourtant pas satisfaisante car, pour mener une véritable politique pénale du pardon, il faudrait pouvoir édicter des amnisties à validité permanente ; or, la Couronne ne peut pas se le permettre, sauf à admettre que les justifications avancées ne sont que des prétextes.

Il existe une seconde limite intrinsèque aux ordonnances d'amnistie : afin de préserver sa réputation sur le plan international, le roi ne peut accorder son pardon qu'à des forbans de nationalité française. Il n'est donc pas question de pardonner à des pirates anglais, espagnols ou néerlandais. Pourquoi, en effet, risquer un incident diplomatique en accordant refuge à des pirates étrangers qui sont probablement poursuivis par leur État d'origine ? Cette règle est d'une telle évidence qu'elle ne figure pas dans les premières ordonnances ; il faut attendre la régence de Philippe d'Orléans pour la voir apparaître à travers une formule stéréotypée selon laquelle l'amnistie ne concerne que les « sujets » du roi. Toutefois, cette exclusion des étrangers porte atteinte à l'efficacité des amnisties. Que faire, en effet, si un capitaine forban vient réclamer le bénéfice de l'amnistie pour lui et ses hommes, sachant qu'une partie de l'équipage n'est pas de nationalité française ? Il semble pour le moins délicat de lui répondre qu'une partie seulement pourra en profiter, le risque étant qu'il reprenne aussitôt la mer ! Ce problème n'a d'ailleurs pas échappé à François-Roger Robert, l'intendant des îles d'Amérique, qui s'en ouvre au secrétaire d'État à la Marine au début du XVIIIe siècle[11]. On ne connaît pas la réponse du ministre mais on sait, en revanche, que les gouverneurs bénéficient d'une certaine latitude en la matière.

L'indulgence des autorités locales, un complément nécessaire aux amnisties

Il ressort des développements précédents que les ordonnances d'amnistie se heurtent à un double écueil : leur durée de validité est relativement limitée et elles ne sont applicables qu'aux Français. Or, à partir du moment où le pardon est utilisé comme un outil de politique pénale, il faut faire en sorte que son champ d'application soit le plus étendu possible. Le pouvoir

[11] ANOM, Marine, C[8A] 12, fol. 290v°, lettre adressée par l'intendant des îles d'Amérique au secrétaire d'État à la Marine, 30 novembre 1700 : « Je prends la liberté de vous demander, Monseigneur, [...] ce qu'il y auroit à faire au cas qu'il vinst icy ou dans une autre isle françoise un vaisseau fourban ou autre bastiment, comme brigantin ou barque, équipé de François et de gens d'autres Nations qui auroient couru les mers ensemble et fait la pyraterie. Cette ordonnance du 28 juillet dernier fait grâce aux François, et cela est sans difficulté, mais elle n'explique point de quelle manière il faut en user [...] à l'égard des estrangers qui se trouveroient dans ce vaisseau fourban ».

central encourage donc les autorités coloniales à faire preuve d'indulgence vis-à-vis des forbans qui viendraient solliciter un pardon en-dehors de tout cadre légal.

Bien entendu, il ne s'agit pas de permettre aux gouverneurs de se substituer à l'autorité du roi en délivrant eux-mêmes des amnisties. D'ailleurs, ceux qui ont l'imprudence de s'aventurer sur cette voie se font réprimander par l'administration royale qui leur rappelle que le fondement juridique des amnisties est le droit de grâce du souverain, si bien que seul le Prince peut en user. L'un des exemples les plus parlants date de 1722. En l'espèce, le marquis de Feuquières, gouverneur général des îles du Vent, octroie, de son propre chef, une amnistie au pirate Durand et à ses compagnons. Il en informe le secrétaire d'État à la Marine et, pour se justifier, souligne l'intérêt de cette mesure pour la restauration de l'ordre public. Toutefois, ce comportement n'est pas du goût de Philippe d'Orléans qui, après avoir accordé l'amnistie, ordonne au gouverneur de ne plus empiéter sur les prérogatives royales[12]. Pourtant, ce désaveu s'explique surtout par la publicité donnée à la décision. En pratique, cela fait déjà plusieurs années que le pouvoir royal incite les autorités coloniales à faire preuve d'indulgence vis-à-vis des pirates repentis.

Tout commence en mai 1715, lorsqu'Abraham Duquesne et Arnoul de Vaucresson, respectivement gouverneur général et intendant des îles de l'Amérique, écrivent au ministre de la Marine pour obtenir des instructions à la suite d'un événement survenu quelques jours auparavant[13]. En l'occurrence, l'intendant vit débarquer à la Martinique, en pleine nuit, un individu qui affirma être le lieutenant d'un brigantin forban composé de 190 hommes. Il sollicita alors la délivrance d'une amnistie et, en échange, proposa de lui remettre la cargaison entreposée dans les cales du navire, dont il estima la valeur à près d'un million de francs. Particulièrement motivé par cette perspective, l'intendant adressa alors une lettre au gouverneur, par laquelle il lui marquait son approbation et lui demandait s'il acceptait d'apposer sa signature au bas de l'amnistie, ce qu'il fit. Toutefois, avant même que ce document ne fut remis au lieutenant du vaisseau pirate, il se ravisa. D'une part, explique-t-il dans sa lettre au ministre, il n'existait aucune amnistie en cours de validité permettant de fonder juridiquement la demande des pirates ; or, précise-t-il, « sans la permission du Roy, nous

---

[12] ANOM, Marine, C^{8B} 8, n° 99, décision du Régent relative à l'amnistie accordée par le gouverneur général des îles du Vent au forban Durand et à ses compagnons, 21 sept. 1722.

[13] ANOM, Marine, C^{8A} 20, lettre adressée par le gouverneur général et l'intendant des îles d'Amérique au secrétaire d'État à la Marine, 14 mai 1715, fol. 220v°-221v° ; lettre adressée par le gouverneur général des îles d'Amérique au secrétaire d'État à la Marine, 17 mai 1715, fol. 262v°-263v°.

n'estions pas les maistres d'accorder aucun pardon aux sujets de Sa Majesté ». D'autre part, il est vite apparu qu'une partie des forbans n'était pas de nationalité française ; en l'occurrence, le capitaine était un Irlandais écumant les mers depuis près de trente ans, et près de la moitié de l'équipage était composé de ressortissants anglais. Dès lors, quand bien même il y aurait eu une amnistie en cours de validité permettant d'accueillir les pirates sur l'île, cette faculté ne pouvait être transposée aux étrangers car « les autres princes seroient en droit de redemander, et leurs sujets, et les biens que ces forbans avoient volés ». Le gouverneur général refusa donc la requête du pirate, tout en lui proposant de faire venir une partie de l'équipage pour les enfermer dans les geôles, le temps pour lui de solliciter directement la grâce du roi. Il va de soi que, face à une telle perspective, le brigantin forban s'enfuit sans demander son reste ! Pour autant, l'intendant et le gouverneur général sollicitent tout de même les instructions du ministre, au cas où une situation analogue se reproduirait.

La réponse qu'ils reçoivent est pour le moins instructive. Après avoir rapporté les félicitations du roi pour leur comportement, le comte de Pontchartrain leur expose les intentions de celui-ci, au cas où il se présenterait de nouveau des forbans souhaitant cesser leurs coupables activités, quelle que soit leur nationalité, mais qui ne seraient pas en état de bénéficier d'une amnistie. La réponse est courte, mais limpide : « Sa Majesté désire [...] que vous les receviez, pourvu qu'ils soient catholiques, que vous les laissiez s'établir et vivre tranquillement, sans cependant que vous leur accordiez par écrit, ni permission, ni amnistie, ni autre chose qui puisse donner lieu de croire qu'on ait eu connaissance de leur état » [14]. En d'autres termes, le roi incite les autorités locales à pardonner aux forbans, en-dehors de tout cadre légal, pourvu que cela se fasse dans la discrétion la plus absolue. L'administration royale ne doit pas donc pas en être informée, faute de quoi elle serait obligée de morigéner les autorités locales ; on comprend mieux, dès lors, la réaction du Régent dans l'affaire de 1722.

En somme, cette instruction secrète du 24 juillet 1715 comble les failles des ordonnances d'amnistie, de manière à ériger le pardon en outil de politique pénale dans la lutte contre la piraterie. Et, de fait, il faut en constater l'efficacité car, au-delà de la restauration momentanée de l'ordre public, le bilan est sans appel : rares sont les anciens pirates qui reprennent

---

[14] ANOM, Marine, B 37, lettre adressée par le secrétaire d'État à la Marine aux gouverneur général et intendant des îles d'Amérique, 24 juil. 1715, fol. 262v°-263 (orthographe modernisée). On observera avec intérêt que plusieurs copies de cette décision – avec quelques informations supplémentaires – sont adressées, le même jour, aux représentants du pouvoir royal dans les possessions françaises d'Amérique, ce qui accrédite l'idée d'une généralisation de cette pratique à l'ensemble des Caraïbes (ANOM, Marine, B 37, fol. 308 et s.).

le chemin du crime. Cette observation est une conséquence directe de la notion d'amnistie, qui est synonyme d'oubli. Or, cet oubli ne porte pas uniquement sur les actes faisant l'objet de l'amnistie : il s'étend aussi à leurs conséquences. Cela implique donc la certitude de ne pas être inquiété pour les actes de piraterie commis avant l'obtention du bénéfice du pardon, mais aussi de pouvoir conserver, sous certaines réserves, les biens accaparés durant cette période[15]. Dès lors, la perspective d'une retraite bien méritée sous le soleil des Caraïbes devient particulièrement tentante.

Annexe 1 –
Inventaire des amnisties applicables aux Caraïbes

La plupart des amnisties accordées au bénéfice des pirates originaires des Caraïbes ou sévissant dans cette zone figurent dans le répertoire établi par Médéric-Louis-Élie MOREAU DE SAINT-MERY, *Loix et constitutions des colonies françoises de l'Amérique sous le vent*, Paris, [1784-1790], 6 t. en 6 vol. Elles sont identifiables dans la liste ci-dessous par la mention : « MSM, [tomaison], [pagination] ». Les autres amnisties ont été découvertes dans les fonds des archives nationales d'outre-mer ou de la bibliothèque nationale de France.

Ordonnance de Pierre-Paul Tarin de Cussy, gouverneur de l'île de la Tortue et de la partie française de Saint-Domingue, touchant l'amnistie accordée par le roi aux flibustiers, 9 mars 1687 (MSM, I, p. 452).

Ordonnance du roi portant amnistie en faveur des forbans de la partie française de Saint-Domingue, 24 sept. 1691 (MSM, I, p. 496-497).

Ordonnance du roi portant amnistie en faveur des forbans de la partie française de Saint-Domingue, 8 juil. 1700 (MSM, I, p. 645).

Ordonnance du roi portant amnistie en faveur des forbans de Saint-Domingue, 28 juil. 1700 (ANOM, Marine, B 21, fol. 615v°-616v°).

Ordonnance du roi portant amnistie en faveur des forbans de Saint-Domingue, 12 avril 1702 (MSM, I, p. 683-684).

Ordonnance du roi portant amnistie en faveur des forbans des îles françaises d'Amérique, 1er juin 1707 (MSM, II, p. 98-99).

Ordonnance du roi portant amnistie en faveur des forbans ayant quitté le royaume et ses colonies pour aller commettre des déprédations dans les mers des Indes orientales, 14 mars 1716 (MSM, II, p. 494).

[15] Cette question du sort des biens sera abordée dans un prochain article.

Ordonnance du roi portant amnistie en faveur des pirates ayant quitté le royaume et ses colonies pour aller commettre des déprédations dans les mers des Indes occidentales, 5 sept. 1718 (ANOM, Marine, A 28, fol. 88r°-89r°).

Ordonnance du roi portant amnistie en faveur des pirates ayant quitté le royaume et ses colonies pour aller commettre des déprédations dans les mers des Indes occidentales, 24 janv. 1719 (MSM, II, p. 634).

Ordonnance du roi portant amnistie en faveur des pirates ayant quitté le royaume et ses colonies pour aller commettre des déprédations dans les mers des Indes occidentales, 13 août 1719 (BnF, Tolbiac, F-20983, n° 38 – Paris, imprimerie royale, 1719).

Ordonnance du roi portant amnistie en faveur des pirates ayant quitté le royaume et ses colonies pour aller commettre des déprédations dans les mers des Indes occidentales, 29 sept. 1722 (BnF, Tolbiac, F-20983, n° 67 – Paris, imprimerie royale, 1722).

Annexe 2
Ordonnance d'amnistie du 5 septembre 1718

(Orthographe modernisée)

De par le Roi.

Sa Majesté étant informée que plusieurs de ses sujets matelots, soldats et habitants qui ont quitté le royaume et les colonies soumises à son obéissance commettent journellement dans les mers des Indes occidentales différentes pirateries et voleries, prenant sans distinctions les navires de toutes les nations, et causent un grand préjudice au commerce de l'Europe, Elle a fait armer le nombre des vaisseaux qu'elle a cru suffisant pour donner la chasse à ces forbans et pour réprimer leur piraterie ; mais, ayant appris que plusieurs de ses sujets qui naviguent avec ces pirates ont été engagés par force, que d'autres qui s'y sont laissé entraîner par une légèreté criminelle sont repentants de leurs fautes et souhaiteraient pouvoir revenir dans leur patrie s'il leur était permis d'y rentrer sans être exposés aux peines portées par les lois ; Sa Majesté voulant mettre en usage les moyens qui peuvent faire cesser un si grand désordre et dans le dessein de favoriser lesdits sujets de leur retour que la crainte des peines retient, Elle a cru devoir préférer la clémence à la rigueur et à la sévérité des lois.

À cet effet, Sa Majesté, de l'avis de Monsieur le duc d'Orléans, Régent, a ordonné et ordonne que ceux de ses sujets de la religion catholique, apostolique et romaine, ou ceux qui ayant été élevés dans la religion prétendue réformée auraient dessein de se convertir, qui se trouvent présentement engagés dans le nombre desdits forbans et pirates, jouissent de l'abolition, pardon et amnistie des vols et pirateries par eux exercés, pourvu [que] dans un an à compter du jour et date de l'enregistrement des présentes [lettres], touchés d'un sincère repentir, ils rentrent dans le nombre de ses bons et fidèles sujets et viennent de bonne foi s'habituer dans ses colonies de l'Amérique après avoir fait leur déclaration à ceux qui commandent en son nom lesdites colonies ; fait défense à tous [s]es sujets de leur faire aucun reproche à cet égard, à peine de réparation et [de] dommages et intérêts.

À l'égard de ceux de ses sujets qui se trouvent parmi lesdits forbans et qui, après l'année expirée, continueront leurs vols et brigandages, ou qui pendant icelle seront pris les armes à la main, Sa Majesté ordonne qu'ils soient punis de mort suivant la rigueur des ordonnances et leurs biens confisqués, aussi bien que ceux de leurs fauteurs, complices et adhérents qui seront condamnés aux galères à perpétuité.

Ordonne Sa Majesté à tous gouverneurs généraux et particuliers et tous autres ses officiers servant dans ses colonies, à ses officiers généraux et capitaines commandant ses vaisseaux, et généralement tous ses sujets de [courir] sus, saisir, prendre et arrêter ceux desdits forbans qui n'auront point profité de la présente amnistie ; et pour engager et exciter ceux de ses sujets qui voudraient armer contre lesdits pirates, Sa Majesté déclare de bonne prise tous les vaisseaux et bâtiments de mer que lesdits sujets pourront prendre sur les forbans, ensemble leur[s] chargement[s] à telle somme qu'ils puissent monter, à l'exception néanmoins des navires et effets repris sur lesdits forbans qui se trouveront en nature lors de la prise et qui seront vérifiés appartenir à ses sujets ou à ses alliés, qui leur seront restitués pourvu qu'ils soient réclamés dans l'an et jour, en payant le tiers de la valeur auxdits sujets pour tenir lieu de fruits et récompense, le tout conformément aux articles IV et V et X du titre « *Des prises* » de l'ordonnance du mois d'août 1681, laquelle par rapport auxdites prises sera exécutée selon sa forme et teneur, ainsi que le règlement de 1669.

Mande et ordonne Sa Majesté à Monsieur le comte de Toulouse, amiral de France, aux gouverneurs généraux en l'Amérique, gouverneurs particuliers, officiers des conseils supérieurs des colonies et autres ses officiers, qu'il appartiendra de tenir la main à l'exécution de la présente ordonnance qui sera publiée [et] affichée partout où besoin sera, à ce que personne n'en ignore.

Fait à Paris, le 5 septembre 1718. *Signé* Louis *et plus bas* Phélypeaux. [...]

L'histoire du droit de grâce au Japon et en France du XIXe siècle à nos jours

MAKI FUKUDA

Introduction

Tout comme en d'autres civilisations, la grâce a toujours existé au Japon, de l'Antiquité jusqu'à nos jours. Dans ce pays d'Extrême Orient, la grâce était accordée, par exemple, à l'occasion d'évènements historiques marquants de la famille impériale. Récemment, certains d'ailleurs ont mentionné, à la suite de la grâce collective offerte à la mort de Hirohito, l'empereur Showa, en 1989, que ce pardon pouvait être injuste car il bénéficiait surtout aux fraudeurs politiques[1], ou opposé qu'il n'existait pas de cas récents de grâce accordée en raison d'évènements tristes de la famille impériale[2], si même la tradition de la grâce impériale s'enracine très fortement dans la société japonaise. Et si des revues juridiques comme *Hôritsu no hiroba* ont tiré des numéros spéciaux sur cette grâce de 1989, la plupart des articles ne l'ont guère analysée en détail. Par exemple, l'article de Tadashi Uëmatsu, professeur émérite de l'université Hitotsubashi a simplement souligné que les évènements impériaux sont si importants pour la société qu'il est censé d'accorder une faveur aux criminels[3].

Pour autant, la grâce au Japon n'est pas une faveur faite aveuglément à n'importe quel criminel. Selon ce que le comité de la grâce a établi en 1947, les fonctions de la grâce sont 1) la correction d'une peine trop lourde, même si le juge en applique le minimum 2) la correction de la peine après un profond changement de la société ou des jurisprudences 3) la commutation

---

[1] Miyazawa, Kôichi, Onsha seïdo saikô, *Hôritsu no hiroba*, vol. 44, n. 4, 1989, pp.6-7.

[2] Kikuta, Kôichi, Futômeï na Showa tennô taisô onsha, *Hôgaku semina*, n. 414, 1989, p. 24.

[3] Uëmatsu, Tadashi, Onsha zuisô, *Hôritsu no hiroba*, vol. 44, n. 4, 1989, p. 4.

de la peine après la repentance remarquable d'un condamné 4) le secours d'un cas impossible à secourir si ce n'est par la grâce[4].

L'application de la grâce est donc encadrée par la loi. L'histoire de ces lois remonte au XIXe siècle, période de changements profonds au Japon. Ainsi l'histoire de la grâce au Japon s'inscrit dans un double contexte, juridique d'abord à l'image de la loi de grâce, politique ensuite en raison des traditions sociétales mentionnées plus haut. Malgré l'intérêt légitime que peut susciter ce double contexte, peu de travaux s'y attachent. Tandis que les articles de Shinko Taniguchi se sont récemment intéressés à l'aspect politique, Fumio Jimbo a, pour sa part, éclairé le côté juridique tandis que d'autres ont analysé les détails de la pratique de la grâce[5]. Et si ces travaux ne portent que sur l'époque prémoderne, il en est très peu qui se centrent sur l'époque contemporaine, à l'exception des deux articles de Takao Sasaki portant respectivement sur l'établissement de la loi de grâce au début de XXe siècle et sur l'article concernant la grâce dans la Constitution actuelle du Japon[6]. C'est pourquoi, cette contribution tient à présenter l'histoire du droit de grâce au Japon du XIXe siècle jusqu'à aujourd'hui. Et pour montrer au mieux la spécificité japonaise, nous le comparerons brièvement avec le droit de grâce en France au XIXe siècle, époque à laquelle la pratique moderne de la grâce fut établie[7].

La grâce au XIXe siècle en France : double caractère politique et juridique.

La grâce au XIXe siècle en France avait deux caractères[8]. D'abord, un caractère traditionnel fondé sur la bonté du gouvernant tel le roi, l'empereur ou le président de la République. Tout comme les rois de l'Ancien Régime,

---

[4] Ishihara, Kazuhiko, Konji onsha no igi to kongo no kadai, *Hôritsu no hiroba*, vo. 44, n. 4, 1989, pp. 15-16.

[5] Taniguchi, Shinko, Onsha wo meguru bakufu ken-i to bukkyô sekaï, dans Inoué, Tomokatsu et al., *Kinseï no shûkyô to shakai 2 Kokka kenryoku to shûkyô*, Yoshikawa Kôbunkan, 2008 ; Id. Okayama han ni okeru shogun kaiki hôyô no onsha, *Shikan*, Waséda daigaku shigakkai, n. 265, 2011; Id., Bakuhan kenryoku ni yoru onsha no kôzô to tokushitsu. Kinsei tyûki kôki hagihan wo zirei ni, *Nihonshi kenyû*, n. 602, 2013; Jimbo, Fumio, Fukui han no tuihô shamen seido, *Hôshigaku kenkyûkai kaihô*, n. 10, 2005; Ataka, Hiroaki, Edo bakufu saiban seïdo ni kansuru ichi kôsatsu. Nagasaki bugyôsho wo jirei to shite, Suzuki, Korémitsu et al., *Hô no ryûtû*, Jigakusha shuppan, 2009.

[6] Sasaki, Takao, Nihonkoku kempô no onsha seïdo, *Aoyama hôgaku ronshu*, vo. 48, n. 1-2, 2006; Id. Onsha reï no seïtitsu keï-i, *Hôseï riron*, vol. 39, n. 4, 2007.

[7] Voir Fukuda, Maki, *Yurusu koto to bassuru koto. Onsha no furansu hôseïshi, Nagoyadaigaku shuppankai*, Nagoya, 2014.

[8] Ce chapitre est l'estrait du chapitre 5 de Fukuda, *op. cit.*

les gouvernants du XIXe siècle pardonnaient collectivement pour solenniser un moment important pour le régime. C'est d'abord le moment du changement de régime. Tout comme les anciens rois, les régimes du XIXe siècle ont cherché à montrer leur miséricorde en suscitant d'emblée la joie. Les statistiques du *Compte général de l'administration de la justice criminelle en France* nous montrent les variations du nombre de grâces entre 1837 et 1913, et mettent en évidence le plus grand nombre de grâces lors des années de changement de régime (Figure 1). À côté des changements de régime, la grâce fut aussi accordée à l'occasion d'autres grands évènements politiques et sociaux. Par exemple, 1856 fut l'année de la victoire de la guerre de Crimée et il est possible de concevoir que le Second Empire ait célébré cette victoire par une démonstration de générosité.

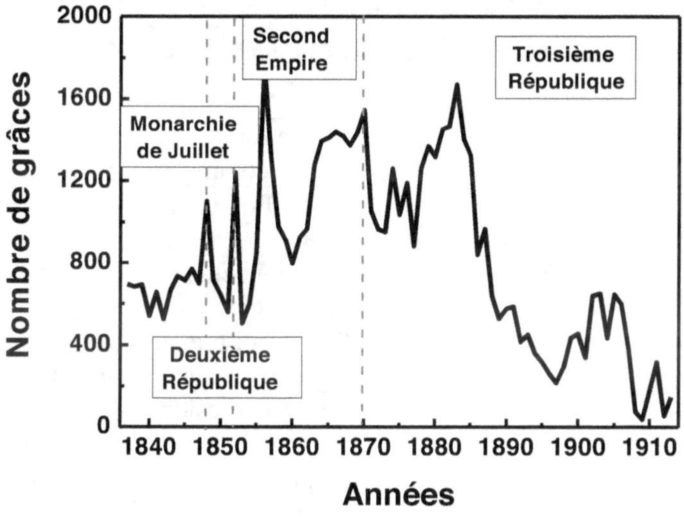

Figure 1 : Les grâces collectives et les changements du régime en France (1837-1913). (Source : *Compte général de l'administration de la justice criminelle en France*)

En plus de grâces exceptionnelles, il y avait chaque année, l'octroi d'une grâce collective à date fixe. Cette date différait selon le régime. Sous la Restauration, ce fut d'abord l'anniversaire de la mort de Saint Louis (le 25 août), ensuite le jour de la Saint Charles (le 4 novembre) à partir du 18 août 1826. Sous la monarchie de juillet, ce fut l'anniversaire de l'intronisation de Louis Philippe (le 9 août). Sous la deuxième République, ce fut d'abord le 4 mai, date anniversaire de la réorganisation du parlement dissout pendant la révolution de 1848. Louis Napoléon Bonaparte l'a ensuite déplacée au15 août, jour de l'anniversaire de son oncle, Napoléon Ier. Cette date a ensuite perduré sous le Second Empire. La troisième République a gracié le 14 juillet à partir de 1880. Ce régime a en plus pardonné après chaque élection présidentielle à partir de celle de 1879.

Quant au caractère juridique, sous l'Ancien Régime, le droit de grâce fut d'abord mentionné par l'Ordonnance criminelle de 1670 avant d'être inscrit dans la Constitution au XIXe siècle (Tableau 1). De facto, le droit de grâce est devenu un droit constitutionnel. La grâce collective annuelle était, elle aussi, également prescrite par une loi. Par exemple, selon l'ordonnance du 6 février 1818 concernant la grâce annuelle correspondant au jour de l'anniversaire de la mort de Saint Louis, le préfet devait faire la liste des prisonniers dignes d'être pardonnés en raison de leur bon comportement et de leur assiduité, puis la transmettre au ministre de l'intérieur.

Tableau 1 : Les articles sur la grâce dans les Constitutions du XIXe siècle

Constitution	Article
Charte constitutionnelle du 4 juin 1814	67 « Le roi a le droit de faire grâce, et celui de commuer les peines. »
Acte additionnel aux Constitutions de l'Empire du 22 avril 1815	57 « L'Empereur a le droit de faire grâce, même en matière correctionnelle, et d'accorder des amnisties. »
Charte du 14 août 1830	58 « Le roi a le droit de faire grâce et celui de commuer les peines. »
Constitution de 1848	55 « Il [le président] a le droit de faire grâce, mais il ne peut exercer ce droit qu'après avoir pris l'avis du Conseil d'État. - Les amnisties ne peuvent être accordées que par une loi. »
Constitution de 1852	9 » Il [le président de la République] a le droit de faire grâce. »
Loi du 25 février 1875 relative à l'organisation des pouvoirs publics	3 « Il [le président de la République] a le droit de faire grâce ; les amnisties ne peuvent être accordées que par une loi. »

Tandis que sous l'Ancien Régime, la grâce était accordée, par exemple, pour sauver l'auteur de légitime défense censée être, selon les lois, puni de mort comme tout autre criminel, au XIXe siècle, la grâce était utilisée pour personnaliser la peine. La bonne conduite et l'assiduité au travail d'un prisonnier en étaient devenues les critères, en un temps où les circonstances atténuantes n'existaient pas encore en droit. En effet après l'introduction des circonstances atténuantes par la loi du 28 avril 1832, l'octroi de la grâce individuelle pour les condamnés à mort fut réduit en nombre (Figure 2). Cependant, l'effet sur la grâce collective demeure inconnu par manque des statistiques. Le nombre de grâces accordées fut également réduit après la loi du 14 août 1885 introduisant la libération conditionnelle (Figure 3). Cette diminution quantitative de grâces en cette fin de siècle a suscité l'opinion chez certains que la grâce n'était plus nécessaire. Pourtant, à partir de 1897, l'effet s'est renversé : le nombre de grâces a de nouveau augmenté tandis que celui des libérations conditionnelles a diminué (Figure 4). De plus, depuis 1873 déjà, les grâces accordées aux condamnés à mort étaient devenues plus nombreuses que les exécutions de peine capitale. (Figure 2) Ainsi, dans une perspective de développement de l'outil juridique, il est curieux de constater qu'à la fin du XIXe siècle, le pardon au nom du souverain ou du chef d'État se déploie au détriment des fonctions administratives de la justice.

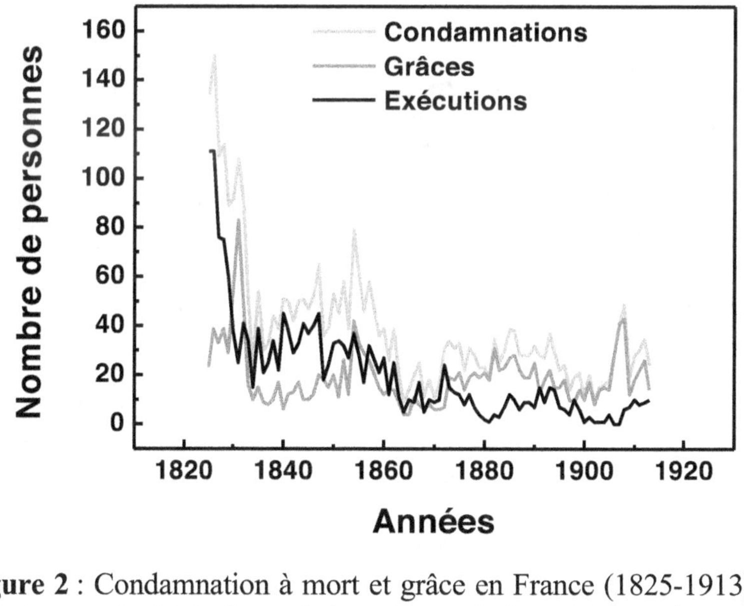

Figure 2 : Condamnation à mort et grâce en France (1825-1913) (Source : P. Astruc et al., *L'abolition de la peine capitale en France (9 octobre 1981)*, Armand Colin, Paris, 2011, p. 99-103).

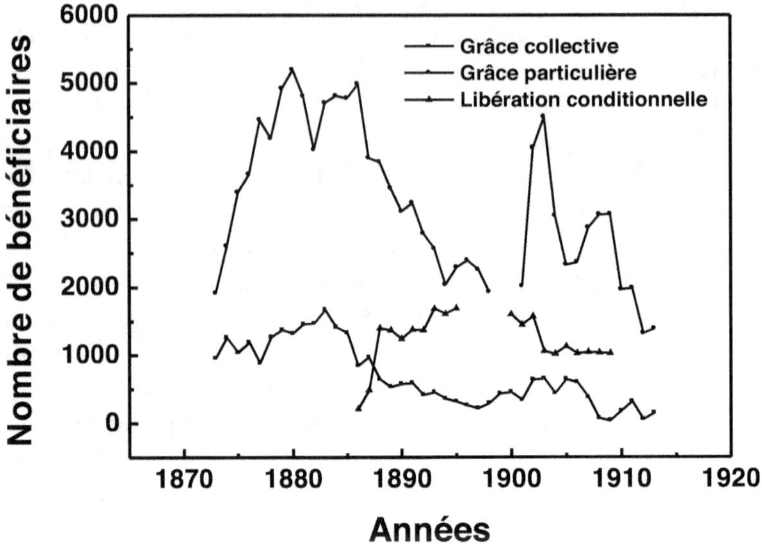

Figure 3 : Les grâces collectives, particulières et la libération conditionnelle en France (1873-1913). (Source : *Compte général*).

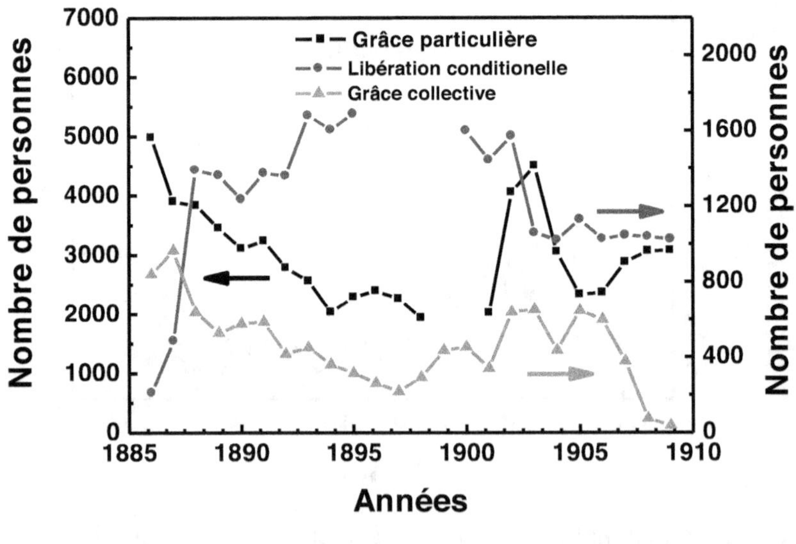

Figure 4 : Nombre des grâces particulières, collectives et de libérations conditionnelles annuelles sur la période1885-1910

Source : *Compte général*

La grâce à l'époque Edo (1603-1867)

Au Japon, le XIXe siècle correspond à une époque de grands changements. Après un siècle de guerre civile au XVIe siècle, le pays fut gouverné, à dater de 1603, par la famille de Tokugawa. Ce régime, appelé shôgunat, le terme de shogun signifiant le gouverneur suprême, a régi féodalement le pays durant 250 ans, soit jusqu'en 1867. Cette période est appelée Edo. En autarcie quasi-complète de 1639 à 1854, le pays s'est alors développé de manière originale. Concernant le droit, le Japon de cette époque pratiquait un droit traditionnel multicouche. Au niveau central, il y avait le droit shogunal et au niveau local, il y avait les droits seigneuriaux qui étaient, en général, l'imitation du droit shogunal. La pratique pénale était basée sur les jurisprudences bien qu'en 1742, le Kujikata Osadamégaki, sorte de Code pénal, ait été décrété.

Malgré l'originalité de son droit, la pratique de la grâce au Japon du XIXe siècle présentait les deux mêmes caractéristiques que celles de la France du même siècle. D'abord, le caractère de la miséricorde du pouvoir indentifiable aux grandes occasions. La grâce était faite, entre autres, pour fêter les évènements heureux du shogun comme son mariage, la naissance d'un prince héritier ou la cérémonie de sa majorité (*shukugino sha*). Le shogun, mais aussi les seigneurs graciaient en de telles occasions heureuses. Ces instances du pouvoir avaient pour particularité au Japon, par tradition bouddhique, de gracier aussi pour commémorer la mort - ou ses anniversaires - du Shogun, de membres de sa famille ou d'un grand vassal *(hôjino sha*). Contrairement au *shukugino sha* pratiqué par le pouvoir shogunal ou seigneurial, le *hôjino sha* était organisé par les temples bouddhistes *Kan-eïji* et *Zôjôji* pour le shogunat, et par les temples locaux pour les seigneurs[9]. Les familles de condamnés imploraient la grâce auprès de l'un de ces temples qui en envoyait la liste au shogunat, lequel décidait finalement des grâces accordées[10]. Ce *hôji no sha* est, avec le temps, devenu de plus en plus rare tandis le droit de grâce devint de plus en plus le fait du pouvoir politique[11]. Au niveau local, la grâce était alors décidée par les seigneurs, indépendamment du shogunat, bien que parfois, ce dernier puisse

[9] Taniguchi, Okayama han, p. 4 ; Tôyama, Yoshiharu, Owari han ni okeru onsha seï to ji-in. Owari tôshôgû bettô ji-in no Sonju in wo megutte, *Nagoya joshi daigaku kiyô*, n. 46, 2000, p. 46.

[10] Takayanagi, Shizô, *Edo jidai no tsumi to keibatsu shôsetsu*, Yûhikaku, 1988, p. 419

[11] Taniguchi, Onsha wo meguru.

en être à l'initiative[12]. Selon Fumio Jimbo, le nombre total de grâces dans tout le pays fut de 320, entre le XVIe et le XIXe siècle.[13].

Malgré ce caractère politique, ce n'était pas en fait le shogun lui-même mais le bugyô, le magistrat-gouverneur, qui décidait de la grâce. Autrement dit, le sceau du shogun n'était pas nécessaire pour gracier. De fait, Yoshirô Hiramatsu fait observer que, dans le Japon du XIXe siècle, la grâce était moins une prérogative du pouvoir exécutif en concurrence avec le pouvoir judiciaire, qu'une expression des prérogatives de ce dernier au regard de la peine[14].

Ce caractère judiciaire s'exprime d'ailleurs dans la pratique de la grâce. Elle n'était pas accordée arbitrairement à tous les condamnés mais exclusivement aux repentants, en tenant compte de leurs comportements[15]. De plus, la grâce revêtait sens utile pour fixer une durée aux peines privatives de liberté. Dès lors, elle était en général octroyée aux condamnés privés de liberté, mais rarement aux condamnés à mort ou à un châtiment corporel[16]. La Justice ne bénéficiant pas de la prison comme moyen de purgation de la peine à cette époque, la privatisation de la liberté impliquait le bannissement ou la transportation. Le bannissement avait plusieurs degrés, en termes de lieux interdits, et non en termes de durée. Donc, une fois banni, le condamné n'avait aucun moyen de revenir chez lui à moins d'être gracié. Selon le *Kujikata Osadamégaki*, il existait sept types de bannissement. Selon un ordre croissant de sévérité en fonction de l'étendue et de la situation des lieux interdits, on citera le *tokoro-barai*, l'*Edo-barai*, *l'Edo-zhurishihô-tuihô*, le *kei-tuihô*, le *tyu-tuihô*, le *jyû-tuiho* et l'*entô*.

Si les condamnés ne pouvaient être libérés du bannissement que par la grâce, et dépendaient par conséquent des bonheurs et malheurs de la famille shogunale, la durée d'octroi de la grâce fut progressivement précisée par la loi (par exemple la loi shogunale, *sharitsu* (1862))[17]. Ainsi, les condamnés à *tokoro-barai* pouvaient solliciter la grâce à partir de 11e année à dater de leur condamnation. Pour les condamnés à *Edo-barai*, il fallait attendre 14 ans pour pouvoir demander la grâce. Pour les condamnés à *Edo-zhurishihô-tuihô*, 17 ans. Pour les condamnés à *kei-tuihô*, 20 ans. Pour les condamnés à *tyu-tuihô*, 23 ans. Pour les condamnés à *zyu-tuihô*, 26 ans. Et pour les condamnés à entô, 29 ans. S'il était prouvé que le condamné n'était pas

[12] Taniguchi, Bakuhan kenryoku, p. 56.
[13] Jimbo, art. cit.
[14] Hiramatsu, Yoshirô, *Kinsei keiji soshô hô no kenkyû*, Sôbunsha, 1960, p. 1023.
[15] Sharitsu, art. 32. Hôseishi gakkai(éd), *Tokugawa Kinrei kô*, bekkan, Sôbunsham 1961, p. 276.
[16] Takayanagi, *op. cit.*, p. 420.
[17] Voir Jimbo, art. cit, p.74.

nuisible pour son entourage, la durée de la peine pouvait être réduite, pour les condamnés à *tokoro-barai*, à 6 ans, pour les condamnés à *Edo-barai* et *Edo-zhurishihô-tuihô*, à 11 ans, et pour les autres, à 16 ans[18].

Quand un condamné était gracié, sa peine était, en général, totalement remise. Mais, si le bénéficiaire était récidiviste, plusieurs grâces exceptionnelles étaient nécessaires pour une remise de peine progressive. Selon Hiroaki Ataka, ces grâces exceptionnelles n'étaient obtenues qu'à la suite de plusieurs demandes de la famille[19].

Mais la grâce n'était pas exclusivement réservée aux condamnés. Accordée aux personnes déjà condamnées, elle était appelée *kako no sha*, la grâce du passé. Celle, bien que rare, octroyée aux suspects ou aux accusés se nommait *tôza no sha*, la grâce pour les affaires en cours[20]. *Le kako no sha* concernait principalement les bannis, mais était aussi la seule chance de grâce pour les grands criminels dont l'acte serait puni d'une peine corporelle[21]. En même temps, le *sharitsu* interdisait tout pardon aux criminels dont l'acte avait entraîné la mort (art. 6) ainsi qu'aux auteurs d'atteintes au pouvoir (art. 5), aux supérieurs tels que le maître ou le parent (art. 8). À côté de ces directives objectives, le *sharitsu* a aussi ordonné la pratique judiciaire dans le sens de l'individualisation. Par exemple, les meurtriers d'un sujet inférieur, comme l'enfant ou le serviteur, ne pouvaient pas être graciés si le moyen utilisé était grave. Au contraire, ces mêmes meurtriers pouvaient être pardonnés si leur acte avait été commis pour sauver leur supérieur (art. 9). Les condamnés qui avaient été initialement agressés par la victime et qui l'avaient ensuite tuée dans la dispute pouvaient être également graciés (art. 9). De même, le *sharitsu* a permis de pardonner les condamnés dont la peine était trop lourde (art. 24) [22].

La grâce dans la promulgation et le changement du Code pénal après la Restauration de Meiji (1868) : un droit régalien

En 1867, le fut établi gouvernement shogunal est tombé et en 1868, le nouveau gouvernement de Meiji fut établi par le pouvoir impérial centralisateur. Cet évènement est appelé la Restauration de Meiji. Le Han, une organisation étatique féodale, fut supprimé et remplacé, à partir de 1871, par le Ken, une gestion départementale du pouvoir central. Pour les

---

18 *Tokugawa kinreï kô, ibid.*, pp. 269-270.
19 Ataka, op. cit., pp. 200-202.
20 Hiramatsu, *op. cit.*, p. 1054.
21 Takayanagi, *op. cit.*, p. 420.
22 *Tokugawa kinreï kô, op. cit.*, pp. 270-276.

Japonais de cette époque, l'occidentalisation signifiait la modernisation et le pays fut ainsi réformé sur le modèle occidental. Le gouvernement invita donc de nombreux occidentaux à les aider à renouveler les institutions. En matière de droit, Gustave Boissonnade, agrégé de l'université de Paris fut accueilli à ce titre en 1873. Il rédigea les premiers Codes pénal (1880) et civil (1890) du Japon et fut appelé « le père du droit japonais moderne » à titre posthume. Avant de rédiger les Codes, il débuta son séjour au Japon par une mission d'enseignement des futurs magistrats du nouveau régime. Il a ainsi donné des cours de droit français à l'école Méibôryô du ministère de la Justice. Selon les minutes des cours, il initia les Japonais, contrairement à leur tradition, à la possibilité de durée des peines de privation de liberté[23]. Quant à la grâce, Boissonade ne l'a jamais mentionnée dans son cours. Mais des manuels de droit pénal rédigés, dès le début de Meiji, par des juristes japonais qui étaient ses anciens élèves, expliquèrent et justifièrent pour partie le droit de grâce comme une récompense faite aux condamnés ayant fait preuve d'une amélioration de leur comportement[24]. À cette époque, l'utilisation de la grâce continua de s'inscrire dans le mouvement de l'individualisation de la peine d'un condamné repentant.

Dans son premier projet de Code pénal, Boissonade fit références aux lois françaises pour expliciter l'usage de la grâce. Il s'agit principalement de l'article 76 de ce projet de Code pénal. Citant l'article 634 du Code d'instruction criminelle français, il expliqua d'abord que la grâce accordée aux récidivistes ne s'accompagne pas obligatoirement de la réhabilitation. Il précisa ensuite que les bénéficiaires de la grâce collective étaient immédiatement rétablis dans leurs droits, tandis que les bénéficiaires de grâces individuelles ne retrouvaient leurs droits perdus qu'au moment désigné par la lettre de grâce. Dans le premier Code pénal, ces dispositions furent prises en compte par l'article 64. L'article 77 de ce projet attribuait, pour la première fois, le droit de grâce à l'empereur, et non aux juges, à l'image du droit français de la même époque[25]. Conséquemment, la première Constitution japonaise de 1890 stipulait ainsi, dans son article 16, que seul l'empereur avait le droit de grâce et de commutation de la peine. Mais contrairement aux constitutions françaises qui ne distinguaient pas toujours les différents types de grâce, la Constitution japonaise a, quant à

---

[23] Boissonade, *Futukoku keïhô kaigi nisshi*, traduit par Taizo Namura, 1875.

[24] Par exemple, K. Miyagi, *Keihō kōgi*, t. 1., Meiji hōritsu gakkō, Tokyo, 1887, p. 440-441; *Boissonade kōgi keihō sōan chukai* t. 1, Shihōshō, Tokyo, 1884; réimpression, Shinzansha, Tokyo, 1992, p. 225. Je remercie à M. Keiji Kodama, maître de conférences à l'Institut national de technologie de Maizuru pour m'avoir donné cette information.

[25] *Nihon keïhô sôan kaigi hikki*, vol. 2, n. 1.

elle, prévu quatre formes de grâce : la grâce individuelle, la grâce collective, la commutation de la peine et la réhabilitation.

L'usage judiciaire de la grâce à cette époque peut être suivi au travers les statistiques. Comme illustré dans les Figures 5 et 6, en effectifs absolus, la grâce parait surtout bénéficier aux condamnés à réclusion à temps et peu aux condamnés à mort et aux travaux forcés. Le faible nombre de ces derniers parmi les graciés doit être considéré au *pro rata* de ces condamnations. Si les statistiques de l'époque rapportent le nombre de grâces accordées ainsi que la mention de la condamnation associée à chacune d'elle, le nombre total de condamnations fait défaut pour permettre de comparer davantage l'usage judiciaire de la grâce en fonction de la condamnation.

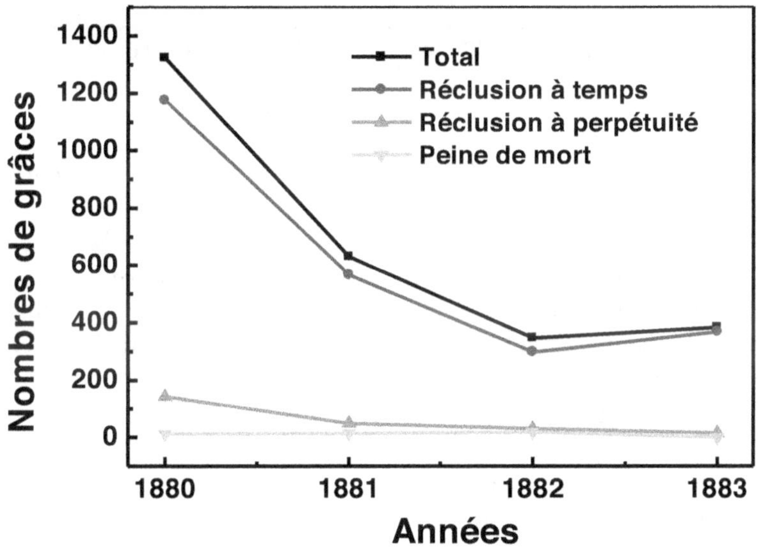

Figure 5 : Grâce au Japon (1880-1883) Source : *Keiji tokei nenpo*

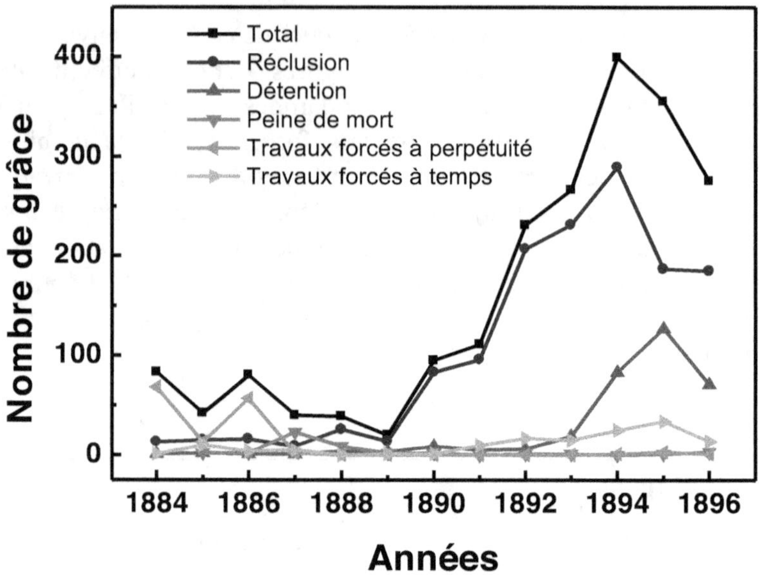

Figure 6 : Grâce au Japon (1884-1896). Source : *Keiji tokei nenpo*

Dès la promulgation du premier Code pénal, la nécessité de changements se fit sentir. Principalement basé sur le droit français, ce premier code pénal cherchait aussi à s'inspirer des dernières tendances européennes, notamment dans le droit allemand. Dans son usage, avec le changement de la société, de nouveaux crimes apparurent qui n'avaient pas été prévus par le Code pénal. Les législateurs ont ainsi proposé, entre 1890 et 1902, mais sans succès, cinq projets pour un nouveau Code (1890, 1895, 1897, 1901 et 1902). Le nouveau Code intégrant ces propositions sera finalement promulgué et mis en vigueur en 1908.

Avec ce projet de nouveau Code pénal, le débat sur la grâce fut relancé. Ce projet comprenait, dans son chapitre 4, des articles sur le sursis et la dispense de la peine. Pour Yatsuka Hozumi, spécialiste contemporain de la Constitution et connu comme un grand conservateur, ces moyens ne présentaient pas de différence avec la grâce. Celle-ci, déclarée constitutionnellement comme droit régalien, demeure hors des champs d'intervention du législateur et des tribunaux. Si l'article 4 de la Constitution précise que l'empereur possède tous les droits attachés aux pouvoirs de gouverner (exécutif, législatif et judiciaire), les droits énumérés comme droits régaliens par la Constitution demeurent exclusivement impériaux. Par conséquent, toute loi qui délèguerait aux tribunaux le droit de dispenser de la peine est inconstitutionnelle. Ainsi la libération conditionnelle (art. 34 du projet) qui permet à l'administration de libérer le condamné repentant, devient inutile sinon nuisible au droit régalien. En effet, si l'administration a le pouvoir de remettre la peine, on peut comprendre que cette dernière soit légalement du ressort de l'exécutif. Dès lors, si la grâce devenait fixée par la loi, la liberté de l'Empereur et l'exclusivité de son pouvoir régalien s'en trouveraient niées[26].

Cette argumentation fut réfutée par Tatsukichi Minobé, appelé à titre posthume « le père du régime constitutionnel ». Même s'il s'accordait avec Hozumi sur le fait que l'octroi de la grâce ne puisse découler d'un acte législatif, et donc sur la nature juridique de la grâce, il fit valoir, dans sa réponse à ce dernier, que sa position dépendait de la définition de l'acte juridique. Si, l'acte juridique est uniquement celui des tribunaux, la grâce n'est pas de nature juridique. Si l'acte juridique réside dans la déclaration de l'application de la loi, la grâce n'est pas non plus de nature juridique. Mais si, et selon lui, l'acte juridique correspond à l'acte étatique portant sur les affaires civile ou pénales, alors, le droit de punir inclut tous les actes relatifs à une affaire, comme l'investigation, l'arrestation, l'instruction et le prononcé de la peine. Dès lors la grâce, elle aussi, devient une partie intégrante de ces actes. Elle est l'abandon du droit de punir, qui n'est possible que par le détenteur de ce droit. Or, parmi les abandons du droit de punir, il en existe d'autres que celui de la grâce, qui s'inscrivent dans la procédure naturelle du procès. Le sursis et la libération conditionnelle prévus par les lois ne peuvent donc plus être assimilés à la grâce. De plus, ces actes n'étant que l'application d'une loi, ils s'inscrivent hors de tout cadre régalien.[27].

Minobé n'a donc pas nié à la grâce son statut de droit régalien. Mentionnant l'importance de la tradition du pardon de l'époque Edo, et dans la mesure où la Constitution n'y faisait aucun obstacle, il affirma que tout acte de gouvernance, a fortiori celui le grâce, est de nature régalienne et requiert ainsi l'implication du conseil des ministres (cf. art. 55 de la Constitution impériale du Japon), à l'instar du bugyô dont dépendait aussi l'octroi de la grâce à l'époque Edo[28].

Finalement, l'aspect régalien de la grâce fut retenu et, en raison de l'article 16 de la Constitution, l'article la concernant au sein du projet de

---

[26] Hozumi, Yatsuka, Kempô jyô no shamen taïken to shin keïhô an tno keï no sikkôyûyo oyobi menzyo, *Hôgaku shimpô*, vol. 13, n. 1, 1903.
[27] Minobé, Tatsukichi, Onsha ni tsuité, *Hôgaku kyôkai zassi,* vol. 30, n. 11, 1912, pp. 1759-1765.
[28] Minobé, art. cit., pp. 12-14.

Code pénal fut supprimé dans sa dernière version[29]. A la suite de la promulgation du nouveau Code pénal, il n'y eut donc plus aucune législation sur la grâce. À la mort de l'empereur en 1912, tenant compte de la persistance des usages sociaux la concernant, la question est revenue à l'ordre de jour et une loi sur la grâce fut promulguée[30]. Malheureusement, l'état des archives numérisées est actuellement trop mauvais pour que pour permettre davantage leur exploitation. On retiendra cependant que la nature impériale du droit de grâce y fut soulignée, à l'appui du régime de monarchie absolue se dirigeant vers le totalitarisme et la guerre.

La grâce après la seconde guerre mondiale : confirmation du pays impérial et pacifiste

En 1931, le Japon a envahi la Chine. Puis, en 1941, il entra en guerre contre les États-Unis. La défaite en 1945 provoqua à nouveau un complet changement de régime. L'empereur, cette fois, perdit tous ses pouvoirs politiques et en 1946, la nouvelle constitution fut promulguée, l'empereur y apparaissant comme simple symbole de la réunification du peuple japonais. La législation relative à la grâce fut également renouvelée et une nouvelle loi fut promulguée en 1947[31]. Selon les propos du rapporteur de ce projet de loi et du ministre de la Justice, la légalisation nouvelle de la grâce était nécessaire parce que le seul droit impérial de grâce s'opposait au jugement désormais rendu au nom du peuple[32]. Lors de la discussion, un sénateur a ainsi proposé de demander l'avis du tribunal ayant prononcé la condamnation avant la prise de décision de la grâce. Mais le ministre s'y est opposé pour la raison que le droit de grâce devait rester la prérogative de l'État ou l'acte du souverain[33].

Durant cette période d'après-guerre, la grâce collective fut plus souvent accordée (Tableaux 2 et 3) qu'à l'époque impérialiste. Tandis que le régime impérialiste a accordé la grâce collective 18 fois en 77 ans, le régime d'après-guerre a, quant à lui, gracié 7 fois durant ses 15 premières années. Avant la défaite du 15 août 1945, la grâce était accordée aux moments de fête ou de deuil de la famille impériale, sans doute dans la tradition du *shukugino sha* et du *hôjino sha* de l'époque Edo, et pour fêter l'anniversaire

[29] Sasaki, art. cit, , pp. 109-110.

[30] Sasaki, art. cit., pp. 145-146.

[31] Nous pouvons consulter la traduction anglaise de la loi dans le site Japanese law translation system de ministère de la Justice du Japon.

[32] *Kanpō* (Journal Officiel du Japon), édition spéciale, 5 mars 1947, p. 85-86.

[33] *Onshahō tokubetsu iinkai giji sokki kiroku* (Procès-verbal de la commission spéciale sur la loi de grâce), n° 1, 5 mars 1947, p. 3-4.

de la Constitution. De fait, si même l'empereur avait tous les pouvoirs, le Japon de cette époque avait aussi conscience d'être un régime constitutionnel. La déclaration de la guerre contre les États-Unis fut également considérée comme une fête.

La grâce de l'après-guerre fut octroyée à des occasions plus diverses., Dans son parcours vers la paix, les traités de paix signés avec d'autres pays et l'affiliation à l'ONU furent dès lors considérés comme des évènements suffisamment marquants pour justifier l'octroi de la grâce collective. Le 100e anniversaire de l'ère Meiji (1968) fut également fêté de la sorte. Les temps de fête et de deuil de la famille impériale restent d'ailleurs toujours des moments importants : récemment encore, à l'occasion du couronnement du nouvel empereur le 22 octobre 2019, 550 000 personnes furent graciées.

Tableau 2 : Les grâces collectives au Japon depuis le début de l'ère Meiji (1868) jusqu'à-la défaite du 15 août 1945)

Date	Raison
15 janvier 1868	Intronisation de l'empereur Meiji
8 septembre 1868	Changement d'ère
11 février 1890	Promulgation de la Constitution
31 janvier 1897	Mort de la reine mère
29 août 1910	Annexion de la Corée au Japon
26 septembre 1912	Mort de l'empereur Meiji
24 mai 1914	Mort de la reine mère
10 novembre 1915	Intronisation de l'empereur Taisho
18 mai 1919	Majorité du dauphin Hirohito
28 avril 1920	Mariage du prince Yi Gun
26 janvier 1924	Mariage du dauphin Hirohito
8 mai 1925	Suffrage universel pour les hommes majeurs
7 février 1927	Mort de l'empereur Taisho
10 novembre 1928	Intronisation de l'empereur Showa

11 février 1934	Naissance du dauphin Akihito
11 février 1938	50e anniversaire de la Constitution
11 février 1940	2600e anniversaire du Japon
18 février 1942	Déclaration de guerre

Source : Shiryô Onsha no senreï, *Hôritsu no hiroba*, vol. 42, n. 4, 1989

Tableau 3 : Les grâces collectives au Japon du 15 août 1945 à aujourd'hui

Date	Raison
17 octobre 1945	Capitulation
3 novembre 1946	Promulgation de la Constitution
3 novembre 1946	Amendement de deux grâces précédentes
28 avril 1952	Traité de paix avec les Alliés
10 novembre 1952	Officialisation du dauphin Akihito
19 décembre 1956	Affiliation à l'ONU
10 avril 1959	Mariage du dauphin Akihito
1 novembre 1968	100e anniversaire de Meiji
15 mai 1972	Rétrocession d'Okinawa
24 février 1989	Mort de l'empereur Showa
8 juin 1994	Mariage du dauphin Naruhito
22 octobre 2019	Intronisation de l'empereur Reiwa

Source : *Ibid.*

Si la grâce fut accordée plus souvent au cours des premières années d'après-guerre, le nombre total de graciés à ces occasions ponctuelles a aussi augmenté, à l'exception de 1912 et la mort de l'empereur Meiji (Figure 7). La ligne rouge délimitant les périodes d'avant et d'après-guerre, souligne cette rupture de l'exercice du droit de grâce à partir de 1945. Avant-guerre, les années d'octroi de la grâce étaient plus fréquentes qu'après-guerre. Le nombre de graciés a particulièrement augmenté jusqu'en 1968, année de la grâce collective pour la commémoration du centième anniversaire du gouvernement Meiji. Après 1968, le pardon a graduellement diminué pour ne plus être guère accordé aujourd'hui (Figure 8). Cette situation s'explique en raison de la volonté du peuple de voir plus de rigueur dans l'exercice de la justice. Dans les faits, aujourd'hui, c'est plus l'opinion de la victime ou de la société qui fait référence première pour accorder ou plutôt refuser la grâce[34]. Dans cette logique, la grâce du 22 octobre 2019 fut également plus discrète que lors des évènements impériaux précédents. Et des quatre sortes de grâce que prévoit la loi (la grâce individuelle, la grâce collective, la commutation de la peine et la réhabilitation), seule la réhabilitation pour les personnes légèrement condamnées fut accordée.

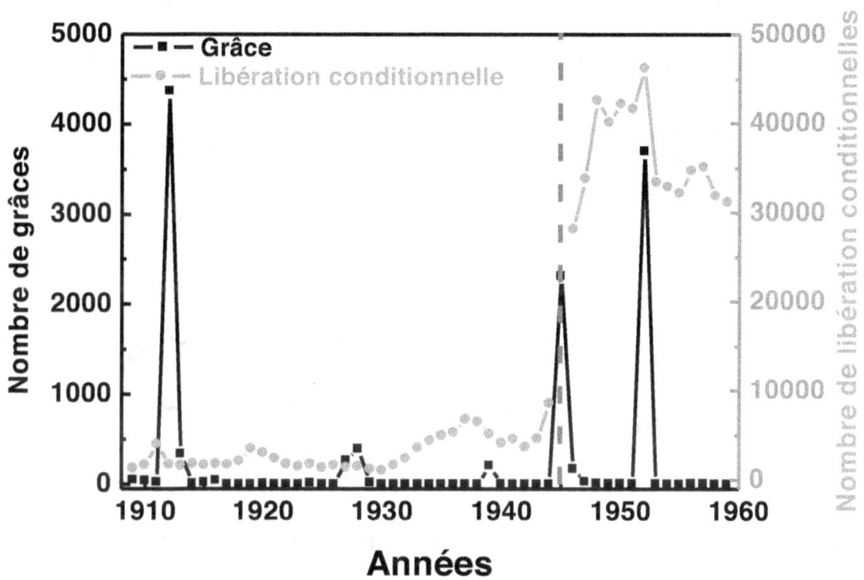

Figure 7 : La grâce (noir) et la libération conditionnelle (gris) au Japon (1909-1959). Source : *Gyokei tokei nenpo* (Statistiques annuelles de la peine de privation de la liberté).

[34] Sa procédure compliquée est aussi l'obstacle pour la supplication de la grâce. S. Kondo, Onsha ni tsuite *Kōsei hogo to hanzai yobō* (Réinsertion des délinquants et prévention de la criminalité), n° 142, 2004, p. 14. En effet, la demande de la justice sévère a affecté la libération conditionnelle, notamment après 2009. Bien que le nombre semble stable, le taux de la libération conditionnelle est devenu inférieur à 50%. T. Ohta, Karishakuhō yōken to kyōka kijun no saikentō : kaishun no jō no handan kijun to kōzō, *Hogaku kenkyu*, v° 84, n° 9, 2011, p.15.

Contrairement à ce qui est le cas en France, la libération conditionnelle n'est pas nécessairement considérée au Japon comme un substitut de la grâce. Alors que la libération conditionnelle ou toute autre décisions semblable a pour but d'individualiser la peine, la grâce est plutôt considérée comme une interférence dans la loi déjà appliquée et un complément des moyens juridiques[35]. Ainsi, bien qu'elles puissent se ressembler dans leurs effets, l'augmentation de la libération conditionnelle constatée après 1945 est sans relation avec le nombre de grâces et les évènements les ayant justifiées (Figures 7 et 8).

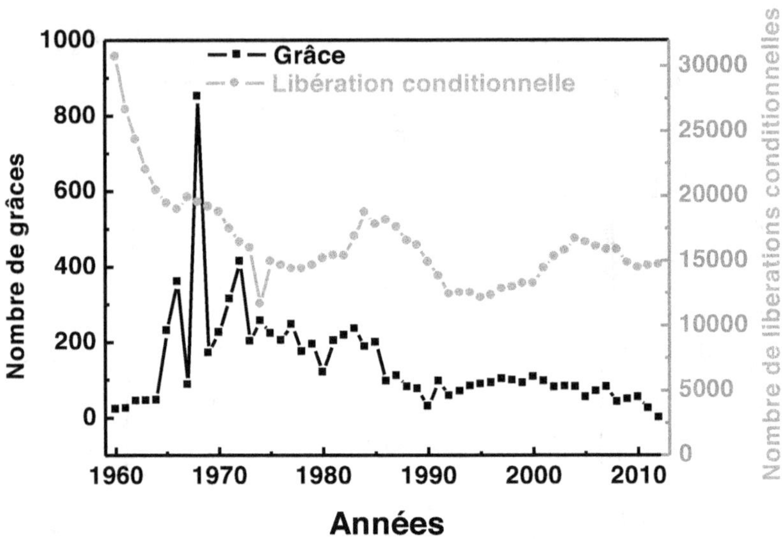

Figure 8 : la grâce et la libération conditionnelle au Japon (1960-2013) Source : *Ibid.*,

Conclusion

Dans cet article, nous avons retracé l'usage de l'octroi de la grâce au Japon, depuis le XIXe siècle jusqu'à ce jour, en le comparant avec celui de la France. En France, la grâce avait, au XIXe siècle un aspect politique et juridique : d'un côté, elle était accordée lors des changements de régime et chaque année aux mêmes jours d'importance pour ce dernier ; d'un autre côté, elle était utilisée pour personnaliser la peine.

[35] Kikuta, art. cit., p. 324.

Au Japon, à l'époque Edo, la grâce était accordée à l'occasion des moments de fête ou de deuil du shogunat. Elle était surtout employée pour permettre le retour des condamnés au bannissement. À cette époque en effet, il n'existait pas de durées de bannissement prescrites par la loi ou la jurisprudence. Les usages d'octroi de la grâce les ont ainsi déterminées et, à la fin de l'époque Edo, une loi sur la grâce fut décrétée pour les fixer et les officialiser.

Le lien existant aujourd'hui, au Japon, entre le droit de grâce et le pouvoir de l'empereur ne fut établi qu'en 1890, avec la première Constitution du pays. Pour autant, la perception de ce droit en tant que droit régalien, exclusif à l'empereur, a fortement marqué la conscience collective des Japonais. C'est ce qui explique pourquoi depuis lors la plupart des grâces collectives furent octroyées lors de moments importants pour la famille impériale.

En guise de conclusion, Le droit pénal peut-il pardonner ? (D'une justice pénale rétributive à une justice de réconciliation)

Franck Ludwiczak

Récidive et Pardon. Pour le pénaliste, les deux notions apparaissent d'emblée comme fortement éloignées l'une de l'autre, voire en totale opposition. Si la récidive, tant dans son acception criminologique que juridique, est bien connue en droit pénal, à tel point qu'elle a souvent été décrite par le passé comme une obsession du législateur[1] et continue à l'être au regard des multiples interventions législatives contemporaines[2], l'idée de pardon, quant à elle, ne dispose pas de la même place en matière pénale. A l'inverse de la récidive, le pardon ne constitue pas une institution législativement consacrée et n'a pas fait l'objet, en conséquence, de disposition légale ou réglementaire qui y serait expressément relative. Le pardon fait d'abord référence à une valeur sociale. Pour autant, la question se pose de savoir si le pardon est étranger à la justice pénale. Faut-il ainsi considérer que, de façon générale ou au regard de la question précise de la récidive, le droit répressif et la justice pénale ignorent le pardon ?

Tant du point de vue juridique que de celui judiciaire, le pardon demeure au centre des questionnements en droit pénal, ce qui n'est pas sans faire naître *a priori* un paradoxe. En effet, le droit pénal a pour fonction première de réprimer les faits contraires à l'ordre public et ce d'autant plus durement que l'individu récidive ou refuse de sortir de la délinquance[3]. En revanche, l'office du juge pénal invite celui-ci à, notamment, évaluer les chances de réinsertion du délinquant ou même à ne pas prononcer de sanction pénale

---

[1] B. Schnapper, La récidive, une obsession créatrice au XIXe siècle, (XXIe Congrès de l'AFC : le récidivisme, Poitiers 7-9 octobre 1982), PUF, Paris, 1983.

[2] M. Herzog-Evans, Récidive, *Rép.pén. Dalloz*, Juillet 2019, n°15.

[3] Il s'agit ici de faire référence à la théorie générale du « *consuetudo délinquindi* ». V. sur cette notion : M.-H. Renaut, Une technique juridique appliquée à un problème de société, la récidive, *RSC* 2000. 319.

lorsque les conséquences de l'infraction commise ne constituent plus un trouble ni une menace pour la préservation de l'ordre social[4].

Cette contradiction n'est toutefois qu'apparente. En effet, l'impératif de répression tout comme la recherche de réinsertion sociale du délinquant répondent tous deux à la philosophie générale du droit pénal de recherche d'un équilibre entre préservation de l'ordre social et garantie des libertés individuelles. Cependant, la question de savoir si le droit pénal a pour mission de pardonner ne fait pas consensus au sein des pénalistes, à tout le moins c'est ce qui ressort des contributions recensées au sein du présent ouvrage.

Pour certains, le pardon n'est pas inconnu du droit. Il est même consacré par certains mécanismes tels que la grâce, l'amnistie, la réhabilitation ou encore, pourquoi pas, la dispense de peine ou la prescription. Pour d'autres, plus modérés, le pardon existe en droit pénal, mais ce pardon n'est alors jamais gratuit. Il s'accompagnerait toujours d'un certain nombre de conditions devant être remplies par le bénéficiaire d'un pardon judiciaire.

Pour d'autres enfin, le pardon ne serait pas un objectif principal du droit pénal et de la Justice pénale. Il est tributaire des orientations prises par le législateur qui oscillent entre préservation de l'ordre public et sauvegarde des libertés individuelles ; il faut d'ailleurs constater que, bien souvent, ces dernières sont fréquemment mises en échec au profit de la première[5]. Ces différences d'opinion mettent en avant un autre questionnement, préalable à celui général qui nous préoccupe, relatif à l'appréhension de l'idée de pardon. En effet, avant de pouvoir indiquer en quoi le droit pénal peut ou non être compatible avec le pardon, encore faut-il savoir de quel pardon il s'agit. Il ressort notamment des travaux de Vladimir Jankélévitch[6], trois catégories de pardon, étant entendu que, selon cet auteur, ils devront toujours être considérés comme imparfaits.

Le pardon doit, d'abord, être distingué de l'oubli. Celui-ci se concrétise par l'érosion du temps. Le droit pénal connait la notion d'oubli par le biais de la prescription par exemple. Le pardon doit, ensuite, être distingué de l'excuse. Là encore, cette notion n'est pas inconnue du droit pénal et fait écho en la matière à l'excuse de minorité s'agissant de délinquance des

---

[4] Telle est l'hypothèse de la dispense de peine prévue à l'art. 132-59 C.pén.

[5] Tel est le cas par exemple de l'art. 132-16-7 C.pén. introduisant la notion de réitération et permettant le cumul des peines sans limitation de quantum et sans possibilité de confusion. Tel est le cas également de l'introduction en droit pénal français de la rétention de sûreté à l'art. 706-53-13 C.pr.pén.

[6] F. Schwab, La question du pardon et l'œuvre de Vladimir Jankélévitch, *in* Le Pardon. Un défi dans l'histoire, éd. CVRH, 2017. 159 et s.

mineurs ou, plus largement, aux causes d'irresponsabilité pénale. Le pardon doit, enfin, être distingué du « passage à la limite » ou du « bon débarras ». Il s'agira, en droit pénal, de la grâce par exemple. Il est ainsi possible d'affirmer que le droit pénal est familier du pardon. Mais, il s'agira toujours d'un pardon relatif, d'un pardon imparfait.

En revanche, la question demeure de savoir s'il est possible de découvrir au sein du droit pénal ou de la justice pénale un pardon plus absolu, un pardon parfait qui pourrait alors concrétiser une vision plus noble du pardon en droit répressif favorisant ainsi un objectif de réconciliation. Pour tenter de le percevoir, les fonctions du droit pénal paraissent utiles afin de vérifier dans quelles mesures elles peuvent permettre de parvenir à une justice de réconciliation.

Au regard du droit positif, le droit pénal dispose de quatre fonctions distinctes. Les deux premières, classiques, sont la rétribution et la prévention. Elles ont été complétées, d'une part, par la fonction sociale issue de la pensée de la doctrine de la défense sociale nouvelle et, d'autre part, par la fonction plus récente de réparation ou de restauration. C'est à l'aune de ces deux catégories générales relatives aux fonctions de la peine qu'il faut rechercher le pardon et ainsi tenter de découvrir les contours d'une justice pénale de réconciliation. En premier lieu, en ce qu'elles concrétisent la réaction sociale à l'encontre de celui qui, en commettant l'infraction, trahit le pacte social, le pardon ne trouve pas de place significative au travers des fonctions classiques de la peine (I). En revanche, l'étude des fonctions plus récentes, sociales et restauratives, présentent, sous certains aspects, une prise en compte du pardon et offrent au droit répressif de dépasser la simple dimension de la faute pénale.

L'absence de pardon au regard des fonctions classiques de la peine

Classiquement, le droit pénal est répressif. Il intervient afin de faire cesser le trouble causé par celui qui en commettant l'infraction a violé le pacte social. La sanction pénale infligée à l'individu a pour mission de rétablir la paix sociale. Cet objectif se retrouve tant au sein de la fonction de rétribution entièrement centrée sur l'auteur de la faute (A) qu'en celle de prévention s'adressant autant à ce dernier qu'à l'ensemble du corps social (B).

Rétribution et inexistence du Pardon

La fonction de rétribution constitue historiquement la plus ancienne attribuée au droit pénal. Celui-ci y est réduit à n'être qu'un outil de châtiment que doit subir le criminel en échange du trouble social qu'il a créé[7].

Cette fonction première du droit pénal entrevoit ainsi la peine comme devant présenter un caractère afflictif et infamant. La sanction pénale a donc pour objectif de faire souffrir le condamné et de jeter sur lui l'opprobre social.

La notion de rétribution s'accommode à l'évidence peu avec l'idée de pardon. Loin d'être abandonnée à l'époque contemporaine, elle demeure même un réflexe du législateur contemporain qui érige bien souvent en infraction des comportements nouveaux jugés antisociaux lesquels sont alors mécaniquement sanctionnés d'une peine d'amende ou d'emprisonnement[8]. L'idée persiste ainsi de nos jours que seule la répression pénale peut permettre le respect des interdits sociaux voire, doit influer sur la réception et le respect par les individus des normes et comportement sociaux[9]. Dans cette conception, en matière de lutte contre la récidive, point de pardon non plus. D'une part, le jeu de la récidive légale entraîne, dans la plupart des cas, un doublement de la peine[10]. D'autre part, depuis la loi du 12 décembre 2005[11], le législateur a consacré au sein du code pénal la notion de réitération complétant la notion de récidive légale. L'application de l'article 132-16-7 C.pén. a ainsi pour conséquence un cumul des peines définitivement prononcées sans possibilité de confusion. La notion de réitération constitue, de ce point de vue, une réaffirmation récente de la négation du pardon en droit pénal. Le législateur enjoint, en effet, au juge un traitement plus sévère de l'individu alors même que, par définition, le délinquant réitérant n'est pas juridiquement récidiviste.

---

[7] J. Pradel, *Droit pénal général*, 22e éd., Cujas, 2020, n° 622.

[8] Tel est le cas dernièrement en matière de violations des interdictions et obligations imposées par l'autorité sanitaire en application de l'art. L. 3136-1 du code de la santé publique issu de la loi n° 2020-546 du 11 mai 2020 prorogeant l'état d'urgence sanitaire, *JO* 12 mai 2020, texte n°1.

[9] Tel est le cas de la contravention d'achat d'actes sexuels (Pénalisation du client de prostituées), prévue par l'art. 611-1 C.pén. issu de la loi n° 2016-444 du 13 avril 2016 visant à renforcer la lutte contre le système prostitutionnel et à accompagner les personnes prostituées, ou encore du le délit dit « Photoshop » prévu à l'art. L. 2133-2 C. santé publ. créé par la Loi n° 2016-41 du 26 janvier 2016 de modernisation de notre système de santé, ce texte interdisant de retoucher les photos à usage commercial des mannequins en vue d'affiner ou épaissir la silhouette du modèle.

[10] Art. 132-8 et s. C.pén.

[11] Loi n° 2005-1549 du 12 décembre 2005 relative au traitement de la récidive des infractions pénales, *JO* 13 décembre 2005 page 19152.

Bien qu'archaïque, la fonction rétributive du droit pénal dispose encore aujourd'hui d'une influence des plus fortes qui empêche toute affirmation d'un pardon en droit pénal. Ce même constat peut être dressé au titre de la seconde fonction ancienne de la peine.

Prévention et inexistence du pardon

Classiquement, la prévention en matière pénale présente deux aspects. En premier lieu, la prévention dite générale donne pour mission à la sanction pénale de dissuader les individus de passer à l'acte en imitant celui contre qui une peine a été prononcée. En second lieu, la fonction préventive de la peine doit aussi dissuader celui qui subit une peine de récidiver. Cet aspect participe précisément aux réflexions du présent ouvrage. De ce point de vue, là encore, le pardon apparaît comme totalement étranger aux objectifs du droit pénal. La rechute dans la délinquance perçue dans toutes ses acceptions, qu'il s'agisse de récidive légale, de réitération ou, tout simplement en cas de « *consuetudo délinquendi* » (*i.e.* la persistance ou d'endurcissement dans la délinquance), entrainera une réponse uniforme concrétisée par le prononcé d'une peine plus sévère ou de la mise en œuvre d'un traitement plus dur. Tel sera le cas de la révocation d'un sursis simple ou de la mise en œuvre de mesures enjoignant à la personne condamnée le respect d'obligations plus contraignantes. Tel était le cas hier du sursis avec mise à l'épreuve ou de l'éphémère peine de contrainte pénale[12]. Tel est le cas aujourd'hui, depuis l'entrée en vigueur du sursis probatoire créé par la loi du 23 mars 2019[13].

Si l'efficacité de la fonction de prévention générale est difficile à mesurer[14], l'effet de celle spéciale peut être présenté comme complétant la rétribution. Ainsi, c'est à une « prévention par répression » à laquelle on peut assister. Celle-ci se vérifie au regard de certains dispositifs légaux récents. Tel est le cas lorsqu'il s'agit de lutter contre la dangerosité de l'individu indépendamment de l'existence d'une faute[15]. Cette prévention par répression se concrétise par l'existence de mesures de sûreté largement attentatoires aux libertés individuelles. Il s'agit précisément de la mesure de

[12] Art. 131-4-1 anc. C.pén., Art. 19 de la loi n° 2014-896 du 15 août 2014 relative à l'individualisation des peines et renforçant l'efficacité des sanctions pénales *JO* 17 août 2014 page 13647.

[13] Art. 132-41 C.pén., art 80 de la loi n° 2019-222 du 23 mars 2019 de programmation 2018-2022 et de réforme pour la justice, *JO* 24 mars 2019, texte n° 2.

[14] V. not. J. Pradel, *Droit pénal général*, 22e éd., Cujas, 2019, n°623.

[15] F. Ludwiczak, Essai de conceptualisation nouvelle d'une notion ancienne : la récidive, *Rev. pénit.*, n°2, 2009, p. 305 et s.

rétention de sûreté[16] issue de la loi du 25 février 2008[17]. Son effet principal réside dans le placement dans le centre socio-médico-judiciaire de sûreté de Fresnes lorsqu'existe, à l'issu de l'exécution de la peine de réclusion criminelle, une probabilité très élevée de récidive.

La rétention de sûreté se situe ainsi aux antipodes de l'idée de pardon en raison de sa sévérité. Cette dernière n'a pas manqué d'être relevée par le Conseil constitutionnel qui, dans sa décision du 21 février 2008[18], a, de façon exceptionnelle, refusé d'accorder à la nouvelle mesure de sûreté un effet rétroactif en raison de son caractère hautement attentatoire aux libertés individuelles. En application de cette décision, la rétention de sûreté ne peut s'appliquer que pour l'avenir, ce qui n'a pourtant pas dissuadé le législateur d'élargir son champ d'application[19] lors de la loi du 10 mars 2010 tendant à amoindrir le risque de récidive criminelle et portant diverses dispositions de procédure pénale[20].

Bien que présentées comme des fonctions anciennes du droit pénal, la rétribution et la prévention conservent une vigueur certaine en droit contemporain. Cependant, elles demeurent étrangères à la reconnaissance du pardon. A la faveur de l'évolution des idées, les fonctions plus récentes accordées à la peine offrent de s'interroger sur l'existence du pardon en matière pénale.

L'existence du pardon à l'aune des fonctions récentes de la peine

Distinctes des fonctions anciennes de la peine, celles récentes ne sont plus tournées exclusivement vers le passé et la faute commise par l'individu. Elles poursuivent un objectif plus ambitieux et s'orientent davantage vers l'avenir en offrant au délinquant de s'insérer ou se réinsérer au sein de la société mais aussi de contribuer à la restauration des liens sociaux.

---

[16] Art. 706-53-13 C.pr.pén.

[17] Loi n° 2008-174 du 25 février 2008 relative à la rétention de sûreté et à la déclaration d'irresponsabilité pénale pour cause de trouble mental, *JO* 26 février 2008, p. 3266.

[18] C. const., décision n° 2008-562 DC, 21 février 2008, *JO* 26 février 2008, p. 3272.

[19] L'art. 706-53-13 al. 2 C.pr.pén. prévoit désormais l'applicabilité de la rétention de sûreté aux cas de crimes de de meurtre, de torture ou d'actes de barbarie, de viol, d'enlèvement ou de séquestration simple commis sur une victime majeure en récidive là où la loi du 25 février 2008 ne l'envisageait que pour les qualifications aggravées et en dehors de toute récidive.

[20] Loi n° 2010-242 du 10 mars 2010 tendant à amoindrir le risque de récidive criminelle et portant diverses dispositions de procédure pénale, *JO* 11 mars 2010, p. 4808.

Resocialisation et pardon imparfait

Issue essentiellement des travaux de l'École de la défense sociale nouvelle représentée par Filippo Gramatica[21] et Marc Ancel[22], une fonction de resocialisation ou de réinsertion sociale attribuée à la peine a été affirmée par les tenants de cette doctrine. L'idée force est de considérer que la peine prononcée à l'encontre du délinquant doit être utile à ce dernier. Il s'agit, en effet, d'accompagner l'individu afin qu'il intègre ou réintègre le corps social duquel il s'est mis en marge en commettant les faits pénalement réprimés. A ce titre, il s'agira d'appliquer à l'individu des sanctions ou mesures ne présentant pas de caractère répressif. Tel est le cas, par exemple, de la peine d'intérêt général[23] créée par la loi du 10 juin 1983[24] par laquelle l'auteur d'un délit de faible gravité est invité à accomplir un travail non rémunéré au profit de la collectivité. Cette peine, supposant l'adhésion de la personne condamnée, fait d'ailleurs l'objet d'un engouement renouvelé de la part des pouvoirs publics[25], lesquels souhaitent en favoriser la promotion par la création d'une agence du travail d'intérêt général et de l'insertion professionnelle des personnes placées sous main de justice[26]. Cependant, bien que les idées de la défense sociale nouvelle influent encore de façon significative la doctrine et les politiques pénales, l'objectif de reclassement social ne s'accorde qu'assez mal avec l'idée d'un pardon gratuit. Cet accompagnement aux fins de resocialisation ne se départit jamais totalement d'une peine présentant encore un caractère rétributif.

Tel était le cas de l'ancienne peine de contrainte pénale. Issue des travaux de la conférence de consensus[27] et de la loi du 15 aout 2014 relative à l'individualisation de la peine et à l'efficacité des sanctions pénales[28], la contrainte pénale s'était vue assignée par le législateur un objectif ambitieux consistant à parachever l'évitement de l'emprisonnement en prononçant à

---

[21] F. Gramatica, Principes de défense sociale, 1960.

[22] M. Ancel, La défense sociale nouvelle, Cujas, 1954.

[23] Art. 131-8 C.pén.

[24] Loi n°83-466 du 10 juin 1983 portant abrogation ou révision de certaines dispositions de la loi n° 8182 du 02 février 1981 et complétant certaines dispositions du code pénal et du code de procédure pénale, *JO* 11 juin 1983, p. 1755. V. sur la notion : P. Couvrat, Les trois visages du travail d'intérêt général, *RSC* 1989, 158.

[25] E. Cozic, Le TIG, une peine à 360°, *JCP* G 2019. 1209.

[26] Décret n° 2018-1098 du 7 décembre 2018 portant création d'un service à compétence nationale dénommé « Agence du travail d'intérêt général et de l'insertion professionnelle des personnes placées sous main de justice », *JO* 9 décembre 2018, texte n° 1.

[27] Conférence de consensus, Pour une nouvelle politique publique de prévention de la récidive, Rapport du jury de consensus remis au Premier ministre, 20 février 2013.

[28] Loi n° 2014-896 du 15 août 2014 relative à l'individualisation des peines et renforçant l'efficacité des sanctions pénales, *op.cit.*

l'encontre du condamné une mesure d'accompagnement socio-éducatif individualisé et soutenu. Toutefois, bien que la loi du 15 août 2014 souhaitât à terme supprimer l'emprisonnement comme peine de référence, le texte prévoyait que le juge devait fixer la durée maximale de l'emprisonnement encouru par le condamné en cas d'inobservation des obligations et interdictions auxquelles il est astreint[29].

En raison de sa trop grande proximité avec le sursis avec mise à l'épreuve (ci-après SME) et face à l'insuccès judiciaire de la contrainte pénale, le projet de loi de programmation et de réforme pour la justice avait prévu une fusion de la contrainte pénale avec le SME. Finalement, seul le dernier a été réformé par le texte du 23 mars 2019[30] lequel prévoit l'absorption de la contrainte pénale par le sursis probatoire et par conséquent son abrogation à compter du 24 mars 2020. Le nouveau sursis probatoire découle de l'art. 80 de la loi et relève de son titre V relatif au « renforcement de l'effectivité et du sens de la peine ». Il correspond à l'esprit d'une mesure de probation et présente ainsi un objectif de resocialisation de l'individu[31]. Cependant, une fois encore le législateur ne parvient pas à éviter toute référence à la fonction rétributive de la peine puisque, bien que probatoire, le sursis renouvelé par la loi de 2019 suppose le prononcé par la juridiction pénale d'une peine d'emprisonnement[32]. Au-delà, si la fonction sociale de la peine et du droit pénal dans son ensemble demeure affirmée, l'idée de pardon ne découle pas des textes pénaux eux-mêmes. En définitive, ce n'est que par l'intermédiaire du juge pénal et de son pouvoir d'individualisation de la sanction pénale qu'un pardon peut apparaître.

La personnalisation (ou individualisation) de la peine a été réaffirmée par le législateur lors de la loi du 15 aout 2014 modifiant l'art. 132-1 C.pén. et vidant du même coup de sa substance le célèbre art. 132-24 C.pén. qui posait légalement le pouvoir d'individualisation de la peine par le juge. La peine doit ainsi être adaptée au regard de la situation personnelle de l'auteur et des circonstances de l'infraction, et ce, dès son prononcé. L'art. 132-19 al. 2 C.pén. rappelle, depuis la même loi de 2014, le principe du prononcé

---

[29] Art. 131-4-1 ancien C. pén.

[30] Loi n° 2019-222 du 23 mars 2019 de programmation 2018-2022 et de réforme pour la justice, *op.cit.*

[31] Exposé des motifs de la loi n° 2019-222 du 23 mars 2019 de programmation 2018-2022 et de réforme pour la justice.

[32] Il convient de constater que la prévalence de l'emprisonnement comme peine de référence persiste dans l'esprit du législateur puisque la nomenclature des peines correctionnelles de l'art. 131-3 C.pén., bien que modifiée par la loi de 2019, affiche en 1er lieu la peine privative de liberté avant toute autre peine alternative pouvant être prononcée par le juge pénal.

d'une peine d'emprisonnement en dernier recours pour les primo-délinquant mais sans exclure les individus en état de récidive ; la seule injonction du législateur réside en effet dans l'obligation de motivation spéciale de la peine d'emprisonnement ferme prononcée[33].

C'est donc concrètement devant le juge pénal que la fonction utilitaire de la peine peut s'exprimer et conférer au procès une fonction sociale. On assisterait donc idéalement à une « socialisation du pénal[34] », laquelle n'est possible que si le mis en cause dispose d'un accès effectif au juge pénal.

Dans le cas contraire, c'est à une « pénalisation du social[35] » à laquelle il est possible d'assister fréquemment et qui a pour effet l'application d'une sanction de nature pénale en réaction à une situation répondant imparfaitement à la caractérisation juridique d'une infraction. Ce phénomène peut s'observer clairement au regard de l'essor des procédures alternatives aux poursuites pénales[36]. Ces dernières, présentées comme des mesures visant à réconcilier l'auteur et la victime et à réconcilier les justiciables avec la justice pénale, constituent de plus en plus de simples outils de gestion des contentieux de masse et finalement ne représentent que des circuits de dérivation[37] au sein de la justice pénale, éloignant toujours un peu plus le justiciable de son juge. La dernière manifestation en la matière découle d'une évolution de la procédure de composition pénale souhaitée par les rédacteurs de la loi du 23 mars 2019 précitée. Désormais, dans certains cas prévus par l'art. 41-2 C.pr.pén.[38], la sanction décidée par le procureur de la République s'affranchit de toute validation par un juge, ce qui jusqu'alors était la règle imposée par le Conseil constitutionnel depuis la censure de l'injonction pénale dans sa décision du 2 février 1995 ; le procédé avorté, précurseur de la composition pénale, avait été en effet

---

[33] Le principe adopté depuis la loi du 15 août 2014 diffère largement de celui retenu par la loi précitée du 12 décembre 2005 au titre de laquelle le juge pénal n'avait pas à motiver la peine d'emprisonnement sans sursis en cas de récidive.

[34] Pour reprendre ici l'expression de l'ouvrage collectif dirigé par Ph. Mary, *Travail d'intérêt général et médiation pénale : socialisation du pénal ou pénalisation du social?*, Ecole des sciences criminologiques Léon Cornil, Université Libre de Bruxelles, éd. Bruylant, 1997.

[35] Ph. Mary, *Insécurité et pénalisation du social*, éd. Labor, coll. Quartier libre, 2003.

[36] F. Ludwiczak, *Les procédures alternatives aux poursuites : une autre justice pénale*, L'harmattan, coll. Logiques juridiques, 2015.

[37] H. Haenel, Justice de proximité. Premier bilan, *Pouvoirs*, 1995, n°74, p. 93 ; J. Pradel, Procédure pénale, Cujas, 2011, n° 593.

[38] C'est-à-dire pour les délits puni d'un peine de trois ans d'emprisonnement, la mesure de composition consiste en une amende de composition n'excédant pas 3000 euros ou une mesure de dessaisissement de la chose ayant servi ou destinée à commettre l'infraction ou encore qui en est le produit

invalidé sur le fondement de la violation du principe de séparation des fonctions de poursuites et de jugement[39].

Les procédures alternatives aux poursuites ne s'écartent pas non plus de la fonction rétributive en prévoyant des sanctions plus dures à l'encontre de l'individu récalcitrant, mais aussi, et cela apparaît plus inquiétant, lorsque l'individu a satisfait aux mesures décidées à son encontre. Par deux arrêts notables en date des 21 juin 2011 et 17 janvier 2012[40], la Cour de cassation a pu ainsi estimer que le procureur de la République peut déclencher les poursuites y compris lorsque l'auteur des faits a exécuté volontairement les mesures décidées par le parquet sur le fondement de l'art. 41-1 C.pr.pén. En conséquence, le déclenchement de l'action publique à l'encontre de l'individu demeure possible nonobstant le succès d'une mesure de médiation pénale et dans l'indifférence de l'impact positif de la mesure sur l'auteur des faits lequel aurait, par exemple, entièrement dédommagé la victime, ce qui par hypothèse aurait motivé la mise en œuvre d'un procédé de médiation.

En dernier lieu, le grief d'une pénalisation du social se retrouve encore à la lecture des circulaires d'applications des procédures alternatives aux poursuites pénales. Celle en date du 16 mars 2004[41] prise en application de la loi du 9 mars 2004[42] ayant institué le principe d'une réponse pénale systématique[43] fixe les critères de mise en œuvre des différentes procédures alternatives et notamment des mesures résultant de l'article 41-1 C.pr.pén. Sans entrer dans le détail de chacune d'entre elles, il en résulte qu'elles doivent constituer un instrument privilégié par le magistrat du parquet en

---

[39] C. const., décision n°95-360 DC du 2 février 1995, *JO* 7 février 1995, p. 2097.

[40] Cass. crim., 21 juin 2011, n° 11-80.003, Bull. n°141 ; J. Danet, Le rappel à la loi, préambule ou « alternative » aux poursuites, au choix du ministère public, *RSC,* 2011, 660 ; S. Detraz, Clarification du régime applicable à la procédure de l'article 41-1 du Code de procédure pénale, *Gaz.pal.* 19 juillet 2011, p. 18 ; L. Belfanti, De la révocabilité du rappel à la loi en particulier et des alternatives aux poursuites en général, *AJ Pénal* 2011, 58 ; J.-B. Perrier, Alternatives aux poursuites : l'orthodoxie juridique face à l'opportunité pratique, D. 2011, 2349 ; F. Desprez, L'illustration d'une insuffisance législative à propos des alternatives aux poursuites, D. 2011, 2379 ; F. Ludwiczak, Procédures alternatives aux poursuites et action publique : entre apparence de conformité et quête de cohérence, *JCP* G. 2011, 1453.

Cass. crim., 17 janvier 2012, n° 10-88.226, F. Ludwiczak, Alternatives aux poursuites : dérive procédurale par victime interposée, *LPA* 14 janvier 2013, chron. Droit du risque n°4, p. 5.

[41] Circulaire CRIM 2004-03 E5 du 16 mars 2004 relative à la politique pénale en matière de réponses alternatives aux poursuites pénales et de recours aux délégués du procureur.

[42] Loi n° 2004-204 du 9 mars 2004 portant adaptation de la justice aux évolutions de la criminalité, *JO* 10 mars 2004 p. 4567.

[43] F. Le Gunehec, Présentation de la loi n°99-515 du 23 juin 1999, *JCP* G., 1999, p.1325 ; loi n°2004-204 du 9 mars 2004 portant adaptation de la justice aux évolutions de la criminalité, première partie : dispositions de procédure pénale immédiatement applicables : pragmatisme, cohérence, sévérité et simplifications ; JCP G., 2004, 177.

cas d'affaires non-sérieuses[44]. En d'autres termes, les alternatives aux poursuites de l'art. 41-1 C.pr.pén. doivent être réservées à des faits d'une gravité tellement faible qu'un classement sans suite pur et simple aurait été décidé si ces mêmes alternatives aux poursuites n'existaient pas. La circulaire du 12 mai 2017[45] confirme, pour l'essentiel, ces orientations en visant des infractions de faible gravité n'ayant causé aucun préjudice ou un très faible préjudice pouvant être réparé immédiatement. La référence à ce dernier texte permet de mettre en lumière la récente fonction réparatrice accordée désormais à la peine. Cependant, l'attention portée à la réparation du préjudice causé à la victime apparaît encore inachevée. Elle présente de multiples aspects et a permis, outre la prise en compte du préjudice privé, l'adjonction aux côtés de la justice pénale classique d'une justice restaurative qui, si elle ne signifie un pardon pur, permet d'envisager les contours d'une justice de réconciliation.

Réparation, restauration et justice de réconciliation

La réparation du préjudice causé à la victime constitue une fonction récemment affectée à la peine. Elle peut apparaître pour certains comme une fonction tout à fait secondaire de la peine[46] voire, une aberration au regard de l'objet du droit pénal, à tout le moins comme une forme de dévoiement de la justice pénale[47], laquelle est traditionnellement conçue comme la réaction à un trouble causé à l'ordre social tout entier et non pas seulement à celui qui a subi le dommage résultant de l'infraction.

Son développement en droit français est progressif et il suit l'affirmation, notamment par la loi du 15 juin 2000, d'une prise en compte des intérêts de la victime au sein du procès pénal[48]. Toutefois, cette

---

[44] J. Pradel, Vers un aggiornamento des réponses de la procédure pénale à la criminalité, *JCP* G., 2004, I, 132, l'auteur considérant les affaires non sérieuses comme devant être renvoyées en médiation pénale, mesure ressortant de la procédure de l'article 41-1, 5°C.pr.pén. On pourra dans cet esprit considérer que l'ensemble des mesures ressortant de l'article 41-1 C.pr.pén. se rapportent au traitement des affaires non sérieuses.

[45] Circulaire du 12 mai 2017 sur les mesures alternatives aux poursuites et référentiel, BOMJ n°2017-05 du 31 mai 2017 – JUSD1714357C.

[46] J. Pradel, *Droit pénal général*, 22e éd., Cujas 2019, p. 555.

[47] M. Giacopelli, Libres propos sur la sanction-réparation, D. 2007. 1551 ; M. Herzog-Evans, La loi relative à la prévention de la délinquance et l'exécution des peines, D. 2007. 2174 ; P. Salvage, La peine de peine, *Dr. pén.* 2008, étude 9 ; S. Fournier, La peine de sanction réparation : un hybride disgracieux (ou du danger du mélange des genres), Mélanges en l'honneur de J.-H. Robert, Lexis-Nexis, 2012, p. 285 et s.

[48] La loi n° 2000-516 du 15 juin 2000 renforçant la protection de la présomption d'innocence et les droits des victimes (*JO* 16 juin 2000, p. 9038) ayant intégré un article préliminaire au code de procédure pénale enjoignant notamment à l'autorité judiciaire de veiller à l'information et à la garantie des droits des victimes au cours de toute procédure pénale.

considération n'est pas simplement procédurale. En effet, la loi du 5 mars 2007[49] a érigé au rang des peines la sanction-réparation qui consiste à punir pénalement l'individu à indemniser le préjudice subi par la victime. Cette sanction, alternative à l'emprisonnement, peut ainsi être prononcée par le juge pénal en lieu et place de la peine privative de liberté prévue par le texte d'incrimination[50]. Outre la sanction-réparation, dont la place parmi les peines est discutée[51], la fonction réparatrice du droit pénal a pu, par ailleurs, être affirmée avec force par la loi du 15 août 2014[52] introduisant au sein du code de procédure pénale un article 10-1 relatif à la Justice restaurative. Ce texte prévoit qu'une mesure de justice restaurative peut être mise en œuvre à l'occasion de toute procédure et quel que soit le stade de celle-ci, y compris à celui de l'exécution d'une peine. La seule condition posée par le texte réside dans la reconnaissance antérieure des faits par l'auteur de ceux-ci. Dans ce cas, sous le contrôle de l'autorité judiciaire, pourra être mise en œuvre toute mesure permettant à une victime ainsi qu'à l'auteur d'une infraction de participer activement à la résolution des difficultés résultant de l'infraction[53]. L'esprit de la justice restaurative, conçue comme devant nécessairement se dérouler en complémentarité de la justice rétributive[54], pourra favoriser le pardon. Cependant, l'essor d'une justice restaurative apparaît parasité par la persistance d'une justice de stigmatisation (la prise en compte d'une opinion publique souvent favorable à la pénalisation, n'y est pas étrangère[55]).

À titre d'exemple, la déclaration d'irresponsabilité pénale pour cause de trouble mental constitue un frein à une justice de réconciliation. Cette procédure, créée par la loi précitée du 25 février 2008[56], introduit au sein de notre droit un simulacre de procès pénal ayant pour objet de reconnaitre l'irresponsabilité pénale de l'auteur de l'infraction, lorsque ce dernier était atteint au moment des faits d'une abolition totale de ses facultés mentales. Bien que cette procédure ait pour objet d'offrir à la victime de comprendre l'acte commis, elle a pour conséquence, afin de lutter contre la dangerosité

---

[49] Loi n° 2007-297 du 5 mars 2007 relative à la prévention de la délinquance, *JO* 7 mars 2007 p. 4297.
[50] Art. 131-8-1 C.pén.
[51] S. Fournier, *op.cit.*
[52] Loi n° 2014-896 du 15 août 2014, *op.cit.*
[53] G. Rabit-Bonaldi, La mesure de justice restaurative ou les mystères d'une voie procédurale parallèle, D. 2015, Chron. 97.
[54] R. Cario, Ruptures et promesses de la Justice restaurative, *in* F. Ludwiczak et J. Motte dit Falisse (dir.), *Du sens de la peine*, L'Harmattan, coll. Criminologie, 2017, p. 317 et s.
[55] V. sur ce point : D. Salas, *La volonté de punir. Essai sur le populisme pénal*, Paris, Hachette, 2005.
[56] Loi n° 2008-174 du 25 février 2008, *op.cit.*

de l'individu, le prononcé par la juridiction pénale de mesures de sûreté[57] s'inspirant étrangement de certaines peines encourues par la personne dont la culpabilité aurait été reconnue[58].

Si la justice restauratrice ne recherche pas directement le pardon, elle peut cependant être la voie d'une justice de réconciliation. Il s'agirait ainsi de s'éloigner de l'obsession répressive et d'envisager le droit pénal indépendamment du prisme de la protection de la victime. Certaines mesures du groupe de travail issu du Grenelle des violences conjugales vont en ce sens et proposent, notamment, une prise en charge des auteurs de violences conjugales[59] récemment consacrée par la loi [60]à l'image de certaines expériences telles que le Home du Rosati à Arras. Ces initiatives issues du monde associatif contribuent à l'idée de réconciliation à l'image de la Ferme de Moyenbrie

Une telle justice pénale de la réconciliation supposera la participation nécessaire du juge. N'est-ce pas le juge pénal qui a su dégager des dispositifs existants en 1898 la notion d'état de nécessité permettant à la dame Ménard d'échapper à la répression[61] ? N'est-ce pas un célèbre magistrat du parquet qui demanda l'acquittement d'une accusée en raison des violences conjugales qu'elle avait subi et qui l'avait conduite à tuer son mari ? Si le pardon n'est pas directement l'affaire du droit pénal en ce qu'il ne ressort pas clairement des codes, il est sans doute celle du juge et de l'ensemble des acteurs de la justice pénale.

---

[57] *Cf.* les art. 706-118 et s. C.pr.pén.

[58] J. Pradel, Une double révolution en droit pénal français avec la loi du 25 février 2008 sur les criminels dangereux, D. 2008, Chron., 1000 ; H. Matsopoulou, Le développement des mesures de sûreté justifiées par la « dangerosité » et l'inutile dispositif applicable aux malades mentaux, *Dr. pén.* 2008, étude 5.

[59] www.gouvernement.fr/30-nouvelles-mesures-pour-combattre-les-violences-faites-aux-femmes.

[60] V. Les dispositions pénales de la loi n° 2019-1480 du 28 décembre 2019 visant à agir contre les violences au sein de la famille, *JO* 29 décembre 2019, texte n° 2.

[61] Trib. corr. Château-Thierry, 4 mars 1898 et CA Amiens, 22avril 1898, *Sirey* 1899, II, p 1 ; D 1899, II, p 329.

Structures éditoriales du groupe L'Harmattan

L'Harmattan Italie
Via degli Artisti, 15
10124 Torino
harmattan.italia@gmail.com

L'Harmattan Hongrie
Kossuth l. u. 14-16.
1053 Budapest
harmattan@harmattan.hu

L'Harmattan Sénégal
10 VDN en face Mermoz
BP 45034 Dakar-Fann
senharmattan@gmail.com

L'Harmattan Cameroun
TSINGA/FECAFOOT
BP 11486 Yaoundé
inkoukam@gmail.com

L'Harmattan Burkina Faso
Achille Somé – tengnule@hotmail.fr

L'Harmattan Guinée
Almamya, rue KA 028 OKB Agency
BP 3470 Conakry
harmattanguinee@yahoo.fr

L'Harmattan RDC
185, avenue Nyangwe
Commune de Lingwala – Kinshasa
matangilamusadila@yahoo.fr

L'Harmattan Congo
67, boulevard Denis-Sassou-N'Guesso
BP 2874 Brazzaville
harmattan.congo@yahoo.fr

L'Harmattan Mali
ACI 2000 - Immeuble Mgr Jean Marie Cisse
Bureau 10
BP 145 Bamako-Mali
mali@harmattan.fr

L'Harmattan Togo
Djidjole – Lomé
Maison Amela
face EPP BATOME
ddamela@aol.com

L'Harmattan Côte d'Ivoire
Résidence Karl – Cité des Arts
Abidjan-Cocody
03 BP 1588 Abidjan
espace_harmattan.ci@hotmail.fr

Nos librairies en France

Librairie internationale
16, rue des Écoles
75005 Paris
librairie.internationale@harmattan.fr
01 40 46 79 11
www.librairieharmattan.com

Librairie des savoirs
21, rue des Écoles
75005 Paris
librairie.sh@harmattan.fr
01 46 34 13 71
www.librairieharmattansh.com

Librairie Le Lucernaire
53, rue Notre-Dame-des-Champs
75006 Paris
librairie@lucernaire.fr
01 42 22 67 13

www.ingramcontent.com/pod-product-compliance
Lightning Source LLC
LaVergne TN
LVHW011135061026
849535LV00003B/495